高职高专汽车三融合新型教材

# 汽车企业文化

主 编 欧阳惠芳 叶冰雪

机械工业出版社

本书主要从汽车发展史入手，系统而全面地介绍了汽车企业文化的基本原理、汽车企业文化的体系、汽车企业文化的生成与发展规律、汽车企业文化的传播和建设等内容，详细介绍了汽车企业形象识别系统的策划、汽车企业文化的比较研究以及汽车企业文化手册的编制。

本书紧密结合中国汽车企业文化工作开展的实际情况，精选了国内外典型汽车企业文化建设的实例，以实际案例为导向，以具体工作需要为目标，以注重动手实操为驱动，模拟汽车企业文化传播和建设流程，按照学生的认知规律，由浅入深，循序渐进，其间插入《学习工作页》，帮助学生边学边练、学用结合，提高学生实践技能、综合素质和就业能力。

本书提供大量教学资源下载（含PPT、微课视频、学习工作页题解、教学文件等），可通过机械工业出版社教育服务网（www.cmpedu.com）获取教学资源，方便教师授课和学生课外学习。

本书可以作为高职高专、普通高等院校及中专技校的汽车类专业学生教材，还可以作为汽车企业推广企业文化建设的培训教材。对广大汽车企业文化爱好者也是一本值得收藏的书籍。

### 图书在版编目（CIP）数据

汽车企业文化/欧阳惠芳，叶冰雪主编. —北京：机械工业出版社，2019.5
高职高专汽车三融合新型教材
ISBN 978-7-111-62691-6

Ⅰ. ①汽… Ⅱ. ①欧… ②叶… Ⅲ. ①汽车企业－企业文化－高等职业教育－教材 Ⅳ. ①F407.471

中国版本图书馆CIP数据核字（2019）第086301号

机械工业出版社（北京市百万庄大街22号　邮政编码100037）
策划编辑：蓝伙金　危井振　责任编辑：蓝伙金　谢熠萌
责任校对：张　力　　　　　　封面设计：鞠　杨
责任印制：郜　敏
北京中兴印刷有限公司印刷
2019年8月第1版第1次印刷
184mm×260mm·19.5印张·479千字
0001—1900册
标准书号：ISBN 978-7-111-62691-6
定价：49.80元

电话服务　　　　　　　　　网络服务
客服电话：010-88361066　　机　工　官　网：www.cmpbook.com
　　　　　010-88379833　　机　工　官　博：weibo.com/cmp1952
　　　　　010-68326294　　金　书　网：www.golden-book.com
**封底无防伪标均为盗版**　机工教育服务网：www.cmpedu.com

# 高职高专汽车三融合新型教材
# 编审委员会

**主　　任**：刘越琪（广东交通职业技术学院）
**副主任**：欧阳惠芳（广州汽车集团股份有限公司）
　　　　　贺　萍（深圳职业技术学院）
　　　　　毛　峰（东莞职业技术学院）
　　　　　蔡兴旺（韶关学院）
**秘书长**：蓝伙金（机械工业出版社职教分社）
**委　　员**：（按姓氏汉语拼音排序）
　　　　　曹晓光（广州科技职业技术学院）
　　　　　邓志君（深圳职业技术学院）
　　　　　黄　伟（广东机电职业技术学院）
　　　　　林锡彬（广州汽车集团乘用车有限公司）
　　　　　潘伟荣（广东交通职业技术学院）
　　　　　孙龙林（深圳职业技术学院）
　　　　　王玉彪（深圳风向标教育资源股份有限公司）
　　　　　王章杰（深圳风向标教育资源股份有限公司）
　　　　　王兆海（深圳职业技术学院）
　　　　　夏长明（广州珠江职业技术学院）
　　　　　杨玉久（广州科技职业技术学院）

# 高职高专汽车三融合新型教材
# 编写委员会

主　任：蔡兴旺（韶关学院）

副主任：欧阳惠芳（广州汽车集团股份有限公司）
　　　　曹晓光（广州科技职业技术学院）
　　　　毛　峰（东莞职业技术学院）
　　　　潘伟荣（广东交通职业技术学院）
　　　　王兆海（深圳职业技术学院）
　　　　黄　伟（广东机电职业技术学院）
　　　　夏长明（广州珠江职业技术学院）
　　　　王玉彪（深圳风向标教育资源股份有限公司）

委　员：（按姓氏汉语拼音排序）
　　　　邓志君（深圳职业技术学院）
　　　　郭海龙（广东交通职业技术学院）
　　　　刘奕贯（南京交通职业技术学院）
　　　　欧阳思（广州汽车集团零部件有限公司）
　　　　邱今胜（深圳信息职业技术学院）
　　　　孙龙林（广东交通职业技术学院）
　　　　王丽丽（广州汽车集团股份有限公司）
　　　　王庆坚（广东交通职业技术学院）
　　　　王章杰（深圳风向标教育资源股份有限公司）
　　　　谢少芳（广东交通职业技术学院）
　　　　许睿奇（广州汽车集团零部件有限公司）
　　　　杨庭霞（广州松田职业技术学院）
　　　　叶冰雪（华南理工大学）
　　　　张永栋（广东交通职业技术学院）
　　　　郑锦汤（广州华商职业学院）
　　　　周　逊（广州珠江职业技术学院）

# 丛 书 序

为坚决贯彻落实中华人民共和国教育部《国家中长期教育改革和发展规划纲要(2010—2020年)》《关于全面提高高等职业教育教学质量的若干意见》《教育部关于十二五职业教育教材建设的若干意见》和国家教材委员会等一系列文件精神，服务汽车产业升级需要，在市场调研和专家论证的基础上列出了"高职高专汽车三融合新型教材"选题21种，并组建一流的编写队伍，在一线行业专家和院校名师组成的编审委员会的指导下编写了本套教材。

## 一、编写的指导思想和原则

本套教材以高职汽车检测与维修技术专业为主，兼顾汽车运用技术、汽车电子技术等专业教学需要，包括汽车各专业诸多平台课（汽车企业文化、汽车机械识图、汽车机械基础、汽车电工电子技术基础等）、核心专业课（汽车维修接待、沟通与管理以及汽车维护、车载网络系统的故障诊断与维修、汽车发动机管理系统的故障诊断与维修、电动汽车与燃气汽车故障诊断与维修等12门课程）和典型品牌汽车维修案例等大量教学资源。

**1. 编写指导思想**

以就业为导向，以岗位需求为核心，努力将职业素养、专业技能与企业文化深度融合（三融合），使学生在学习专业知识和技能的同时，接受职业素养和企业文化的熏陶，培养学生爱国爱岗、敬业守信、精益求精的人格和良好的素养。

**2. 编写原则**

以"必需、够用"为编写原则，一是以企业需求为基本依据，以培养职业素养、专业技能与企业文化深度融合为主线。二是兼顾行业升级需要和降低城市雾霾等环境保护的新要求，突出新能源汽车等新知识、新技术、新工艺和新方法。三是教材资源包括主教材和学习工作页，为教学组织提供较大的选择空间。

## 二、教材特色

从企业实际出发，以培养技术应用型技术人才为主，在总结多年教学经验和已有教材的基础上，充分吸取先进职教理念和方法，形成如下特点：

**1. 吸收国内外先进职教经验，体现国内示范院校、骨干院校的最新教学成果**

认真吸取了中德职业教育汽车机电合作项目（SGAVE），国家示范性院校、骨干院校专业建设项目等近年来国内外的最新教学改革成果，认真总结借鉴了参加教材编写院校的许多成功经验，有效提升了教材的思想性、科学性和时代性。

**2. 以"项目引领、任务驱动"为主线，实现"知行合一"**

教材立足以客户要求和汽车维修过程为导向，以实际任务为驱动，实际职业要求为目标，模拟企业流程，从任务接受、任务接待、任务准备（含信息资料收集与学习、任务分析、维修计划制订、设备材料准备等）、任务实施（含故障检测、使用维修、安全环保、任

汽车企业文化

务检查等)和任务交付的完整的行动过程。有些教材直接由企业(广州汽车集团股份有限公司)主编(如《汽车企业文化》和《汽车维修接待、沟通与管理》)。结合国内保有量较大的汽车车型,按照学生认识规律,从感性到理性,由浅入深,将汽车的结构、原理、运用、维护、故障检测与维修有机融合,其间插入《学习工作页》,促进学、做结合,理论紧密联系实际,着力提高学生实践技能、综合素质和就业能力。教材注重科学性和时代性。

**3. 内容上力求反映行业最新技术发展动态**

为了尽可能满足行业升级需要,降低城市雾霾等环境保护的新要求,教材引入了车载网络系统、电控管理系统和新能源汽车等汽车新技术,突出汽车新知识、新技术、新工艺和新方法。

**4. 体现中高职的有效衔接,避免重复或空白**

本套教材从课程体系上既考虑普遍性,又考虑针对性,以适应不同层次、不同起点的教学需要。

**5. 教材形式活泼,教学资源丰富**

教材适应高职学生特点,除了主教材外,还配以《学习工作页》和大量的教学资源(含PPT、微课视频、动画、学习工作页题解、教学文件等),方便教师授课和学生课外学习。

## 三、教材编写队伍

本系列教材由机械工业出版社、广东交通职业技术学院、深圳职业技术学院、南京交通职业技术学院等十多所职业院校和广州汽车集团股份有限公司、深圳风向标教育资源股份有限公司等组织编写,并成立了教材编审委员会和教材编写委员会。编写团队包括企业高管、企业专家、技术骨干和院校院/校长、专业名师、学科带头人、骨干教师,结合优质院校、一流专业等建设项目,充分体现了"产教结合,校企合作"的开发特色,有利于教材反映最新的技术和最新的教学成果,为保证教材的质量、水平提供了丰富的资源支持。

教材编写大纲、体例和样章是保证高质量书稿的关键。在教材编审委员会的指导下,参考中德职业教育汽车机电合作项目(SGAVE)课程大纲要求,结合企业需要,列出选题计划,并统一教材编写的指导思想、原则和体例等。通过自荐或他荐方式,拟订了十多名教授任主编,并要求主编拟订各自负责的教材编写大纲、体例和样章。每一本教材编写大纲、体例和样章都经过3名专家主审,以便集思广益,许多教材大纲为了精益求精,几经修改,最后由蔡兴旺教授统稿,为保证教材的质量、水平奠定了良好基础。

"高职高专汽车三融合新型教材"编审委员会
"高职高专汽车三融合新型教材"编写委员会

# 出 版 说 明

教材是教学过程的主要载体,加强教材建设是深化教学改革的有效途径,推进人才培养模式改革的重要条件,也是保障教学基本质量、培养高端技能型人才和技术应用型人才的重要基础。

**1. 培养目标说明**

从职业分析入手,对职业岗位进行能力分解(包括倾听客户抱怨、技术咨询、接修检测、专业工具和仪器设备操作、故障诊断、维修保养),确定高职汽车检测与维修专业的培养目标,即面向汽车"后市场",培养具有与本专业相适应的水平和良好的职业素养,掌握一定的专业理论知识,具备本专业的理论知识、实践技能以及较强的实际工作能力和经营管理能力,德、智、体、美、劳等方面全面发展的高等技术应用型人才。

(1)专业能力

1)一般专业能力,即应用能力、汽车阅读能力、汽车驾驶能力。

2)核心专业能力,即汽车拆装、检查、修理能力、汽车故障诊断能力、汽车性能检测能力、汽车维修企业管理能力。

(2)方法能力

1)能独立学习新知识、新技术。

2)具有解决实际问题的思路。

3)能独立制订工作计划并实施。

4)能够查找资料与文献,以获得知识。

(3)社会能力

1)具有团队意识和相互协作精神。

2)具有较强的沟通能力、人际交往能力。

3)注重事故保护和工作安全。

4)遵守职业道德。

5)注意环境保护的意识。

**2. 资源说明**

本套教材围绕职业教育"教、学、做"3个服务维度开发。每本教材由课堂教材和学习工作页两部分组成。课堂教材部分主要由构造、原理和检修内容组成,项目训练包括填空题、选择题、判断题和简答题以及工作任务步骤题,以此评价学习结果;学习工作页部分则注重流程和方法。

本套教材在内容选材、编写、呈现方式等多方面加强精品化建设。本套书采用双色印刷,同时配有教学课件、微视频/动画、习题答案等教学资源,为教、学、练、考提供了便利。

(1)纸质教材 包括课堂教材和学习工作页,融"教、学、做"于一体。学习工作页包含项目活动工作页和实训工作页,大多采用通用设备和车型,以适应更多的学校使用。项目训练结合课堂教材和学习工作页的内容对学生进行进一步的知识扩展和强化。

(2)教学资源包 供教师上课使用,学生课前预习和课后复习,可以登录机械工业出版社教育服务网 www.cmpedu.com 注册下载。咨询邮箱 cmpgaozhi@sina.com。咨询电话 010-88379375。

(3)微视频/动画 对于课本中的部分重点难点,以视频形式给予讲解,用二维码形式链接。

机械工业出版社

# 前　言

为适应中国汽车企业对汽车企业文化人才的需求，本书根据教育部《国家中长期教育改革和发展规划纲要（2010—2020）年》《关于全面提高高等职业教育教学质量的若干意见》《教育部关于十二五职业教育教材建设的若干意见》和国家教材委员会的一系列文件精神，以及国家相关部委对企业文化建设的要求，满足汽车产业转型的升级需要，以汽车发展历史过程中逐渐产生的汽车文化为源头，吸取国内外汽车企业文化建设实践中取得的成果，遵循汽车企业文化产生、发展、传播、设计、建设的规律，在结合古典、现代和当代管理理论基础之上，通过分析和探讨大量的国内外汽车企业文化的案例，帮助读者掌握汽车企业文化理论的精髓，了解汽车企业文化建设中容易出现的问题和难点，培养读者具备完成汽车企业文化设计与建设方案、汽车企业文化手册的编制方案及具体编制等方面的能力。

全球汽车工业经过130多年的发展，已形成了巨大的市场。2018年，我国汽车产销总量已连续十年蝉联全球第一，成为汽车大国。汽车工业百年历史，汽车文化不断积累、逐步沉淀，形成了独具制造业特色的汽车企业文化，开创了新型的管理模式，已成为提升汽车整车制造及零部件企业核心竞争力的推动力，对汽车行业的发展起到了极大的促进作用。目前，中国汽车及零部件企业数量超过120万家，加上各类汽车维修企业可达到170万家，但大部分企业还未开展汽车企业文化的研究和建设工作。

在中国，汽车企业文化促进汽车及零部件企业发展的作用日益明显，越来越多的外资企业、合资企业、国有企业、民营企业建立起企业文化部门，借鉴国内外先进汽车企业文化建设的经验和做法，重视并开展有汽车特色的企业文化建设，加强对汽车企业文化的研究，传播汽车企业精神文化，包括企业愿景、企业使命、企业价值观、企业伦理道德、企业制度文化、企业行为文化等；建立汽车企业形象识别系统（CIS），包括理念识别（MI）、行为识别（BI）、视觉识别（VI）；编制汽车企业文化手册并宣传落实。中国作为庞大的汽车市场，有海量的汽车研发、生产、配套、销售以及服务等相关企业，对汽车企业文化人才的需求量日益增长，但中国汽车企业推进企业文化建设工作起步比较晚，急需大量既懂汽车专业又熟悉企业文化的人才。

为了便于读者了解、掌握汽车企业文化的基本内容，本书在每章开头特别列出了学习目标指引，在相关内容前后安排了参考案例，在每章之后附有该章的小结和学习工作页，促进教、学、做紧密结合。本书在内容上力求贴近汽车整车制造及零部件企业实际，开创汽车企业文化教材编写新模式，从汽车发展历程出发，以汽车发展历史过程中逐渐产生的汽车文化为源头，将国内外汽车企业文化的实践结合古典、现代和当代管理理论，编写汽车企业文化的相关内容，可读性、实用性和适应性强。本书实用性的具体表现为：内容通俗易懂，案例切合实际，便于对照实施。将学习内容按照学校、企业及员工实际情况进行阐述，既符合当前汽车及零部件企业文化建设的实际现状，方便各级各类学校结合自身的专业设置情况开展教学，又可为学生今后走进企业从事汽车企业文化相关管理工作提供帮助，还可以为汽车及零部件企业的企业文化建设工作提供参考和指导，这也是本书的特色。

# 前 言

本书由欧阳惠芳、叶冰雪担任主编,并共同拟定了本书编写体系和编写大纲。具体分工如下:

第一章、第六章由欧阳惠芳(广州汽车集团股份有限公司)撰写,第二章、第三章、第四章由叶冰雪(华南理工大学)撰写,第五章由欧阳思(广州汽车集团零部件有限公司)撰写,第七章、第九章由王丽丽(广州汽车集团股份有限公司)撰写,第八章由许睿奇(广州汽车集团零部件有限公司)撰写。欧阳惠芳、叶冰雪最后对本书进行了通读、修改和定稿。

在本书编写过程中,得到了丛书编审委员会及编写委员会专家们对编写大纲和书稿提出的许多宝贵意见,吸收了参考文献所列出的各位专家学者研究的一些成果,以及互联网检索的大量资料,在这里我们对他们表示衷心的感谢!

编 者

# 目 录

丛书序
出版说明
前　言
第一章　导论 ... 1
　　参考案例1：中外学者对成功企业八大行为特征的描述 ... 2
　第一节　汽车发展简史 ... 4
　　参考案例2：丰田生产方式 ... 10
　第二节　汽车文化的产生 ... 18
　第三节　汽车企业文化的作用 ... 21
　　参考案例3：张帆——广汽集团"天才设计师" ... 26
　本章小结 ... 29
第二章　汽车企业文化的基本原理 ... 30
　　参考案例4：宝马汽车的企业文化 ... 31
　第一节　企业文化理论的形成 ... 32
　　参考案例5：著名的泰勒科学管理三大实验 ... 35
　　参考案例6：著名的霍桑试验 ... 39
　　参考案例7：丰田汽车的企业文化建设 ... 47
　第二节　汽车企业文化的概述 ... 48
　　参考案例8：广州标致汽车公司的失败 ... 56
　第三节　汽车企业文化的功能 ... 58
　　参考案例9：上汽集团收购韩国双龙汽车身陷罢工浪潮 ... 61
　第四节　汽车企业文化的类型 ... 62
　　参考案例10：吉利汽车——中国第一家民营汽车企业 ... 69
　本章小结 ... 70
第三章　汽车企业文化的体系 ... 71
　　参考案例11：广汽本田传承"三个喜悦"的理念 ... 72
　第一节　汽车企业精神文化 ... 73
　　参考案例12：万向集团的特色企业精神 ... 86
　第二节　汽车企业伦理道德 ... 87
　　参考案例13：大众汽车的道德危机 ... 87
　　参考案例14：广汽本田构筑面向未来的绿色企业 ... 94
　第三节　汽车企业制度文化 ... 95
　第四节　汽车企业行为文化 ... 102
　　参考案例15：广汽集团研究院试验团队的优秀行为文化 ... 105
　本章小结 ... 106

## 目 录

### 第四章 汽车企业文化的生成与发展规律 ......... 107
- 第一节 汽车企业文化的形成 ......... 108
- 第二节 汽车企业文化变革 ......... 113
  - 参考案例16：雪佛兰新星汽车装配厂抓住时机变革 ......... 117
  - 参考案例17：福特汽车的企业文化变革 ......... 121
- 第三节 汽车企业文化的冲突 ......... 123
  - 参考案例18：戴姆勒-克莱斯勒公司并购案 ......... 130
- 本章小结 ......... 132

### 第五章 汽车企业文化的传播 ......... 133
  - 参考案例19：Jeep极致旅行，另一种企业文化传播的方式 ......... 134
- 第一节 汽车企业文化的传播主体 ......... 134
- 第二节 汽车企业文化的传播渠道 ......... 139
- 第三节 汽车企业礼仪 ......... 143
- 第四节 汽车企业文化网络 ......... 148
  - 参考案例20：日本丰田汽车中的非正规组织 ......... 148
- 本章小结 ......... 153

### 第六章 汽车企业文化的建设 ......... 154
  - 参考案例21：长安汽车企业文化建设实践 ......... 154
- 第一节 汽车企业文化的诊断 ......... 159
  - 参考案例22：广汽集团开启人工智能时代 ......... 164
- 第二节 汽车企业文化建设阻力因素分析 ......... 165
- 第三节 汽车企业文化设计与建设 ......... 168
  - 参考案例23：某汽车公司关于开展企业文化战略宣贯活动的通知 ......... 174
- 本章小结 ......... 177

### 第七章 汽车企业形象识别系统的策划 ......... 178
  - 参考案例24：太阳神的CIS战略策划 ......... 179
- 第一节 CIS战略及发展 ......... 180
  - 参考案例25：一汽丰田的CS战略 ......... 185
- 第二节 汽车企业理念识别（MI）设计 ......... 190
  - 参考案例26：东风日产的"快乐文化"理念 ......... 190
- 第三节 汽车企业行为识别（BI）设计 ......... 195
  - 参考案例27：丰田汽车销售的微笑服务 ......... 195
  - 参考案例28：某汽车企业员工日常礼仪规范 ......... 200
- 第四节 汽车企业视觉识别（VI）设计 ......... 204
  - 参考案例29：宝马汽车蓝天白云螺旋桨标识图案 ......... 204
  - 参考案例30："凯美瑞"号飞机使广汽丰田业绩一飞冲天 ......... 212
- 第五节 汽车企业CIS策划设计操作 ......... 212
  - 参考案例31：奔驰汽车成功的CIS战略 ......... 220
- 本章小结 ......... 223

### 第八章 汽车企业文化的比较研究 ......... 224
- 第一节 美国典型汽车企业文化 ......... 225
- 第二节 欧洲典型汽车企业文化 ......... 231

| | | |
|---|---|---|
| 第三节 | 日韩典型汽车企业文化 | 239 |
| 第四节 | 中国典型汽车企业文化 | 248 |
| 本章小结 | | 256 |

## 第九章　汽车企业文化手册的编制　258

第一节　汽车企业文化手册　259
第二节　汽车企业文化手册编制方案　261
　　参考案例32：某（汽车）公司企业文化手册编制方案　263
第三节　汽车企业文化手册具体内容　264
　　参考案例33：《中国一汽》企业文化手册　267
本章小结　271

## 参考文献　272

# 第一章 导论

 学习目标

1）掌握汽车发展经历的几个阶段，以及汽车文化产生的时代背景，掌握汽车企业文化在推动汽车产业持续快速发展过程中的重要作用。

2）熟悉汽车发展简史以及汽车文化形成过程，汽车企业对文化的策略，丰田生产方式的主要内容。

3）学会分析当今世界汽车产业进入新的发展时代的特点，了解中国汽车产业和国际汽车产业发展的新动态和新趋势。

4）能够叙述世界汽车的发展历史，能够简单描述汽车文化发展的过程，以及汽车企业文化对汽车企业发展的作用。

5）培养读者基于历史发展观分析和解决问题的能力，用汽车历史发展的眼光，借助汽车企业文化去分析和化解汽车产业发展过程中出现的问题。

汽车企业文化

## 参考案例1： 中外学者对成功企业八大行为特征的描述

为总结优秀企业成功的秘诀，中外学者从不同的角度、从八个方面分别对成功企业的行为特征进行了描述，综合如下。

### 一、国外学者描述成功企业的八大行为特征

#### （一）崇尚行动

每个优秀的公司都有很多套实用的办法来保持企业的灵活性，减少因规模扩大而导致的不可避免的浪费。在许多这样的企业里，标准的操作程序是：先做，再修改，然后再尝试。如在福特汽车公司，当碰到大问题时，公司会召集一些技术、制造和管理等领域资深人员在一起研究和讨论，待他们提出项目方案后，企业组织员工马上执行。然后，通过市场验证获得的相关数据对项目再修改、完善、再尝试。

#### （二）贴近消费者

优秀的企业善于从消费者身上学习。他们提供无与伦比的高质量优质服务和信用卓著的可靠产品。消费者不但能用，而且还用得很舒服。在优秀的企业中，每个员工都有责任提供最好的产品和服务。很多具有创新精神的企业总是从顾客那里得到有关产品方面的最好的想法，并不断地、有目的地倾听结果。这反映出企业消费者满意经营战略的实质。

#### （三）自主创新

具有创新能力的企业总是通过组织的力量培养管理者和创新人才，它们是所谓的"产品斗士"的培养地。如本田汽车公司在工厂都设有名为"新设想工作室"的实验工作室，室内备有机械设备，员工一旦产生好主意就可以到实验室中把设想具体化，对于优秀的建议和成果，公司给予一定的奖励。本田汽车公司不限制员工的创造力，支持有实际意义的冒险，支持员工试着去做一些事。这也是本田汽车公司企业理念的精髓。

#### （四）以人促产

在优秀的企业里，不论是位居高位者还是普通员工，都是提高产品质量和劳动生产力的源泉。这类公司中的劳资关系良好，劳资双方有相同的劳动态度，也不认为只有资本投资才是效率提高的源泉。如丰田汽车的管理哲学是：事业在于人。每个员工都是创意的来源，积聚人才，善用能人，重视员工素质的培养，是丰田汽车企业文化的核心所在，也是企业飞速发展和跃进的基础。

#### （五）价值驱动

IBM公司前CEO托马斯·沃森说："一个组织的基本哲学思想对组织的作用比技术资源、经济资源、组织机构、创新和抓住时机的作用更大。"奔驰汽车的管理者，定期走访世界各地的汽车销售网络，传播企业"安全、优质、舒适、可靠"的价值观。

#### （六）不离本行

某国际研究机构研究统计，95%以上的优秀企业很少进入他们未知的领域，这些企业的产品几乎都沿着他们所熟悉的行业、熟知的方面扩展，从未离开过本行。这说明任何人或企业做任何事要取得成功必须专注，熟悉一个行业到一定程度或相当程度，研究它的规律，从失败中吸取教训，在成功中收获经验，这些都是企业获得成功的基础。因此，专注是企业的一种精神，是企业的一种经营态度。

# 第一章 导 论

### （七）精兵简政

研究表明，优秀企业没有一家具有复杂的矩阵结构，一些曾经采用过这种结构形式的企业发展到一定的规模时也开始放弃。优秀企业中的组织形式和系统简单明了，上层管理人员尤其要少，管理者和员工加起来不到100人的企业，经营数百亿美元的生意的情况经常可以见到。

### （八）集权、分权并用

优秀的企业既是集权又是分权的。在大部分情况下，他们把权力下放到车间、班组和产品开发部门。但在少数的核心标准等领域和部门，这些企业采取极端的集权管理，企业管理层牢牢地把握着这些权力。

## 二、国内学者描述优秀企业的八大标准

### （一）优秀的管理者

优秀的管理者应当具备独特的管理思维和领导艺术，能透彻地分析企业发展前景，面临困难，临危不惧、临阵不惊。这就要求企业的最高管理者，必须拥有丰富的知识和很强的信息收集、处理能力，创新意识强烈，决策果断，对员工和合作伙伴讲信用。能够充分发掘下属的潜力，赋予员工在合理范围内尽可能多的权力，充分利用人才资源。

### （二）优秀的管理团队

优秀的管理团队是企业文化发挥作用的利器。企业的中层和基层管理人员，应能够对企业和最高管理者忠诚，具备丰富的专业知识，能够以身作则，执行力较强，与人相处融洽。

### （三）诚实守信

诚实守信是企业发展和生存的立身之本，它贯穿于整个企业的方方面面。一些企业不领悟其中的道理，对外有选择性地讲诚信，对内尽可能不讲诚信，承诺员工的待遇不给，约定的福利不兑现，能拖的则尽量拖，这导致外部客户产生不信任，内部员工对企业和管理者不满意，阻碍企业的健康发展。因此，诚实守信的企业文化是优秀企业成功的根本。

### （四）细节不可忽视

老子说："天下大事必作于细，天下难事必作于易。"意思是：做大事必须从小事开始，天下的难事，必定从容易的做起。优秀企业的做事理念应该是：把每一件简单的事做好，就是不简单；把每一件平凡的事做好，就是不平凡。企业就是一个社会组织，涉及的事务很多，细节不可忽视。所以，大礼不辞小让，细节不可忽视，细节决定成败。

### （五）产品或服务质量高

大量实践证明，没有高品质的产品，没有优质的服务就无法打造出一个优秀的企业，即使其他方面做得再好，也只能身居二流企业位置，无法成为一流企业。产品或服务是取得效益的根本，只有好的产品或服务才能塑造良好的企业形象，才能打造企业的品牌，才能增强企业的竞争力，保持企业可持续发展。

### （六）资本运作稳健

现代企业为了快速发展、迅速占领市场，都希望充分运用资本杠杆，使企业实现规模性增长。但资本运作风险高，是把双刃剑，做好了企业将得到快速发展，做不好就可能让企业陷入绝境。如对于具有行业优势的传统企业，不论其转型还是改制，在资本运作过程中，都不可急功近利，要进行充分论证。对于涉足新技术、新能源、新材料等新兴行业的企业，应充分利用资本市场，创造条件借助创业板取得快速融资渠道，加快产业发展。但无论是哪一

类企业，都要高度关注资本市场的风云变幻，做到稳健运作、逐步发展。

### （七）管理规范有序

管理规范有序是企业全体员工在经营活动中共同遵守企业章程、制度、标准、守则等的规定和要求，促进企业的各项经营活动有序、高效开展，保证企业低投入、高产出、快产出，提高企业产品质量和经济效益。

### （八）员工具有自豪感

在优秀的企业中，管理公平透明、企业文化氛围好、企业经营效益高、薪酬福利待遇好，员工对企业感到自豪，有职业优越感，员工心理压力小、干劲足，形成良性循环。

汽车产业的发展经历了一个漫长的过程，从德国人卡尔·本茨1886年发明以内燃机为动力的第一辆汽车至今，全球汽车产业已经经历了130多年的历史，汽车使人们的生活方式发生了革命性的变化，极大地促进了人类文明的发展，20世纪成为汽车文明的世纪。进入21世纪，随着汽车安全性能的逐步提高、舒适性的不断改善、各种个性化功能的不断增加以及自动化和智能化水平的不断进步，汽车日益成为人们工作、生活、娱乐中不可或缺的必需品。

自1970年以来，全球汽车数量几乎每隔15年翻一番。2016年全球汽车销量达9386万辆，其中，中国汽车销量为2803万辆，美国汽车销量为1754万辆，中国汽车销售量连续八年蝉联全球第一，是全球最大汽车销售市场。

# 第一节　汽车发展简史

汽车作为现在普遍应用的交通工具，其发明、发展和完善经历了一个漫长的过程，发明之初的汽车与当今人们使用的汽车有巨大的差别。总的来说，汽车的发展经历了蒸汽汽车的诞生、内燃机汽车的诞生、汽车产品大批量生产、汽车产品多样化时期、汽车产品低价格时期等几个阶段。

## 一、蒸汽汽车的诞生

世界上第一辆蒸汽驱动的三轮汽车（图1-1）是法国人N.J.居纽（Nicolas Joseph Cugnot）在1769年制造的，这辆汽车被命名为"卡布奥雷"，车长7.32m，车高2.2m，车

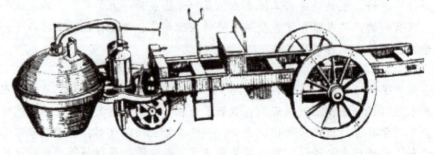

图1-1　法国人居纽研制的蒸汽汽车

## 第一章 导 论

架上放置着一个像梨一样的大锅炉,前轮直径1.28m,后轮直径1.50m,前进时靠前轮控制方向,每行驶12~15min,需停车加热15min,运行速度3.5~3.9km/h。这是古代交通运输(以人、畜或帆为动力)与近代交通运输(动力机械驱动)的分水岭,使汽车朝实用化方向迈出了第一步,具有划时代的意义。

1825年,英国公爵哥而斯瓦底·嘉内制造了第一辆蒸汽公共汽车(图1-2),共18个座位,平均时速为19km/h。1831年嘉内利用这辆汽车开始了世界上最早的公共汽车运营,在相距15km的格斯特夏和切罗腾哈姆之间进行有规律的运输服务,跑完单程的时间约为45min,所以这辆车也被认为是世界上最早的公共汽车。

图1-2 嘉内研制的蒸汽公共汽车

### 二、内燃机汽车的诞生

1860年,法国人罗彻斯提出了四冲程发动机循环理论(该理论至今仍为内燃机所采用),并取得专利。

1876年,德国人尼古拉斯·奥托(Nikolaus August Otto)运用循环理论,试制成功了第一台活塞与曲轴相结合、将煤气与空气的混合气体经压缩冲程后再点火燃烧的往复式四冲程煤气机。这种内燃机利用活塞往复四冲程,将进气、压缩、燃烧膨胀(做功)、排气四个过程融为一体。为了纪念奥托对内燃机发展所做的贡献,人们把这种循环改称为奥托循环。奥托本人的试制车间后来发展为赫赫有名的道依茨(DEUTZ)公司。

1879年,德国工程师卡尔·本茨(Karl Benz),首次试验成功一台二冲程试验性发动机。1883年10月,他创立了"奔驰汽车和莱茵煤气发动机厂"。1885年他在曼海姆制成了第一辆奔驰专利机动三轮车(图1-3)。1886年的1月29日,卡尔·本茨为其机动车申请了

图1-3 卡尔·本茨和他发明的第一辆汽车

专利。同年11月，卡尔·本茨的三轮机动车获得了德意志专利权（专利号：DRP37435），类别属于空气及气态动力机械类，专利名为气态发动机车，这就是世界公认的第一辆汽车。

💡 **温馨提示** 本茨的第一辆汽车视频参见教学资源1.1。

1886年，戈特利布·戴姆勒（Gottlieb Daimler）将他制造的排量为0.46L、功率0.82kW、转速650r/min的发动机装在一辆据说由美国制造的马车上，这辆车被公认为是世界上第一辆汽油发动机驱动的四轮汽车（图1-4）。

图1-4 戈特利布·戴姆勒和他发明的第一辆四轮汽车

为了纪念这两位天才的发明家，人们把戴姆勒和卡尔·本茨并称为"汽车之父"，并把1886年作为汽车元年。

### 三、汽车产品大批量生产

这一时期主要集中在20世纪初至20世纪50年代。以美国福特汽车为代表实行大批量生产的方式代替订单生产的方式极大地降低了汽车生产的成本，使得美国汽车称雄世界50年之久。

#### （一）汽车产品初期的技术发展

德国人发明了汽车，但对汽车初期发展贡献最多的却是法国人。1889年，法国的标致汽车公司成功研制齿轮变速器、差速器；1891年，法国人首次采用前置发动机和后轮驱动的布局，开发出摩擦片式离合器；1895年，法国人开发出充气式橡胶轮胎；1898年，法国的雷诺一号车采用了箱式变速器、万向节传动轴和锥齿轮主减速器；1902年，法国的狄第安采用了流传至今的狄第安后桥半独立悬架。

此外，德国人在1893年发明了化油器；1896年，英国人首次采用石棉制动器片和转向盘。

#### （二）欧洲汽车的发展

在汽车发展的早期，强大的社会需求促使汽车技术得到了空前的发展。欧洲汽车名人和名车如同夜空中的星星灿烂多彩。1882年，法国一位五金匠的儿子阿尔芒·标致（Armand Peugeot）设计制造了第一辆自行车，1896年，他创造了以狮子为标志的标致汽车公司，这就是标致雪铁龙公司的前身；1898年，路易斯·雷诺（Louis Renault）在法国创立了雷诺汽车公司；1898年，戴姆勒公司投资人埃米尔·耶里内克（Emil Jellinek）向戴姆勒订购了一辆赛车，并以自己最喜欢的小女儿的名字"梅赛德斯"命名。随后，耶里内克将其代理经销的 36 辆戴姆勒汽车全部取名为"梅赛德斯"。1902 年，戴姆勒公司正式将"梅赛德斯"作为自己产品的商标，一代名车"梅赛德斯"从此诞生了（图 1-5）。1906 年，出身贵族的赛车手查尔斯·罗尔斯（Charles Rolls）和工程师亨利·罗伊斯（Henry Royce）联手，成立了罗尔斯·罗伊斯公司，创立了名车品牌"劳斯莱斯"。1907 年，他们生产了一辆铝质车身的汽车，金属零部件全部用高抛镀银，装 35.5kW 发动机，取名为"银色幽灵"的汽车（图 1-6）。

图 1-5　埃米尔·耶里内克的女儿梅赛德斯和梅赛德斯汽车

图 1-6　银色幽灵

在欧洲研制的汽车都是轿车，因豪华昂贵，且缺乏大量生产的技术条件，市场受到限制。1906 年，法国的汽车厂家宣称欧洲的汽车产量占世界年产量的 58%，但是他们的产量实际只有 5 万辆左右。

### （三）美国汽车的发展

汽车虽然是欧洲人发明的，但是美国在汽车的推广和生产方面从一开始就超过了欧洲。1893 年，弗兰克·迪利亚制造出美国第一辆汽油汽车。紧随其后，亨利·利兰得成立了凯迪拉克公司。1896 年，欧尔茨创建欧尔茨汽车公司，成为世界上第一家批量生产汽车的工厂。1903 年，大卫·别克创立了别克汽车公司，同年汽车王亨利·福特创立福特汽车公司。1908 年，威廉·C·杜兰特创建通用汽车公司，随后兼并了别克和奥兹莫比尔汽车公司，次年又将凯迪拉克、欧克兰、雪佛兰等汽车公司收于门下。1913 年，福特汽车公司采用流水作业法，首先实施大量生产方式，黑色 T 型福特车（图 1-7）累计生产了 1500 万辆，缔造了一个世界纪录。这一生产方式推动了世界汽车工业的发展。1925 年，当时在通用汽车公司任职的沃尔特·克莱斯勒买下马克斯威尔汽车公司，创立了克莱斯勒公司。至此，美国的三大汽车集团通用、福特、克莱斯勒相继成立。

汽车企业文化

图1-7 福特和他的T型车

> 温馨提示  福特T型车生产视频参见教学资源1.2。

### 四、汽车产品多样化时期

产品多样化是指企业在生产一两种主导产品的同时，又发展一些其他种类的产品，实行多样化经营。20世纪50年代至20世纪70年代，是汽车产品的多样化发展时期。欧洲厂商为扩大市场，也开始实行"量产化"，通过多品种的生产方式，打破了美国汽车公司的长期垄断地位，使世界汽车工业的发展中心从美国又转回欧洲。

20世纪50年代，美国的通用、福特、克莱斯勒三大汽车公司雄居世界汽车市场，但这三家公司忽视了继续开发新技术的重要性。当时的欧洲汽车制造厂利用新颖的汽车产品开展多元化生产，例如发动机前置前轮驱动、发动机后置后轮驱动、承载式车身、节能型微型轿车等，尽量适应不同的道路条件和国民爱好，与美国汽车公司抗衡。20世纪50年代至60年代，汽车业的多样化转变成最大的优势。针对美国车型单一、体积庞大、油耗高等弱点，欧洲开发了各式各样的新型车。当每一个汽车制造商都能在市场上出售各具特色的产品时，规模经济的优势一下显示出来了。1966年，欧洲汽车产量突破1000万辆，超过北美汽车产量，成为世界第二个汽车工业发展中心。到1973年，欧洲汽车产量进一步提高到1500万辆。欧洲在汽车生产上已超过北美，其以多样化的汽车产品占据世界市场。欧洲生产的中低档车如大众公司的"甲壳虫"（图1-8），成为美国市场的走俏产品。1958年，欧洲车占美国市场的8.1%，到1970年上升为10.5%。

图1-8 大众公司"甲壳虫"

> 温馨提示  大众公司"甲壳虫"生产视频参见教学资源1.3。

在这一时期，汽车工业保持了大规模生产的特点，世界汽车保有量急剧增加，汽车工业发展的重心由美国转移到西欧。汽车技术的高科技含量增加，多样化的产品成为最大优势，形成了汽车产品由单一到多样化的变革。

## 五、汽车产品低价格时期

从 20 世纪 70 年代至今,被认为是汽车产品低价格发展时期。由于 20 世纪 70 年代石油危机,日本汽车生产商以省油耐用的低价格小汽车赢得当时消费者的青睐。至此,世界汽车形成了美、日、欧并存的格局。

日本汽车工业的起源,可以追溯到明治末期。1907 年,吉田真太郎创办的东京汽车制造所制造出第一辆日本国产汽油汽车——"太古里一号"。1914 年,日本对德宣战,运输军需物资的军用载货汽车向批量生产方向发展。1924 年,美国福特汽车公司率先在横滨设立日本福特汽车公司,将福特 T 型汽车在日本装配生产。1926 年,美国通用汽车公司也在大阪成立了日本通用汽车公司,着手进行雪佛兰等汽车品牌成套部件的生产。为此,日本政府不得不实施行政政策以保护国产汽车制造厂商的利益。这些行政保护政策为扶持当时幼稚的日本汽车工业提供了必要条件。1937 年,丰田喜一郎在其父丰田佐吉创办的丰田自动织机公司基础上,创建了日后举世闻名的著名企业——丰田汽车公司。

1973 年,举世震惊的第一次石油危机爆发后,日本生产者准备的小型、省油、价廉的汽车在美国受到青睐。20 世纪 60 年代,日本丰田汽车公司探索出独特的、令世界耳目一新的"丰田生产方式",可以在极短的时间里生产出质量好、性能高、价格低的小型汽车。1968 ~ 1970 年,日本生产的产品在竞争激烈的美国市场脱颖而出,顺利实现了快速增长的目标。花冠(图 1-9)是丰田汽车当时向市场推出的产品,于 1966 年在日本下线,寓意"花中之冠",并从 1970 年开始,每隔 4 ~ 5 年换代一次,第四代花冠于 1979 年 3 月问世。当时,正值日本经济从石油危机中恢复发展,物质丰富,消费者追求高档商品的倾向越来越强烈,第四代花冠研制开发的主题定为"综合性能优良、引领 80 年代潮流的高级普及型汽车"。在外形上,花冠汽车一方面减小汽车的风阻系数,一方面采用与国际商品接轨的新锐的直线形外观设计。花冠以非常快的速度实现了累计产销 1000 万辆的目标,成为单一品牌累计销量总冠军。1980 年,日本汽车产量达到 1104 万辆,占世界汽车总产量的 30%以上,一举击败美国成为"世界第一"。日本成了继美国和欧洲之后,世界上第三个汽车工业发展中心,世界汽车工业发生了从欧洲到日本的第三次转移。

图 1-9 丰田第一代花冠汽车

**温馨提示** 丰田生产方式视频参见教学资源 1.4。

韩国最早从事汽车生产的是起亚汽车公司,其建立于 1944 年 12 月,因第二次世界大战后政治局势动荡,公司长期处于不景气的状态。韩国汽车公司的真正起步是在 20 世纪 60 年代初,各汽车厂商以组装进口零部件生产整车的方式开始试制汽车,直到 1970 年,韩国的汽车年产量仅为 2.8 万辆。1973 年,现代汽车公司引进日本三菱公司发动机、传动系和底盘技术,1975 年便开始自己开发生产汽车,并大量向非洲出口。1972 年,大宇汽车公司的前身新进公司与美国通用汽车公司合资,1990 年第一辆自主设计的名为"王子"的国产汽车问世,并在市场上取得成功。汽车的国产化政策使韩国的汽车工业获得了飞速的发展,成

## 汽车企业文化

了继日本之后的世界汽车工业后起之秀。

### 参考案例2： 丰田生产方式

丰田英二（图1-10）出生于1913年，是丰田集团创始人丰田佐吉的侄子，曾任丰田汽车社长，是执掌丰田汽车时间最长的人。他与大野耐一创造的丰田生产方式是全球制造业的标杆，在亨利·福特应用流水线模式之后再次改变了全球工业的面貌。

20世纪50年代，丰田英二抱着实证主义的态度，前往美国参观福特汽车公司的厂区。当时福特日产汽车8000辆，丰田仅为40辆。但经过考察，丰田英二认为，福特的生产方式非常先进但还有改进的空间，丰田不能照搬而是要按照日本的国情谋求出路。

图1-10　丰田英二

回国后，丰田英二对生产流程进行逐一检查，发现工人在操作过程中浪费现象严重，于是决定将每个环节上的浪费问题逐个解决。经过多年探索、实验和在生产实践中不断积累，丰田汽车公司最终形成了一套风靡全球的丰田生产方式。因此，丰田英二也被人称为日本的"亨利·福特"。

丰田生产方式，是丰田汽车走向卓越的秘密，涵盖准时制生产、自动化装置、看板生产管理、精细生产方式等各种管理理念，以消除浪费、降低成本为目的，以准时化（Just In Time）和自动化为支柱，以改善活动为基础。

#### 一、准时制生产变"终点"为"起点"

传统的生产方式一般都是前道工序完成后把产品送到后道工序去，结果是前道工序不知道后道工序何时需要多少零部件，很容易造成产品过量生产，使后道工序成为中间仓库。准时制生产，就是将需要的工件，在需要的时间，按需要的数量供给生产线上各工序，可有效避免传统生产方式产生的上述弊端。

为了达到"准时"的要求，丰田汽车公司采取了后道工序在需要的时候到前道工序领取所需数量的零部件的方法。因为最后一道工序是总装配线，只要给总装配线下达生产计划，指出所需的车种、需要的数量、需要的时间，总装配线则可以按计划到前道工序领取各种零部件。这样就使制造工序从后到前倒过来进行，直到原材料供应部门都连锁地、同步地衔接起来，从而满足恰好准时的要求，并且能将管理工时减少到最低限度。在此过程中，"流程卡"则充当了巡视各道工序、控制流程、限制制造过剩、保证均衡生产的工具。

#### 二、带"人"的自动化装置

通常人们说的"自动"仅仅是指机器自己动作，不需要人参与。但实际上车间里每台自动化机器前通常都要设一个监视人员，并没有减少人的使用。丰田汽车包括人的因素的"自动"，就是不用人就可以对机器进行监视，在出现异常时，机器能够判断和停车。丰田汽车在新老机器上都安装了自动停车装置，诸如定位停车、全面运转系统、质量保险装置、安全装置等，努力使机器实现智能化。这种做法，也扩大到装配线工人的操作上。不论是人、机器或生产线，发生时异常能立即停止运转的系统，在丰田生产方式中都被称为"自动化"。操作人员自动化的"自"，是自身的"自"，自己感到"不行""不合格"时，就可

## 第一章 导 论

以马上使生产线停车。当生产线停下来，问题才清楚地暴露出来，而问题逐个得到解决，才能建立高效率的、不再停车的生产线。

### 三、一"卡"了然的看板生产管理

有人把丰田生产方式简单地归结为"看板"管理或"看卡"管理方式，认为只要运用"看板"就可以了，这是非常片面的。专家指出，丰田汽车公司在经营上取得的成就，丰田生产方式本身的贡献占绝大部分，而"卡片制"的作用仅占很小一部分。丰田生产方式是一套系统的、完整的生产管理方法，而"卡片制"只不过是一种工具，脱离这种生产方式，"卡片"就失去意义。"卡片制"具有两种作用：

**1. 传递作业的指令**

以卡片的方式表明"生产什么、何时生产、生产多少、用什么方法生产、如何搬运"等，而传统的做法是由企业的计划部门把上述情况制成生产计划表、运输计划表、生产传票等书面材料发给现场，很难做到"恰好准时"。并且，各种表格只有特定的人才能看到，而使用"流程卡"，车间里、生产线上谁都可以看到，制造产品的限量、时间、方法、程序以及搬运的限量、时间、目的地至存放场所等情况一目了然。

**2. "目视管理"的工具**

"流程卡"是同实物一起流动的，所以一看见卡就可以判断制造的先后顺序和紧要程度，以及各工序贯彻"标准作业"的情况，从而达到不生产多余产品、明确生产的优先顺序的目的，所以，这种"流程卡"被称为丰田生产线的神经。"流程卡"的使用规则、传递方式，丰田汽车公司也有详细的规定。

### 四、精细生产方式

造就丰田精细生产方式的最初起源，要上溯到二战后丰田自动织布工业社长丰田喜一郎对部下大野耐一提出的关于"三年赶上美国"的要求。当时日本的生产效率只有美国的1/8，而核心原因被认为是日本在生产过程中做了很多无用功。因此，这样的判断成了丰田后来形成精细生产体制的出发点，其基本的思想就是彻底消除无用功。

这种思想外化成两大支柱体系："即时到位系统"和"智能自动化"。

这个为了超过美国人的生产而诞生的生产系统，在近40年后又被美国引进，并且创造了惊人的成果。丰田生产系统被丰田与通用合资的新联合汽车制造公司在1984年引进，并使这个在继承原有工厂设备和人员的基础上建立的工厂的效率提高了2倍以上。

当时导入这套生产方式的时候也遭遇了文化上的冲突：在美国的生产观念里，生产线一停，责任人就要受到处罚，因此他们很害怕生产线停下来；但丰田汽车公司花了2年的时间化解了这个冲突，他们的认识是，如果不把生产线停下来，就会出现成堆的劣质品，因此一种"最先听取坏消息"的制度被固定了下来。

"管理异常现象"是对这种生产方式进一步的注释。丰田汽车公司总是做好准备等待异常情况出现，借此调查出原因所在，并采取措施，而这个过程不断重复可以促使生产线的性能不断提高。

### 六、汽车在中国

**（一）中国汽车发展孕育阶段**（1949年前）

1901年，匈牙利人李恩时开创先河，把第一辆汽车引进到中国。他订购了两辆奥兹莫比尔汽车（图1-11），从美国运往上海。翌年，上海市政府颁发了中国第一块汽车牌照，这是中国使用汽车的开始。中国现在保存最早的汽车是存放在颐和园的慈禧太后的座驾，由美国马萨诸塞州的图利亚汽车与弹簧公司制造的"图利亚"牌汽车（图1-12），被人冠以"中国第一车"的美名。这是袁世凯于1902年（清光绪二十八年）购买并献给慈禧太后的寿礼。

图1-11　1901年奥兹莫比尔汽车

图1-12　袁世凯送给慈禧太后的图利亚汽车

　　1903年以后，上海已陆续出现了从事汽车或零部件销售、汽车出租的洋行。福特T型车面市后，外国汽车源源不断地进入中国，1929年汽车进口量已达8781辆。到1930年，中国汽车保有量为38484辆，但没有一辆国产汽车。1924年，孙中山将美国的亨利·福特邀请到中国来考察，希望他在中国开设工厂，但福特认为日本市场比中国市场更重要，最终福特没有在中国设厂。

　　1928年，奉天迫击炮厂厂长李宜春等提出的"应国内需要，宜首先制造载重汽车"的建议，得到张学良的赞许，遂将奉天迫击炮厂改为辽宁迫击炮厂，并附设民用品工业制造处专门研制汽车，重金聘请了美籍技师麦尔斯为总工程师，在沈阳进行载货汽车试生产。1929年8月，李宜春从美国购进"瑞雷"号载货汽车散件自行组装整车。经过了两年多的努力，1931年5月31日，中国近代史上国产的第一辆汽车——"民生牌"75型载货汽车（图1-13）终于问世，开辟了中国人试制汽车的先河。据当时统计：在全车666种零件中，有464种是自制的，202种是进口的（主要是发动机、电器、精密齿轮、轴承等），零部件国产化率达70%。但"九一八"事变后，民生工厂未组装成车的零部件均被日本侵略军掠夺一空，张学良将军创办民族汽车工业的雄心壮志也随之毁于一旦。

图1-13　民生牌75型载货汽车

　　1933年，山西省利用太原兵工厂的技术和装备，试制成功两辆载货汽车。1936年，湖南省机械厂仿制美国道奇牌汽车发动机成功，并试制了两辆载货汽车。1937年，中国汽车保有量达到64635辆。

### （二）中国汽车发展创建阶段（1950～1965年）

1950年4月，中央人民政府重工业部成立了汽车工业筹备组，确定在吉林省长春市建立第一汽车制造厂。1951年批准初步设计方案。1952年开始技术设计和施工图设计。1953年7月15日，第一汽车制造厂在长春正式破土动工。<u>1956年7月13日，新中国成立后的国产第一辆汽车下线</u>，7月14日，第一批"解放牌"CA10型载货汽车出厂（图1-14），当年生产了1600多辆，结束了中国不能制造汽车的历史，圆了中国人自己生产国产汽车之梦。此后，经过改进设计，陆续开始生产解放CA10B型、CA15型等载货汽车。

图1-14　解放CA10型载货汽车

**温馨提示**　解放载货汽车视频参见教学资源1.5。

1958年以后，中国汽车工业发展迅速，汽车制造厂由1953年时的1家发展为1960年时的16家，汽车维修改装厂由16家发展为28家。其中：

南京汽车制配厂试制成功跃进牌NJ130型2.5t货车，后更名为南京汽车制造厂（以下简称"南汽"）。

上海汽车装配厂先后试制成功58-1型三轮汽车和上海牌SH760型中级轿车，后更名为上海汽车厂（以下简称"上汽"）。

上海货车修理厂试制成功交通牌SH140型4t载货汽车，后更名为上海重型汽车厂。

济南汽车配件制造厂仿制出捷克斯洛伐克的斯可达柴油车，后更名为济南汽车制造厂（以下简称"济汽"），并于1960年试制成功黄河牌8t柴油车。

北京汽车配件厂从1958年起试制了九种车型，1963年研制BJ212型越野车，成为批量生产越野车的北京汽车制造厂（以下简称"北汽"）。

1957年5月，第一汽车制造厂（以下简称"一汽"）开始仿照国外样车自行设计轿车，1958年先后试制成功CA71型东风牌小轿车和CA72型红旗牌高级轿车。同年9月，国产凤凰牌轿车在上海诞生，红旗牌高级轿车被列为国家礼宾用车，并用作国家领导人乘坐的庆典检阅车。凤凰牌轿车参加了1959年国庆十周年的献礼活动。1963年，凤凰牌轿车改名为上海牌轿车。

### （三）中国汽车发展成长阶段（1966～1980年）

1969年，国家决定依靠自己的力量在湖北十堰建设第二汽车制造厂（以下简称"二汽"），湖北十堰因此成为中国汽车工业第二个生产基地。东风牌EQ240 2.5t越野汽车是二

## 汽车企业文化

汽于1976年正式投产的首款车型，用于装备部队。在此期间，一汽、南汽、上汽、北汽和济汽5个老厂分别承担了包建和支援三线汽车厂（二汽、川汽、陕汽和陕齿）的建设任务，同时其自身进行技术改造以扩大生产能力。当时全国各地发展汽车工业，几乎全部是仿制国产车型重复生产。1976年，全国汽车生产厂家增加到53家，专用改装厂增加到166家，但每个厂平均产量不足千辆，大多数在低水平上重复建设。

### （四）中国汽车全面发展阶段（1980年至今）

1978年，日本的日野、丰田、三菱汽车厂商和美国通用汽车公司相继到访一汽。1984年国家实施国有企业法人化。1986年中国政府转变了过去以货车生产为中心的决定，开始以轿车生产为中心。丰田、日产、本田、三菱公司这个时候并未计划与中国企业展开技术合作，不愿意向中国转让技术。而铃木、五十铃、大发、富士重工、日野愿意与中国企业合作，这个时期与中国合作的日本汽车企业都是当时日本的中流企业。

1978年12月，美籍华人杨汉华向当时的中华人民共和国第一机械工业部转达了美国汽车公司（AMC）有意与中国合作生产汽车的意愿。经多次考察、谈判、汇报和请示，1983年，中国第一家整车合资企业——北京吉普汽车有限公司成立。

在北京吉普汽车有限公司合资成功的带动下，多家合资公司先后成立：

1987年10月，第一汽车制造厂和德国大众汽车公司商讨合作，1991年2月6日，合资公司"一汽-大众汽车有限公司"成立。

1985年3月15日，广州标致汽车公司成立。

1992年5月18日，神龙汽车有限公司成立。

1987～1989年，国家明确建设"三大"（一汽、二汽、上汽），"三小"（天津汽车、北京吉普、广州标致）、"两微"（长安铃木、贵航云雀），后又增加西安秦川、湘潭江南和吉林江北3个奥拓组装厂，这一格局一直维持到1997年。

1996年法国标致汽车公司退出合资，1998年广汽集团与日本本田汽车公司重组成立了广州本田汽车有限公司。2000年丰田与天津汽车公司的分公司天津夏利汽车公司各出一半资金，成立合资公司"天津丰田汽车有限公司"，2003年9月，正式更名为"天津一汽丰田汽车有限公司"。2002年4月，中国加入WTO后第一家合资企业"北京现代汽车有限公司"成立，随后，东风悦达起亚、华晨宝马、东风本田、东风日产、广汽丰田、北京奔驰、广汽菲亚特、广汽三菱、长安标致雪铁龙、奇瑞捷豹路虎、东风雷诺等合资企业相继建立。

**温馨提示** 广州本田汽车有限公司生产线视频参见教学资源1.6。

中国汽车产业从1983年开始，30多年来一直采取对外开放战略，以中外合资作为汽车企业的主要发展模式，世界主要汽车品牌悉数以合资形式进入中国，合资汽车企业进入全面发展阶段。德国大众、奔驰、宝马、法国标致、意大利菲亚特克莱斯勒、美国通用、福特、日本丰田、本田、日产、马自达、三菱、五十铃、韩国现代等汽车企业纷纷加入与中国汽车企业的合资大潮，共享中国汽车市场大发展的盛宴。

中国加入世界贸易组织，自主品牌吉利、奇瑞、比亚迪、长城等汽车企业也得到了前所未有的发展机遇。2001年吉利汽车公司成为首家获得轿车生产资格的民营企业；2003年长城汽车公司成为国内首家在香港H股上市的民营汽车企业；2003年比亚迪汽车公司收购西安秦川汽车有限责任公司。大型国有汽车企业集团也着力发展自己的独立品牌，相继推出一

# 第一章 导　论

汽奔腾、上汽荣威、东风风神、广汽传祺、北汽绅宝等品牌。同时，行业内汽车企业（集团）之间的兼并重组和合作也在不断发生，例如2007年上汽并购南汽、2009年广汽集团重组长丰汽车、长安汽车兼并哈飞昌河、2013年东风重组福建汽车、北汽收购镇江汽车等。

2016年中国汽车产销量分别达到2812万辆和2803万辆，同期分别增长14.5%和13.7%。据中国汽车工业协会公布的统计信息，2016年，全国有汽车企业（集团）共74家，前12家汽车集团（企业）汽车销量为2589万辆，占全国汽车销量总量的92.4%，其余62家企业合计销售汽车214万辆，仅占全国汽车销量总量的7.6%（表1-1），显示出中国汽车产业已高度集中。

表1-1　2016年中国74家汽车企业（集团）汽车销量汇总情况一览

| 序　号 | 企业名称 | 汽车销量/万辆 | 市场占有率（%） |
| --- | --- | --- | --- |
| 1 | 上海汽车集团股份有限公司 | 647 | 23.1 |
| 2 | 东风汽车集团股份有限公司 | 428 | 15.3 |
| 3 | 中国第一汽车集团有限公司 | 310 | 11.1 |
| 4 | 中国长安汽车集团股份有限公司 | 306 | 10.9 |
| 5 | 北京汽车集团有限公司 | 285 | 10.2 |
| 6 | 广州汽车工业集团有限公司 | 165 | 5.9 |
| 7 | 长城汽车股份有限公司 | 107 | 3.8 |
| 8 | 浙江吉利控股集团有限公司 | 80 | 2.9 |
| 9 | 华晨汽车集团控股有限公司 | 77 | 2.7 |
| 10 | 奇瑞汽车股份有限公司 | 70 | 2.5 |
| 11 | 安徽江淮汽车集团股份有限公司 | 64 | 2.3 |
| 12 | 比亚迪汽车有限公司 | 50 | 1.8 |
| | 前12家企业汽车销量小计 | 2589 | 92.4 |
| | 其余62家企业汽车销量小计 | 214 | 7.6 |
| | 全国74家企业汽车销量总计 | 2803 | 100 |

## 七、当今世界汽车产业

一百多年的世界汽车发展史可概括为：汽车诞生于德国，成长于法国，成熟于美国，兴旺于欧洲，挑战于日本，模仿于韩国，崛起于中国。在2016年全球前十个国家汽车销量排名中，中国汽车销量排名第一（表1-2）。

表1-2　2016年全球前十个国家汽车销量排名

| 国家 | 中国 | 美国 | 日本 | 印度 | 德国 | 英国 | 巴西 | 法国 | 意大利 | 俄罗斯 |
| --- | --- | --- | --- | --- | --- | --- | --- | --- | --- | --- |
| 销量 | 2803 | 1754 | 497 | 367 | 335 | 269 | 205 | 200 | 182 | 143 |

单位：万辆

目前，世界汽车工业主要可分为欧系、美系、德系、日系、法系、韩系和中国品牌。2016年全球汽车产销量分别为9498万辆和9386万辆，增速分别为4.5%和4.7%。其中全球十大汽车集团合计销售汽车6689万辆，占全球汽车销售总量的71.3%（表1-3）。

汽车企业文化

表1-3　2016年全球十大汽车集团品牌销量排名

| 汽车集团 | 大众 | 丰田 | 通用 | 日产雷诺 | 现代 | 福特 | 本田 | 菲亚特克莱斯勒 | 标致 | 铃木 |
|---|---|---|---|---|---|---|---|---|---|---|
| 销量 | 1031 | 1017 | 1000 | 831 | 763 | 631 | 492 | 486 | 325 | 286 |

单位：万辆

> **温馨提示**　中国汽车产业发展视频参见教学资源1.7。

### （一）中国汽车产业

**1. 汽车保有量**

汽车保有量是指一个地区拥有车辆的数量，一般是指在当地登记的车辆。但汽车保有量不同于机动车保有量，机动车保有量包括摩托车、农用车保有量等在内。

2017年，中国有3.10亿机动车保有量，其中汽车保有量2.17亿，汽车中载客汽车1.85亿辆，而以个人名义登记的小型和微型载客汽车（私家车）达到1.7亿辆，占载客汽车的91.89%。与2016年相比，私家车增加2304万辆，增长11.85%。

全国有53个城市的汽车保有量超过百万辆，24个城市超200万辆，7个城市超300万辆。其中汽车保有量超过300万的7个城市依次是北京、成都、重庆、上海、深圳、苏州和郑州。

**2. 机动车驾驶人**

随着机动车保有量持续快速增长，机动车驾驶人数量也呈现迅猛增长趋势，近五年年均增量达2450万人。2016年底，全国有3.6亿机动车驾驶人，其中包括3.1亿汽车驾驶人，占驾驶人总量的87.49%，全年新增汽车驾驶人3129万人。从驾驶人驾龄看，驾龄不满1年的驾驶人3314万人，占驾驶人总数的9.27%。男性驾驶人2.60亿人，占72.77%，女性驾驶人9738万人，占27.23%。机动车及驾驶人数量迅速增长，机动车的使用给人们生产生活带来便捷的同时，也带来了不容忽视的安全隐患。

**3. 中国汽车产业发展趋势**

中国汽车产业经过近30年的快速发展，国内汽车企业已逐渐掌握汽车生产核心技术，已经具备了逐步由汽车制造大国向制造强国转变的基础，出口规模也逐年扩大。随着世界汽车安全、能源、环境三大问题的日益凸显，汽车电动化、智能化、网联化发展趋势明显，各大汽车企业集团投入大量的人力、财力、物力进行技术研究和储备，预计未来中国汽车产业将呈现五大发展趋势。

（1）**电动化**　预计到2050年，一线城市将全部使用清洁能源汽车和电动汽车，实现零排放。为保证新能源汽车顺畅行驶，各类充电设施将科学地设置在停车场等公共停放场所和高速公路、国道、省道甚至城市街道沿线。

> **温馨提示**　电动汽车视频参见教学资源1.8。

（2）**动力蓄电池技术**　汽车企业将高度重视新能源汽车"三电"（电池、电机、电控）特别是动力蓄电池未来技术的提升，电池使用的高效率、电池处理的环保化将成为新能源电动汽车的主要发展方向，新能源汽车续航能力也将大大增强。

（3）**未来技术进步**　轻量化、智能化、环保化是汽车技术进步和发展的方向。轻量化关系到电动汽车技术的提升，预计到2050年，随着技术及新材料的进一步突破和发展，汽

# 第一章 导 论

车"用料"会在保证车身强度的同时，重量更轻。通过对汽车行业和互联网行业共同关心的先进驾驶辅助系统（ADAS）和无人驾驶技术的研究和开发，有望使汽车智能化时代提前到来。通过对报废汽车拆解可回收技术的研究，将有效回收汽车各部分材料，实现产品生产、产品使用、产品报废全生命周期的环保化。

（4）汽车共享成为主流。汽车共享可充分利用汽车资源，用更少的车搭载更多的人，减少车辆使用量，降低尾气排放，改善城市交通。随着技术的进一步更新，建立在车联网定位基础上的汽车分享将成为人们用车生活的主要形态之一。

（5）汽车业态。新兴汽车科技成为主力。到2050年，汽车产业结构也将迎来翻天覆地的变化，汽车的设计研发、制造、运营等环节将高度集中在新型且少数的几大集团手中，而这些新型的集团也将整合资源，运用新思维打通汽车产业各个端口，变革汽车产业体系。

## （二）世界汽车产业

### 1. 新兴市场将成为生力军

一方面，发达国家纷纷出台刺激政策，推动工业发展，促进汽车产能的回归，全球汽车产业分工因此出现一定的分化。发达国家和新兴经济体的汽车产业已呈现出换代升级的发展特征，进入到一个更高的发展阶段。另一方面，发展中国家汽车生产和消费处在规模扩张阶段，世界汽车制造业正纷纷向中国、印度、巴西等新兴国家转移，新兴市场正成为全球汽车工业的生力军。因此，汽车资源配置日益国际化，产业链日益全球化，产业链中低端进一步向发展中国家集聚。

### 2. 新的生产方式开始形成

新兴国家大型汽车产业集团正在崛起，对全球汽车的影响力日益增大。以中国汽车企业海外并购为例，近年先后有上汽集团收购英国罗孚汽车、北汽集团收购萨博技术、东风汽车集团入股标致雪铁龙集团（PSA）、万向集团收购美国电动汽车制造商菲斯克、吉利汽车集团收购沃尔沃以及英国出租车制造商锰铜汽车公司和澳大利亚自动变速器公司（DSI）等，标志着全球范围内的兼并重组不断加剧。从结构调整趋势看，新的汽车生产方式开始形成，世界汽车生产经历了单件定制生产、大规模方式生产、精益生产等发展阶段。当前在差异化生产成为发展大势的背景下，汽车产业开始进入大规模定制时代。

未来，汽车产业将广泛采用平台化战略、模块化生产、全球采购，零部件制造在汽车产业链中的地位加强，国际竞争由制造链向服务链的延伸将加速。这一系列的变化，可能彻底改变世界汽车工业发展的格局。

### 3. 新智能互联汽车成热点

电子新技术，如传感器技术、微处理机技术、智能汽车及智能交通系统（ITS），以及多通道传输技术、数据传输载体等快速发展，其应用将成为汽车发展的趋势，也将带来材料、制造工艺的变革。整车制造商、IT公司、互联网公司纷纷投入大量人力、物力、财力，加大在智能和互联两大类领域的研究。例如，智能方面，谷歌、百度研发无人驾驶、手势控制、电子胎压信息系统等新技术；互联方面，东风汽车公司与华为合作开发的智能汽车、福特的SYNC、宝马的ConnectedDrive、奥迪A3搭载的4G网络等技术。随着电子技术的发展，互联网汽车这一概念也迅速普及，国内北汽集团与乐视合作开发乐视汽车、上汽集团与阿里巴巴合作开发互联网汽车，IT技术和互联网思维正试图改变传统汽车的存在形态和行销模式。

# 汽车企业文化

> **温馨提示** 智能汽车视频参见教学资源 1.9。

### 4. 新能源向多元化转变

世界主要汽车生产国将发展新能源汽车上升为国家战略，纷纷提出低碳汽车、绿色汽车等概念，并从加快研发推进产业化方面大力支持，以节能与新能源汽车为主攻方向的国际产业角力已全面展开。从能源的角度，汽车能源使用由单一向多元化转变，从最早的蒸汽动力，到石油动力，再到甲醇、天然气、电力（含水电、火电、风电、太阳能发电等电力）、氢气、页岩气等，汽车产业正走向低碳环保、可再生、轻量化的能源利用和开发轨道。2008年金融危机发生后，奥巴马政府出台经济刺激计划，其中就包括大力扶持新能源汽车产业发展。中国政府近年来也出台了一系列政策大力推动纯电动、插电式混合动力和燃料电池汽车的发展。近年来，纯电动汽车品牌特斯拉的兴起，在全球形成了新能源汽车的一股发展浪潮，各类型的节能与新能源汽车包括混合动力汽车、插电式混合动力汽车、纯电动汽车等在市场上蓬勃发展。

### 5. 新的直销模式将盛行

汽车行业竞争正由制造领域向服务领域加速延伸。互联网推动了商业模式创新和价值链重构，改变了汽车后市场的服务模式，汽车销售渠道创新步伐加快，电商平台（包括移动互联）将发挥越来越显著的作用。经过多年的实践，全球汽车行业从直销转入经销模式，并逐步形成4S店模式，包括厂家直接建设运营4S店和授权建设运营4S店。进入21世纪后，随着互联网特别是移动互联网的发展，通过电商平台销售的车辆越来越多，正逐步改变着传统4S店的模式，如特斯拉完全通过网络将产品直销给客户。

## 第二节 汽车文化的产生

文化是一个广泛的、抽象的概念。笼统地说，由于文化是人们长期创造形成的产物，既是一种社会现象，又是一种历史现象，它是人们劳动和生活的结晶，也是社会历史的积淀物，更是人类在社会历史发展过程中，不断创造的物质财富和精神财富的总和。

确切地说，文化是凝结在物质之中又游离于物质之外的，如国家或民族的历史、地理、传统习俗、风土人情、思维方式、行为规范、文学艺术、生活方式和价值观念等，是一种在人类之间用于交流的、被普遍认可的、能够一代又一代传承的意识形态，通常包括精神文化、伦理道德、物质文化、制度文化、行为文化和心理文化多个方面。汽车文化随着汽车在人们生活中的频繁使用，以及社会的不断进步而逐步形成。

### 一、历史催生汽车文化

汽车文化是汽车历史发展过程中，人们所创造的、与汽车相关的物质财富和精神财富的总和。纵观汽车发展史，自从汽车问世后，它就开始逐步地影响和改变人们的生活，通过不断发展形成了庞大的汽车产业，推动和影响了世界经济的发展。汽车经过一个多世纪的发展，从代步、实用、运动、休闲到不断地推陈出新，已成为人们生活中不可或缺的一部分。历经沉淀，汽车文化逐步形成并不断完善，成为文化体系的重要组成部分。

# 第一章 导　论

### （一）催生汽车物质文化

世界上第一辆汽车，是被命名为"卡布奥雷"的蒸汽驱动的三轮汽车，是古代交通运输（以人、畜或帆为动力）与近代交通运输（动力机械驱动）的分水岭，这辆汽车使汽车朝实用化方向迈出了第一步；而嘉内利用第一辆18座的蒸汽公共汽车开展有规律的运输服务，则创立了世界上最早的公共汽车运营，促进了公共交通的发展；卡尔·本茨为一代名车"梅赛德斯"申请了专利，戴姆勒公司正式将"梅赛德斯"作为自己产品的商标；罗尔斯与罗伊斯联手创立了名车品牌，并推出"银色幽灵"汽车等。这些都是人类在汽车方面创造的物质文明，是典型的汽车物质文化。

### （二）催生汽车制度文化

美国福特汽车公司创建新的生产管理体制，量产T型福特汽车，以大批量生产的方式代替订单生产的方式，极大地降低了汽车生产的成本，福特汽车累计生产单一型号的T型福特汽车1500万辆，缔造了汽车业当时的汽车生产世界纪录，这一生产方式推动了世界汽车工业的发展。欧洲汽车厂商随后也推广"量产化"，并通过多品种、多样化的生产方式，开发了多种多样的新型车，汽车技术的高科技含量增加，实现了由汽车产品单一到多样化的变革，如美国的通用、福特、克莱斯勒三大公司生产的产品，以及欧洲生产的中低档车如大众公司的"甲壳虫"，成为美国市场的走俏产品。批量生产促进了工业制度的形成，推动汽车产业加快发展，形成了典型的汽车制度文化。

### （三）催生汽车精神文化

20世纪70年代，日本汽车生产商为应对石油危机，设计开发出省油耐用的低价格汽车，赢得了广大消费者的青睐。而"丰田生产方式"实现了在极短的时间里生产出性能好、质量高、价格低的小型汽车，系统地建立了包括及时化、自动化、看板方式、标准作业、精益化等各种生产管理的理念，形成了典型的汽车精神文化。

### （四）催生汽车行为文化

在汽车的生产和使用过程中，一系列相关的行为、态度、符号、价值观、仪态和体制等逐渐形成。汽车作为一种交通工具服务社会，一开始因产量少、价格昂贵，被认为是贵族富人的奢侈品，一度成为贵族阶层的专用产品，成为上层社会人士权力地位和财富的象征。到了福特时代，由于采用流水线进行大规模生产，汽车销售价格也一降再降，汽车特别是轿车才成为大众能够接受的消费品，真正成为被大众拥有的工具。人们对汽车的依赖形成了他们各自特有的文化观，为形成真正意义上的汽车文化奠定了基础。汽车企业对内开展各项"以人为本"的文化活动，对外开展如市场调研、市场推广和市场营销等活动，特别是在销售服务方面不断创新模式和方式，形成了典型的汽车行为文化。

汽车发展历史过程中产生的物质文化、制度文化、精神文化和行为文化相互融合，相互联系，逐步形成了汽车文化，并已成为社会文化中不可缺少的一个组成部分。

## 二、汽车文化的形成

汽车在美国快速普及，不仅改变了美国的经济结构和城市格局，更是如同食品、衣服等生活必需品一样，完全融入各个阶层人民的日常生活之中。美国的一份总统委员会调查报告中曾说到，可能还没有一项重要的发明会像汽车一样传播得这么迅速，会这样快地发挥其影响，渗透到民族文化中，甚至改变人们的思想和语言习惯。

汽车企业文化

过去的100多年，各个国家的汽车制造企业，都集全企业之力，在汽车研发和制造过程中，从表面的风格到内在的品质，从外形到内饰，都试图深深地烙上本民族文化的印记，并将这种文化和价值观念传遍世界。中西方国家不同的社会形态、文化背景、思维方式、行为规范以及生产力水平，催生出不同的企业管理方式、不同的企业经营理念。中国改革开放后，许多跨国汽车企业与中国的汽车企业开展合资合作，不同国家的汽车企业管理方式和经营理念，与中国本土汽车企业的管理方式和经营理念产生碰撞，引起中国汽车企业管理方式和经营理念的巨大变革，创新并丰富了中国汽车文化。

### （一）汽车技术文化

汽车本身的技术文化侧重介绍汽车的技术知识，如汽车的基本类型、编号、构造、行驶原理、基本性能、技术发展等内容。

### （二）汽车人文文化

汽车人文文化，包括汽车发展史、汽车厂商文化、汽车品牌文化、汽车名人文化、汽车美学文化、汽车制度文化、汽车时尚文化等内容，表现出汽车人文文化。

### （三）汽车观念文化

作为现代文明的标志，汽车不仅是一种交通工具，而且代表着一种新的生产方式和生活方式。随着社会文明的进步和经济的发展，汽车企业、消费者和整个社会要适应这种新的生产生活方式的要求，就必须彻底改变思想观念。一方面汽车企业要树立研发生产出安全、环保、舒适、高效的汽车产品，满足消费者需求的市场观念，另一方面汽车用户要树立正确的汽车消费观念。

### （四）汽车社会文化

汽车在改变人们的生活、带给人们生活极大便利的同时，也带来了一些问题，例如石油危机、环境污染和交通安全等。这就要求汽车企业要创新理念，开发和生产节能与新能源汽车、智能网联汽车等。同时汽车用户要养成经济用车和文明用车的好习惯。这是一种观念，一种态度，更是一种社会文化。

### （五）汽车形象文化

汽车改变了社会的产业结构、生产和生活方式，扩大了社会就业，促进了经济发展，优化了工业的生产秩序，大大提升了汽车产业的社会形象。整个20世纪，汽车创造的社会财富和衍生文化比上一个千年的总和还要多。

## 三、汽车企业对文化的策略

汽车企业为应对市场竞争，研发适销对路的产品满足消费者需求，通过产品销售和市场推广，提升企业整体形象。企业形象的提升，又促进产品的市场销售，企业进入良性循环发展，进一步增强自身的竞争能力。汽车企业对文化定位采用三个标准，分别是产品特点、利益诉求以及整体形象。这三个标准是按照企业行为文化、品牌文化内涵的层次来区分的，既传播汽车文化，又能促进汽车的文化营销。

### （一）产品特点

产品特点是品牌文化的基础，从这个角度对品牌文化进行定位，通过关注外观设计、先进技术、性能特点和人文关怀等要素，不仅可以在同类产品中突出目标产品，还能不断地加强目标品牌的文化影响力。

第一章 导　　论

### （二）利益诉求

利益诉求指的是以消费者的利益诉求为基本点对企业行为文化和品牌文化进行定位。通常，消费者对于一个品牌的认定不是仅依靠其产品特点，而是体现在这个品牌能否满足其利益诉求。只有以满足消费者的利益诉求为基点进行企业行为文化和品牌文化的传播，才能更容易打动消费者，建立其对品牌的心理依赖，实现品牌的文化营销策略。

### （三）整体形象

企业在上述以产品特点、利益诉求为基点，进行企业行为文化和品牌文化定位的基础上，以品牌的整体形象来对品牌进行整体定位，不仅能够与消费者建立稳固的心理沟通桥梁，还能保证品牌忠实消费者的数量。车标文化是汽车产品的特定标识，表现企业的价值观、理念、品牌和形象。以车标文化为代表的各种形象有助于表达企业文化，倡导汽车礼仪，引导用车行为，推进人与车之间关系的和谐。企业在对品牌进行整体形象的文化定位时，应当参考目标消费者对其自身的定位，突出表现品牌的独特气质或者文化积淀，这样才能与消费者的自我认知产生共鸣，建立稳固的客户群体。

## 第三节　汽车企业文化的作用

汽车产品结构复杂，由成千上万个零部件组成，在汽车产业的发展过程中，汽车产品的开发技术、制造技术和品质控制技术不断改进、创新，凝聚了人类的智慧，与此相适应的汽车文化也不断积累和发展。这些汽车文化与古典管理、现代管理和当代管理理论相结合，特别是20世纪80年代，美国企业界与理论界迫于日本经济的挑战，迅速做出反应，提出了"企业文化"新理论。汽车文化融入"企业文化"理论后，逐步形成了独特的汽车企业文化。汽车企业文化增强了汽车企业的核心竞争力，吸引并凝聚行业人才，增值企业的无形资产，进一步促进了汽车产业的可持续发展。

### 一、汽车企业文化推动产业快速发展

企业文化是一个全新的企业管理理论，它发祥于日本，形成于美国，是继古典管理理论（又称科学管理）、现代管理理论（又称行为科学管理）、当代管理理论（又称管理科学）之后，世界企业管理史上出现的第四个阶段的管理理论，也称世界企业管理史上的"第四次管理革命"。标志着企业文化诞生的是被称为企业文化"四重奏"的四部著作，即威廉·大内著的《Z理论》；理查德·帕斯卡尔和安东尼·阿索斯著的《日本企业管理艺术》；泰伦斯·迪尔和艾伦·肯尼迪著的《企业文化—企业生存的习俗和礼仪》；托马斯·彼得斯和小罗伯特·沃特曼著的《追求卓越》。此外，还有劳伦斯·米勒著的《美国企业精神》等。它们是美国学者对日本优秀企业进行调研、考察的理论总结，对企业文化理论的系统化和全面发展起到了奠基作用。企业文化继承了古典管理、现代管理和当代管理理论思想的精华，认为企业管理的基本原则是以人为本，即以尊重人的人格、促进人的发展为中心；成功企业之所以取得成功，不仅在于它们的资金、技术、设备、建筑、销售网络等硬件，还在于有致力于人的发展的企业文化。

汽车文化在企业文化的发展过程中扮演了重要的角色，汽车产业的发展和壮大为企业文

## 汽车企业文化

化理论的形成提供了扎实的实践基础，独具行业特色的汽车企业文化成了企业文化不可分割的重要内容。第二次世界大战以后，日本在废墟上恢复和发展工业，他们借助企业文化和制度这两个车轮迅猛地推动着企业的发展，在短短的几十年里取得了令世界震惊的成就。20世纪80年代，日本的产品特别是汽车和零部件产品不断涌入美国，挤占当地市场，让一向自豪的美国人刮目相看。美国的学者和企业界精英在认真研究了这一现象后得出一个惊人的结论，即日本企业的迅速崛起得益于日本企业自有的企业文化。如丰田"精益生产"的汽车企业文化，本田"快速行动"的汽车企业文化等，大大促进了日本本土汽车企业的快速发展。这些汽车企业文化对国际汽车企业取得长期经营业绩也发挥了重要作用。如欧洲的奔驰汽车公司、宝马汽车公司，美国的福特汽车公司、通用汽车公司、克莱斯勒汽车公司的汽车企业文化也得到迅速发展。汽车企业文化推动了全世界汽车产业的发展。

### 二、汽车企业文化促进产业持续发展

汽车企业文化在企业发展中的作用可以归纳为以下几点：

#### （一）汽车企业文化促进企业可持续发展

可持续发展是一种注重长远发展的经济增长模式，最初于1972年提出。在联合国《我们共同的未来》报告中，可持续发展被定义为"既满足当代人的需求，又不危害后代人满足其需求的能力"。可持续发展也是科学发展观的基本要求之一。

**1. 汽车企业可持续发展的含义**

随着全球汽车产业的不断发展，有学者把可持续发展的概念用到汽车产业中，用来研究汽车企业的生存与发展问题。可以把汽车企业可持续发展理解为，汽车企业以获取和保持持续性的生存能力和发展能力为重点，同时兼顾与社会经济、交通安全、自然资源、节能环保等方面的协调发展。汽车企业文化能促进企业可持续发展，引导企业处理好企业与生态环境的关系、企业与社会的关系、企业与企业的关系、企业与股东的关系以及企业内部管理者与员工的关系等。

广州本田汽车有限公司（现称广汽本田汽车有限公司，以下简称"广汽本田"是日本汽车企业在中国合资成立的第一家中外合资汽车生产企业，成立开始就着手建设汽车企业文化，确立对环境保护的观念，即"除了产品生产之外，绝不生产其他物质"，并将这种观念逐步变成现实。广汽本田在绿色环保方面的努力完全根植于自身的价值链，这种努力既符合社会的需要，同时也是企业自身发展的需要，因而也就更有可持续性。广汽本田增城工厂是全球首个导入"废水零排放"的汽车工厂，其以环保为导向，将生产对环境的影响降到最低，不仅不对外排污，而且可节约大量用水。每年可以回用中水414 000立方米，按照广州家庭平均37立方米/月的用水量计算，节约的这部分水量可满足大约932户广州家庭一年的总用水量。继"废水零排放"之后，广汽本田又在汽车行业率先提出了"生产过程二氧化碳零排放"的目标，通过清洁生产和环保公益活动，实现环保效益与生产过程产生的二氧化碳的双向平衡，很好地处理了企业与生态环境、企业与社会等方面的关系，为企业可持续发展打下了坚实的基础。

**2. 汽车企业文化的人文和管理属性**

汽车企业文化具有两种属性，一是人文属性，二是管理属性。汽车企业文化既是一种文化形态，又是企业的管理方式和管理理论，是文化与经济、管理相结合的产物。汽车企业的

# 第一章 导 论

文化管理是企业管理的最高境界，是以人为中心的管理，而不是"汽车企业"和"文化"的简单相加，它是一种将文化建设与管理实践融合在一起的学科，一种从文化角度观察企业、始终以人为中心、以先进的理念来指导企业实践运行与成长的方法。只有正确认识汽车企业文化的两种属性，才能处理好汽车企业可持续发展的关系。

（1）**从管理的客体而不仅仅是主体角度来观察管理** 传统的企业管理的做法是"我说你来听、你来做"的模式，而与管理相结合的汽车企业文化建设，更加重视管理者的"客体"——被管理者，包括他们在企业工作实践中的真正状态和真实情感。就像做市场推广要了解顾客需求一样，做管理也要了解"管理的客户"——员工的需求。

（2）**从经营管理的基层而不仅仅是上层来了解管理** 传统的管理模式，只注重管理者的思想、政策、战略，而汽车企业文化更多关注基层员工和基层实践中的真实状态，避免企业制度因为遭到基层的抵制和持续博弈，难以真正贯彻下去。

（3）**从管理的动态过程而不仅仅是静态过程了解管理** 汽车企业文化贯穿于管理的动态过程，就是在企业的管理中，既要关注说什么、要求做什么，更要关注管理指令在具体的过程中是如何运行的，运行中产生了怎样的问题，员工的思维和行为在其中有怎样的变化，这样的制度长期实施，会产生怎样的群体思维与行为模式。只有这样，才能使企业的管理结合实际，真正落到实处。

（4）**从市场角度而不仅仅是企业角度去满足消费者需要** 传统的汽车生产企业，往往脱离市场需求，认为企业研发和生产什么汽车产品，消费者就得接受什么产品。而汽车企业文化致力于理解消费者需求，以提供高品质、适销对路的产品，解决汽车市场供需错配的结构性矛盾，更好地满足消费者日益增长的用车需求，让企业在不断变化的汽车市场竞争中获得更大的生存和发展空间。

汽车企业如对汽车企业文化的人文属性和管理属性理解到位，就能既满足企业内部员工的需要，又能满足社会消费大众的需求，企业的长远利益就可以得到维护。汽车企业推行的"以人为中心""社会营销观念"和社会大众提倡的"绿色消费"，正是处理企业与生态环境、企业与消费大众、企业内部管理者与员工的关系的良好体现。汽车企业文化通过企业价值理念体系的灌输，取得员工和社会消费大众对企业经营观念的认同，也是增强企业可持续发展能力的基础。

### 3. 汽车企业文化道德的内在属性

汽车产品是以满足安全性、降低排放量和提高燃油经济性等方面要求为前提，而生产出来的一类产品。汽车企业要想在市场竞争中实现可持续发展，建立和完善企业的道德架构，已经成为汽车企业文化建设十分紧迫的任务。

道德对汽车企业及员工提出了比法律所要求的更高的行为规范。道德的约束通常是通过社会舆论和内心信念等手段，以唤醒人们的良知和羞耻感、内疚感，从而实现自我控制和社会控制的理性目标。道德导向下的汽车企业通过营造良好的道德环境教育员工，使企业员工认识到什么是应该做的，什么是不应该做的，并以这种认识来指导自己的行为。道德导向下的汽车企业无论是赢利还是亏损，都会优先考虑对社会履行社会责任、伦理责任和环境责任，这是汽车文化道德的内在属性。

道德是汽车企业赖以生存的基石，是汽车企业的社会形象——企业声誉的象征。因此，企业应该自觉遵守国家法律法规，特别是国家《环境保护法》《消费者权益保护法》《安全

汽车企业文化

生产法》《劳动法》等。同时企业应加强道德文化的培育，倡导汽车企业和员工遵循社会道德规范，进一步协调好企业与社会、企业与消费者、企业内部管理者与员工的关系，为企业的生存创造和谐的内部和周边环境，得到社会和员工的认同，从根本上解决好企业的生存能力和发展能力问题，确保汽车企业可持续发展。

### （二）汽车企业文化增强企业核心竞争力

汽车企业核心竞争力是指在竞争性市场条件下，企业通过培育自身资源和能力，获取外部可寻资源，并加以综合利用，在为顾客创造价值的基础上，实现自身价值的综合性能力。它包括把握全局、审时度势的判断力，大胆突破、敢于竞争的创新力，博采众长、开拓进取的文化力，保证质量、诚实守信的亲和力。这也是在竞争性的市场中，一个企业应该具有的，能够更有效地向市场提供产品和服务，并获得赢利和自身发展的综合素质。

#### 1. 特色企业文化是最核心的竞争力

国际著名的兰德公司经过长期研究发现，企业的竞争力可分为三个层面：第一个层面是产品层，即企业的研发、产品生产及质量保证、成本控制、营销和服务能力；第二个层面是制度层，包括各经营管理要素组成的结构平台、企业内外环境、资源关系、企业运行机制、企业规模、品牌、企业产权制度；第三个层面是核心层，包括以企业理念、企业价值观为核心的企业文化，内外一致的企业形象，企业创新能力、差异化和个性化的企业特色，稳健的财务，长远的全球化发展目标。第一个层面是表层的竞争力，第二个层面是支持平台的竞争力，第三个层面是最核心的竞争力。

从研究成果可以看出，汽车企业的核心竞争力是企业文化，而企业价值观又是汽车企业文化的核心。

对于个人而言，价值观是指个人对客观事物（包括人、物、事）及对自己的行为结果的意义、作用、效果和重要性的总看法，是推动并指引一个人采取决定和行动的原则、标准，是个性心理结构的核心因素之一。它使人的行为带有稳定的倾向性，知道应该做什么、选择什么，发现事物对自己的意义，设计自己，确定目标并为之奋斗。

对于企业而言，企业价值观是指企业及其员工广泛认同的价值取向，是企业全体或多数员工一致赞同的关于企业意义的终极判断，也是企业在追求经营成功过程中所推崇的基本信念和奉行的目标。简而言之，就是企业管理者对企业性质、目标、经营方式的取向所做出的选择，是为员工所接受的共同观念。企业价值观为企业的生存与发展确立了精神支柱。企业价值观是企业管理者与员工判断事物的标准，一经确立并成为全体成员的共识，就会产生长期的稳定性，甚至成为几代人共同信奉的信念，对企业具有持久的精神支撑力。

#### 2. 汽车企业的核心竞争力难以模仿

建立汽车企业核心竞争力的关键是独具特色的企业文化，包括企业理念和企业核心价值观。因此，导入汽车企业文化的首要任务就是要培育企业的核心价值观。这种核心价值观是企业以日常经营与管理行为作为依据逐步形成的，打上了企业的烙印；是企业所有员工共同持有的，整体的，无法分割的文化；是企业长期积淀的产物，而不是突然产生的，具备自身的特点，独一无二。企业核心价值观不像企业的技术、科技、制度等可以被学习与移植。因此，企业的核心价值观是企业第一核心竞争力。

美国哥伦比亚大学商学院"跨国公司竞争力"课题组在对世界500强企业进行研究后得出结论：世界500强企业树立的企业核心理念几乎很少与商业利润有关。波特在《竞争战

# 第一章 导　论

略》一书中，从盈利能力角度解释了企业的成败。他认为，行业竞争的五种力量的相互作用，会反映在行业或企业的盈利能力上，企业的战略是否成功也主要通过利润的多少来判断。但是，企业最终的竞争力取决于它如何进行价值选择，共有价值观和理念才是企业竞争力的动力源。

### （三）汽车企业文化吸引并凝聚企业人才

经济全球化加快了汽车产业的发展，各国汽车公司均看好中国市场的发展潜力，纷纷来中国寻求合作发展。目前，中国汽车产业已形成了国有企业、民营企业、合资企业多种体制并存的发展格局，也出现了本土汽车企业和跨国汽车企业争夺各类资源和市场的局面。越来越多的本土优秀人才成为国内外汽车企业竞相争夺的目标，在这场汽车人才争夺战中，汽车企业文化的优劣，越来越成为各类人才去留的选择方向。因此，一个汽车企业的企业文化建设是否以人为本，是否根据市场经济发展的新态势，建立并健全管理机制，为员工提供一个心情舒畅的工作和学习环境和广阔的展示才华的平台，已成为企业是否能吸引并凝聚汽车企业人才的主要因素。

**1. 汽车企业文化已经成为人才竞争的手段**

中国汽车人才研究会的一项研究表明，知识经济时代的来临使人才成为汽车企业生存和发展的关键，优秀人才对企业的发展来说非常重要。缺少汽车企业文化会让员工没有归属感，出现频繁的跳槽，这又会导致企业不敢对员工的培训和提高进行投资，长此以往，形成恶性循环，对人才成长和企业发展都会带来消极影响。

汽车企业的竞争归根结底是人才的竞争，企业对人才的争夺又真正体现在不同企业文化的竞争上，因此真正起关键作用的是企业文化。很多汽车人才都是因为青睐一个公司的企业文化而选择进入该企业的。如广汽研究院副院长、造型设计总师张帆，主动放弃了德国奔驰汽车公司设计本部终身设计师的高薪职位，于 2011 年 6 月回国加入广汽集团并取得了骄人的成绩，成为中国自主品牌汽车行业一颗耀眼的新星。由此可见，汽车企业单纯靠高薪是不足以网罗和留住人才的，只有满足更高层次的汽车企业文化的精神需求才会吸引住人才，使他们产生强烈的归属感和自我价值实现的感觉。按照肯尼迪和迪尔在《公司文化》一书中的分析，对每个员工来说："当他们选择一个公司时，他们往往是在选择一种生活方式，文化以一种强烈而微妙的方式影响着他们的反应。文化能造就他们成为敏捷的或迟钝的员工，暴戾的或友好的经理，合作者或单干者。"

> **温馨提示**　广汽研究院副院长、造型设计总师张帆视频参见教学资源 1.10。

**2. 汽车企业文化是员工实现自我价值的土壤**

大量汽车企业的成功案例表明，良好的汽车企业文化有以下三个作用：第一，能建立健全企业的民主管理机制，培育企业员工的参与意识，为员工提供一个能参与决策、实现自身价值的心情舒畅的工作环境；第二，能建立有效的人才激励机制，真正做到"以情感人"，以良好的机制留住人，使人才真正体会到企业细致入微的人文管理和能展示才华的良好环境；第三，能建立健全员工培训制度，创新员工自身发展机制。

另外，结合企业实际，有计划、有内容、有考核、有资金保证、有效果地精心抓好各种形式的培训，为企业培养出更多、更好的各类人才，也是汽车企业文化的主要内容，更是造就员工实现自我价值的手段。员工的培养不光要注重技能培训，更要注重员工的价值观念和

## 汽车企业文化

企业优良传统的培训，把员工技能教育与企业价值、道德观念、理念教育、素质教育结合起来，让员工将汽车企业文化融化在血液中，落实在行动上。

**参考案例3：** 张帆——广汽集团"天才设计师"

张帆，1975年出生于四川康定，现任广汽研究院副院长、造型设计总师。

这位清华大学毕业的高才生，曾经在德国奔驰汽车公司工作了八年，可以说是功成名就：设计过量产车，也设计过概念车，许多设计师穷其一生追求的事情，他在八年时间内都完成了。德国的日子非常安稳、平和、有规律，但张帆始终觉得缺点什么，觉得继续在这个位置上待着，再往下就是在不断地重复过去。在德国，有人生规划师的帮助，一般人在三十岁的时候就可以预见六十五岁退休时是什么样子。同时，因为语言、人际关系的原因，他在德国奔驰汽车公司再往上发展的空间不大，隐约已经触碰到天花板。2009年，中国超过美国成为世界第一大的汽车市场，国内自主品牌都在积极探索，远在德国的张帆也感受到了这股热潮。

一个很偶然的机会，通过朋友的介绍，张帆认识了广汽研究院的肖宁（现任广汽丰田副总经理及技术中心主任），了解到广汽集团正好在寻找汽车造型设计领域的领军人物。曾是民营设计公司总裁兼总设计师的肖宁，是我国首批认定的高级工业设计师及十佳杰出设计师之一。很快，广汽研究院院长专程赶往德国，与张帆及其家人通过"吃饭、聊天、交友"的方式，介绍了广汽集团的企业文化特色，人才引进与培育的理念，并表示可以让贤腾出肖宁的现职请张帆来担纲，肖宁进行辅助。此举彰显了广汽集团求贤若渴的诚意。

张帆与广汽集团的人接触后，印象非常好，感觉广汽人很务实，广汽集团企业文化很温馨，更重要的是广汽集团的企业理念、企业精神、企业价值观以及对未来发展充满着信心的状态、做出中国人自己的汽车的愿景让张帆深受感染，这正是张帆所需要的企业文化。好的设计，一定要有好的平台支撑，除了技术开发平台，生产平台之外，企业文化环境和成才环境同样必不可少，张帆觉得广汽集团是个很好的平台。虽然在自主品牌方面的发展起步比较晚，但是广汽集团有十几年合资合作的经验，而且合资合作扎实，口碑非常好。广汽本田、广汽丰田这些合资品牌对于产品的品质要求非常高，广汽集团有着生产高品质汽车的优势。

曾有一件事情，让张帆很受刺激。当时在德国工作的时候，奔驰汽车内部时不时地也会分享一些来自全世界车企和各种车展的资讯，每次介绍到中国汽车企业时，都是讲一些中国汽车企业的"山寨"产品，其产品一会儿抄这个，一会儿抄那个，每当车型设计演示播放出来，在场人员就在下面哄堂大笑。张帆心里想，中国成为世界第一大的汽车市场之后，一定需要有人去改变这种状况，自己在国外一流的车企工作这么多年，可以把学到的知识和经验为中国的企业所用，做出真正让中国人骄傲的汽车设计。

2011年5月30日，虽然广汽集团开出的薪酬不是最高，但是张帆最终还是选择正式加盟广汽集团，任职广汽研究院造型设计总师，负责了传祺GA6之前所有车型的工业（造型）设计及全新A级车型平台的开发。来到广汽研究院以后，按照最初的设想，张帆主要做了三件事：一是团队建设，造型设计团队从20多人发展到200多人。从过去一款车的整车设计都无法完成，到现在可以十几个项目一同推进；二是汽车设计体系方法流程的建立；三是做好品牌建设。他深知，自主品牌是新生的广汽集团急需补上的短板，尽管通过合资合作，

# 第一章 导 论

广汽集团积累了很多的经验，积累了相当多的财富，但从一个客观的角度看，实际上只是一个代工厂而已。

让张帆欣慰的是，广汽集团的企业文化给了他一个非常宽松的人才成长环境和平台，可以放手施展自己的想法与抱负。他可以自由地为整个广汽传祺品牌去构想品牌和产品特征，比如说传祺产品的凌云翼家族特征，就是经张帆构想，在集团层面的评审会上推出并得到认可后，就在所有的产品上推广应用。

被广汽誉为"天才设计师"的张帆的加盟，让建立广汽传祺家族脸谱的想法很快变成了现实。光影雕塑的凌云翼，加上整体高品质的设计和制造表现，让广汽传祺得到了越来越多市场消费者以及媒体的认可，广汽传祺的口碑慢慢建立起来，传祺品牌也开始被认同。现在大家一看到凌云翼的脸谱，就知道那是传祺。传祺SUV旗舰车型GS8被权威媒体视作"中国品牌替代合资品牌的实力之作"，冲击着高端SUV新蓝海，在设计、品质、性能优势三个方面，全面挑战汉兰达、锐界等车型。

具有40多年历史的日本《Car Styling》杂志将 The Best Production Car Design China 大奖颁发给广汽传祺GS4，这是广汽传祺拿到的第一个国际设计领域的大奖，同时也是对张帆所带领的自主品牌研发团队原创设计与精工制造的高度认可。

## 三、汽车企业文化是企业的无形资产

在财务会计中，无形资产的定义是："没有实物形态，在企业中形成的，由企业拥有或控制，并能给企业带来经济效益的资源。"汽车企业文化作为一种新的管理理论、精神财富，是一种潜在的生产力，已被越来越多的汽车企业接受、认同、重视，并产生了巨大的效益。企业文化就是企业的一项重要的无形资产，这种无形资产的价值主要体现在内聚人心、外树形象，也成为企业增强竞争力的一大法宝。企业资产规模的大小一般反映企业实力的强弱，因此增强企业的实力应从构建企业文化开始，不断积累企业的无形资产。

### （一）汽车企业文化有利于形成企业的凝聚力

企业凝聚力是指企业全体员工团结一致，对于共同的企业目标和企业管理者的认同程度，是企业基本思想在每个员工心目中的体现。企业凝聚力包括以下因素：员工对经营者的满意程度；全体员工积极性、主动性及创造性的发挥程度；员工公平感及工作满意度；企业内部和谐程度等。

企业凝聚力属于汽车企业文化范畴，企业凝聚力的强弱，决定着员工是否能主动、积极、有效地进行创造性的工作，相互间是否能很好地配合以提高工作效率，以及企业目标是否能够得以实现。因此，企业在开展汽车企业文化建设时，需要通过汽车企业文化给员工带去家庭般的温暖，增强员工对企业的心理依赖和情感依恋；积极改善企业内部的人文环境（如改善企业内部的人际关系、办公环境、工作氛围等），增强企业的凝聚力。俗话说：人心齐，泰山移。价值观是汽车企业文化的核心，优秀的汽车企业文化使全体员工普遍认同企业的价值观，增强全体员工主人翁意识，增强员工协作精神和团队意识，使员工能与企业同呼吸、同成长、同发展，形成强大的向心力和内聚力，极大地促进企业的快速、持续发展。

### （二）汽车企业文化有利于树立良好的企业形象

汽车企业文化有利于企业的内在精神和外观形象的树立。汽车企业要在社会公众中树立良好的形象，首先要为社会提供优良的汽车产品和营销服务；其次要靠企业文化的真实传

汽车企业文化

播,让公众加深印象。树立汽车企业形象的任务主要体现在企业的内在精神和外观形象两个方面。优秀的汽车企业文化代表着企业的信誉、产品的质量和人员的素质,这是获得消费者和社会公众信赖的重要基础,也有利于企业品牌价值的形成。在物质丰富的时代,人们追求名牌产品不仅仅满足于产品的外观和使用价值,更主要的是着眼于文化品位和精神上的需求。

### (三) 汽车企业文化是企业的重要无形资产

汽车企业文化是一种重要的长期投资,同时是一种回报巨大的投资。优秀的汽车企业文化会给企业注入生命活力,打造出企业的核心竞争力,给企业带来有形的和无形的、经济的和社会的多重效益,因此,汽车企业文化是比有形资产或者品牌等无形资产还要重要的无形资产。

从世界范围内来看,20世纪90年代以来,国际汽车企业间的并购层出不穷,其主要的原因在于全球汽车产能过剩,出于整合资源和全球化拓展的考虑,国际汽车企业纷纷选择并购对象,开展合作,并通过汽车企业文化先行发挥无形资产的作用。国际汽车并购有三大经典案例:戴姆勒和奔驰、雷诺和尼桑、通用和大宇。从并购后效果来看,戴姆勒和奔驰的并购合作效果差强人意,而雷诺和尼桑的效果则较为理想。分析其中主要原因可以发现,并购后企业间文化和管理机制的差异是制约汽车企业文化发挥作用的障碍,并购后企业能否真正实现企业理念、企业价值观的融合以及产品设计、研发、生产及销售的协同,直接决定并购企业经营业绩的效果,反映出汽车企业无形资产的效应。

汽车企业文化作为企业重要的无形资产,在企业兼并重组过程中可以明显体现它的价值,它可以有效地盘活有形资产。国内汽车并购案之一——上汽集团收购南汽集团就是一个很好的案例。上汽集团对南汽集团的并购效果,短期而言,取决于双方并购整合的程度,即上汽集团企业文化融入并购后企业的深度;长期而言,并购的效果取决于并购管理机制和协同的效果,即上汽集团企业文化的理念、精神、价值观等融入并购后企业,是否充分发挥上汽集团企业文化无形资产的作用。

2007年南汽集团拥有南京菲亚特、南汽名爵和南京依维柯等三个整车生产公司,并生产跃进牌轻型货车,年综合产能为20万辆。在南汽集团的资产中,南京菲亚特不但长年亏损,而且产品与上汽大众、上汽通用存在冲突,加上管理滞后,品牌力不足和经营不善,南汽集团的产品销售排名不断下降。随后,上汽集团以20.95亿元现金和上海汽车3.2亿股股份,约合107.38亿元收购南汽集团控股股东——跃进集团的全部汽车业务。同时上汽集团导入上汽企业文化和有效的管理制度,通过汽车企业文化、品牌效应等无形资产,盘活了南汽集团的有形资产。通过并购,双方研发能力得到进一步整合,迅速扩大轻客市场,增加产量的同时也增加了品牌影响力。同时乘用车与商用车并举的战略也得到有效实施,不断扩大市场份额的同时极大地增强了市场竞争力。两企业合并后企业规模超过一汽集团,成为中国最大的汽车企业集团。

从2007年并购完成到2010年,通过三年的努力,南汽集团顺利实现扭亏为盈,从2007年,南汽集团亏损达12亿元人民币,到2010年,南汽集团全年创造利润1000万元。上汽集团不仅帮助南汽集团完成了3年扭亏为盈的目标,而且在南京建成了30万辆产能的整车和零部件生产基地。

汽车企业文化的实质是建立共同的价值取向和行为标准,从而形成对内的凝聚力和对外

第一章 导　　论

的影响力。在企业重组并购过程中，积极的汽车企业文化对目标企业的松散文化具有可输出性，从而产生一种强劲的推动潜能，通过文化扩散、渗透和同化，可以提高目标企业的整体素质，体现出汽车企业文化作为重要无形资产的作用。

## 本章小结

1）汽车有130多年的发展历史，经历了蒸汽汽车的诞生、内燃机汽车的诞生、汽车产品大批量生产、汽车产品多样化时期、汽车产品低价格时期等发展过程。中国汽车发展有孕育阶段、创建阶段、成长阶段和全面发展阶段四个发展阶段。当今世界汽车产业发展趋势多样。

2）汽车文化是汽车历史发展过程中，人们所创造的、与汽车相关的物质财富和精神财富的总和，发展过程中催生了汽车物质文化、汽车制度文化、汽车精神文化、汽车行为文化等。福特大批量生产、丰田精益生产等方式，为古典管理理论、现代管理理论、当代管理理论特别是企业文化理论的发展提供了实践基础。

3）汽车文化融入企业文化理论后，逐步形成了独特的汽车企业文化。汽车文化在企业文化的发展过程中扮演了重要的角色，汽车产业的发展和壮大为企业文化理论的形成提供了扎实的实践基础，独具行业特色的汽车企业文化成了企业文化不可分割的重要组成部分。

4）汽车企业文化对推动汽车产业快速发展、促进汽车产业持续发展发挥了重要作用。汽车企业文化对企业发展的具体作用表现在促进汽车企业的可持续发展、增强汽车企业的核心竞争力、吸引汽车企业的优秀人才等方面。汽车企业文化是企业的一种无形资产和财富。

## 作业

完成"学习工作页"第一章的各项作业。

# 第二章
## 汽车企业文化的基本原理

 **学习目标**

1)掌握管理理论的发展历史和企业文化理论诞生的过程和标志,掌握在企业文化理论基础上形成的汽车企业文化的概念,掌握汽车企业文化的结构、本质特征、具体特征和功能,重点掌握汽车企业文化的类型。

2)熟悉古典管理理论、现代管理理论和当代管理理论的基本思想,熟悉汽车企业文化基本理论包含的内容和相互之间的内在关系。在了解国内外关于企业文化概念的不同表述和多种理解的基础上,熟悉汽车企业文化的内涵、特征和功能。

3)学会分析企业文化为什么是企业管理发展的新阶段,了解汽车企业文化对当代管理理论、企业文化理论的形成所做的贡献以及汽车企业文化与其他相关学科的关联,学会分析国内外关于企业文化的分类以及分类划分的标准。

4)能够简单描述管理理论和汽车企业文化发展的过程,能够判断国有汽车企业文化、股份制汽车企业文化、合资汽车企业文化和民营汽车企业文化的特点。

5)培养正确运用汽车企业文化的基本原理推进企业文化建设工作的能力。

# 第二章 汽车企业文化的基本原理

## 参考案例4： 宝马汽车的企业文化

宝马汽车的企业文化充分体现了以市场为主导的特点，以此立足于全球市场，具体可概括为以下几个方面。

### 一、"生产紧随市场"的经营哲学

宝马汽车全球生产网络的构建遵从"生产紧随市场"的经营哲学。企业根据当地市场情况来建立生产网络，同时在生产管理方面紧随市场需求，采取柔性管理。宝马汽车各工厂在生产方面，与员工相互合作的团队方式一样，都在一个共同的生产体系内进行大量协作。同时，企业采取柔性管理方式，各工厂都根据不同的生产车型安排灵活的人员调配、工作时间和物流管理。宝马汽车高度协调的生产网络不仅可以高效管理汽车生产中非常复杂的工艺流程，而且可以对某车型的需求变化迅速做出反应。

### 二、注重人的人事理念

宝马汽车把员工的可持续发展视为企业成功的主要因素，同时，也视其为在世界范围内领先的重要保证，并把这一理念融入企业的经营哲学中。由于宝马汽车着眼于未来的人事政策，使员工表现得以改善，在不缩减人力成本的同时，提高了企业效益。宝马汽车的人事政策将这一方针具体化并落实在每天的工作中，形成了八条纲领：

1) 相互尊重，以积极态度对待分歧。
2) 超越国家和文化边界的思维方式。
3) 工作表现是报酬的基础。
4) 团队合作的成果高于个人工作之和。
5) 保证为忠诚和有责任感的员工提供有吸引力的工作职位。
6) 尊重员工的人权不容置疑。
7) 以社会标准对待供应商和商业伙伴是做生意的基本准则。
8) 优厚的员工利益和强大的社会责任感。

### 三、可持续性发展策略

作为一个全球性企业，其成功与否已经不能仅仅以赢利水平和销售数字来衡量。全球性企业必须切实承担起环境保护、员工福利和其他社会责任，只有这样才能保证持续取得商业上的成功。多年来，宝马汽车始终把可持续发展的原则贯彻到企业的经营活动中，对经济发展、生态保护和社会影响予以同等重视。宝马汽车的可持续性发展策略的核心要素有为员工提供高标准的社会待遇、生产过程中保护环境、道路交通管理等。宝马汽车在业务活动中执行可持续性发展策略，体现在范围广阔的不同方面：

#### （一）个人交通的未来

为了确保"可持续性交通发展"，宝马汽车做出了许多开创性贡献。比如，除了为交通繁忙的城区开发智能和生态型交通管理系统外，宝马汽车还致力于开发可替代动力系统，在这方面，宝马汽车的重点是"清洁能源"，即通过电解方式从其他可再生能源中获得液氢，用做未来驱动汽车的清洁燃料。

#### （二）环境保护

环境保护是宝马汽车可持续发展策略中的重要内容，它贯穿于所有优化产品和生产过

汽车企业文化

程。在评估产品的环境影响方面，宝马汽车优先考虑和关注点在于降低汽车的油耗，另外，还特别强调具有可持续性特点的产品开发，环保和回收利用等因素在产品开发之初就予以充分考虑。在生产过程方面，宝马汽车的每个生产厂都通过了国际环境管理系统 ISO 14001 认证，并在适用地区经过了欧盟发布的生态管理与审计计划（EMAS）的审核。宝马汽车集团是第一家，也是迄今为止唯一一家在全球所有工厂都采用国际标准的环境管理系统，同时又符合当地环保要求的汽车制造商。

**（三）企业公民义务和对社会的承诺**

宝马汽车信守的格言是承担责任，因此，宝马汽车特别关注一系列社会课题，包括交通安全、各国间不同文化的相互理解和学习、公共教育以及对高素质人才的资助等。此外，宝马汽车还致力于在各个生产厂所在地区建立相互理解和彼此信任的社区关系。宝马汽车因遵循自身的企业文化和企业目标而选定了上述内容，这适用于宝马汽车所属的所有子公司，因为只有拥有内部员工赖以生存的企业文化，才可能影响企业外界。

**（四）与政界和社会团体的交流**

与各种社会公益组织、工商协会和研究机构等建立广泛的合作关系是宝马汽车可持续发展战略的组成部分。例如企业对前联合国秘书长科菲·安南提出的"小小寰球"计划的支持，该项目正是以促进全球范围内工商界、政界和国际社团组织间的合作为目标的。宝马汽车还通过支持国际论坛促进对当前经济和政策问题的开放式讨论。

## 第一节 企业文化理论的形成

企业文化理论是在管理理论发展到新的阶段而创新地提出来的，它是现代管理理论的新发展。

中西方的管理理论形成前经历了两个阶段的发展，即早期管理实践与管理思想阶段（从有了人类集体劳动开始到18世纪）和管理理论产生的萌芽阶段（从18世纪到19世纪末）。管理理论形成后又分为三个阶段：古典管理理论阶段（20世纪初到20世纪30年代，行为科学学派出现前）、现代管理理论阶段（20世纪30年代到20世纪80年代，主要指行为科学学派及管理理论丛林阶段）和当代管理理论阶段（20世纪80年代至今）。

企业文化理论是继古典管理理论（又称科学管理）、现代管理理论、当代管理理论（又称管理科学）之后，世界企业管理史上出现的第四个管理阶段的理论，也称世界企业管理史上的"第四次管理革命"，是企业在管理实践中不断总结、积累、再实践而产生出来的新学科。它的发展经历了以下几个阶段。

### 一、古典管理理论与企业文化

1769年，英国人阿克莱特在自己开办的纺纱厂第一次导入机械操作，意味着人类开始向工业化生产迈进。但当时的西方企业管理还处于传统管理阶段，即企业管理者们依靠个人经验、主观思维和直觉来制定计划、指挥下级、管理员工、经营企业，企业内部也缺乏严密的管理机制和体制，管理权限、职责不明确，管理水平有限，生产效率较为低下。虽然当时的企业经营规模不大，技术发展水平不高，但企业管理者们在管理实践中亲力亲为，不断积

第二章　汽车企业文化的基本原理

累管理经验，客观上对促进当时社会生产力的发展发挥了积极的作用。

19世纪末到20世纪初，资本主义自由竞争逐步出现垄断趋势，企业经营规模和商品市场不断扩大，不同企业之间的竞争态势日益激烈。面对新的形势要求，企业管理者们早期的经验管理模式、陈旧的管理方式已无法适应，在一定程度上阻碍了企业的进一步发展，企业界迫切期待有一套新的管理方式问世。

### （一）古典管理理论的重要代表

古典管理理论侧重于从管理职能、组织方式等方面研究企业的效率问题，对人的心理因素考虑很少或根本不考虑。这一阶段，在美国、法国、德国分别活跃着具有奠基人地位的三位管理大师——泰勒、法约尔和韦伯。

#### 1. 科学管理创始人——泰勒

美国人泰勒（图2-1）是西方科学管理理论和体制的创始人，首次提出科学管理的概念。他认为科学管理的根本目的是谋求最高劳动生产率，用科学化的、标准化的管理方法代替单凭个人经验进行作业和管理的旧方法，而最佳的管理方法是任务管理法。泰勒为管理理论的创立与发展提供了实践基础。

图2-1　泰勒

#### 2. 管理过程之父——法约尔

法国人法约尔（图2-2）在管理的范畴、管理的组织理论、管理的原则方面提出了崭新的观点，后人把他称为"管理过程之父"。法约尔关注的焦点是什么类型的专业化和等级制度才能使组织效率最大化，较少关注人，只把人看成齿轮上的一环。一般管理思想的基础有四个关键问题，它们是劳动分工、等级与职能过程、组织结构和控制范围。因此，他提出计划、组织、指挥、协调和控制五大职能和包括劳动分工、权力与责任、纪律、统一指挥、统一领导、个人利益服从整体利益、人员的报酬、集中、等级制度、秩序、公平、人员的稳定、首创精神、人员的团结在内的14条一般管理原则。

图2-2　法约尔

#### 3. 组织理论之父——韦伯

德国人韦伯（图2-3）是现代一位最具影响力的思想家，他与泰勒和法约尔处于同一历史时期，被后人称为"组织理论之父"。他在19世纪早期的论著中提出了理想的行政管理组织理论，也就是"官僚体制"。这一理论对工业化以来各种不同类型的组织产生了广泛而深远的影响，成为现代大型组织广泛采用的一种组织管理方式。

### （二）泰勒的科学管理理论

作为西方科学管理理论和体制的创始人，泰勒创建的"科学管理"理论，被公认为是管理理论发展的第一个阶段。

泰勒的一生都在对科学管理理论和实践进行不懈的探索，他

图2-3　韦伯

汽车企业文化

19岁进入工厂做学徒，先后被提拔为车间管理员、技师、小组长、工长、设计室主任和总工程师。在工厂的经历使泰勒了解到员工们普遍怠工的原因，他感到缺乏有效的管理手段是提高生产率的严重障碍。为此，泰勒开始探索科学的管理方法和理论，他从"车床前的员工"开始，重点研究企业内部具体工作的效率。在泰勒的管理生涯中，他不断在工厂实地进行试验，系统地研究和分析员工的操作方法和动作所花费的时间，逐渐形成其管理体系——科学管理。他一生中有三个试验非常著名：搬运生铁块试验、铁砂和煤炭铲运试验及金属切削试验。泰勒在实践基础上，对管理理论不断创新，他的著作在管理学界颇具影响。

 **温馨提示** 泰勒科学管理理论视频参见教学资源2.1。

在古典管理理论的发展中，泰勒最具代表性，他的科学管理理论的主要观点包括：

**1. 按不同岗位确定工作定额**

泰勒采用的具体方法是确定不同员工合理的日工作量，按不同岗位确定员工的工作定额。他在工厂内选择一部分操作熟练的员工，先把他们在每一道工序中的每一个动作所需要的时间精确记录下来，然后汇总这些时间，在此基础上再加上满足一些生理需要的时间和不可避免的情况而耽误的时间，最后得出完成该项工作所需的总时间。通过这样的试验数据来确定出一个员工合理的日工作量，以这个合理的日工作量作为参照，对不同岗位的员工进行规定，确定出他们合理的工作定额，安排具体的作业量。

**2. 人尽其才以提高工作效率**

不同的员工具有不同的能力和潜力，适合不同的工作，挖掘人的最大潜力，人尽其才，物尽其用，是提高工作效率的最好办法。为了做到人尽其才，最大限度地提高劳动生产率，泰勒对员工的培育方式一是进行科学的选择；二是注重培训和提高；三是根据员工的特长为各岗位培养优秀员工。

经挑选和培训后，对于那些尚未掌握科学的工作方法以至于没有成为优秀员工的人，泰勒认为，企业管理者有责任对其进行系统的培训。对于工作定额的制定，他认为决不能为提高工作效率而以超时间、超强度的紧张劳动为代价，必须设定不损害优秀员工的健康、可维持较长工作年限的劳动速度作为前提条件，保证工作效率的可持续性。

**3. 建立科学的作业管理方法**

泰勒在《科学管理原理》中指出，各行各业几乎仍在沿用单凭经验行事的低效办法，这种方法浪费了员工大部分的劳动。他在确定了合理的工作定额、挑选出优秀的员工后，为让每个员工都用正确的方法作业，在对作业研究和时间研究的基础上建立起科学作业管理方法。他把员工每次作业的工序分解成许多具体的动作，再研究每项动作的必要性和合理性，在此基础上，删去那些不合理的动作。同时，依据经济合理的原则，用科学的方法对员工的操作方法、劳动工具、劳动和休息时间进行合理搭配，并对机器的作业安排和作业环境的布置等进行分析、改进和合并，确立了科学的和最优的作业方法。

泰勒最有名的3个试验的意义在于通过搬运生铁块试验摸索出员工合理的日工作量，为实行定额管理奠定基础；通过铁锹试验，探索出铁锹多大铲物效率最高，从而为工具标准化奠定基础；在金属切削试验中，泰勒前后共花了26年，15万美元，写出了3万多份试验报告，最后，取得了丰富资料，为制定各种机床进行高速切削和精密加工的操作规程提供了科学依据。这些试验将他的科学管理思想理论深深地扎根在科学试验的基础上，使之成为一门

第二章 汽车企业文化的基本原理

真正的科学。

**4. 按工作完成质量情况计酬**

泰勒提出按工作完成质量情况计酬方式,就是"对同一种工作设有两个不同的薪酬率,对那些用时短、质量高的员工,就按一个较高的薪酬率计算;对那些用时长、质量差的员工,则按一个较低的薪酬率计算"。这种方式充分调动了员工的积极性和主动性,生产效率得到了很大的提高。

**5. 计划制定和执行职能独立**

泰勒把古典的分工理论拓展到管理领域,提出计划与执行相独立,主张企业成立计划部门,独立负责进行时间和动作的调查研究,承担倡导科学、确定标准、分配任务的职能,根据调查结果确定定额和标准化的操作方法、工具,负责拟订计划并发布命令和指示。而员工和工头只负责执行职能,即按照计划部门制定的操作方法和指示,使用规定的标准化工具从事实际操作,不得自行改变。

同时,泰勒为组织管理提出了重要的"例外原则",即企业的高级管理人员把一般的日常事务授权给下属管理人员负责处理,自己保留重要事项的决策权和控制权,如重大的企业战略问题和重要的人事问题等。这种例外原则,至今仍然是企业管理中极为重要的原则。

**6. 泰勒科学管理理论的贡献**

列宁曾经对泰勒在科学管理理论发展中的贡献有一个客观的评价:"泰勒制,也同资本主义其他一切进步的东西一样,有两个方面,一方面是资产阶级剥削的最巧妙的残酷手段;另一方面是一系列的最丰富的科学成就,即按科学来分析人在劳动中的机械动作,省去多余的笨拙的动作,制定最精确的工作方法,实行最完善的计算和监督制等。"

泰勒的科学管理理论,无疑是管理科学史上的一座丰碑,是人类一项重要的文化成果,是人类第一次尝试以科学的、系统的方法来探讨管理问题。其重要意义在于,一是创立了具体的科学管理方法代替单凭个人经验进行作业和管理的旧方法,科学的管理方法和科学的操作程序提高了生产效率。二是分离管理职能与执行职能,使管理理论的创立与发展有了实践基础,为以后管理理论的进一步发展奠定了基础。泰勒的科学管理理论是适应时代发展所产生的重要理论,它改变了几千年来人格化的传统管理方法,是管理从经验管理走向成熟的标志。

由于时代的局限性,泰勒在当时的历史条件下创立的科学管理理论也存在明显的问题。如研究范围比较小,内容比较窄,把人看成会说话的机器,即纯粹的"经济人";忽视了社会因素对生产效率的影响。

古典管理理论通过探讨科学、系统的方法来提高企业管理水平和效率,为企业文化理论的形成打下了早期实践的基础。

**温馨提示** 著名的泰勒科学管理三大实验视频参见教学资源2.2。

**参考案例5:** 著名的泰勒科学管理三大实验

美国"现代科学管理之父"泰勒,通过对三次实验的总结,提出了科学管理的理论,

35

从而引发了一场管理界的革命,也是成就美国经济繁荣的一大原因。那么他的三次实验具体内容是什么呢?

### 一、铁锹实验

1898年,泰勒在匹斯连钢铁公司发现以下现象:第一,当时不管铲取铁石还是搬运煤炭,都使用铁锹进行人工搬运,雇佣的搬运工动不动达五六百名。优秀的搬运工一般不愿使用公司发放的铁锹,宁愿使用个人自备的铁锹。第二,基层干部要管理五六十名搬运工,且所涉及的作业范围又相当广泛。第三,泰勒发现搬运工一次可铲起约1.6kg的煤粉,而铁矿石则可铲起约17kg。

为了合理确定一天最大的搬运量,泰勒找了两名优秀的搬运工,用不同大小的铁锹做实验,每次都使用秒表记录时间。实验得出两大结论:一是一锹铲取量为约10kg时,一天的材料搬运量为最大。二是在搬运铁矿石和煤粉时,最好使用不同的铁锹。在实验基础上,泰勒通过制定生产计划,改善基层管理干部的管理范围。同时设定搬运工一天的标准工作量,对超过标准的员工,给予薪资以外的补贴。对达不到标准的员工,则对其作业过程进行分析,指导他们改善作业方式,使其最后也能达到标准。

三年以后,钢铁公司用铁锹搬运同样铁石和煤炭的作业量,由原来需要五六百名员工减少到140名员工就可以完成,材料浪费也大大降低。

### 二、搬运实验

1898年,泰勒从伯利恒钢铁厂开始他的实验。这个工厂的原材料是由一组计日工搬运的,工人每天挣1.15美元,这在当时是标准工资,每天搬运的铁块重量有12000~13000kg,对工人的奖励和惩罚的方法就是找工人谈话或者开除。泰勒观察研究了75名工人,从中挑出了4个,又对这4个人进行了研究,调查了他们的背景、习惯和个人理想,最后挑了一个叫施密特的人。泰勒要求这个人按照新的要求工作,每天给他1.85美元的报酬,并通过转换各种工作因素,来观察它们对生产效率的影响,例如弯腰搬运、直腰搬运、行走的速度、持握的位置等。通过长时间的观察实验,工人每天的工作量可以提高到47000kg。他据此采用了计件工资制,工人每天搬运量达到47000kg后,工资也升到1.85美元。于是其他工人也渐渐按照这种方法来搬运,劳动生产率提高了很多。

### 三、金属切削实验

泰勒在米德维尔公司时,为了解决工人的怠工问题,进行了金属切削实验。他自己具备一些金属切削的作业知识,于是他对车床的效率问题进行了研究,开始了预期6个月的实验。但这项实验非常复杂和困难,原来预定为6个月实际却用了26年,花费了巨额资金,耗费了80多万吨钢材。最后在巴斯和怀特等十几名专家的帮助下,取得了重大的进展。这项实验还获得了一个重要的副产品——高速钢的发明,并取得了专利。

1906年,泰勒向美国机械师协会递交了题为《金属切割艺术》的论文,这是他进行了26年实验的结果。

泰勒的这三个实验可以说都取得了很大的成功。正是这些科学试验为他的科学管理思想奠定了坚实的基础,使管理成了一门真正的科学,这对以后管理学理论的成熟和发展起到了非常大的推动作用。泰勒相信,即使是用铁锹铲煤粉、搬运铁块这样的工作也是一门科学,可以用科学的方法来管理。

第二章 汽车企业文化的基本原理

## 二、现代管理理论与企业文化

20世纪初，在经济和社会的发展中，资本主义世界劳资纠纷和罢工运动此起彼伏。古典管理理论关于"经济人"的假设在实践中日益暴露出极大的局限性。这种假设忽略了人的能动作用，把员工看成是机器的附属品，因此劳资矛盾进一步激化，员工反抗与怠工情绪高涨，古典管理理论受到了越来越多的质疑。在这种情况下，一些管理学家开始意识到：社会化大生产的发展，需要有一套与之相对应的新的管理理论，以适应社会实际需要，于是西方现代管理思想逐步发展起来，行为科学理论应运而生。

现代管理理论是继科学管理理论之后，西方管理理论和思想发展的又一阶段，特指第二次世界大战以后出现的一系列学派。与前阶段相比，这一阶段最大的特点就是学派林立，新的管理理论、思想、方法不断涌现。美国著名管理学家哈罗德·孔茨认为，当时共有11个学派：经验主义管理学派、人际关系学派、组织行为学派、社会系统学派、管理科学学派、权变理论学派、决策理论学派、系统管理理论学派、经验主义学派、经理角色学派、经营管理学派。

 **温馨提示** 现代管理理论视频参见教学资源2.3。

### （一）西方现代管理思想的发展

企业的经营决策问题在世界经济发展中显得越来越突出，要求企业研究人与人、人与群体、群体与群体之间的关系，运用更先进的管理手段提高管理效率，创造一个良好的工作环境，发挥人的主观能动性，借助管理理论和经营方法充分调动人的积极性。于是，行为科学管理理论应运而生。

行为科学的含义有广义与狭义两种。广义的行为科学是与研究人的行为规律有关的诸学科，如心理学、社会学、人类学、经济学、劳动经济学、生理学、哲学、医学等。这些学科都从不同的角度研究人的行为。狭义的行为科学是现代管理科学的重要组成部分，运用类似自然科学的实验法和观察法，也运用社会科学的社会调查法，研究人在工作环境中的行为规律。由此可知，行为科学是一门研究人类行为规律的学科，它是管理学中的一个重要分支，通过对人的心理活动的研究，掌握人们行为的规律，从中寻找对待员工的新方法和提高劳动效率的途径。行为科学开始于20世纪20年代末30年代初，而真正发展是在20世纪50年代。进入60年代，为了避免同广义的行为科学相混淆，出现了组织行为学这一名称，专指管理学中的行为科学。

行为科学理论推动了现代管理思想的发展，具体体现在以下几个方面。

**1. 突出以人为本的研究**

行为科学反映了人类社会发展的进步要求，贯彻了以人为本的思想，企业以人力资源为首要资源，高度重视对人力资源的开发和利用，提倡以人道主义的态度对待员工，通过改善劳动条件、提高劳动者工作生活的质量、培训劳动者的生产技能，调动人的积极性，进而提高劳动效率。这些思想有利于推动生产发展和社会进步。

**2. 形成完善的学科体系**

行为科学积极吸收了心理学、社会学、人类学等学科的科学知识，通过社会调查、观察测验、典型试验、案例研究等科学方法对人的行为，特别是对员工在生产中的行为进行研究，提出了一些调动人的积极性的学说和方法，并在企业中实际应用，收到了相当不错的效果。

### 3. 证实非正式组织作用

非正式组织是指人们在共同劳动、共同生活中，由于相互之间的联系而产生共同感情自然形成的一种无名集体，并产生一种不成文的非正式的行为准则或惯例，要求个人服从，但没有强制性。美籍澳大利亚裔行为科学家梅奥等人认为，不管承认与否，非正式组织都是存在的。它与正式组织相互依存，通过影响员工的工作态度来影响企业的生产效率和目标的达成。因此，管理人员应该正视这种非正式组织的存在，利用非正式组织为正式组织的活动和目标服务。这种非正式组织对员工起着两种作用：一是保护员工免受内部成员疏忽所造成的损失，如生产过多以致提高生产定额，或生产过少引起管理者的不满，并加重同伴的负担；二是保护员工免受非正式组织以外的管理人员干涉所形成的损失，如降低工资率或提高生产定额。

### 4. 提出综合管理的技能

行为科学理论是管理思想发展的一个重要的里程碑。行为科学理论解决的关键问题是号召人们掌握一种综合的管理技能。这些技能对于处理群体问题至关重要。这些技能包括：第一，理解人类行为的诊断技能；第二，对员工进行咨询、激励、引导和信息交流的人际关系技能。梅奥等人提出的社会人、非正式组织等概念已为大多数行为科学家所接受，行为科学倡导的一系列综合管理的技能，帮助管理者在对待下属问题上发生了巨大的变化，对管理思想的发展作了巨大的贡献。

## （二）人际关系学说与行为科学理论

行为科学可以分为前期和后期两个阶段，其侧重点各不相同。早期的行为科学侧重于"社会人"的论述，关心员工社会性需求的满足，后期行为科学则侧重于"自我实现人"的论述，关心员工在其工作中能否达到自我实现，是否有成就感和自我满足感。

行为科学理论的主要代表人物及其管理思想有以下几点。

### 1. 人际关系理论的创始人——梅奥

美籍澳大利亚裔行为科学家梅奥（图2-4），是人际关系理论的创始人、美国艺术与科学院院士。

人际关系这个概念可以从三个方面理解，一是人际关系表明人与人相互交往过程中心理关系的亲密性、融洽性和协调性的程度；二是人际关系由认知、情感和行为三种心理成分组成；三是人际关系是在彼此交往的过程中建立和发展起来的。

古典科学管理理论把员工看作是为了追求最大经济利益而工作的所谓"经济人"，认为人们工作是单纯为了追求物质和金钱。梅奥参加的霍桑工厂试验随机选取了两组女工作为研究对象，即控制组和对照组，对这两组女工进行比较试验，结果却不能证明物质条件对生产效率的显著影响。梅奥在霍桑试验中发现物质条件的变化

图2-4　梅奥

不是劳动生产率提高或降低的决定性原因，甚至刺激工资制对员工劳动产量的影响也不及员工中非正式组织的影响大。人们的行为并不单纯出自追求金钱的动机，更重要的是社会、心理方面的需要，即追求人与人之间的友情、安全感、归属感和受人尊敬等，个人的态度对行为方式起着特殊的决定性作用。所以人是"社会人"，满足公认的社会欲望和需求，提高员

## 第二章 汽车企业文化的基本原理

工的士气,是提高生产效率的关键。

霍桑试验的结论主要有三点:一是员工是"社会人";二是企业中存在着非正式组织;三是企业管理者的能力在于提高员工的满意度。

 **温馨提示**　著名的霍桑试验视频参见教学资源2.4。

### 参考案例6: 著名的霍桑试验

霍桑试验是十九世纪心理学史上最出名的事件之一。

1924年开始,美国西方电气公司在芝加哥附近的霍桑工厂进行了一系列试验。最初的目的是根据科学管理原理,探讨工作环境对劳动生产率的影响。后来哈佛大学的心理学教授梅奥参加该项试验,研究心理和社会因素对工人劳动过程的影响。梅奥1933年出版了《工业文明的人类问题》,提出著名的"人际关系学说",开辟了行为科学研究的道路。霍桑实验共分五阶段。

#### 一、照明实验(1924年11月~1927年4月)

当时关于生产效率的理论占统治地位的是劳动医学的观点,认为影响工人生产效率的是疲劳和单调感等,于是当时的实验假设便是"提高照明度有助于减少疲劳,使生产效率提高"。可是经过两年多实验发现,照明度的改变对生产效率并无影响。

#### 二、福利实验(1927年4月~1929年6月)

此实验目的是查明福利待遇的变化与生产效率的关系。但经过两年多的实验发现,不管福利待遇如何改变(包括工资支付办法的改变、优惠措施的增减、休息时间的增减等),都不影响产量的持续上升,甚至工人自己对生产效率提高的原因也说不清楚。后经进一步的分析发现,导致生产效率上升的主要原因如下:一是参加实验的光荣感。实验开始时6名参加实验的女工曾被召进经理办公室谈话,她们认为这是莫大的荣誉。这说明被重视的自豪感对人的积极性有明显的促进作用。二是成员间良好的相互关系。

#### 三、访谈实验

研究者在工厂中开始了访谈计划。此计划的最初想法是要工人就管理当局的规划和政策、工头的态度和工作条件等问题做出回答,但这种规定好的访谈计划在进行过程中却让人出乎意料,得到了意想不到的效果。工人想就工作提纲以外的事情进行交谈,工人认为重要的事情并不是公司或调查者认为意义重大的那些事。访谈者了解到这一点,及时把访谈计划改为事先不规定内容,每次访谈的平均时间从30分钟延长到1~1.5个小时,多听少说,详细记录工人的不满和意见。访谈计划持续了两年多,工人的产量大幅提高。

工人们长期以来对工厂的各项管理制度和方法存在许多不满,无处发泄,访谈计划的实行恰恰为他们提供了发泄机会。发泄过后心情舒畅,士气提高,使产量得到提高。

#### 四、群体实验

梅奥等人在这个试验中选择14名男工人在单独的房间里从事绕线、焊接和检验工作,对这个班组实行特殊的工人计件工资制度。实验原来设想,实行这套奖励办法会使工人更加努力工作,以便得到更多的报酬。但观察的结果发现,产量只保持在中等水平上,每个工人的日产量平均都差不多,而且工人并不如实地报告产量。经过深入的调查发现,这个班组为

39

了维护他们群体的利益，自发地形成了一些规范。他们约定，谁也不能干得太多，突出自己；谁也不能干得太少，影响全组的产量，并且约法三章，不准向管理当局告密，如有人违反这些规定，轻则挖苦谩骂，重则拳打脚踢。进一步调查发现，工人们之所以维持中等水平的产量，是担心产量提高，管理当局会改变现行奖励制度，或裁减人员，使部分工人失业，或者会使干得慢的伙伴受到惩罚。这一试验表明，工人为了维护班组内部的团结，可以放弃物质利益的引诱。梅奥由此提出"非正式群体"的概念，认为在正式的组织中存在着自发形成的非正式群体，这种群体有自己的特殊的行为规范，对群体中人的行为起着调节和控制作用。同时，加强了内部的协作关系。

### 五、态度实验

实验对两万多人次进行态度调查，规定实验者必须耐心倾听工人的意见、牢骚，作好详细记录，不作反驳和训斥，而且对工人的情况要深表同情。结果产量大幅度提高。因为谈话内容缓解了工人与管理者之间的矛盾冲突，形成了良好的人际关系。此实验得出生产时人际关系改善比人为的措施更有效的结论。

### 2. 非常有影响力的心理学家——马斯洛

马斯洛（图2-5）是美国非常有影响力的一位心理学家，他所创立的人本主义心理学，是以弗洛伊德为代表的精神分析学派和以华生为代表的行为主义之后，心理学上的"第三思潮"。他在管理学上的主要贡献是发展了默里·亨利的研究。默里在1938年把人的需要分为20种，马斯洛在默里研究的基础上，提出了人类基本需求的等级论，即需求层次理论。1943年，他在出版的《人类动机的理论》《激励与个人》等著作中，提出了需求层次理论。他把人类的基本需要按先后次序排列成五个层次：生理需求、安全需求、归属需求、尊重需求、自我实现需求。人类基本需求层次情况如图2-6所示。

图2-5　马斯洛

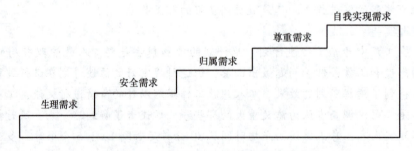

图2-6　马斯洛人类基本需求层次示意图

（1）**生理需求**　指人类维持自身生存及繁衍后代所必需的各种物质上的基本需要，包括饥、渴、衣、住、性等方面的要求。如果这些最基本的需要得不到满足，人类的生存就成了问题。从这个意义上说，生理需要是推动人们行动的最强大的动力，一个缺少食物、自尊和感情的人，会首先要求食物，只要这一需求还未得到满足，后面的各级更高的需要就不会有明显的显现。马斯洛认为，只有这些最基本的需要满足到维持生存所必需的程度后，其他的需要才能成为新的激励因素，而到了此时，这些已相对满足的需要也就不再成为激励因素。

## 第二章 汽车企业文化的基本原理

（2）**安全需求** 指人类要求保障自身安全、摆脱事业和财产丧失的威胁、避免职业病的侵袭等方面的需要，一旦生理需要得到满足后，人便希望获得一种安全需求。同样，当这种需要一旦得到相对满足后，也就不再成为激励因素。

（3）**归属需求** 指被人接纳、爱护、关注、鼓励及支持等的需求。这一层次的需要包括两个方面的内容：一是感情的需要，即人人都需要伙伴之间、同事之间的关系融洽或保持友谊和忠诚；人人都希望得到爱情，希望爱别人，也渴望得到别人的爱。二是归属的需要，即人都有一种归属于一个群体的感情，希望成为某一群体中公认的一员，并与群体成员相互关心和照顾。感情和归属需求，对大多数人来讲是一种很强烈的需要，比起前两种需要来说，更难捉摸，也更细致，如果得不到满足，则有可能会导致精神方面的疾病。它和一个人的生理特性、经历、教育、宗教信仰都有关系。

（4）**尊重需求** 指获取并维护个人自尊心的一切需求，人人都希望自己有稳定的社会地位，要求个人的能力和成就得到社会的承认。马斯洛发现，人们对尊重的需要可以分为两类，即自我尊重和来自他人的尊重。自尊是指在各种不同情境中获得信心、能力、本领、成就、独立和自由等的愿望。而来自他人的尊重包括威信、承认、接受、关心、地位、信赖、名誉和赏识等。当尊重需求得到满足时，能使人对自己充满信心，对社会抱有满腔热情，体验到自己活着的用处和价值。

（5）**自我实现的需求** 指在精神方面对人生境界的需求，亦即个人所有需求或理想全部实现，是最高层次的需求。也是人渴望个人能力在工作岗位上得到施展，实现个人理想、抱负、社会价值等，最大程度发挥个人的能力，完成与自己能力相称的一切事情的需要。也就是说，人必须干最适合、最称职的工作，发挥自己最大的潜在能力，表现个人的情感、思想、愿望、兴趣、能力，实现自己的理想，并能不断地创造和发展，这样才会使人们感到最大的快乐。马斯洛提出，为满足自我实现需求所采取的途径是因人而异的。自我实现的需求是充分发挥自己的潜力，越来越成为自己所期望成为的人物。

马斯洛认为，人们一般按照这一层次理论的先后次序来追求各项需要的满足。一般来说，等级越低者越容易获得满足，等级越高者则获得满足的比例越小。据马斯洛估计，在现代文明社会中，生理需求的满足率约为85%，安全需求的满足率约为70%，归属需求的满足率约为50%，尊敬需求的满足率约为40%，而自我实现需求只能满足10%左右。

在现实生活中，人的需要并不一定都是按这个层次顺序来实现，有时候人的需要是模糊不清的，对某种需要表现的强度也不一样。但是，这种划分提供了一个大概的需求层次，因而促使人们在企业管理实践中，进一步去深化、去思考如何更好地从文化心理上满足企业员工高层次的需求，并从文化上对员工加以调控和引导，帮助他们实现各自的愿望。

在马斯洛之后，美国行为科学家 C. 奥尔德弗的生存关系及发展理论、F. 赫茨伯格的双因素理论、V. 弗鲁姆的期望理论、L. 波特和 E. 劳勒的综合激励模型、D. 麦克利兰的成就需要理论等，都从个体行为的角度，丰富了行为科学理论。而麦格雷戈（图2-7）的"X-Y理论"尤其对企业中人的特性问题进行了深入的阐述。

图2-7 麦格雷戈

### 3. "X-Y 理论"管理大师——麦格雷戈

麦格雷戈是美国著名的行为科学家，人性假设理论创始人，"X-Y 理论"管理大师，是管理理论的奠基人和人际关系学派最具有影响力的思想家之一。在 1957 年 11 月号的美国《管理评论》杂志上，麦格雷戈发表了《企业的人性方面》一文，提出了有名的"X-Y 理论"。

**(1) X 理论**　麦格雷戈把传统的管理观点称为 X 理论，其特点是管理者对人性作了一个假定——人性丑恶，人们基本上厌恶工作，对工作没有热诚，如非必要就会加以逃避。人类只喜欢享乐，凡事得过且过，尽量逃避责任。所以要使之就范，企业管理者必须用严格的控制、强迫、惩罚和威逼利诱的手段来应对，例如扣减工资、取消休假等，以使员工能够保证生产水平。

麦格雷戈发现，当时企业中对人的管理工作以及传统的企业结构、管理政策、实践和规划都是以 X 理论为依据的。X 理论假设人对于工作的基本评价是负面的，即从本质上来说，人都是不喜欢工作的，并且一有管理不到位的机会就逃避工作，一般人都不愿意被人指挥并且希望逃避责任。

所以企业管理者在完成其任务时，或是采用强硬的管理办法，严密监督以及对行为严格控制；或是用宽松的管理办法，如采用随和态度，顺从员工的要求，以及保持一团和气的气氛。但无论是强硬还是宽松的管理办法，都存在难以避免的弊病。于是有人试图将两种方法结合起来取长补短，推行一种所谓"严格而合理"的管理方法，即"胡萝卜加大棒"的管理方法。一方面利用金钱的激励，另一方面严密地控制、监督和惩罚，迫使员工为企业目标努力。由于本质上还是以 X 理论为指导，因此，管理上存在的问题还是不少。

**(2) Y 理论**　实践证明，以 X 理论为前提的管理模式，造成人才创造性和奉献精神不断下降、员工对工作绩效毫不关心等不良后果，日益使人怀疑 X 理论是建立在错误的因果概念的基础上的。社会科学中不断涌现出各种新观点，对 X 理论提出了挑战。麦格雷戈认为，这些新观点确信人的行为表现并非由其固有的天性决定，而是企业的管理不当造成的。他以马斯洛的需求层次理论为根据指出，剥夺人的生理上的需要，会使人生病，同样，剥夺人的较高级的需要（如感情上的需要、地位的需要、自我实现的需要），也会使人产生病态的行为。人们之所以会产生那些消极、敌对和拒绝承担责任的态度，正是他们被剥夺了社会需要和自我实现的需要而产生的病态症状。因而，迫切需要一种新的，建立在对人的特性和人的行为动机更为恰当的认识基础上的新理论。因此，与 X 理论消极的人性观点相对照，麦格雷戈又提出了一个新的理论——Y 理论。Y 理论对于人性假设是正面的，假定人性本善，假设一般人在本质上并不厌恶工作，只要循循善诱，员工便会热诚工作，在没有严密的监管下，也会努力完成生产任务。而且在适当的条件下，一般的人不仅愿意承担责任而且会主动寻求责任感。

Y 理论与其他行为科学理论一样，都是从"以人为本"的立场和角度去处理管理问题，并率先提出企业管理者在具体的经营管理中，应该从人的因素出发，注重对人的研究。行为科学深入研究了管理中的"人"，奠定了管理科学进一步发展演进的基础，也为企业管理理论的发展开拓了新思路。

对照 Y 理论，行为科学对人的作用过分强调，而缺乏对人与制度、人与组织相结合的探讨，把复杂的人类行为，仅仅看成是结构间的相互依赖，这也在某种程度上忽视了经济技术对管理的推动作用。另外，对企业发展的环境因素也研究不够，因而不能站在战略的高度

## 第二章 汽车企业文化的基本原理

来看待企业的管理问题。行为科学的这些缺陷和局限，也催生了现代管理理论的"百家争鸣"与"百花齐放"。

### （三）现代管理理论的"丛林"

二战以后，科学技术与工业生产迅速增长，企业规模越来越大，生产过程自动化的程度空前提高，技术更新的周期大为缩短，市场竞争越来越激烈，国际化进程进一步加速，这一切都给管理工作提出了许多新问题，企业管理原有的理论和方法很难适应新形势的需要，引起了人们对管理的普遍重视。除管理工作者和管理学家外，其他领域的一些专家，如社会学家、经济学家、生物学家、数学家等都纷纷加入了管理研究的队伍，他们从不同角度用不同方法来研究管理理论，出现了研究管理理论的各种学派，呈现了"百花齐放、百家争鸣"的繁荣景象。

各种各样的管理理论层出不穷，新的学派不断形成，包括：管理过程学派的哈罗德·孔茨、社会系统学派的切斯特·巴纳德、决策理论学派的赫伯特·西蒙、系统管理理论学派的理查德·约翰逊、数量管理科学学派的 A. 希尔、权变理论学派的汤姆·伯恩斯、经验主义学派的彼得·德鲁克、经理角色学派的亨利·明茨伯格等。这些理论和学派，在历史渊源和理论内容上互相影响，形成盘根错节的理论"丛林"。哈罗德·孔茨形象地把这种现象称为"管理理论的丛林"。他认为，如果"管理理论的丛林"继续存在，将会使管理工作者和学习管理理论的初学者如同进入热带丛林中一样，迷失方向而找不到出路。只有通过对现代管理学派的研究，才有可能使我们跨过盘根错节的现代管理理论丛林，最终找到通向管理最优境界之路。

### （四）未来文化管理趋势研究

行为科学通过对人的心理活动的研究，掌握人们行为的规律，从中寻找对待员工的新方法和提高生产与工作效率的途径，已成为管理学中的一个重要分支。

行为科学广泛应用于企业管理，它把以"事"为中心的管理，改变为以"人"为中心的管理；由原来对"规章制度"的研究发展到对"人"的行为的研究；由原来的专制型管理向民主型管理过渡。它激发员工的工作积极性，提高劳动生产率，改善并协调人与人之间的关系，缓和劳资矛盾，成功改变了管理者的思想观念和行为方式。

梅奥等人提出的社会人、非正式组织等概念已为大多数行为科学家所接受。他们的成果使得管理者在对待下属问题上发生了巨大的变化，对管理思想的发展做出了巨大的贡献。但行为科学过于强调人的作用，经济技术等方面的考虑就很容易被忽视。在社会经济和科学技术快速发展的阶段，单纯依靠梅奥等人在早期提出的一些理论和方法，已无法解释管理实践和学科发展过程中出现的新问题。因此，不少的行为科学家在梅奥等人的理论基础上做了进一步深入细致的研究。如从"社会人"假设发展到"自我实现人"假设，甚至是"复杂人"假设等，研究的内容和范围也更为广泛。这也表明，在当时的时代环境下，科学家对人的研究还远没有达到人们想象的那么深远，行为科学作为一门年轻的学科，仍然在不断的发展之中。

行为科学理论通过管理学者们的进一步研究，并不断从实践中总结经验，逐步得到完善，现代管理理论层出不穷。美国著名管理学家巴纳德在《管理工作的职责》一书中研究了旨在充分发挥人的积极性的思想，认为办好企业的关键是价值观问题和人的积极性问题，并且注意到了管理者在充分发挥人的积极性方面所起的那种异乎寻常的关键作用。美国学者

汽车企业文化

塞尔茨尼克在《领导与行政管理》一书中也指出:"机构的领导人,主要是促进和保护价值的专家。"1965年12月美国教授尼根希与埃斯达芬发表了《在不同的文化和环境中,确定美国管理技能的适用性研究模式》一文,将管理与文化的关系推向了更高的研究层次,明确而系统地从民族文化、社会文化、组织文化角度阐述了企业管理中的文化问题。1971年,美国著名管理学家德鲁克在其所著的《管理学》一书中,把管理与文化直接联系起来。他说:"管理是一种社会职能,隐藏在价值、习俗、信念的传统里,以及政府的政治制度中。管理受文化制约,管理也是'文化',它不是无价值观的科学。"

经过管理学者们大量的研究和实践,现代管理理论在以人为本、非正式组织作用、人际关系理论以及社会人、人类基本需求层次、X-Y理论等方面创立了不少的成果,为企业文化理论的形成打下了理论和实践基础。

### 三、当代管理理论与企业文化

西方管理理论真正穿越"丛林"进入一个新的发展阶段,始于20世纪70年代末到80年代初。当时,日本经济的腾飞引起了美国企业管理界和理论界的密切关注。管理理论家和企业家们通过美、日不同管理方式的比较,看到了两种不同文化对管理方式的潜在影响。企业文化作为管理理论发展的第四阶段,是对此前的管理理论的扬弃,从全新的文化视角去思考和分析企业经营管理的运作,是管理思想发展史上的一场革命。

#### (一)当代管理理论的发展

进入20世纪70年代以后,国际环境出现剧烈的变化,尤其是石油危机对国际环境产生了重要的影响。这个时期的管理理论以战略管理为主,研究企业组织与环境的关系,重点研究企业如何适应充满危机和动荡的环境。迈克尔·波特所著的《竞争战略》把战略管理的理论推向了高峰。

美国企业从20世纪80年代起开始了大规模的企业重组革命,原美国麻省理工学院教授迈克尔·哈默与詹姆斯·钱皮是企业再造理论的创始人,"再造工程"以工作流程为中心,重新设计企业的经营、管理及运作方式,使企业经营运作取得了很好的效果。之后,日本企业也于20世纪90年代开始进行所谓第二次管理革命,这十几年间,世界的企业管理经历着前所未有的、脱胎换骨的变革。

到20世纪80年代末,信息化和全球化浪潮席卷全球,消费的多元化、顾客的个性化迫使企业必须不断改革。为适应时代,管理理论研究开始针对学习型组织展开。彼得·圣吉在所著的《第五项修炼》中更是明确指出企业唯一持久的竞争优势源于比竞争对手学得更快、学得更好的能力。他认为学习型组织是人们从工作中获得生命意义、实现共同愿景、获取竞争优势、立于不败之地的关键所在。

20世纪70年代至80年代末期间,当代管理理论得到快速的发展,也催生了企业文化理论。20世纪80年代初期,企业文化理论以几部著作为标志诞生,这几部著作被誉为企业文化管理革命的"四重奏"。20世纪80年代和90年代也被称为管理的企业文化时代。

#### (二)企业文化理论的形成

从1981年到1982年,美国管理学界连续推出了四部主要著作:《日本企业的管理艺术》《Z理论——美国企业界怎样迎接日本的挑战》《企业文化》和《追求卓越》。这四部专著的出版,把人们引入了企业文化发展的新阶段,标志着企业文化理论的诞生。这四部专门研究企业文化的著作，在企业文化研究领域习惯地被称为企业文化管理革命的"四重奏"。

### 1. 《日本企业的管理艺术》

20 世纪 70 年代以来，美国企业面临着与日本企业越来越激烈的竞争，美国哈佛大学工商管理研究院阿索斯教授和斯坦福大学商学研究院的帕斯卡尔教授花了几年的时间，调查了 34 个美国和日本公司，把日本企业管理方式提高到了一种艺术的高度来研究。他们分析比较了这些公司成功的经验和失败的原因，出版了《日本企业管理艺术》一书，以此来反思美国企业管理中的某些失误。他们提出，在具体的管理方式方法方面，美日之间的差别在于：美国人更重视管理中的"硬"因素和"硬"技术，而日本人则比较重视管理中的"软"因素和"软"技术。书中总结出管理中的七个要素——战略、结构、制度、员工、作风、技能和最高目标，论述了它们之间的相互关系。由于这七个要素的英文写法中的第一个字母都是"S"，所以称为"7S"要素。在这 7 个"S"中，美国企业管理中比较重视前三个"硬 S"即战略、结构、制度，日本的企业管理中则比较重视后四个"软 S"，即员工、作风、技能和最高目标。为此，日本的管理能够在企业中营造比较好的文化氛围，能应付现代社会中多变的挑战，而美国的管理则相对不够适应。

这本书著名的"7S 管理模式"后来被广泛运用。

### 2. 《Z 理论——美国企业界怎样迎接日本的挑战》

美籍日裔学者威廉·大内是美国加州大学洛杉矶分校管理学教授，他在《Z 理论——美国企业界怎样迎接日本的挑战》一书中认为，日本企业管理成功的奥秘是每一个企业都有一种充满信任和亲密感的微妙人际关系，美国不应单纯地进行模仿，而是应该从日本成功的经验中吸取有益的成分。他在麦格雷戈"X 理论"和"Y 理论"管理学说的基础上，提出了"Z 理论"，强调组织管理的文化因素，并认为组织在生产力上不仅需要考虑技术和利润等硬性指标，而且还应考虑软性因素，如信任、人与人之间的密切关系和微妙性等。"X 理论"和"Y 理论"体现了西方的管理原则，而"Z 理论"则强调在企业管理中加入东方的人性化因素，是东西方文化和管理哲学的碰撞与融合。但他认为，由于美国和日本的文化传统不同，日本的管理经验不能简单地照搬到美国。为此，他提出了"Z 型组织"的概念，认为美国公司要借鉴日本的经验，就要转型为 Z 型组织。在 Z 型组织中，决策可能是集体作出的，但最终要由个人对决策负责。Z 型组织符合美国文化，又兼备了日本企业管理的长处。

大内提出，为了建立"Z 型组织"，必须建立一种"Z 型文化"。一个经济组织不只是一种经济的产物，同时也是一种社会的产物，因此他以卓越的见识，并从案例分析和实际操作的角度提出了"企业文化"的概念："传统和气氛构成了一个企业的文化。同时，文化意味着一个企业的价值观，诸如进取、守成或是灵活——这些价值观构成企业员工活动、意见和行为的规范。"这是发表最早、比较完整的企业文化定义之一。

### 3. 《企业文化——企业生存的习俗和礼仪》

20 世纪 80 年代初，美国哈佛大学教育研究院的教授泰伦斯·迪尔和麦肯锡咨询公司顾问艾伦·肯尼迪在长期的企业管理研究中积累了丰富的资料。他们在 6 个月的时间里，集中对 80 家企业进行了详尽的调查，写成了《企业文化——企业生存的习俗和礼仪》一书。该书在 1981 年 7 月出版后，就成为当时最畅销的管理学著作。后又被评为 20 世纪 80 年代最有影响的 10 本管理学专著之一，成为论述企业文化的经典之作。它用丰富的例证指出：杰出而成功的企业都有强有力的企业文化，为全体员工共同遵守，这些往往是约定俗成的，而

## 汽车企业文化

非书面的行为规范,企业会通过各种各样的方式去宣传、强化这些价值观念的仪式和习俗。正是企业文化这一非技术、非经济的因素,导致了这些决策的产生、企业中的人事任免,甚至包括员工们的行为举止、衣着爱好、生活习惯等。在两个其他条件都相差无几的企业中,由于其企业文化的强弱不同,对企业发展所产生的影响就完全不同。迪尔和肯尼迪把企业文化整个理论系统概述为5个要素,即企业环境、价值观、英雄人物、企业仪式和文化网络。

### 4.《追求卓越》

《追求卓越》一书有两位作者,托马斯·彼得斯和小罗伯特·沃特曼,他们都是麦肯锡管理咨询公司的顾问。在长期的研究工作中,一个问题始终让他们不解:为什么第二次世界大战后,日本的企业管理取得了成功,而美国的企业管理却事倍功半?同是美国的企业,为什么有的出类拔萃,有的却碌碌无为?带着这些问题,他们于1977年起开始了大量的研究工作,并于1980年7月在《商业周刊》上发表了最初的研究成果,引起了管理学界的巨大反响。此后,他们又对这一研究课题加以修改和补充,于1982年10月出版了本书。

《追求卓越》成为美国商业的拯救者和美国商业发展史上的转折点,真正将管理的科学性与艺术性密切地结合起来,成为世界最畅销的工商管理书籍之一,被誉为世界最畅销的工商管理书籍、美国优秀企业的管理圣经、《福布斯》20世纪最具影响力的20本商业书籍之一。

继古典管理理论、现代管理理论以及当代管理理论之后,企业文化理论成为管理理论发展的第四个阶段。就企业文化理论本身的内涵来分析,显然比前三个阶段的理论有着明显的进步,它对企业管理的思考立意更高、角度更新、内容更为丰富。企业文化理论高度重视人作为企业生产的主体在整个生产过程中的作用,提出不仅要重视科学的、经济的手段,更要重视文化的手段。

### 四、汽车企业文化

汽车从诞生、大规模产业化到最后实现全球化,经过了100多年的发展。汽车产业的发展伴随着企业文化理论的产生和发展,在汽车企业文化的形成和发展过程中,吸纳了世界优秀汽车及零部件生产商生产管理的精华,如以"精益生产"为代表的丰田汽车企业文化,以"大批量生产"为代表的福特汽车企业文化,以"质量为先"的奔驰汽车企业文化等。在现代管理理论、当代管理理论的形成和发展中,奔驰汽车、福特汽车、丰田汽车等企业的管理实践也做出了贡献。汽车产业结合自身行业的特点,形成了汽车企业文化,并在汽车产业的发展历史中发挥了重要的作用。

汽车企业文化是在一定的社会历史条件下、在生产经营和管理活动中所创造的、具有汽车企业特色的精神财富和物质形态。它包括文化观念、价值观念、企业精神、道德规范、行为准则、历史传统、企业制度、文化环境、汽车产品等,其中价值观是汽车企业文化的核心。

汽车企业文化包括三层内涵:一是居于核心层的汽车企业的各种经营理念、价值观、哲学思想等精神意识;二是居于中间层的汽车企业制度及人员的行为;三是处于最外层的汽车企业技术、产品、物质。技术、产品和物质只是企业的精神理念等意识形态的表现形式。在整个汽车企业文化中,起决定作用的是核心层——即理念、精神等意识形态。

# 第二章 汽车企业文化的基本原理

**参考案例 7：** 丰田汽车的企业文化建设

丰田汽车成立于 1937 年，经过 80 年的发展已成为国际知名的跨国汽车企业集团。丰田汽车长期以来十分注重企业文化建设。曾任丰田汽车公司社长的石田退三说过一段著名的话："事业在于人，人要陆续地培养教育，一代一代地持续下去，任何工作，任何事业，要想有所发展，给它打下坚实的基础，最要紧的一条是造就人才。"丰田汽车提出"以人为本"的原则和以"调动干劲"为目的的企业文化建设目标，注重对人的培养和教育，着重在培养人才、搞好劳资关系、调动员工积极性丰富员工社团生活等方面下功夫。

## 一、独特的内部教育体系

丰田汽车的内部教育体系分为通过工作来提高业务能力的教育、业余教育、激发员工上进心的教育三类。丰田汽车通过"个性对口鉴定制度""自己申报制度""PT 活动"和"领导人个人接触制度"等富有特色的形式，加强对员工的培养，使员工最大限度地发挥个人的才能。

### （一）个性对口鉴定制度

"个性对口鉴定制度"是指对于员工的鉴定一方面由其直接上司确定，另一方面还要参考其他部门负责人和职员的意见，丰田汽车称之为"人缘投票"。

### （二）自己申报制度

"自己申报制度"的内容是，企业在每年年初让每位员工制订自己一年的工作指标，到年度末自行检查完成情况，并就自己是否胜任当前工作岗位等问题向上级汇报。

### （三）PT 活动

PT 是 Personal Touch 的简称，"PT 活动"可以解释为"个人和个人相互接触"。具体做法是，在企业内部工作五年以上的骨干中选拔员工，经过技能训练课程培训后，取得"前辈"的任职资格，他们将被任命为新员工的"专职前辈"。专职前辈需要就工作、生活等问题对新员工进行指导教育，帮助其尽快熟悉和适应工作环境。受训方式有讲课和讨论等形式，其内容涉及人生观、工作责任、礼仪等。

### （四）领导个人接触制度

"领导个人接触制度"是对工长、组长、班长施行"协助者"的教育，是一种进行"商谈"的训练，有利于培养一支高素质的企业管理人员队伍。这一制度的目的是使企业管理人员得到多方面的锻炼，让他们既掌握系统的技术知识，又有车间人事管理的经验。

## 二、激发员工的独创精神

20 世纪 50 年代，美国福特汽车公司建立了"动脑筋创新建议"制度，取得了很好的效果。丰田汽车通过学习和借鉴，创建了"好产品、好主意"制度，这也是丰田汽车追求物美价廉经营思想的重要标志。从 1954 年起，这一口号被悬挂在企业显著位置。渐渐地，"好产品、好主意"逐渐成为丰田汽车鼓励员工进行创新的代名词。

## 三、融洽和谐的劳资关系

劳资关系融洽与否，对企业的生存和发展有直接影响。在长期的生产经营中，丰田汽车一直在努力建立和完善以相互信任为基础的劳资关系。例如，丰田汽车工会颁布旨在促进劳资双方合作、信任关系的四条纲领：一是维持和改善劳动条件；二是进行自主的、民主的经

汽车企业文化

营管理；三是坚持员工生活的稳定和企业的发展是相辅相成关系的原则；四是以友爱和信义为准则，谋求相互信任。

劳资双方还定期举行劳资协议会、劳资恳谈会、车间恳谈会，商量出现或可能出现的劳资双方的问题与矛盾，尽量使矛盾在萌芽阶段得以解决。正是因为企业内部建立起了充分信任、合作的劳资关系，丰田汽车在每年春季的工运中都能够取得"一次答复"的成功。

### 四、注重非正式组织作用

在教育体系中，丰田汽车非常注重非正式组织的存在价值。具体做法是，利用人与人之间的多重关系开展丰富多彩的活动。这种非正式教育的特点在于把一般单纯由"福利保障"部门处理的事情，作为培养人才的基础纳入到员工的日常生活之中。这是一种寓教于乐的活动，是企业管理者的"生活智慧"在企业文化建设中的体现。

丰田汽车的非正式教育主要采取以下三种形式：一是企业内的团体活动；二是建立快乐的宿舍运动；三是丰田汽车俱乐部活动。其中，公司内的团体活动就是以某种线索、媒介为依据而建立的"亲睦团体"活动。例如，按照员工的籍贯、毕业学校、兴趣爱好、进公司年限、职务等条件为依据，组成各种不同的非正式团体，所有员工都可以同时选择参加若干个不同团体。通过参加团体聚会，企业员工体验到了工作之外的轻松愉快，坚定了只有企业繁荣，公司内各个小团体才能发展的信念。

## 第二节　汽车企业文化的概述

企业文化理论于 20 世纪 80 年代产生于美国，对于企业文化的概念和内涵、企业文化的结构和企业文化的特征，国外的学者以及国内的专家，都进行了大量的分析和研究，纷纷提出自己的看法和见解。随着世界汽车工业的诞生和不断发展，汽车文化的产生和不断积累，汽车企业在管理过程中结合企业文化理论，也建立和完善了汽车企业文化的内容、结构和特征。

### 一、企业文化与汽车企业文化的概念

从广义上说，文化是人类社会历史实践过程中所创造的物质财富与精神财富的总和。从狭义上说，文化是社会的意识形态以及与之相适应的组织机构与制度。而企业文化则是企业在生产经营实践中逐步形成的，为全体员工所认同并遵守的、带有企业特点的使命、愿景、宗旨、精神、价值观和经营理念，以及这些理念体现在生产经营实践、管理制度、员工行为方式与企业对外形象上的总和。它与文教、科研、军事等组织的文化性质是不同的。

企业文化是企业的灵魂，是推动企业发展的不竭动力。它包含着非常丰富的内容，其核心是企业的精神和企业价值观。

#### （一）企业文化概念的不同表述

纵观中外学者、专家对企业文化的理解，分析和理解的角度或侧重各有不同，涵盖面也不完全一致。有的从文化学的角度来理解，认为企业文化是社会文化的亚文化，企业文化作为一种微观的文化现象，其研究的核心应是企业的价值观、团队意识和企业精神；有的从管理思想发展的角度来理解，认为企业文化是管理思想发展的必然结果，是一种新兴的管理理

论和管理方式；还有的认为企业文化应以人为着眼点，是一种以人为中心的管理方式，强调特定的企业价值体系是一个企业的灵魂和旗帜，它作为一种无形的力量蕴藏在企业员工的思想和行为之中，应当把企业建成一种人人都具有共同使命感和责任心的组织。

### （二）汽车企业文化的概念

综合国内外学者对企业文化的理解，结合汽车工业的发展历史和产业实践，汽车企业文化的概念是：汽车企业文化是指汽车企业在一定的社会文化环境影响下，为适应外部经营环境和协调内部关系，由企业管理者长期提倡，员工认同，在经营与创新过程中所形成的企业理念、价值观、道德规范、行为准则、经营特色、管理风格等传统和习俗的总和。

## 二、企业文化与汽车企业文化的结构

汽车企业文化结构是指汽车企业文化的构成要素或构成子系统，它建立在企业文化结构研究的基础上。对于企业文化结构的研究，国内外学者和专家几乎是同步的，但从研究的内容和研究的成果来看，由于经济发展的阶段不同和地域不同，形成了各种各样的观点。典型的观点有"四层次说"和"三层次说"。

### （一）企业文化的结构

#### 1. 四层次说

中国企业界和理论界对于企业文化结构的研究，更倾向于结合中国的实际状况来理解。占主导倾向的是"四层次说"，包括精神文化、制度文化、行为文化、物质文化。

（1）精神文化　精神文化是人类在从事物质文化活动基础上产生的一种人类所特有的意识形态。是人类各种意识观念形态的集合。精神文化的优越性在于：一是具有人类文化基因的继承性；二是在实践当中可以不断丰富完善。这也是人类精神文化不断推进物质文化发展的内在动力。

（2）制度文化　制度文化是人类为了自身生存、社会发展的需要而主动创制出来的有组织的规范体系。主要包括行政管理体制、法律制度、人才培养选拔制度和民间的礼仪俗规等内容。制度文化是人类在物质生产过程中所结成的各种社会关系的总和。社会的法律制度、政治制度、经济制度以及人与人之间的各种关系准则等，都是制度文化的反映。

（3）行为文化　行为文化是指人们在生活工作之中所贡献的、有价值的、促进文明以及人类社会发展的经验及创造性活动。包括人类在社会实践中尤其是在人际交往中约定俗成的行为规范、活动规范和方式，通常体现在礼俗、民俗、风俗等形态中，并存在于社会生活的所有方面，涉及所有的社会成员，是社会生活潜在的灵魂和支配力量，也是一个时代文化精神的真正负载者。

（4）物质文化　物质文化是指为了满足人类生存和发展的需要而创造出来的物质产品及其所表现的文化。物质文化是以容易看得见的具体商品如服饰、建筑物、交通工具、生产工具以及乡村环境、城市环境、生产环境、工作环境、生活环境、物质设施等物质形态为主要研究对象的表层文化。

#### 2. 三层次说

"三层次说"的观点是从狭义的企业文化概念出发，将企业文化的结构由里向外看，分为理念体系层、伦理道德层和制度文化层。

（1）理念体系层　理念体系层是企业在一定社会文化影响下，为适应外部经营环境和

**汽车企业文化**

协调企业内部关系，在长期经营过程中所形成的包括具有企业自身特点的经营宗旨、价值观念和道德行为的经营理念体系。它是企业经营管理与群体意识的积淀。理念体系要解决企业的目标、使命、愿景、经营管理观念等方面的问题。企业理念体系的核心是企业价值观。

（2）伦理道德层　企业伦理道德根源于企业的群体意识，是企业全体成员对善恶、美丑、正义与邪恶、公平与偏私、诚实与虚伪等基本判断的准则，是调节企业与社会、企业与消费者、企业与企业、企业与股东、管理者与员工、员工与员工之间关系的行为规范的总和。企业伦理道德对成员的行为调节是通过舆论、说服、示范、教育等方式来实现的，是一种非制度化的规范，是通过非强制手段来发挥作用的。

（3）制度文化层　企业制度文化是企业文化的重要组成部分，是企业为实现战略目标而对员工的行为所提出的一系列强制性的要求，它规范着企业中每一个人的行为。企业文化管理的最高境界是让企业的核心价值观变为员工的自觉行为。但从文化理念到自觉行动从来不是一蹴而就的，企业需要通过制度的约束使价值观贯彻到员工的行为中，从而形成习惯，再从习惯变为员工的自觉行为。因此，制度文化是企业理念的基础和载体。制度文化层的内容主要有企业产权制度、企业领导体制、企业组织结构和企业具体管理制度等。

### （二）汽车企业文化的结构

汽车产业具有独有的特性，例如，汽车是集科技、技术、技巧、匠心、艺术为一体的产品，同时富有社会属性，要求安全可靠、节能环保、舒适耐用，汽车产品已在全社会大范围使用；汽车研发已实现信息化、模块化；汽车生产已实现工业化、规模化；汽车销售已实现模式化、服务化；汽车使用已实现规范化、法制化，这些环节都需要制度来规范行为。中国已迈入汽车社会，汽车企业的经营风格、精神面貌、人际关系等方面要以企业文化为主导，积极履行社会责任，包括对消费者、员工和广大民众的责任，并通过行为规范加以保证。因此，结合企业文化结构的三层次说和四层次说，汽车企业文化是由精神文化层、伦理道德层、制度文化层和行为文化层所构成。

## 三、汽车企业文化的特性

由精神文化层、伦理道德层、制度文化层和行为文化层所构成的汽车企业文化具有以下两大类的特性。

### （一）本质特性

本质特性是指汽车企业文化不同于其他文化的属性，亦即相对于政治文化、经济文化、艺术文化和学校文化等而言。因汽车工业具有工业化生产、自动化程度高、产业工人集中等本质特殊的属性，所以"以人为本"是汽车企业文化的核心内容，该本质特性主要体现在以下两个方面。

**1. 管理学属性**

汽车企业文化的管理学属性或称管理学特性，可以从管理理论和管理实践两个方面来体现。

（1）管理理论方面　汽车企业文化理论源于企业文化理论，而企业文化理论是西方古典管理理论、行为科学理论和现代管理理论发展过后的必然产物。在企业文化理论发展过程中，汽车企业文化理论结合自身行业的特点不断形成并完善。因此，汽车企业文化理论来源于企业文化理论，丰富并完善于汽车产业管理实践，应用于汽车产业管理过程，并在汽车产

## 第二章  汽车企业文化的基本原理

业管理中发挥积极作用,推动汽车行业管理水平不断提高。

(2) 管理实践方面  企业文化理论起源于美国,兴盛于日本,是两国管理实践经验的总结和融合,并在其发展过程中又不断吸收和融汇了世界各国管理的实践和经验。而汽车诞生于德国,成熟于美国和日本,汽车企业文化理论在汽车行业管理实践中不断完善,如美国福特"批量生产"的汽车企业文化、日本丰田"精益生产"的汽车企业文化,正是汽车企业文化的管理学特性。

### 2. 人文属性

汽车企业文化的人文属性,强调在工业化生产过程中人是管理的主体与归宿,强调在对汽车企业员工进行管理过程中,不是单纯用物质刺激和制度关卡来管理,而更注重人文关怀,以符合人性规律的方式来对员工进行管理。

"以人为本"是汽车企业文化人文特征的核心内容,它是伴随着汽车产业的发展壮大和汽车企业管理的实践而逐渐形成的。早在美国福特汽车公司采用流水作业法、实施大量生产方式后,福特汽车公司的管理者就开始认识到人在企业管理和生产中的重要作用。这与空想社会主义者欧文曾提出"人是环境的产物"这一著名的管理思想,以及科学管理的创始人泰勒在自己的管理理论中暗含的"以人为本"的思想相吻合。福特汽车公司实行8小时工作制(原来为9小时),工人最低工资提高到每天5美元(是计时工资,而不是计件工资,工人只要完成规定的工作就可以得到),这个标准是当时美国的最高水平。要提高劳动生产率,必须做到人尽其才,必须挖掘工人的劳动潜力,但必须落实与员工"利润共享"的原则。

管理学说的发展,先后出现了"社会人""自我实现人"以及"文化人"的观点,在人类发展、社会进步的历史进程中,人的自我实现是工人成长以及工作效率提高的重要动力。福特汽车公司"以人为本"的实践,产生了显而易见的高报酬高效率的效果,并在汽车行业中得到推广和应用。汽车企业文化的人文属性,具体体现为:

(1) 尊重人  以人为本是尊重人的首要条件,也是对汽车企业文化人文性的具体化。福特认为,"最好的模式是以获取合理利润来提高汽车的销售量,而不是以获取高额利润来销售少量的汽车。之所以这么说,是因为这样会使大多数人能买得起汽车,并享受使用汽车的快乐,这也使得大量受雇用的工人能够赚到丰实的工资和良好的待遇。这就是我一生为之奋斗的目标。"

(2) 关心人  关心人就是汽车企业和管理者关心和爱护员工,让员工在受到尊重的基础上有成就感、集体感和归宿感,员工的信心、能力以及独立的愿望得到满足,对企业充满感激,对工作满腔热情。这是人本管理的重要内容,也是人性化管理的具体体现。

(3) 激励人  激励是激发人的动机、让人从内心产生动力、创造力和潜力,以促成其按企业管理的要求、目标的要求完成本职工作。因此,汽车企业一是要在管理手段上采取内在激励的措施,以满足员工的自尊和自我成就、价值实现的需要;二是在管理制度上激励员工发挥个性,实行工作扩大化、工作内容丰富化及弹性工作时间制度等,以利于员工自我价值的实现。

(4) 培养人  人本管理的根本是培育人,培育不是简简单单的培养,更重要的是企业帮助员工制定职业生涯规划,通过各种培养途径去提高员工的整体素质,让员工在工作中提高能力,在实践中得到发展。这是汽车企业以人为本的管理本质,是汽车企业文化的人文

属性。

纵观世界汽车产业的发展，正是汽车企业文化的行业特点和人文特性，建立起汽车企业文化与其他管理理论的联系，又体现出与它们的区别。

### （二）一般特性

汽车企业文化的一般特性是相对本质特性而言的，主要是用来突出汽车企业文化的本质特性。

#### 1. 独特性

纵观国内外汽车企业的文化现状，无法找到两种完全相同的汽车企业文化。世界各地的优秀汽车企业文化虽然可以学习和借鉴，但由于各汽车企业发展历史、风俗习惯、技术和产品、管理风格等方面有其自身独特的内涵，甚至千差万别，无法简单地仿效和克隆。如丰田汽车有知名的"精益生产"文化，世界范围许多汽车和零部件企业竞相模仿，都无法如愿以偿。因为任何经验都带有个别性或独特性，有其产生的特殊环境和特定时间，一旦总结出来就成了一般性的抽象的东西，成了"标准件""大众货"，也就人人可以复制、模仿。不同的企业有不同的历史、规模、结构、行业、目标、地域等特征，进而有着不同的风格。"企业文化就如同一个人的性格一样"，它有自己的特点，而这些特点又"如同个性一样相对稳定与持久"。

#### 2. 继承性

现有汽车企业文化都是建立在企业发展过程中和经营管理的成功与失败的经验之上，是企业日积月累的文化沉淀。即使企业内部员工不断流动和更新，企业文化也会深植于企业内外环境之中，成为企业运行的惯性，成为员工无意识的行为，保持着汽车企业文化相对的继承性。

#### 3. 共享性

汽车企业是管理者和众多的员工集聚的社会团体，因此，汽车企业文化可称为团体的文化，这种文化的形成是全体员工共同努力的结果，文化的成果是获得大多数员工认同的、共享的。虽然企业文化是由汽车企业管理者倡导的，但如果不被广大员工所接受，不在实施推广过程中共享而成为员工内心自觉的行为，这个汽车企业的企业文化最终无法形成。

#### 4. 隐蔽性

真正的汽车企业文化应该像空气一样无时不有、无所不在，特别是企业理念、价值观、信念、经营哲学等，耳濡目染地感染、影响员工的一言一行、一举一动，它存在于员工和管理者的内心，存在于员工的无意识领域，存在于员工的习俗和行为中。因此，汽车企业文化具有隐蔽性，不身临其境，不切身体会是无法感受到的。"潜移默化，润物无声"。

#### 5. 强制性

汽车企业文化一旦获得大多数员工的认同和接受，就形成一个强大的文化氛围，汽车企业中的非正式群体的文化以及员工个体的文化都置于这种文化氛围之中，对汽车企业的管理者和员工发挥出"软管制"的作用。当员工试图挣脱汽车企业文化的约束时，汽车企业文化的"软管制"作用就会明显表现出来。比如在日本汽车企业，虽然公司没有明文规定员工要孝敬父母，但是如果员工不孝敬父母的话，那么在企业很难立足。汽车企业文化所形成的"软管制"作用往往会比硬性的强制更有力。

第二章　汽车企业文化的基本原理

#### 6. 时代性

汽车产业是高新技术应用最多、最及时、最广泛的行业，汽车企业文化也就带有浓厚的时代特征。在新技术、新材料、新工艺应用的同时，与之相适应的新的管理方式也随之产生，因此，汽车企业文化引领着时代物质和精神的创新与发展，优秀的汽车企业文化是时代物质和精神的具体化。汽车企业文化的时代性是企业与外部环境保持良好关系的关键。

#### 7. 民族性

从汽车发展历史可知，汽车企业的创立和发展，带有明显的民族性色彩。因此，汽车企业文化的民族特性特别突出，这种民族特性更多是通过汽车企业价值观体系来影响企业的经营管理风格、组织结构和传播渠道。改革开放以后，国外汽车制造商进入中国合资建厂，欧美系、日韩系的汽车企业文化与中国汽车企业文化就因文化的民族特性曾经发生过摩擦，汽车企业文化的民族特性主要表现在以下方面：

（1）**汽车企业价值观体现的民族特性**　汽车企业价值观有两大类型，即团队主义价值观和个人英雄主义价值观，其直接体现出民族特性。如美国汽车企业的价值观崇尚"个人主义"的民族意识，中国汽车企业的价值观则体现出中华民族崇尚艰苦奋斗、自强不息的精神。可以看出，不同民族的汽车企业其价值观充满民族的特性。因此，如中国汽车企业与美国汽车企业建立合资汽车企业，在价值观方面需要经过长时间的磨合，才能相互理解、相互包容，进而形成具有合资特色的、相互兼容的汽车企业文化。

（2）**汽车企业管理风格体现的民族特性**　任何一个民族文化最本质的特征，都深深地融化在一个民族的血液里，落实在民族的无意识行为上。在与美国汽车企业合资的汽车企业管理风格上，美方体现出的"个人主义"民族意识，直接表现为强烈的竞争意识和雇佣制度上的短期行为；同样在与日本汽车企业合资的汽车企业管理风格上，日方体现出的"团队"和"家庭"的观念，也深深地烙上了企业的家长作风、员工对企业的忠诚意识和雇佣制度上的长期行为。

（3）**汽车企业的伦理道德体现的民族特性**　伦理道德既蕴含着西方文化的理性、科学、公共意志等属性，又蕴含着更多的东方文化的感性、人文、个人修养等色彩，不同民族的伦理道德既共通又独具特性。如在与德国汽车企业合资的汽车企业中，德方体现出的对工作极端负责，务实而又一丝不苟，追求精确与完美，注重合规与信誉的民族特性，左右着合资企业的伦理道德。而中方体现出的中华民族如"君子爱财，取之有道"的儒家思想以及"老吾老，以及人之老；幼吾幼，以及人之幼"的告诫，也深深地影响着合作企业的"诚信"自律的道德观念。

### 四、汽车企业文化与其他学科的关联

汽车企业文化属于新兴的交叉学科，其理论的产生不仅以其他学科的理论为基础，而且随着相关学科的发展而不断完善。汽车企业文化与战略管理、组织行为学、人力资源管理、管理心理学等其他相关学科的关联尤为密切。因此，研究汽车企业文化与其相关学科的关联，有助于更好地认识和把握汽车企业文化的内涵，更好地建设汽车企业文化，指导企业经营管理。

#### （一）汽车企业文化与战略管理

有一种企业管理的理念叫"种树理论"，树的开始阶段是往下长，如果根基不牢，树将

## 汽车企业文化

无法生长。以此类比,一个企业没有深厚的内在能力,将无法参与激烈的市场竞争,更不要说做大做强成为一流企业。这个理论也说明,文化是战略的先导,一个企业如果没有文化的支撑,企业战略将无法落地。具体来说,汽车企业文化与战略管理的关系可以理解如下:

**1. 为企业战略的制定提供依据**

世界管理大师彼得·德鲁克曾经指出,有效的企业管理必须回答"企业存在的理由是什么?业务是什么?业务应该是什么?"定义企业使命就是阐明企业的根本性质与存在的理由,说明企业的经营领域、经营思想,为企业目标的确立与战略的制定提供依据。作为汽车企业,这个答案就是其汽车企业文化的内涵。

**2. 为企业战略的实施提供保证**

汽车企业具有很强的行业特点,并在企业经营中转化为企业文化特色,这种特色通过企业员工的共同价值观念表现出来,有利于汽车企业形成别具一格的战略,也为汽车企业成功实施这一战略奠定了基础,提供了原始动力和保证。

**3. 可能成为企业新战略实施的阻力**

由于行业发展的特点,汽车企业的企业文化相对稳定,不易变革,有一定持续性,因而汽车企业战略的制定和实施都必须适应已有的汽车企业文化,不能过分脱离企业文化现状。通常汽车企业在制定新战略时会根据市场和环境的变化导入新的内涵,但有时汽车企业文化相关内容来不及跟进,从战略实施的角度来看,汽车企业文化既要为企业新的战略的实施服务,又会制约企业新的战略的实施。当企业新的战略要求汽车企业文化与之相配合时,企业的原有文化变革速度又非常缓慢,很难马上对新战略做出反应,这时汽车企业原有文化就可能成为实施企业新战略的阻力。因此在战略管理过程中,汽车企业内部新旧文化更替和协调是战略实施获得成功的重要保证。

### (二)汽车企业文化与组织行为学

组织行为学综合运用了心理学、生理学、文化人类学、社会学、经济学等学科有关知识和理论,是行为科学在管理领域的应用,因此,利用组织行为学来研究汽车企业中人的心理和行为规律,正确认识、理解、引导和控制人的行为,可以充实和完善汽车企业文化。汽车企业文化与组织行为学两者的关联分析如下:

**1. 共同研究"以人为中心"**

汽车企业实行的是"以人为中心"的管理,开展组织行为学的研究,有助于加强汽车企业文化的作用,即充分调动人的主动性、积极性和创造性,改善企业内外的人际关系,增强企业员工的群体凝聚力和向心力,实现企业的组织变革和组织发展。

**2. 都以行为科学作基础**

组织行为学与汽车企业文化都是在行为科学的基础上发展起来的,20世纪60年代是组织行为学发展的成熟时期。组织行为学的发展主要依靠心理学学科的发展和管理学学科的发展,其形成过程是:工业心理学→人际关系学→行为科学→组织行为学。而汽车企业文化的形成过程是:员工思想观念→人力资源→行为科学→组织行为学。从两者的形成过程来看,组织行为学和汽车企业文化的产生都是在行为科学理论的基础上发展起来的。汽车企业文化理论产生于行为科学之后,其中组织行为理论对汽车企业文化的形成和发展也有一定影响。

**3. 研究的对象基本相同**

在汽车企业中,组织行为学与汽车企业文化的研究的主体对象都是人,虽然两者研究的

## 第二章 汽车企业文化的基本原理

侧重点有所不同,如组织行为学主要研究对象是个体、群体和组织,且更注重研究企业中个体或群体的外在行为,以探讨出一种对企业人进行有效激励的方式;汽车企业文化注重研究的是人们内在的价值观,其目的是提炼整个汽车企业所具有的某种精神和经营理念。

### (三) 汽车企业文化与管理心理学

管理心理学是一门研究组织中的个人或群体的心理行为活动规律的学科,通常综合运用管理学、心理学、行为学、社会学、伦理学、生理学的基本理论,研究人际关系以及人的积极性,借以解释、预测和激励组织中人的行为,以达到提高工作效率的目的。管理心理学以研究人为中心,研究管理中的"心理"现象与规律,突出心理的研究,并不研究"管理"本身,从而划清了与管理学的界限,这也是这门学科在研究内容上的特殊性。管理心理学最初产生于工业企业管理,初期的管理心理学,也可以说是工业管理心理学或叫企业管理心理学。管理心理学研究的对象与组织行为学基本相同,包括个体、个体所在的群体、以及群体所在的组织。注重研究个体的内在心理特征,以更好地分析群体乃至整个组织的内在"行为",通过对从个体到群体,甚至组织内在心理的研究,找到有效管理的关键——心理学条件与途径。管理心理学立足于实践的研究特色表现在两个方面,一方面作为一门根植于管理实践的新兴应用型学科,管理心理学具有很强的实践性和实用性;另一方面作为一门已经逐步成熟的新兴学科,管理心理学有其很强的理论性和系统性。

从以上分析可以看出汽车企业文化和管理心理学有两个共同点:一是管理心理学和汽车企业文化的形成都有行为科学的背景;二是管理心理学和汽车企业文化研究的目的都在于提高劳动生产率,只不过管理心理学从揭示员工和组织心理的角度出发,而汽车企业文化更多地从员工需求和激励的角度出发。因此,管理心理学与汽车企业文化"以人为本"的理念相吻合。一般意义上认为,个体的心理活动是内省的,行为是外显的,这种内省的心理活动往往主导个体的外显行为,也就是说,心理活动和心理特征是人们产生行为的重要原因和内在动力,可以以心理学作为理论基础去研究组织中人的外显行为的规律性。因此,管理心理学研究是汽车企业文化更好发挥作用的前提和基础。

### (四) 汽车企业文化与人力资源管理

人力资源管理是企业为实现企业战略管理目标,通过一套科学有效的方法,对企业全体员工进行管理。管理的对象是人,通过管理发挥人的体能、智力、知识和技能的作用。汽车企业人力资源管理,是指对人力资源的规划和取得、培训与开发、考核与奖励、利用和保持等方面进行计划、组织、指挥和控制,使人力、物力保持最佳比例,以充分发挥人的潜能,提高工作效率,实现企业目标的管理活动。其主要内容包括人力资源规划、招聘与选拔、培训与开发、绩效评价、薪酬体系以及劳动关系管理等。汽车企业文化与人力资源管理的关联如下:

#### 1. "以人为中心"的管理

人力资源管理是"以人为中心"的理性化团队管理,通过制度、合同、表格等开展体系化、流程化、标准化管理,管好用好人力资源。而汽车企业文化重在塑造企业员工的内在价值观念和道德规范,引导全体员工认同企业理念。两者既有区别又有关联,特定的汽车企业文化必然导致特定的人力资源政策,特定的人力资源管理战略将促进特定的汽车企业文化的产生和成熟。

汽车企业文化

## 2. 人本管理的理念

汽车企业文化是汽车企业的价值观、信念、仪式、符号、处事方式等组成的特有的文化形象，它倡导以人为中心的人本管理理念，提倡将培育优秀的汽车企业文化和发挥人的主体作用相结合。这种人本管理理念，决定了人力资源管理理念和模式的选择。汽车企业文化所构建的人本管理思想体系，其重要价值不仅在于阐明人力资源开发与管理的独特文化方式，还为企业开展人力资源管理提供了实践基础和理论依据。

## 3. 相互影响和促进

形成和完善汽车企业文化"以人为本"的理念，大部分通过人力资源管理积累素材和经验，这些素材和经验完善了汽车企业文化的价值理念，反过来又指导着人力资源管理工作的展开。汽车企业文化建设和传播需要合适的人，这些合适的人需要人力资源政策去引进、培养、激励、利用和保护，而这些政策引导全体员工的活动观念和行为，影响着汽车企业文化的形成。同时，人力资源系统也会有力地强化汽车企业文化的价值体系和行为准则。正因为如此，人力资源管理实践才真正能成为汽车企业文化落地的强有力的工具，甚至可以说是人力资源管理促进新的汽车企业文化的形成。

### 参考案例8：广州标致汽车公司的失败

1985年3月15日广州标致汽车公司正式成立，成为中国汽车产业第二个合资项目，距离1984年10月10日上海大众的成立，仅仅5个月。1986年10月10日，广州标致首款车型"广州标致505SW8"旅行车正式面世。一经面世，广州标致505SW8便取得了很好的销售成绩，900多辆车很快销售一空。1989年9月11日，广州标致投产了505SX轿车，该车型的上市，让广州标致的发展达到了顶峰。当年的广州标致505采用了前中置2.0L纵置直列四缸发动机，后轮驱动，前后配重较好。在当时，无论是驾驶感受还是乘坐感受，广州标致505与对手相比均有极佳表现。在当时特定的历史时期里，由于一汽大众尚未成立，上海大众也未成气候，广州标致505系列车型一出炉就成了众人哄抢的"香饽饽"，在国人心中，标致"雄狮"的知名度绝不亚于宝马、奔驰。到1991年，广州标致在国内的市场占有率就达到了16%，市场前景一片看好。然而，从1992年开始，广州标致505系列车型的销量就直线下滑，到1997年，广州标致彻底"破败"，年销量不足1000辆，库存积压9000辆，企业累计亏损额达29亿元，成为中国第一个退市的汽车合资企业。

究其原因，除了大环境下的国内整个汽车行业出现非常严重的大规模产品积压、自身产品与时代不相宜、企业发展战略转移和决策失误等因素之外，广州标致中外合作方文化的差异和冲突，也是导致企业失败的主要因素之一。从广州标致的解体可以看出汽车企业文化具有鲜明的民族特性。总的来说，广州标致失败的原因有七个方面：

#### 1. 合资双方目标期望的差异

由于合资双方来自不同的国家和不同的利益主体，法方的主要经营目标是在短期内获得高额利润，而中方的主要经营目标是通过合资带动中国汽车工业乃至整个地区的经济发展，同时推动汽车零部件国产化进程。在这样的背景下，合资公司法方（后面简称法方）人员的决策带有明显的短期行为倾向，工作重点放在向中国出口技术、设备和零配件上，合资公司中方（后面简称中方）人员则以推进国产化进程为工作重点。

## 第二章 汽车企业文化的基本原理

**2. 合资双方行为方式的差异**

行为方式上的差异主要体现在外方人员做事直率而中方人员做事含蓄。法方管理人员敢于表达自己的意见，对不满意的地方会直截了当地指出来，而中方管理人员的表达方式较为委婉，很少直接发表意见，这使得在实际运作中法方人员占主导地位，共同管理成为一句空话。

**3. 合资双方思想观念的差异**

思想观念上的差异主要体现在外方管理人员不了解中国国情，以我为主，以己度人，盲目坚持"自我参照原则"，具有强烈的民族优越感，崇尚个人发展等方面。有些法方经理坚持以自我为中心的观点来对待中方员工，这种行为在员工中引起怨恨，遭到抵制，这样法方无法有效地管理企业。虽然中法两国的管理人员都对文化差异有一定的共识和心理准备，并且各自都在努力互相了解，但做出退让的多数是中方管理人员，法方管理人员在许多情况下坚持以原有的管理方法和固定模式处理问题，使中方的管理人员产生逆反心理，引发更大的矛盾和冲突。

**4. 合资双方管理方法的差异**

管理方法上的差异主要体现在外方的管理体制过于强调数字化、程序化、制度化，往往让中方员工感到跨国公司的管理过于程序化，没有灵活性，不讲情面。中方大部分员工都是从原国有老企业广州汽车制造厂调过来的，由于长期在缺乏竞争的环境中工作和生活，部分员工执行规章制度不够严格，带有一定的随意性，加上人员素质及机器设备等方面的原因，有些工作难以完全达到规定的标准。法方人员对中方人员的做法表示不理解并进行抗议，认为中方人员没有很好地执行有关部门的规定，而中方人员则认为自己的做法是有道理的，双方各执己见。

**5. 合资双方激励体系的差异**

评价及激励体系的差异主要体现在绩效评估、人员激励等方面。最集中的表现就是法方对员工的评价"只看结果不看过程"，而中方人员不但注重实际业绩和结果，而且很关心一个人的思想、道德等方面的表现以及工作的过程。有些中方下属抱怨：虽然自己工作很努力，可能由于一些无法控制的原因导致最后的结果不理想，那么在法方上司的眼中自己就是一个不称职的人，而自己对此感到很不公平。另外，中方的评价体系中论资排辈现象严重，而法方人员不认为年长就有特权，应该完全根据个人的业绩确定评价结果。在人员激励方面，法方过于注重物质奖励而忽视了精神奖励。

**6. 合资双方组织沟通的差异**

在组织沟通方面差异主要表现在法方的管理者不善于与下属员工沟通、听取并采纳其意见，没有有效的沟通制度和渠道，组织结构不适合中国国情等，这些情况常常会造成沟通障碍。

**7. 合资双方人力资源的差异**

人力资源管理上的差异主要体现在法方的管理者将解聘员工作为解决问题的一种手段，鼓励员工积极参与管理的力度不够，不关心员工的个人、家庭问题等，其结果是直接导致了公司的员工凝聚力不够。

对于广州标致的解体，给汽车企业的启示是，从事跨国经营的管理者们必须了解合资双方的差异，重视与对方国家员工的交流与融合，尽可能提升自身对异地文化的包容性，时刻

汽车企业文化

准备理解将要面对的另一种观念，尊重对方的民族特性和文化传统，促进两种文化的交融。这一问题不仅反映在跨国经营的管理人员一方，作为东道主国家一方的管理人员和员工也存在着如何认知与理解对方文化的问题。只注重浅层次的表面的规章制度的统一，不重视深层的、实质性的文化沟通和融合，不重视共有价值观的培育，就会貌合神离，最终免不了走向解体。

## 第三节　汽车企业文化的功能

汽车企业文化的功能，是指汽车企业文化各要素间的相互关系，以及这些要素对汽车企业文化整体所产生的作用和效能。汽车企业文化正是通过这些功能调节企业内部系统，实现与外部环境的协调一致。汽车企业文化的功能涉及的方面很多，主要归为两大类：积极功能与消极功能。

### 一、积极功能

积极功能是对汽车企业文化发展起正面调节作用的功能。通过这种调节，汽车企业能积极应对外部环境的变化，促进企业的发展。优秀的汽车企业文化具有以下的积极功能。

#### （一）导向功能

汽车企业文化导向功能就是通过对企业管理者和员工的价值取向起引导作用，使之符合企业的发展目标。汽车企业文化的导向功能主要体现在以下两个方面。

**1. 价值观念的指导**

经营哲学决定了企业经营的思维方式和处理问题的法则，这些方式和法则指导管理者进行正确的决策，指导员工采用科学的方法从事生产经营活动。企业共同的价值观念决定了企业的价值取向，使员工对事物的评判形成共识，有着共同的价值目标，企业的管理者和员工为了他们所认定的价值目标去行动。当企业管理者和员工在价值取向、行为规范上与企业文化体系相违背时，企业文化的导向功能就将发挥纠偏的作用。美国学者托马斯·彼得斯和小罗伯特·沃特曼在《寻求优势——美国最成功公司的经验》一书中指出："我们研究的所有优秀企业都很清楚他们的主张是什么，并认真建立和形成了企业的价值准则。事实上，一个企业缺乏明确的价值准则或价值观念不正确，我们则怀疑它是否有可能获得经营上的成功。"

**2. 企业目标的指引**

企业目标代表着企业发展的方向，没有正确的目标就等于迷失了方向。完美的企业文化会从实际出发，以科学的态度去制定企业的发展目标，这种目标具有可行性和科学性，企业员工就是在这一目标的指导下从事生产经营活动。

#### （二）凝聚功能

凝聚功能是指汽车企业文化能像粘合剂一样，把松散的组织粘合起来，像磁铁吸引铁钉一样，把分散的员工聚合起来。汽车企业文化以人为本，尊重人的感情，从而在汽车企业中形成一种团结友爱、相互信任的和睦气氛，通过强化团体意识，使企业员工之间形成强大的凝聚力和向心力。员工把企业与自己看成是一个命运共同体，把本职工作看成是实现共同目

## 第二章 汽车企业文化的基本原理

标的重要组成部分，汽车企业整体步调一致，形成统一的整体。如果"企兴我荣，企衰我耻"成为员工发自内心的真挚感情，"爱企如家"就会变成他们的实际行动。

苏联学者彼得罗夫斯基认为，增强企业凝聚力要从加强内部情感联系入手，具有强烈文化的企业，都重视企业内部的情感投资，满足企业员工不断增长的情感需求，最大限度地激发企业员工为实现企业的崇高目标而勤奋进取的主观能动性。

### （三）规范功能

规范功能是指汽车企业文化对员工的思想、心理和行为具有约束和规范作用，也可称为约束功能。汽车企业文化的约束功能不是制度式的硬约束，而是一种软约束，它来源于汽车企业的企业文化氛围、群体行为准则和道德规范。群体意识、社会舆论、共同的习俗和风尚等精神文化内容，会造成强大的使个体行为从众化的群体心理压力和动力，使企业员工产生心理共鸣，继而达到行为的自我控制。汽车企业的大量实践表明，这种在企业价值观基础上形成的汽车企业文化"软"约束机制，对企业及员工行为的约束与规范是十分有效的。

### （四）激励功能

激励功能是指汽车企业文化对激发员工的工作积极性、主动性和创造性，强化员工的工作动机所产生的推动作用。员工是企业最宝贵的人力资源，员工的行为不仅取决于其个体生理和心理的需求，而且还取决于他在企业的职业追求与动机，取决于他所在群体以及非正式组织的文化氛围。因此，通过汽车企业文化去激发员工的工作积极性、主动性和创造性，就不能把注意力完全集中于员工生理的需求与动机上，还应注意满足他们的职业追求和心理需求。具体来说包括：

**1. 受人尊重的激励**

汽车企业文化把尊重人作为中心内容，以人的管理为中心，在以人为本的文化氛围中，管理者与员工、员工与员工之间互相关心，互相支持。特别是管理者对员工的关心，员工会感到受人尊重，自然会振奋精神，努力工作，从而使汽车企业员工从内心产生一种高昂情绪和奋发进取的精神。

**2. 价值观念的激励**

共同的价值观念使每个员工都感受到自己存在和行为的价值，自我价值的实现说明人的最高精神需求得到了满足，这种满足必将形成强大的激励。在"人人受到重视、个个受到尊重"的价值观指导下的文化氛围中，每个成员所作出的贡献都会受到青睐、得到领导的赞赏和集体的褒奖，从而使员工产生极大的满足感、荣誉感和责任感。结果是，在这种环境中，任何一个心理健全的员工都会感到满意、受到鼓舞，同时为了进一步发挥个人的才能而瞄准下一个目标，并以旺盛的斗志开始新的行动。这就是所谓"没有什么比成功更能激发成功的了"。

**3. 荣誉形象的激励**

企业精神和企业形象对企业员工有着极大的鼓舞作用，特别是汽车企业文化建设取得成功、在社会上产生影响时，企业员工会产生强烈的荣誉感、自豪感和归属感，他们会加倍努力，用自己的实际行动去进一步维护企业的荣誉和形象。

**4. 精神需求的激励**

优秀的汽车企业文化能够满足员工的精神需求，起到精神激励的作用。只有精神激励入了员工的心才能真正调动人的积极性，恰当的精神激励比许多物质激励更有效、更持久。对

**汽车企业文化**

汽车企业员工来说，优秀的企业文化实质上是一种内在激励，它能够发挥其他激励手段所起不到的激励作用。例如，汽车企业文化能够综合发挥目标激励、领导行为激励、竞争激励、奖惩激励等多种激励手段的作用，从而激发出企业内部各部门和员工的积极性，而这种积极性同时也成为企业发展的无穷力量。

因此，汽车企业文化积极向上的理念及行为准则将会形成强烈的使命感、持久的驱动力，成为员工自我激励的一把标尺。一旦员工真正接受了企业的核心理念，他们就会被这种理念所驱使，自觉自愿地发挥潜能，为企业更加努力地、高效地工作。

### （五）辐射功能

汽车企业文化关系到企业的公众形象、公众态度、公众舆论和品牌美誉度。汽车企业文化辐射功能是指汽车企业文化一旦形成较为固定的模式，不仅能在汽车企业内部发挥作用，对内部员工产生影响，而且也会通过各种渠道对社会产生影响。汽车企业文化的传播将帮助企业树立良好的公众形象，提升企业的社会知名度和美誉度。优秀的汽车企业文化也将对社会文化的发展产生重要的影响。

汽车企业文化对内部产生的影响，主要通过企业内部的文化传播渠道和文化网络来实现。

### （六）协调功能

通常汽车企业各部门之间、员工之间，由于各种原因难免会产生一些矛盾，解决这些矛盾需要进行多方的协调。同样，企业与社会、企业与消费者、企业与企业、企业与股东以及企业与自然环境之间也都会存在不协调、不适应之处。汽车企业文化的协调功能，主要是通过企业观念体系、企业哲学和企业道德规范帮助管理者和员工科学地处理这些矛盾，协调企业内部的人际关系和外部的公共关系，从而达成方方面面的和谐一致，良好的企业形象也依靠这些协调逐步建立起来。

在汽车企业文化的建设中，汽车企业文化的积极功能不是单独、孤立地发挥作用，而是在相互影响、相互联系中综合地发挥作用。当一种功能发挥出主要作用时，同时必然还会有其他一两种功能也在发挥作用。例如，当汽车企业的经营与社会、消费者等对象发生矛盾时，不仅汽车企业文化的协调功能能发挥作用，同时其辐射功能和规范功能也会发挥作用。由此可见，汽车企业文化相比其他管理工具而言具有更强大的作用。

### （七）经济功能

美国哈佛商学院著名教授、企业文化研究的重要奠基人约翰·科特在《企业文化与经营业绩》一书中指出："企业文化对于企业经营业绩的重要意义是毋庸置疑、显而易见的。那些有助于激励企业员工主动性、积极性和协调员工行为方式的企业文化，在市场环境发生变化的时候，能够促进企业经营战略和行为方式进行有效变革，从而推动企业经营业绩不断提高，不断增长。"汽车企业作为一个经济实体，最终的目标都是追求利益最大化，在具体的生产经营管理中，必然涉及包括人、财、物、信息、技术等资源的使用，这一切的管理，最终取决于企业管理者和员工的具体行为，他们的行为方式及价值观念取决于汽车企业文化对其的约束和影响。因此，汽车企业文化的经济功能被认为是继人员、物质、资金和知识之后的第五大经营资源，不同的汽车企业文化形成不同的汽车企业经营环境，培养管理者和员工积极向上的价值观念，形成源源不断的工作动力，促成不同类型的经济效益。

## 第二章 汽车企业文化的基本原理

### （八）教化功能

在汽车企业里，每一种行为都不是单纯意义上的企业经营活动，企业经营管理者和员工的信念、精神、道德、价值观、待人接物等无不打上汽车企业文化的烙印。汽车企业文化形成后，企业全体员工乃至与之相关的群体将会自觉的或不自觉的受到影响，大多数人被这种文化同化，形成一种认同，凡是不能够认同的，要么被淘汰，要么主动寻找自己能适应或认可的企业。可见，汽车企业文化所具有的教化功能，不是一种抽象的，而是一种具体的功能。它是通过企业具体的企业愿景、企业使命、企业精神、企业价值观等来具体表现。

因此，汽车企业文化所发挥的作用无疑是不可替代的。它不仅体现在企业文化知识的传播方面，而且还体现在对企业员工精神和理性的培养和塑造上。建立汽车企业文化，是要使人树立正确的世界观、价值观和人生观，使全体员工具有高尚、善良、纯洁的情操与精神，具有真善美的生活态度，这个过程就是汽车企业文化教化的过程。

## 二、消极功能

任何事物都是一分为二的，汽车企业文化也同样如此，既然汽车企业文化有积极的一面，那么肯定也存在其消极的一面。汽车企业文化的消极功能，是指汽车企业文化在其发展的成熟阶段所表现出来的文化惯性、习惯和习俗在促进企业发展的同时，如不能及时适应企业内部的发展变化，不能及时适应企业外界生存环境的变化，它们对企业的发展就可能起到阻碍和拖累的作用。这时，汽车企业文化的消极功能有可能开始大于其积极功能，企业管理者必须要及时警觉。

因此，随着企业的发展以及企业外部环境的改变，汽车企业文化也要与时俱进，需要不断重新调整和变革，否则，旧的汽车企业文化将成为一种病态文化而阻碍汽车企业的正常发展。

### 参考案例9：上汽集团收购韩国双龙汽车身陷罢工浪潮

2004年10月28日，上汽集团以5亿美元的价格高调收购了韩国双龙48.92%的股权。此次收购，上汽集团的本意是利用双龙的品牌和研发实力迅速提升技术。

并购之后上汽集团主要遭遇了两个问题：首先，对并购的收益估计过高，双龙汽车虽然拥有自己的研发队伍，在技术和研发上比较先进，但缺少市场；其次，上汽集团在收购双龙之前对自身的管理能力和对对方的工会文化认识不足，以至于在收购后两个企业的文化难以融合，企业经营拓展无法真正开展。作为国内车企海外并购第一案，上汽集团在与韩国双龙汽车达成收购协议后，上汽集团又在二级市场增持双龙股份，取得51%的绝对控股权。但是不久后，上汽集团就陷入了无休止的罢工风波中。

尽管上汽集团为了挽救双龙进行了多种积极努力，但未能取得成效。无奈中，双龙董事会于2009年1月8日决定向有关部门申请企业"回生流程"。这是各方为挽救双龙所做的最后努力，但其结果也相当不乐观。在韩国的法律体系中，申请"回生流程"仅次于破产，如果企业进入回生程序，那么股东的股权有可能部分或全部丧失，这也预示着上汽集团与双龙的"联姻"将走到尽头。

上汽集团与双龙并购案的失败，充分暴露出了中国企业初期在实施海外并购过程中问

汽车企业文化

题：准备功课不足，盲目上阵，导致对潜在的管理、文化等方面存在的问题识别不清，收购之后又不能及时解决出现的问题，特别是在文化整合方面，没有充分发挥企业文化的调适功能，致使矛盾越积越深，最后不可收拾，亏损只有自己承担。

资料来源：根据网络资料加工整理

## 第四节　汽车企业文化的类型

　　汽车企业基于自身的传统风俗习惯和一定的条件，在开展企业生产、经营管理、公共关系等相关活动中，生成的伦理道德规范、企业价值、文化礼仪等若干主要属性特征，统称为汽车企业文化类型。严格地说，汽车企业不同的内外部环境，将造就不同的汽车企业文化和不一致的汽车企业文化特质。如果对不同的汽车企业文化构成要素以及影响要素进行必要的归纳，就可以对不同差别的汽车企业文化进行大致的分类。因此，按照汽车企业文化的内容作为分类标准，汽车企业文化可以分为精神文化、伦理道德文化、制度文化和行为文化。总之，不同的分类标准会得出不同的分类结果。汽车企业文化是建立在企业文化理论研究基础之上，所以，汽车企业文化的分类也吸取了国内外学者和专家对企业文化分类的成果。纵观国内外大量的研究，关于企业文化的类型，大致有以下几种划分方式。

### 一、国外学者对企业文化类型的划分

　　为系统性研究和分析企业文化，国外学者在研究企业文化的同时也对企业文化进行了分类，典型的类型主要有以下几种：

#### （一）约翰·科特和詹姆斯·赫斯克特的三种文化类型

　　科特和赫斯克特根据企业文化与经营业绩的关系，把企业文化划分为强力型、策略合理型和灵活适应型三种类型。

**1. 强力型**

　　如果哪一家企业建立起强力型的企业文化，企业员工对企业核心价值观的认同度就会很高，企业内部将创造出一种很强的企业文化氛围，当新员工进入这个企业后，会很快接受和认同企业价值观，短时间内与企业融为一体。在这种类型的企业中，即使新的总经理到任，强力型的企业文化也不会马上随之改变，原有企业文化的惯性会纠正他的偏差。在具有强力型企业文化特征的企业中，员工容易形成很强的凝聚力、忠诚感，对企业的经营目标和核心价值观产生强烈的认同，企业员工与企业的立场保持高度一致，企业员工离职的比例较低。

**2. 策略合理型**

　　策略合理型企业文化是指为了实现高的企业绩效，企业应注重企业文化与企业环境、企业经营策略相适应。因此，企业策略必须随着企业内外部环境的变化而变化，及时调整并提出适应环境变化的决策。只有企业文化及时做出相应的调整，这样才能适应特定的行业对企业文化的要求。大量实例表明，当企业经营多种项目时，单一的企业文化是无法满足企业多种经营的需要的。

**3. 灵活适应型**

　　灵活适应型企业文化是指具有适应性强、协调性好的特点，能够迅速适应企业外部市场

第二章　汽车企业文化的基本原理

环境变化的文化。良好的企业文化在这个适应过程中能够很好地形成，并可以促进企业经营业绩的长期稳定增长。与策略合理型企业文化相似，这种决策的变化性和弹性，主要是适应企业外部环境的变化。企业要提倡不畏风险的精神，才能使员工在具有灵活适应型企业文化的企业中，互相之间默契配合、积极支持，勇于发现和解决问题。

### （二）迪尔和肯尼迪的四种类型

迪尔和肯尼迪在《企业文化——公司生活的礼节和仪式》中指出，企业文化的类型取决于两种市场因素，第一种是与公司的关键活动相关的风险程度；第二种是企业及其员工对公司决策或者战略的反馈速度。他们主张把企业文化的风格分成强人型、工作与娱乐并重型、赌博型和按部就班型四种。

#### 1. 强人型

强人型企业文化常出现在风险高、业绩反馈快的企业中，如建筑、广告、影视、出版、美容、体育运动等方面的企业，有时也称为硬汉型企业文化。冒险、乐观、坚强且进取心强，追求"最佳""最大""最伟大"，自信而敢于冒险是这类企业文化的主要特点。但是由于企业决策后反馈迅速，因而存在很大的财务风险。

具备强人型企业文化的企业员工，大多数在年内就可以知道他们是否达到了年度经营目标，客观上造成企业内部的重重压力，员工每时每刻都有透不过气来的感觉。具有这种类型文化的企业，上下高度宣扬个人主义、英雄主义和冒险主义。当然，这种环境容易造就明星员工，员工个人的收入也相当可观。这类企业的员工，必须自信足、胆子大、能力强、勇于决策和承担责任。但他们的价值观使得他们通常不重视通力合作，因此员工的流动率较高，企业内部很难形成有凝聚力的文化氛围。

#### 2. 工作与娱乐并重型

通常风险小、反馈极快的企业，容易形成工作与娱乐并重型的企业文化，如一些活跃和宽容的销售型企业。这类企业经营风险不大，业绩的好坏很快就能反馈回来，即使遇到挫折，也有时间很快调整过来。工作与娱乐并重型的企业文化的主要特征表现为：工作时间和休息时间界限分明，员工关心消费者的需求，并用工作成果去积极满足这些需求，牢固地树立"发现客户需要就要努力去满足"的理念，在工作时间里忘我地拼命工作，在休息时间里几近疯狂地玩。这类企业的员工富有社会责任感，对人友好，性格外向，精通人情世故，能适应纷繁复杂的环境，因此容易让人产生好感，使消费者愿意与他们合作。

但是，如果这类企业没有建立坚实的管理基础，很容易出现四分五裂、离析瓦解的局面。大多数销售类型的企业，如计算机公司、办公设备供应商等，属于这种文化类型的企业，而且超级销售明星将成为这种企业中的英雄人物。

#### 3. 赌博型

赌博型企业文化存在于机制反应慢、经营风险大的企业，这类企业要求员工激进、冒险、创新，跟着自己的感觉走，用充分的自信来引导自己的行为。这类企业看不起按老规矩办事、循规蹈矩、缺乏创新精神的人。企业强调员工放眼未来，不拘于一时一事的得失，注重对未来进行投资。这种企业文化通常拿企业的未来换明天业绩，发展波动相对较大，要求管理者有足够的勇气和智慧，能够进行深思熟虑的决策。赌博型企业文化也可称为攻坚文化。

工作在这类企业的员工，需要有胆量、毅力、精力和足够的耐心，忍受迟缓的反馈，就

63

像玩一场赌博游戏。因此，有部分老员工，他们在这类企业多年的风风雨雨中，渐渐地构筑了一个势力核心圈，后进入企业的员工，要是无法进入这个核心圈，那么每当企业发展缓慢或遇到风险时，这些员工就会出现悬在空中的感觉。在激烈的市场竞争中，企业一旦出现小小的错误，就可能酿成大的过失。所以，这类企业需要有较强的控制力，以避免错误的发生。

#### 4. 按部就班型

按部就班型企业文化的特点，一是注重企业的安定，把降低风险、保障稳定放在首位；二是重视规则和程序，强调按科学规律办事，大事小事都先建章、定规，后行事；三是强调发展速度建立在质量保证的前提下，宁可牺牲发展，也要追求一种完美状态。这种文化关注企业经营工作的每一个细节，但却可能忽视工作的方向。如果企业管理者表现得中规中矩，为人和气，严格按规则和程序行事，企业员工则很少有激情。员工遵纪守时，讲究细节，严格执行命令而不管对错，完全靠理性来支配自己的行动。因此，要在这类企业文化里生存，需要有明确的规则意识，企业很难适应技术和市场的快速变化。银行、保险公司等金融服务企业、政府部门、公共服务机构等属于这一类企业。

### （三）河野丰弘的五种类型

河野丰弘是日本企业文化研究专家，他根据自己对上百家企业的调查、研究，将企业文化分为以下五种类型。

#### 1. 活力型

河野丰弘将追求管理革新，无畏事业成败，具备旺盛挑战精神的这类的企业文化称为活力型企业文化。这种企业文化注重顾客导向，合力面对外部环境，充分收集外部的信息，研究应对环境变化的对策，具有自由豁达的风气。企业有理想、有目标、有抱负，管理者和员工距离近，上下级沟通良好，员工对工作责任心强，因此新的经营点子层出不穷，企业经营业务充满活力。

#### 2. 独裁活力型

这种类型的企业文化多发生在企业初创时期，企业的创业者具有创新热情，业务知识丰富，工作流程熟练，威望与信誉很高，全体员工信心满满，颇具活力，企业上下充分信赖管理者。具有这种企业文化类型的企业充分尊重人性，政策务实超前，积极引导创新，企业各项经营业务的开拓充满活力。

#### 3. 官僚型

具有这种企业文化类型的企业管理者，通常固执己见、封闭保守、例行公事、过度谨慎。信息收集和交流以内部导向为主，而项目构想的产生由管理者导向或技术导向，企业内本位主义意识强烈，派系思想严重，管理者独揽大权，毫不考虑企业员工的需求，员工在工作中时时处处受到无形的束缚，个人的主动性和能动性无法发挥，导致企业的人文生态受到破坏，影响企业经营活动的正常进行。

#### 4. 僵化型

在这种类型的企业文化里，工作开展经常是习惯导向，不思创新导致制度僵化，员工各自为战缺乏合作。企业上下崇尚惯例，只做习惯性的事情，具有明哲保身、"安全第一"的价值倾向；企业信息收集和交流以内部导向为主，员工缺少富有创意的建议和提案，企业经营发展缺乏活力。

# 第二章 汽车企业文化的基本原理

**5. 独裁僵化型**

由于企业管理者独断专行，造成企业内部缺乏民主氛围，独裁政策很难适应内外部环境要求，员工士气低落，工作得过且过，逐渐形成僵化的风气。一些阿谀奉承的人整日围绕在企业各层级管理者身边，管理者很难了解到基层的真实情况，员工都仰赖上层，缺乏自我思考，碌碌无为，企业经营管理僵化无力。

以上介绍的约翰·科特和詹姆斯·赫斯克特的三种文化类型、迪尔和肯尼迪的四种类型以及河野丰弘的五种类型的分类方法，各从不同的角度、侧面对企业文化进行了必要的抽象的和理论的总结，在企业文化千差万别的实践中，探索和分析了企业文化某些相同或相似的特性和特质，发现了成功企业所具有的某些特定的文化特质组合。这些企业文化的规律总结和概况，一直以来在世界企业文化研究领域中具有较强的影响力，为世界各国的企业文化建设在特质组合模式、衡量标准等方面提供了宝贵的参照。

## 二、国内学者对企业文化类型的划分

20世纪80年代开始，企业文化理论进入中国，国内许多学者纷纷对企业文化开展研究，他们在研究的过程中，根据中国企业的特点归纳出了许多企业文化分类方法，下面介绍其中几种比较有代表性的分类方法。

### （一）以企业发育形态分类

**1. 成长型文化**

成长型企业文化是一种年轻的、充满活力的企业文化类型，它的发育状态一般是和企业的发展状态相适应的。成长型企业文化的建设，开始于企业创业初期，需要企业员工的认同并共同创建。当企业建立后，经营业务迅速发展，企业经营管理中的各种文化也不断产生、相互抗衡，加上企业内外环境的作用，企业在市场竞争中被注入了很多新的精神、新的观念和新的意识，企业文化得到反复的修改，促进新文化不断产生。成长型企业文化充满活力，给员工施展才华的舞台，因此，对员工具有很大的吸引力和感召力。

**2. 成熟型文化**

成熟型企业文化是一种个性突出且相对稳定的企业文化类型。这是由于企业发展到一定的阶段，内部管理已经与企业发展状态相适应，企业与外部的各种关系也已经调试到正常状态，员工流动率不断降低，企业经营规模已趋于稳定，企业发展步入成熟期。因此，经过企业成长期文化的冲突与整合，与之相适应的企业文化也进入稳定阶段，其个性特征越来越鲜明，企业的主导文化已深入人心，此时企业的相关规章制度已建立完善，企业管理能力达到较高的水准，企业文化进入了黄金时期。

**3. 衰退型文化**

这是一种不合时宜、阻碍企业进步的企业文化类型。

### （二）以企业所有制形式分类

这种分类的方法主要是依据中国企业所有制形式来对企业文化进行分类。

**1. 国有企业文化**

长期以来，中国国有企业在整个国民经济中一直占主体地位，国有企业文化的特点主要表现在较强的政治责任感和社会责任感、较强的计划性和政策性、较强的全局意识和奉献精神等方面。这种企业文化类型在中国各行各业的国有企业中非常典型。

汽车企业文化

### 2. 合资企业文化

合资企业文化是随着中国改革开放进程的不断推进，大量外资和技术引入中国，并按中国的政策法规建立合资企业而出现的。受合资双方文化背景和经营管理方式的影响，这类企业文化由双方文化优势的整合而形成，因此具有文化综合性和文化优化性的特点。优势是，这种文化渗透的技术性比较浓重，理性及创新意识比较卓越，但受不同文化背景的影响，这种企业文化容易出现文化冲突，有时核心观念难以融合，这也是导致合资失败的主要原因之一。

### 3. 股份制企业文化

股份制企业作为企业的一种高级组织形式，都是承担有限责任的，相对于其他形式的企业而言，其资金来源比较稳定，经营业务风险分散、企业抗风险能力强于普通企业。因此，股份制企业文化呈现出保障投资者的利益、实现股东资产的保值增值、管理结构和权力运作上相互监督、企业与股东形成"和谐共赢"的价值观等一系列特点。这种企业文化类型在上市公司中非常典型。

### 4. 民营企业文化

民营企业机制灵活，决策效率高、市场执行力强，是中国极具发展潜力和前景的企业。中国发展民营经济以来，大多数的民营企业经历了艰苦的创业历程，有些现代民营企业的发展起点比较高，科技意识和人才意识也比较强，在技术上、人才上占据相对优势。因此，不乏创新精神、冒险精神和强烈的市场意识的民营企业文化，企业家个人的品格、企业家精神在企业文化的建设中起了关键作用。这类企业文化具备鲜明的个性特征，是一种具有生命力和发展前景的文化。

## （三）以企业文化内容特质分类

如果以企业文化的内容特质作为划分标准，则企业文化可分为目标型文化、传统型文化、创新型文化、务实型文化、团队型文化和竞争型文化6种类型。

### 1. 目标型文化

以企业的最高目标为核心理念的企业文化，称为目标型文化。这种企业追求最高奋斗目标、最强管理能力、最佳经营业绩，力争取得卓越成绩。因此，在产品开发、生产制造、市场营销、内部管理等方面力争一流。

### 2. 传统型文化

在历史悠久的老字号企业和以战争年代国有企业为基础发展起来的这类企业，传统型文化特征表现得比较突出。一个明显特点是，这类企业文化都强调社会责任感、自力更生和艰苦奋斗的精神。

### 3. 创新型文化

在现代发展理念中，排在首位的就是"创新发展"，而创新是引领发展的第一动力。创新型文化，是一种以创新为核心发展理念的企业文化类型。这类企业文化的特点是，企业具备强烈的创新意识、积极的变革意识和谨慎的风险意识。高科技企业一般都具有这类企业文化特征。

### 4. 务实型文化

以实事求是、求真务实为核心理念的企业文化可以被认为是务实型文化。在务实型文化的企业中，管理者与员工履行坚持办实事、注重讲实效的务实风格，反对夸夸其谈、弄虚作

## 第二章 汽车企业文化的基本原理

假的工作作风。

### 5. 团队型文化

团队型文化是以大局意识、协作精神、服务精神、协同合作的团队精神为核心理念的企业文化类型,它强调以人为中心,倡导个体利益和整体利益统一的集体主义精神和团结协作精神。这种企业文化在工作中强调个人目标与集体目标的一致性,鼓励员工爱企如家、精诚团结,企业管理一般采用集体决策方式,进而保证组织的高效率运转。

### 6. 竞争型文化

竞争型文化是以竞争为核心理念的企业文化类型。这类企业往往注重外部市场环境对企业的影响,在改进产品和服务、努力拓宽市场、扩大市场占有率等方面经常与竞争对手进行比较。竞争型企业文化的建设,从企业精神的表述到企业经营管理方式方法上,把增强企业的竞争意识和竞争能力作为重点,这种文化处处都渗透竞争精神,体现企业追求卓越、赢得优势的价值追求。

## 三、汽车企业文化的分类

本书结合中国汽车产业发展的特点,并按中国企业所有制形式划分的类型,把汽车企业文化划分为国有汽车企业文化,股份制汽车企业文化,合资汽车企业文化和民营汽车企业文化四个类型。在后面各章节中开展讨论时,主要围绕这四个类型的汽车企业文化来进行。

### 1. 国有汽车企业文化

国有企业指各级政府投资或参与控制的企业,其行为由各级政府的意志和利益来决定。如中国前六大汽车集团分属中央、省或直辖市、地方政府的国有企业,其中一汽集团、东风汽车和长安汽车是中央所属国有企业;上汽集团、北汽集团是省或直辖市所属国有企业;广汽集团是广东省省会广州市所属国有企业。

从这些国有汽车企业经营的特点看,它是一种生产经营组织形式,也具有营利法人和公益法人的特点。在营利法人方面,国有汽车企业必须追求国有资产的保值和增值;在公益法人方面,国有汽车企业必须担负起调和国民经济各方面发展的作用,实现国家经济调节的目标。长期以来,由于中国国有企业在整个国民经济中一直占主体地位,国有汽车企业文化呈现出典型的政治责任感和社会责任感、政策性和计划性、全局意识和奉献精神的特点。因此,国有汽车企业文化在汽车企业精神文化、汽车企业伦理道德、汽车企业制度文化和汽车企业行为文化等方面表现得非常典型。

### 2. 股份制汽车企业文化

股份制企业是由两个或两个以上的利益主体,以集股经营的方式自愿结合的企业组织形式。股份制企业是经过股份制改造,或者经投资者投资并依照公司法规定而设立的企业法人。这种企业组织形式,通过所有权与经营权的相对分离,可以更好地适应社会化大生产,满足市场经济发展需要,有利于强化企业经营管理职能。

上市公司相对于非上市公司的特征是:

(1) 强制性信息管理　因为上市公司有信息披露的强制性要求,因此,公司信息更公开、透明。

(2) 法定的治理管理　因为上市公司有法定的规范治理要求,因此,公司治理架构更完善。

**汽车企业文化**

（3）**严厉的机构监管** 因为上市公司是公众公司，涉及公众投资人利益，因此，将受到更严格的法律约束、更严厉的机构监管和更集中的媒体关注。

（4）**抗风险能力更强** 因为有上市要求和资本市场的支持，上市公司一般规模较大，盈利能力和抗风险能力更强，财务状况较好。

因此，如果是国有汽车企业上市，除了具备国有汽车企业文化的特点外，还具有强烈的自主意识、市场竞争意识和创业精神，这一点在上市汽车集团中表现得尤为明显。

国内A股上市的汽车企业有上汽集团、广汽集团、比亚迪、长城汽车、长安汽车、吉利汽车、一汽轿车、江铃汽车、一汽夏利、金杯汽车、中国重汽、金龙汽车等。据中商产业研究院大数据库数据显示，截至2016年12月30日收盘，A股汽车整车企业行业总市值达20357.2亿元。其中市值最高的是上汽集团，市值高达2585.5亿元，广汽集团和比亚迪分别以1495.1亿元和1355.3亿元的市值分列二三位。

**3. 合资汽车企业文化**

在中国，合资企业通常指由国内投资者与国外投资者共同出资、共同经营、共负盈亏、共担风险的中外合资经营的企业。国外投资者可以是企业、其他经济组织或个人。国内投资者目前只限于企业、其他经济组织，不包括个人和个体企业。合资企业经审查机关批准后，是中国法人，受中国法律的管辖和保护，它的组织形式是有限责任公司。目前合资企业还不能发行股票，而采用股权形式，按合营各方的投资比例分担盈亏。合资各方向合资合作企业提供不同的资源，企业充分利用这些资源，提高企业市场竞争力。

目前，中国的整车合资企业超过30家，主要有上汽通用、上汽大众、上汽通用五菱；东风日产、东风本田、东风悦达起亚、东风标致雪铁龙；一汽大众、一汽丰田、一汽马自达、一汽通用；长安铃木、长安福特、长安马自达、长安标致雪铁龙、长安沃尔沃；北汽奔驰、北汽现代；广汽本田、广汽丰田、广汽菲亚特克莱斯勒、广汽三菱、广汽日野；华晨宝马、奇瑞捷豹路虎、奇瑞观致、吉利沃尔沃、东南三菱、福建奔驰、江淮大众等。

这类汽车企业文化是随着我国改革开放的进程不断推进以及大量合资企业建立而出现的。合资汽车企业文化的形成受合资双方文化背景和经营管理方式的影响、是双方文化优势的整合，因此具有综合性和优化性的特点，在这种企业文化中渗透着比较浓重的科学、理性以及创新和追求卓越的意识，但合资企业文化也容易出现文化冲突，貌合神离，这是导致合资失败的主要原因之一。

**4. 民营汽车企业文化**

在中国，民营企业的概念是相对国营而言的，指投资人按市场经济的要求，自主经营、自筹资金、自负盈亏、自担风险设立的法人经济实体。从所有制形式的角度，可分为国有民营和私有民营两种类型。国有民营企业，其产权属国家所有；私有民营则是个体企业和私营企业的统称。中国是在改革开放以后，才向民营企业开放汽车生产资质的。如吉利集团于1996年正式成立，在1997年前后，吉利完成了相关厂房的建设以及前期投资准备，1998年，吉利第一辆汽车在浙江临海市下线，成为中国第一家民营汽车企业。

民营汽车企业文化特点与其他民营企业文化一样，前文已有述及。

以上对汽车企业文化类型的划分，只是为了方便研究汽车企业文化。事实上，在现实市场经济中，极少有企业可以被判断为只具有其中某一类型的企业文化。很多汽车企业的文化类型，实际上是几种类型的混合体。当然，突出企业的某一文化类型是必要的，尤其是在企

## 第二章　汽车企业文化的基本原理

业文化建设初期，可以防止企业从事行业的界限模糊不清。同时，还必须注意到，汽车企业文化是随企业外部环境的变化而不断发展的。一旦汽车企业从变化的外部环境中接收到新的信息，汽车企业成员所共有的价值观和行为方式也将发生相应的变化，而以此为依据的汽车企业文化类型也会发生相应的变革。

### 参考案例10：吉利汽车——中国第一家民营汽车企业

吉利集团自1997年进入乘用车领域以来，凭借灵活的经营机制和持续的自主创新，取得了快速的发展。2010年7月6日，欧盟委员会批准了吉利汽车对瑞典沃尔沃汽车公司100%股权的收购，收购总资金约18亿美元，是迄今为止中国企业对外国汽车企业最大规模的收购项目。2012年7月，吉利汽车总营业收入达179.85亿欧元（约1500亿人民币），进入世界500强，成为唯一入围的中国民营汽车企业，成为中国民营汽车企业大有作为的企业典型。2016年，吉利汽车产销汽车80万辆，在中国汽车集团和企业中排名第八。

#### 一、从造冰箱到造汽车

说到吉利，很多人都会想到李书福。不过就像许多知名企业在诞生的时候并不是干老本行一样，吉利汽车的前身也不是产销汽车，而是卖电冰箱。1986年，吉利汽车创始人李书福向家里人借钱，以冰箱制造业为起点在浙江台州开始创业。

吉利汽车正式成立的时间是1996年，在1997年前后，吉利汽车完成了相关厂房的建设以及前期投资准备，成为中国第一家民营汽车企业。1998年，吉利第一辆汽车在浙江临海市下线，也正式宣告吉利汽车诞生。

#### 二、造老百姓买得起的车

纵观当今众多自主品牌汽车，最大的优势就是低廉的价格。然而，最开始将国内乘用车，主要是合资品牌乘用车售价居高不下的局面彻底打破，有吉利汽车的一份功劳。自从获得正式乘用车生产资格后，吉利汽车因为价格低廉且又属于小型乘用车，很快在中国汽车市场推广开来。

吉利汽车因此被视作廉价乘用车的"鲶鱼"，把国产微型乘用车的整体价格狠狠拉了下来。李书福带领的吉利汽车带动国内乘用车四次降价，搅活了中国汽车市场的"一潭死水"，"造百姓能买得起的车"成为吉利员工喊得最响亮的口号。

#### 三、造安全第一的汽车

"汽车安全性"代表了一个品牌汽车企业的核心技术，这些也恰恰是一些自主品牌所欠缺的。吉利汽车一直以来不断加大设计、研发和制造的投入，造安全第一的汽车的承诺被越来越多产品所兑现，吉利汽车不断为中国汽车制造业带来惊喜。2010年吉利收购了沃尔沃之后，第二年实现销售44.8万辆，同比增长了20%。沃尔沃的员工满意度达到了84%，这是之前福特收购沃尔沃十年以来从来没有达到的水平。

#### 四、吉利汽车企业文化

##### （一）企业愿景

吉利汽车的企业愿景是：让世界充满吉利。

它有两层意喻：一是期望吉利汽车和先进技术享誉世界，走遍全球；二是表达"普天之下皆吉利"的良好祝愿。

### (二) 企业使命

吉利汽车的企业使命具体包括：

1) 造最安全、最环保、最节能的好车，让吉利汽车走遍全世界。

2) 安全是人类生命的根本保障；环保是人类生活的基本诉求；节能是人类生存的必要条件。

### (三) 核心价值观

吉利汽车的核心价值观是：快乐人生，吉利相伴。

### (四) 企业精神

吉利汽车的企业精神包括六个部分：团队精神、学习精神、创新精神、拼搏精神、实事求是精神、精益求精精神。

## 本章小结

1) 以泰勒为代表的科学理论汇集了古典管理思想，强调管理中采用科学方法的重要性，明确了薪金作为激励因素的重要意义，主张把人当成"经济人"。以梅奥等为代表的行为科学理论推动了西方现代管理思想和当代管理思想的发展，在古典管理理论受到严重质疑的背景下，通过各种实践，证实了组织中人的社会性以及非正式组织的存在，要求管理理论和经营方法能充分调动人的积极性，提出"社会人""自我实现人"以及"复杂人"的假设。

2) 企业文化理论产生于20世纪80年代初期，它的形成是以被誉为企业文化管理革命的"四重奏"的几部著作为标志，从全新的文化视角来思考和分析经济组织的运行，给企业生产这一经济行为注入文化的活力，从组织文化的高度，力图把企业管理从技术上升为艺术，从经济层面上升到文化层面，是管理思想发展史上的一场革命。

3) 汽车企业文化是指汽车企业在一定的社会文化环境影响下，为适应外部经营环境和协调内部关系，由企业管理者长期提倡，员工认同，在经营与创新过程中所形成的企业理念、价值观、道德规范、行为准则、经营特色、管理风格等传统和习俗的总和。

4) 汽车企业文化具有管理学属性和人文属性两大本质特征，具有独特性、继承性、共享性、隐蔽性、强制性、时代性和民族性七大一般特征。汽车企业文化和战略管理、组织行为学、管理心理学、人力资源管理等学科具有关联性。

5) 汽车企业文化具有导向、凝聚、规范、激励、辐射、协调、经济、教化八大积极功能和一定的消极功能，在一段时期内，积极功能可能占主导地位，一旦企业内外环境发生变化，积极功能也可能转化为消极功能，成为阻碍企业发展的障碍。

6) 国内外学者对企业文化的类型有大量的研究，本书在前人研究的基础上，根据对汽车企业文化实践的研究分析，依据汽车企业从事的行业、企业管理者风格以及行业市场环境三个维度，将汽车企业文化划分为国有汽车企业文化，股份制汽车企业文化，合资汽车企业文化和民营汽车企业文化四个类型。

## 作业

完成"学习工作页"第二章的各项作业。

# 第三章
# 汽车企业文化的体系

 学习目标

1）掌握汽车文化基本理论体系，包括汽车企业精神文化、汽车企业伦理道德、汽车企业制度文化和汽车企业行为文化等内容，以及这些内容相互之间的内在关系。

2）熟悉汽车企业精神文化、汽车企业伦理道德、汽车企业制度文化、汽车企业行为文化的内涵及其构成要素。

3）学会根据汽车企业的实际情况，分析评价汽车企业精神文化、汽车企业伦理道德、汽车企业制度文化和汽车企业行为文化的特点。

4）能够提出建立企业愿景、使命、价值观、企业精神，培育汽车企业伦理道德、设计汽车企业制度文化等初步文案。

5）培养读者灵活应用汽车企业文化基本体系，结合企业实际情况提出汽车企业文化建设的思路。

温馨提示　广汽本田"三个喜悦"视频参见教学资源3.1。

汽车企业文化

## 参考案例 11：广汽本田传承"三个喜悦"的理念

1951年12月，创业之初的本田宗一郎立下雄心壮志，要做世界摩托车大王。但怎么让一家名不见经传的小企业成长为世界级企业呢？本田宗一郎与藤泽武夫经常彻夜长谈，最后悟出了一个简单的道理，就是"三个喜悦"原则：让干的人喜悦，让卖的人喜悦，让用的人喜悦，就不愁企业长不大，不愁不能世界领先。这就是本田的企业精神："三个喜悦——制造的喜悦、销售的喜悦与购买的喜悦"。

半个多世纪以来，"三个喜悦"这一富有传奇色彩的口号，不仅缔造了庞大的"本田汽车王国"，也渗透至汽车世界的每一个角落。本田汽车也将这因汽车而有的"喜悦"带给了广汽本田。

### 一、制造的喜悦：先进制造与环保

制造的喜悦就是为广大消费者提供优质产品。广汽本田为员工创造一个良好的工作环境，实施"柔性"管理方式，给员工充分的自由，营造了相对宽松的人际环境。工厂的总装车间采用低噪声摩擦线、低噪声设备和电动工具，噪声强度降低50%；板链装配同步技术的应用，可实现员工轻松喜悦的作业，确保了产品的制造品质。在中国的乘用车项目中，广汽本田走出了一条"以市场为导向、少投入、快产出、滚动发展"的道路。从1998年成立至今，广汽本田以滚动发展为模式，实现产能跨越，产品由最初雅阁一个品牌到如今产品系列覆盖中高级车、中级车、经济型车、MPV、SUV等各个级别，深受消费者喜爱。

制造的喜悦还体现在广汽本田对环境的保护上，"除了产品生产之外，绝不生产其他物质。"这是本田宗一郎先生对环境保护的想法。而将这种想法逐步变成现实，也是广汽本田一直的追求。广汽本田增城工厂凭借全球首个导入"废水零排放"汽车工厂的环保实践，入选了上海世博会广州馆"水环境治理行动"展示案例。广汽本田增城工厂在设计时就以节能减排作为重要目标，以环保为导向，力图将生产对环境的影响降到最低。"废水零排放"项目，不仅不对外排污，而且可节约大量用水。

### 二、销售的喜悦：上牌量年度冠军

雅阁品牌多次获得中高级车上牌量年度冠军（销量是指生产厂家把车卖给经销商的数量，经销商实际卖出去的产品数量才叫上牌量）。本田宗一郎提倡的"销售的喜悦"正是以卓越的品质，优良的性能和低廉的价格实实在在地让经销商体会到卖车的喜悦。上牌量夺冠无疑是对"销售的喜悦"的最高褒赏。不仅是雅阁产品，飞度、奥德赛和冠道等产品在中国汽车市场竞争大环境下，均有不俗的表现。这不仅得益于优质的产品，同样也得益于广汽本田优秀的售后服务。

### 三、购买的喜悦：中国售后服务满意度第一名

在本田的"三个喜悦"理念中，广汽本田一直将消费者"购买的喜悦"放在第一位，不遗余力地为消费者提供优质的服务。来自J.D. Power亚太公司的数据显示，广汽本田汽车多次登上中国售后服务满意度（CSI）第一名的宝座。在"服务启动""服务顾问"和"服务设施"三个衡量因子方面表现尤其出色，消费者购买的喜悦在这组数据中显露无遗。

"三个喜悦"是一种良性循环，处在循环链条上的任何一方，既是终点，也是起点。用

第三章 汽车企业文化的体系

的人即顾客是终点,企业最终必须靠满足顾客需求来寻求发展;但顾客也是起点,只有满足顾客需求,才可能满足干的人和卖的人或合作者的需要。

在汽车企业文化体系中,精神文化是核心,伦理道德是基础,制度文化是桥梁和中介,行为文化是精神文化、伦理道德、制度文化的外化和具体体现。

## 第一节 汽车企业精神文化

汽车企业精神文化是汽车企业文化建设中最为核心的部分,它包括企业愿景、企业使命、企业价值观和企业精神等主要部分,成为汽车企业的灵魂和行动指南。汽车企业精神文化各部分之间并非机械排列,而是相互密切联系,有机贯穿于企业的发展实践之中。

### 一、企业愿景

企业愿景是汽车企业精神文化的重要构成部分,是企业精神文化的基石。关于企业愿景的定义可谓多种多样,没有严格而清晰的理论界定,国内外专家学者和管理咨询者通常使用描述性术语、比喻来描述。

顾名思义,企业愿景是指根据汽车企业经营管理的发展需要,对企业未来发展方向进行的一种定位、预测和期望。在市场经济环境下,及时有效地综合企业内外信息渠道,整合各种资源渠道,制定企业战略发展规划,拟定企业未来的发展方向、企业的使命、企业的核心价值观、企业的理念、企业的精神、企业的信条等抽象的观念,并通过市场的效应,落实到企业经营方针、事业领域、核心竞争力、行为方针、执行力度等具体工作中。通过具体的经营活动,让企业全体员工及时有效地通晓企业愿景赋予的使命和责任,使企业从编制经营计划,执行经营计划,评价执行效果,反馈修正计划的循环过程中,不断地加强自身解决问题的力度和强度。

 温馨提示 企业愿景视频参见教学资源3.2。

(一)企业愿景及其作用
**1. 企业愿景的理解**

企业愿景是汽车企业对未来努力要实现的"远景蓝图"的一种描述,是企业对发展前景和发展方向的一种高度概括。企业愿景会告诉全体员工,经过大家的努力,若干年以后企业将是什么样的,帮助大家在脑海中勾画企业未来的情景和意象,激发全体员工对企业未来前景产生美好憧憬和渴望,感召全体员工为这美好情景和意象的早日实现而努力奋斗。

企业愿景可以从以下几个方面来理解。

(1) **企业愿景是企业全体员工的共同期望** 企业愿景是汽车企业未来可以成就的、具有挑战性的愿景描述,是企业全体员工共同提出,经过由下而上、由上而下多次讨论,达成共识,形成大家愿意全力以赴的奋斗方向,并在全体员工心目中形成的对企业未来发展美好前景的共同期望。这种由共同前景的美好期望汇聚成的众人一体的感觉,将形成强烈的感召力量,通过不同的经营活动扩散到企业的各个地方,成为推动企业发展的巨大动力。

73

汽车企业文化

**（2）企业愿景只有汇聚个人愿景才具有生命力** 个人愿景是单个员工从自身的视野出发形成对企业未来发展的一种美好向往，是一种朴实、原始的意愿，如果加以正确引导，集思广益，把个人愿景汇聚成企业的共同愿景，则比较容易达成共识。企业愿景必须建立在员工个人愿景之上才更具生命力，如何把员工个人愿景变成汽车企业的共同愿景是至关重要的。管理大师彼得·圣吉曾忠告过企业管理者，愿景的领导艺术是："从个人愿景建立共同愿景。"

**（3）企业愿景的构筑需要其他员工共同参与** 很多汽车企业在构筑企业愿景时，要么由企业管理者提出，要么请企业外部的咨询专家，策划一番后征求企业管理者意见形成企业愿景宣言，然后在全体员工中发布，认为这样企业愿景就构筑成功了。事实上，这种由专家和企业管理者确定的愿景宣言是其个人意志的体现，属于个人愿景、个人宣言。这些个人愿景宣言并不能反映员工的意愿和追求，员工只能被动服从而实际上难以真正接受，更无法进一步激励员工行为。因此，汽车企业共同愿景只有从员工中来，才能顺利贯彻到员工中去，需要全体员工参与构思制订并沟通达成共识。通过愿景的制订过程，可使共同愿景成功地扎根于全体员工心中，让共同愿景更具价值，企业更有竞争力，为企业健康可持续发展打下坚实的基础。

**2. 企业愿景的作用**

管理大师吉姆·科林斯在描述愿景的作用时说，当有人提起愿景，就可以产生让人"活力四射，激情万分，希望马上就行动起来"的效果。所以，那些让人觉得激动人心、热切盼望、热情奔放、跃跃欲试的东西，才能构成完美的企业愿景。企业愿景可以看成是企业长盛不衰的法宝，对成功的企业作用非凡，具体作用有以下四点：

**（1）企业愿景能唤起全体员工发自内心的热切盼望** 当一个汽车企业制定了未来战略发展的愿景规划，经过企业上下宣布后，将会在员工头脑和心中形成一幅企业未来发展的美好蓝图，这幅美好的愿景蓝图，将成为他们梦寐以求和热切盼望的，并在企业实际的经营活动中，激发和唤起员工的工作热情，时时处处激励员工为了这个理想而努力奋斗，成为全体员工发自内心追求成功的力量源泉。

美国福特汽车在企业创立之时，就制定了未来战略发展的愿景规划："我要为大多数人制造汽车，这种汽车的价格很低，所有较低收入的人都能买得起。人们有了汽车可以在上天赐予的广阔空间里尽情地享受他们幸福的家庭生活。每个人都买得起一辆车，每个人都会有一辆车，马车将会从公路上消失，汽车取而代之。"福特汽车描绘的企业未来发展的企业愿景，成为企业全体员工发自内心的热切期盼，时时处处激励全体员工为消费者生产能买得起的汽车而努力奋斗。

**（2）企业愿景能凝聚人心形成坚强有力的集体** 汽车企业的共同愿景是把对汽车企业美好未来存有期待和盼望、但又各自具有不同意愿的员工凝聚起来，统一思想，统一理念，上上下下形成共识，产生一体感，为共同的未来齐心协力。企业愿景督促企业的所有部门，鼓励企业的全体员工拥有同一目标，形成共识，战胜企业遇到的困难。企业愿景给汽车企业全体员工指明发展方向，成为日常工作中的价值判断基准，督促大家从企业愿景出发去选择行动方案，自觉地参与到企业经营活动之中，完成共同的目标。

**（3）企业愿景能指引企业不迷失方向** 汽车企业的共同愿景可培育出承担风险、永不言败、不断创新的企业精神。企业愿景就好像是方向舵、指路明灯，使企业有明确的方向，

## 第三章　汽车企业文化的体系

在企业碰到困难、遭遇混乱时不迷失，一直沿着企业愿景设定的正确方向前行。企业即使遭受挫折、经历失败，企业愿景也会鼓励员工鼓起勇气从头再来。

**（4）企业愿景能提供信任，帮助企业化危机为机遇**　危机常以某种方式出现，迫使汽车企业必须处理好发展和内外环境的问题，否则就会在财务、公众形象或者社会地位方面受到损害。如果处理得当，就可能将危机转变为企业发展的机遇。在面对危机时，企业愿景能给予社会公众信心和希望，特别是企业坚定落实愿景目标，以及做出负责任的积极举动，都将赢得广泛的尊重，无形中提升企业形象，提高企业在消费者心目中的地位，这些都为汽车企业化危机为机遇，为以后的市场开拓提供机遇。

**（5）企业愿景能规划企业未来，实现员工共同梦想**　在市场经济的动态竞争中，环境要素复杂多变，拥有愿景的汽车企业可以在别人还未看见、尚无感觉的时候，就开始对未来的规划和筹备。如果企业没有愿景，就会分散力量，也会导致经营上的问题，即使短期内取得不错的业绩，也会因为和长期目标不够一致，各种力量互相抵消，产生内耗。企业愿景是汽车企业有能力实现的全体员工共同的梦想，愿景能描绘出企业未来的目标形态，引导企业优势资源的投入方向。在企业追求短期目标的同时，也可以为中、长期目标的实现奠定基础。

### （二）企业愿景的培育

企业愿景的培育必须在汽车企业内上下多次、重复地开展，通常有两个过程，一是个人愿景上升到企业愿景的过程，这是自下而上的；二是企业愿景被员工分享、接受的过程，这是自上而下的。综合这两个过程，企业共同愿景的培育经历以下四个阶段。

**1. 鼓励员工发展个人愿景**

企业愿景是汽车企业全体员工的共同愿景，而共同愿景是由个人愿景汇聚而成的。共同愿景要实现凝心聚力，必须做好个人愿景的发展和汇聚，"唯有个人的愿景是最重要的，个人的愿景才能激励自己。"

**2. 个人愿景与企业愿景融合**

个人愿景上升为企业愿景，只有加强引导和培育，才能有效促进员工个人愿景的自我超越。首先要让员工看到，汽车企业未来的发展和个人的希望密不可分，个人和企业是一荣俱荣、一损俱损的关系，自己的利益和希望、发展和成功等美好愿望，只有在企业的良好发展中才能实现，企业一旦失败，自己的所有希望都会成为泡影。认识到自己和企业息息相关的关系，个人愿望和企业发展的宏观愿景自然就融合在一起了。

**3. 管理者与员工分享愿景**

在汽车企业中，管理者一般由拥有相应权力和责任、具有一定管理能力从事经营管理活动的个人或群体组成，管理者及其管理技能在组织管理活动中起决定性作用。因此，企业愿景往往是管理者对企业未来发展的长远规划。为了让员工理解、接受和认同企业管理者对于企业愿景的个人主观意志，形成全体员工都接纳的企业共同愿景非常重要，这需要管理者和员工进行有效沟通。

**4. 员工个人分享企业愿景**

汽车企业与员工将在达成的未来美好前景中共同受益，将获得更多的满足、快乐、价值、财富以及成就感，物质上与精神上都将有收获。企业愿景属于企业，也属于企业的每一个员工。要使企业愿景成为激发全体员工行为的原动力，汽车企业必须开展愿景培育活动，

## 汽车企业文化

企业的愿景要让员工接受、认同，变成员工个人对企业的热切关注和期望。让员工感觉到，当企业愿景实现时，每一个员工的愿景也同时得到了实现，享受到企业分享给每一个员工更多的物质与精神财富。

### （三）企业愿景的表达

在汽车企业管理者和员工心目中，共同愿景就像一幅美好的蓝图，这幅蓝图要通过文字或符号等形式生动地展现在全体员工面前，通俗易懂地让企业全体员工熟知、认同并分享。做到生动形象，通俗易懂，主要有以下几点。

**1. 文字简单易懂**

在采用文字或符号描述企业愿景蓝图时，一定要注意选择简洁、生动的语言或符号，以便所有的人都能通过耳闻、目睹等方式理解、领悟愿景蓝图，减少歧义，把握真谛。切忌语言或符号过度理论化、书面化、抽象化，让人看完愿景蓝图后，不知所云，一知半解，更不用说产生美好的联想。

**2. 语言鼓舞人心**

美妙精美的文字，让人心潮澎湃的语言，可以形象生动地描述出汽车企业美好的愿景，如果共同愿景的描述能够令人振奋，能够激动人心，则可以有效激励员工，影响他们的行为，达到鼓舞人心的效果。因此，企业愿景的描述，语言切忌平淡无奇，叙述不能普通空泛，表达愿景的语言必须振奋、热烈，能够感染人，超越人们所设想的"常态"水准，达到一见倾心、过目难忘的效果。

**3. 便于建立制度**

一个企业愿景，实际是企业宏观的愿景规划，这个愿景规划的实现，需要提出一个细致的进度计划，制定一系列相关制度，编制一整套详尽标准，指导企业全体员工通过实际行动去落实企业愿景。为达到这个目的，企业愿景语言的表达必须丰富充实，易于具体和细化；包含的内容不能空洞和单调，应该充分而全面。让企业愿景在此基础上延伸、扩展，衍生出落实企业愿景的进度计划、经营管理服务各个方面的制度、规范、标准，甚至具体的做法。

**4. 具有可操作性**

企业愿景是一幅未来蓝图，具有不确定性、宏观性、模糊性的特点。但是，美好的企业愿景应该具有实现的可能性，即具有现实的可操作性，而不是空中楼阁之类的空想。因此，用来描述愿景的语言既要清晰、生动、优美、有感染力，又要简洁、平实、真诚、令人信服。字字句句既是浓缩，又容易扩展；既立足现在，脚踏实地，又指向遥远的未来，充满信心。

**5. 汽车企业愿景实例**（表3-1）

表3-1 汽车企业愿景实例

| 企 业 名 称 | 企 业 愿 景 |
|---|---|
| 上海通用汽车 | 面向未来，国际领先，成为全球具有竞争力的汽车公司 |
| 克莱斯勒（中国） | 坚持为消费者提供他们乐于购买，乐于驾驶并乐于再次选择的汽车产品 |
| 丰田汽车 | 以生产物品和技术革新为基础，进一步为实现富裕的社会而努力 |
| 上汽集团 | 成为品牌卓越，员工优秀，具有核心竞争能力和国际经营能力的汽车集团 |
| 中国一汽 | 努力建设中国最优秀的汽车合资企业，员工眼中最具吸引力的公司 |

第三章 汽车企业文化的体系

(续)

| 企业名称 | 企业愿景 |
|---|---|
| 东风汽车 | 永续发展的百年东风，面向世界的国际化东风，在开放中自主发展的东风 |
| 长安汽车 | 打造世界一流汽车企业 |
| 北汽集团 | 具有国际竞争力，排名世界500强 |
| 广汽集团 | 以卓越的国际化企业为目标，铸造社会信赖的公众公司 |
| 吉利汽车 | 让世界充满吉利 |

## 二、企业使命

管理学经典《基业长青》一书认为："核心使命是公司存在的根本原因，与核心价值观相比，在引导和鼓舞公司方面起了更重要的作用。"美国管理大师德鲁克在《管理：任务、责任和实践》一书中指出："企业必须有自己的宗旨和使命，在规定企业的宗旨和使命时，有三个经典问题必须涉及：我们的企业是什么样子？我们的企业将来会成为什么样子？我们的企业应该是什么样子？"

> 温馨提示  企业使命视频参见教学资源3.3。

### (一) 企业使命及其作用

对于一个步入正轨的汽车企业来说，崇高而清晰、明确而富有感召力的企业使命，不仅能为企业指明方向，而且能为企业的每一位员工指明工作的真正意义。

**1. 企业使命的内涵**

企业使命是汽车企业生产经营的哲学定位和经营观念，是企业存在的根本目的、意义和价值，也是企业理念系统中又一个具有重要意义的概念。企业使命告诉外界，企业为什么而存在，企业存在的意义和价值是什么，并用"企业对社会的态度、企业最主要和最核心的价值取向"从深层次上告诉社会答案。企业的使命应当包含三层意思：

(1) **企业使命的具体含义是企业责任**  企业愿景规划是汽车企业使命产生的基础，也是企业实现愿景所必需的手段，而更具体化的含义是企业责任、企业目标和企业追求。

(2) **企业使命是企业存在的目的**  企业使命是汽车企业存在的意义和价值所在，更是企业存在的根本。企业围绕这个宗旨开展一切活动，是企业所有行为的最终出发点，最终实现企业的存在目的。

(3) **企业使命是企业对社会的根本态度**  汽车企业从战略角度明确企业的使命，是对自身和社会发展所作出的承诺，这是企业使命对社会的根本态度。为了体现这份承诺和态度，企业使命中必须包含社会责任方面的具体内容。

**2. 企业使命的作用**

企业使命明确了汽车企业为什么存在，企业存在的意义和价值，并向社会作出了承诺。也就是明确告诉企业内外，要为什么工作，如何实现自身的意义和价值。

(1) **企业使命能激发全体员工的热情**  由于企业愿景和企业使命的内涵各具特点，企业愿景主要是描绘汽车企业未来发展的美好蓝图，企业使命则主要表达企业责任、企业目的和企业态度，前者是激发员工内心的向往和憧憬，后者是员工发自内心地产生工作激情，是心灵深处的行为原动力。

77

汽车企业文化

员工的驱动力通常源自他们内心深处的工作激情，而企业的驱动力则来自企业中员工个人行动的驱动，如果企业的员工不知道自己为什么工作，就很难产生源自内心深处的激情。企业责任明确企业为什么而存在，企业目的说明企业存在的意义和价值，企业态度告诉员工为什么而工作，他们工作的意义和价值在哪里。当企业的员工知道自己为什么与其他员工同在一个企业共事，又为了什么而工作时，他们的工作热情和激情自然会被激发起来。这种基层员工发自内心的工作激情汇聚起来而形成的合力，将形成一种强大的凝聚力，使企业整体的行动更加坚实而有力。

(2) 企业使命能发挥桥梁和纽带作用　企业使命是为了实现企业愿景而将企业责任和企业目标具体细化，同时它也是汽车企业各项战略规划和制度制定的方向、依据和准绳。企业制度是规范企业全体员工的行为和职业道德，切实维护公司利益，保障员工的合法权益，调动发挥员工的积极性和创造性，落实企业使命、企业愿景、企业战略规划的重要保障。所以，在企业使命落地生根的过程中，使命具有连接愿景、制度、规划和员工行动的桥梁和纽带作用。

(3) 企业使命能保证企业最初的使命不变　企业使命是企业愿景中具体说明企业经济活动和行为的理念，优秀的汽车企业在公司建立初期就明确了企业的使命，无论企业管理者如何变更，无论产品多次创新更换，也无论企业历经多少坎坷沧桑，企业最初确立的企业使命始终不变，这是企业长盛不衰的法宝。

(二) 企业使命的提炼

企业使命是企业所有经营活动的根本原因，是企业终极责任的集中反映。为了真正挖掘、提炼、运用、发挥企业使命的作用，有必要具体分析、理解企业使命，通过排除法以否定的方式校正对企业使命的偏颇认识。

**1. 用排除法提炼企业使命**

(1) 使命不是单纯获利、赚钱　大量研究成果表明，长盛不衰的企业有一个共同的特点，它们从不公开申明企业的目的在于赚钱，而是在利润和各种社会价值之间寻求平衡和协调。因此，真正的企业使命不是单纯追求利润、赚钱，赚钱不是汽车企业存在的根本原因，把赚钱当成企业存在使命的企业不会长久生存。

(2) 使命不是具体目标、战略　企业的发展存在周期性，不同的周期会有不同的经营战略、不同的经营目标。汽车企业在特定时期会有相应的经营战略、经营目标，当这些战略和目标实现后，就会进入下一个时期，战略和目标就会进行相应调整，具体的经营方式也会随之变化。

因此，企业使命不是某个时期的具体战略和目标，而是无论具体战略和目标如何变化，在任何时期都不会发生变化的宗旨，它是贯穿在任何时期的具体战略和目标之中，起引领和导向作用的灵魂主宰。

(3) 使命不是某个产品、技术　对于大多数汽车企业来讲，新发明的产品、换代产品、改进产品、新品牌产品、再定位产品等是企业生命之所在，如果企业不致力于发展新产品，就有在竞争中被淘汰的危险。但把某个时期企业要生产的产品和要突破的技术当成企业使命，就会使得企业的使命变化不定，而变化不定的企业一定不能长久。经久不衰的企业，历经数十年甚至数百年的风雨沧桑，产品技术几经变化，这些不同时期的新产品、新技术只能作为短时期内企业占有市场获得利润的目标，而不能构成企业使命。

第三章 汽车企业文化的体系

### 2. 汽车企业使命的表达实例（表3-2）

表3-2 汽车企业使命表达实例

| 企业名称 | 企业使命 |
| --- | --- |
| 奔驰汽车 | 质量之道、奔驰之道 |
| 宝马汽车 | 成为顶级品牌的汽车制造商 |
| 通用汽车 | 成为提供高质量交通工具和优质服务的领导者 |
| 福特汽车 | 生产让人买得起的汽车 |
| 丰田汽车 | 有路就有丰田车 |
| 本田汽车 | 让世界各地顾客满意 |
| 上汽集团 | 坚持市场导向 |
| 中国一汽 | 造价值经典汽车，促进人、车、社会和谐发展 |
| 东风汽车 | 让汽车驱动梦想 |
| 长安汽车 | 引领汽车文明，造福人类社会 |
| 北汽集团 | 实业兴国，产业强市，创业富民 |
| 广汽集团 | 人为本，信为道，创为先 |

## 三、企业价值观

企业价值观是指汽车企业在追求经营成功过程中，所推崇的基本信念和奉行的目标，是企业及其员工的价值取向。企业价值观也是企业决策者对企业性质、目标、经营方式的取向所做出的选择，是为员工所接受的共同观念。

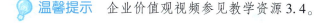 温馨提示 企业价值观视频参见教学资源3.4。

### （一）企业价值观的内涵

从哲学上说，价值观是关于对象对主体有价值的一种观念，而企业价值观是指企业及其员工的价值取向，是企业全体或多数员工一致赞同的关于企业价值或企业意义的终极判断。它是企业文化的基石，是汽车企业生存、发展的内在动力，也是企业行为规范的制度基础。

因此，在把握企业价值观内涵时，要首先明确三个问题。

#### 1. 选择有价值的对象

"价值"属于关系范畴，价值关系是客观的，是指客体的属性和功能能够满足主体需要的效用、效益或效应关系。在对象属性不变的情况下，哪些对象对于企业有价值，主要取决于谁在代表企业做判断，取决于企业决策者的价值观。在企业服务、创新与效率、利润产生矛盾时，对于一个以追求"利润最大化"为本位价值的企业来说，它会放弃前者而选择后者；同样，对于以"创世界名牌"为本位价值的企业来说，会做出相反的选择。这两种选择说明，先进的价值判断，可以正确地反映价值关系的客观性，错误的价值判断则会错误地反映价值关系，关键取决于谁在代表企业做判断。作为价值主体的企业，其价值观不是一成不变的，也会随着外部环境和企业战略的改变而改变。价值取向和价值观的培育总是与时代相呼应的。

#### 2. 坚守企业价值所在

企业的价值在哪里这一判断，在企业内部组成不变的情况下，完全取决于主体的判断标

## 汽车企业文化

准，或主体的价值观。2008年，国际金融危机严重冲击欧美汽车企业，蔓延全球的经济危机导致世界各地汽车企业纷纷出现裁员潮。美国、欧洲和日本多家大型汽车企业已先后宣布大规模裁员计划，裁员总数超过9万人。2009年中国汽车销售逊于预期，欧美汽车企业在中国建立的合资企业纷纷裁员和调低当年产销计划，多家汽车企业对外公布减员的消息，如东风标致雪铁龙裁减1000人。市场人士担心，随着全球经济和商品需求进一步走软，更多裁员恐怕不可避免。在这艰难时期，广汽丰田对外宣布，为保证企业稳定和社会发展，2009年广汽丰田不裁员。与此同时，广汽丰田根据2009年自身发展计划，将继续面向全国各高校及社会招聘各类人才，为社会创造更多的就业机会。汽车生产是先进技术与密集劳动相结合的产业，如果不能保证就业，国家经济健康发展、企业活力恢复就无法实现。在这种大背景下，广汽丰田的不裁员决定，无疑对广州汽车企业起到了一定的标杆作用。这就是广汽丰田的价值所在，危难之中想到的不是企业自身，而是想方设法顾全大局，履行企业的社会责任。

#### 3. 实现价值观的共享

对大多数汽车企业来说，企业的价值和企业追求的价值？常常是统一的。对比汽车企业的最高目标或企业共同愿景，它既体现了企业的价值所在，又是企业最有价值的追求对象，将成为企业全体成员工作、生产的价值取向。这种价值观必然会被管理者与广大员工所认同和共享。

### （二）企业价值观的作用

一个企业的价值观将影响到企业的方方面面，包括企业研发和制造什么产品，如何开展采购和营销，如何做好售后服务，如何善待员工等。企业价值观的作用主要表现在以下四个方面。

#### 1. 企业价值观是企业克服各种困难的精神支撑

企业价值观是汽车企业管理者与员工判断事物的标准，一经确立并成为全体成员的共识，就会具有长期的稳定性，甚至成为几代人共同信奉的信念，对企业具有持久的精神支撑作用。当个体的价值观与企业价值观一致时，员工就会把为企业工作看作是为自己的理想奋斗。企业在发展过程中，总会遇到顺境或坎坷，一个企业如果能使其价值观为全体员工接受，并为之自豪，那么企业就具有了克服各种困难的强大精神支柱。

#### 2. 企业价值观是企业价值判断的最根本基础

在不同的社会条件或时期，会存在被普遍认为是最根本、最重要的价值，并以此作为价值判断的基础，其他价值可以通过一定的标准和方法"折算"成这种价值。这种价值被称为"本位价值"。汽车企业作为独立的经济实体和文化共同体在其内部必然形成具有本企业特点的本位价值观，这种本位价值观决定着企业的个性，规定着企业的发展方向。例如，一个把收益或利润作为本位价值观的企业，当收益或利润与创新、信誉发生矛盾和冲突时，它会很自然地选择前者，使创新和信誉服从利润。

#### 3. 企业价值观是企业引导员工行为的导向和规范

企业价值观是汽车企业中占主导地位的管理意识，能够规范企业管理者及员工的行为，使企业员工很容易在具体问题上达成共识，从而大大节省企业运营成本，提高企业的经营效率。企业价值观对企业和员工行为的导向和规范作用，不是通过制度、规章等硬性管理手段实现的，而是通过群体氛围和共同意识的引导来实现的。

### 第三章　汽车企业文化的体系

**4. 企业价值观是企业释放员工积极性的机制所在**

企业的活力是汽车企业整体作用的结果，具体有三个方面：一是汽车企业管理者的言传身教树立了统一的价值观，经过不断地潜移默化后，员工逐渐接受并内化为企业价值观；二是汽车企业健全配套机制，企业价值观渗透到企业日常经营管理过程中的每一环节；三是汽车企业拥有自己的企业精神包括企业所应有的企业传统、时代意识、基本信念、价值观和理念。企业通过企业价值观产生的凝聚力，激励员工发挥积极性和主动性，增强企业的合力，提高企业的活力。

#### （三）企业价值观的修正

在培育企业共享价值观体系的过程中，由于内外部环境、战略及规划、价值观体系等情况不断发生变化，需要及时修正企业价值观。企业价值观的修正，应做好三个方面的工作，分别是修正企业价值观以适应新的环境，修正企业价值观应注意的相关问题，落实好企业价值观的认同与内化工作。

**1. 修正企业价值观以适应新的环境**

一个企业在正常经营过程中，赖以生存的外部环境可能发生变化，如汽车市场从"卖方市场"转变为"买方市场"；或一些垄断性行业在市场化的过程中，企业在原有市场环境下形成的传统理念和价值观，将与新市场环境要求的价值观之间产生比较激烈的冲突。企业和员工原有的价值理念将无法适应新的市场环境，原有的共享价值观将无法在企业中继续发挥作用。因此，企业首先面临价值观的修正。

**2. 修正企业价值观应注意的相关问题**

汽车企业在修正企业价值观时应该注意以下几方面问题。

（1）对照分析内外部环境影响因素　汽车企业应召集内部相关管理人员或聘请外部咨询公司，对企业现有的价值观进行诊断，重新对价值观进行排序，对照分析与内外部环境变化相关联的、有利的和无利的影响因素，保留那些有利于企业发展的价值观，剔除那些阻碍企业在新市场环境下发展的价值观。

（2）根据分析结果修正原有价值观　修正原有价值观，就是根据分析结果调整和更新价值观的部分内容，注重继承有利于企业发展的价值观的内容，特别是那些已经深入员工内心，成为信念和行为准则的内容，不能随意更改。即使这种观念在当前看来确已不完全适合，只要不是陈腐的、产生负面效应的、妨碍企业正常运营的，应该允许它有一定的保留。为使该修改工作平稳过渡，要借助环境的力量，引导员工逐步地理解和接受新修正的价值观。

（3）要从变革意识入手去修正价值观　企业价值观的培育，只有获得全体员工的认同，才能发挥应有的作用。价值观代表了全体员工追求的目标和最高利益的群体意识，因此，这种群体意识是修正价值观的核心，群体意识的转变有助于共有价值观的修正。要细致分析群体意识转变所涉及的内容，要注重从群体意识的转变产生的影响群体心理的可能性，促进价值观的修正。

**3. 落实好企业价值观的认同和内化**

做好企业价值观内容的修正工作，就为完成企业价值观的培育开了一个好头，接下来的任务是引导全体员工逐步理解和认同修正后的价值观。

心理学的研究表明，人们对事物的认可态度有三种不同程度的表现形态，即服从、认同

汽车企业文化

和内化。服从是因外部某种因素的作用，而表现出来的被动行为；认同是自愿的，但在认识程度上，主体对认识对象并未达到真正意义上的了解和接受；内化才是个体价值观与评判对象完全吻合的一种表现，才能达到全体员工自觉身体力行的程度。

对于企业倡导的价值观，员工在心理上往往处于三种状态并存，塑造企业价值观的重要一步，就是促成那些持服从态度的员工，向认同、继而向内化转化。要落实认同和内化，应从以下几个方面着手。

(1) 加强管理者与员工的沟通和交流　肯尼迪和迪尔在《企业文化》一书中提到：高级管理人员准备塑造文化的第一步，通常是与他们最亲近的同事谈论文化及其价值观，他们共同探究共享价值观及其在企业里所起的作用，企业现实价值观的状态，以及它们需要加强、解释或修正的方法。为达到这个目的，企业管理者可通过沟通和交谈的方式，使企业的共享价值能首先得到管理层的认同和集体的承诺，同时形成对反复灌输的价值的共同理解。因此，企业管理者利用工作之便花时间加强与员工特别是中层管理人员的沟通和交流，有助于企业价值观的认同和内化。

(2) 运用多种途径和场合传播价值观　企业管理者单依靠加强与员工的沟通和交流去促进价值观的认同和转化还不够，要善于运用各种机会、多种途径和不同场合传播价值观。如尽可能通过企业文化网络，借助企业非正式组织向企业各个方面渗透。发动和鼓励管理人员创新企业信息和价值观的传播方法，对做出贡献的管理者和员工，及时奖励他们，激励他们毫无保留地传播价值观，并通过以身作则的日常行动向员工反复灌输。

(3) 利用习俗和仪式强化价值观内化　在企业价值观的灌输和渗透中，企业习俗与仪式的作用是有目共睹的。任何一个有着成熟文化的企业，在长期的经营活动中，都形成了自身特有的习俗和仪式。这些习俗与仪式，如社会仪式、工作仪式、管理仪式、奖励仪式、庆典仪式等，容易被广大员工接受，继而取得事半功倍的效果。企业充分利用这种方式，可以使企业价值观转换为有形的、具有内聚力的形式，进而获得内化企业价值观所期望的效果。同时，这些习俗和仪式还可以对周围的人们产生普遍的影响，更大范围地传播企业文化。

## 四、企业精神

企业精神指汽车企业员工所具有的共同内心态度、思想境界和理想追求，反映企业的一种精神状态，人们借助这种精神状态的好坏，往往可以判断或推断出一个企业的效率和竞争力。

**温馨提示**　企业精神视频参见教学资源3.5。

### (一) 企业精神的内涵

企业精神是汽车企业员工在长期的生产经营实践中，在理想信念、价值观、工作作风、做事风格等方面形成的、一种大多数员工认可的群体意识，是企业个性与现代意识相结合的共同信念。

企业精神的内涵，主要包括如下几点。

**1. 企业精神形成的前提条件**

汽车企业的经营实践活动、生产力状况是企业精神产生和存在的依据，也是企业精神形

# 第三章 汽车企业文化的体系

成和发展的前提条件,企业的生产力水平及员工、企业家素质对企业精神的内容有着根本的影响,企业精神是企业现实生产经营状况、生产力水平、员工生产和生活方式的集中体现。企业的发展动力不仅仅是物质的,在追求经济效益的同时,精神的追求也是不可忽视的。一个企业设立有员工渴望实现的目标,大家就会努力学习、追求卓越。

### 2. 企业精神是一种群体意识

企业精神是全体员工共同拥有、普遍认同的理念,只有当一种精神成为企业内部的群体意识时,才可作为企业精神。企业的绩效不仅取决于它自身有一种独特的、具有生命力的企业精神,而且还取决于这种企业精神在企业内部的普及程度,取决于其是否具有群体性。

在丰田汽车,每个员工都知道"和谐共存"是丰田企业精神的重要内容,为了培育"和谐共存"的团队亲情,丰田汽车建立了传帮带制度,即确定一位"专职前辈"担负起对新员工的指导职责。任职期限一般为半年,主要从工作、生活、人际关系、上下级关系等方面进行指导和协调,言传身教传播丰田汽车企业文化,以形成全体员工认同的、健康向上的群体意识和共同理念,这种群体意识可以把企业中不同层次、不同态度的成员统一到企业整体理念上来,从而激发员工的荣誉感,形成共有的精神风貌和行为规范。

### 3. 企业精神是价值追求的信条

企业精神作为企业内部员工群体心理定式的主导意识,通过明确的意识支配行为,也可以通过潜意识产生行为,是员工追求价值的信条。通用电气公司是美国大企业的"龙头老大",它追捧"无边界、快速、远大"的独特企业精神,企业管理者试图让这种企业精神为所有员工认同,并成为他们共同的追求和价值尺度。

### 4. 企业家是企业精神的化身

企业家经过长年的经营管理实践,通常在哲学理念、理想、价值观、作风、素质等方面形成了自己的习惯和个性,代表着企业精神的面貌。因此,在培育企业精神时,企业家已成为企业精神的具体化身,企业精神是企业家精神的外化。企业家的一举一动无时无刻不在倡导和传播企业精神。他们利用自身的权威,以及工作的便利,随时随地影响着企业管理者和员工的思想和行为,这种倡导和传播可以对企业精神的弘扬起到巨大的推动作用,他们通过对企业精神的表率作用,对企业全体员工具有强大的影响力和感召力。

## (二)企业精神的作用

企业精神是汽车企业在长期的生产经营实践中自觉形成的,是企业之魂。企业精神对企业的作用主要表现在以下方面。

### 1. 企业精神是企业发展的推动力

企业精神是企业群体意识的体现,代表着全体员工的精神风貌,它通过在企业内部提倡参与精神、协作精神、竞争精神和社会价值等,对员工的思想和行为起到潜移默化的作用,大大提高员工主动承担责任和修正个人行为的自觉性,通过潜意识,最大限度地激发员工的潜力。员工主动为企业贡献自己的力量,实现自身价值,满足其精神方面的各种需求,使之成为提高企业凝聚力的推动力量。

### 2. 企业精神能够提高企业核心竞争力

提倡奉献精神是企业精神的主要内容之一,它可以激发强烈的群体意识,使员工自觉维护企业声誉,强化汽车企业的社会责任,激励企业为社会多做贡献,从而提高企业的社会公信度和美誉度,增强企业的知名度,促使企业与社会公众之间、企业与股东之间形成良好的公共关系，提高企业核心竞争力。

**3. 企业精神能够激励企业家务实创新**

企业家在物质需要基本满足以后，其创新动力主要来源于精神追求。企业精神可以激励企业家紧跟时代步伐，务实创新，选择正确的战略决策，接受现代企业经营理念，赋予企业勃勃生机，在市场经济的激烈竞争中立于不败之地。

### （三）企业精神的培育

对于企业精神的培育，一要结合企业生产经营实际情况，根据企业精神的共性内容，找出本企业的精神特色，即有利于企业发展的特色价值理念；二要引发员工的共鸣，把企业精神变成全体员工的共有认识；三要物化企业精神，把这种企业的共有精神与企业经营管理实践活动结合起来，成为企业发展的内在动力。可见，企业精神的形成是一个柔性化的长期培育过程，是企业主体意识的升华。具体来说，培育企业精神要完成三个阶段的任务。

**1. 企业特色精神的确定**

汽车企业的发展与企业传统、民族精神、时代精神息息相关，因此，在确定企业的特色精神时要考虑到这些重要因素，当然也要扣紧企业的个性特征，把各方面的精神内核采集起来加以消化、吸收，并按照本企业当前和未来发展的需要，融汇成为最适合本企业特色的实际的最适用的企业特色精神。同时，还要考虑企业精神的"超前性"，表达出最能准确融会本企业特色的企业精神，引起全体员工的共鸣，变成全体员工共享的精神财富。

**2. 企业精神的教化与接受**

要让汽车企业精神转化为全体员工的实际精神风貌和群体意识，是一个教化与接受的过程，需要通过多种形式、多种方法和多种渠道进行解释、学习、理解和掌握，实现企业精神的渗透、共有、分享和接受。归纳起来主要有以下几种：1）发挥管理者的示范导向作用；2）发挥各种舆论工具的作用；3）发挥先进典型人物的作用；4）发挥教育培训渗透的作用；5）发挥全体员工参与的作用。

**3. 企业精神的物化**

企业精神的物化，就是在汽车企业研发、生产、销售、服务等全方位、多种经营的实践活动中，将企业精神制度化、符号化、活动化、仪式化和抽象化，并从中不断地加以总结、完善和发展。企业精神的物化主要表现在以下四个方面。

（1）制定制度规范  汽车企业将企业精神制度化，通过企业规章制度来规范员工的行为，体现企业精神。在这个过程中，要把强制性规范如企业法规、准则、纪律等，与软性规范如理想、道德等结合起来，通过企业理想、道德、信念的教育，把企业精神潜移默化地渗透到员工的意识中。

（2）开展主题活动  汽车企业将企业精神活动化，通过开展各种各样、多种形式以企业精神为主题的活动，如企业精神演讲、企业风尚评比、员工生活分享等，潜移默化地熏陶和培养企业员工。

（3）塑造企业形象  汽车企业将企业精神符号化，通过各种方式塑造企业形象，把企业精神物化为能够视觉识别的、有形的、具体的东西，如企业标识、品牌、旗帜、着装、标准色、标语、口号、歌曲、象征图案等，以此来展现企业精神的内涵。

（4）举行典礼仪式  汽车企业将企业精神仪式化，通过举行各种典型仪式如企业创新成果仪式、新产品下线仪式、新车间落成仪式等，建立企业习俗和礼仪，把企业精神外化为固定模式和行为规范,增强企业员工对企业精神的认同,弘扬企业精神。

### (四) 企业精神的语言表达

汽车企业精神的语言表达是在培育的基础上进行的,借助中介机构的力量,或依靠全体员工群策群力,选择适当的表达方式和表达途径,准确表达出企业精神。以下是几种企业精神的表达方式。

#### 1. 命名式

汽车企业精神的命名式表达,就是用企业名、产品名、人物名、商标名等来直接命名企业精神。采用企业名命名的,一般取企业名字的简称,如日本丰田汽车的"丰田精神"是以"丰田精益模式"代表的是一种价值观;采用产品名字或商标名字命名的,则商品或商标名应是有较高知名度和美誉度的,或者产品、商标与企业精神在内容上有相似、耦合的关系;用人物名字命名的,一般采用企业创始人或企业英雄的名字等。如美国福特汽车公司的"福特精神",既是以商标名字命名,又是以人物名字命名。

#### 2. 口号式

企业精神的口号式表达往往与企业广告用语联系在一起,如日本丰田汽车"车到山前必有路,有路就有丰田车"的企业精神,经传播后,让人过目不忘,消费者读起来朗朗上口,在脑中久久回荡。

#### 3. 故事式

企业精神采用故事式表达,就是把企业精神归纳为具有代表性的内容,用一个或几个汽车企业故事来阐述企业精神来源,通过汽车企业日常的人与事,甄别和提炼出所需的企业精神故事,传达企业精神深刻的内涵。因此,在正确认识并有效运用企业故事时,必须准确把握企业故事的特征,体现故事的可考证性、可接近性、可感染性、可延传性,避免产生歧义,影响表达效果。

(1) **可考证性**  可考证性即真实性,真实性是汽车企业故事魅力的来源,也是其生命力的来源。一般说来,汽车企业故事发生的时间、地点、人物、事件都是可以考证的,即便是寓意类故事,其故事诞生的背景、最初讲述者的身份、故事内容同企业的关联等要素也是可考证的。

(2) **可接近性**  "接近性"原是新闻学上的一个概念,指的是新闻事实与读者之间的经历、年龄、心理、职业、距离、兴趣点、爱好等方面的重合或近似的程度。企业故事的"可接近性"指的是,汽车企业故事不仅具有趣味性、通俗易懂,而且就发生在企业员工的身边,让员工感觉到是"自家人的事"。

(3) **可感染性**  有人、有事、有情节,事、理、情交融,绘声绘色,娓娓道来,令人感慨,耐人寻味,这正是汽车企业故事极具亲和力、吸引力和感染力的奥秘所在。

(4) **可延传性**  能成为汽车企业故事的故事,还有一个重要特征就是它的可延传性。不能延传的故事不是真正意义上的企业故事。如福特汽车自成立至今已经走过了100多年的风雨历程,现在仍然沿用福特创业的故事来激励全体员工。

#### 4. 传统式

树无根不活,汽车企业文化无根不立。任何一种文化模式都不可能是凭空产生的,汽车企业精神也不例外,企业精神的形式及其内容都有其历史渊源和路径依赖。企业精神要重视对原有企业文化中优秀内容的继承和发扬,尤其是要继承传统和发扬企业文化中被证明正确

汽车企业文化

的核心的价值观，这些观念是保证汽车企业长期稳定的基础。因此，以汽车企业的传统文化表达，可使汽车企业的优良传统得以继承。

### 5. 比喻式

汽车企业用什么来激励员工，传统制度讲究的是通过物质奖励、金钱刺激，例如工资、奖金，以及股权、期权等，这些当然是重要的。但任何东西包括物质刺激在内，其激励作用都是边际效益递减的。开始时也许有用，但在人的收入与财富达到一定水平后，其作用就越来越小了。这时，不能只靠物质，也要靠企业精神来激励员工，为汽车企业的发展寻找新的动力。因此，用形象化的比喻来表达企业精神，既通俗又好记，能更好地激励员工。

### 6. 目标式

以汽车企业要实现的目标来表达，如本田汽车的精神是"制造的喜悦、销售的喜悦、购买的喜悦"三种喜悦精神，也是本田汽车一直全力以赴实现的目标。这三种喜悦精神就是在企业的发展中随着企业目标的拓展而不断完善的。

### 7. 规范式

规范化、流程化、人性化等是企业精神表达的途径，汽车企业对需要倡导的企业精神进行量化概括表达，使人们能够按照量化的规律进行贯彻。

## 参考案例12：万向集团的特色企业精神

杭州万向集团是一家大型的汽车零部件生产企业，经历了从汽车零件到部件，再到系统模块供应的发展。万向集团现有专业汽车零部件制造企业32家，在国内形成了4平方千米制造基地，拥有国家级技术中心、国家级实验室、博士后科研工作站。2016年8月，万向集团公司在"2016中国企业500强"中排名第125位。

万向集团在创业过程中，确立的"想主人事，干主人活，尽主人责，享主人乐"的十六字企业精神，犹如一只看不见的手，激发起全体员工自觉的主人翁意识和持久的劳动热情。可以说，这十六字的企业精神，就是万向集团闻名海内外的立身之本。

30多年前，被誉为"鱼米之乡"的钱塘江畔，有一个闻名全国的乡镇企业和一位"泥腿子"农民企业家，那就是万向集团董事长鲁冠球。当时，企业还是一个只有7名员工的乡村"铁匠铺"。如今，它已经发展成为全国规模最大、品种最多、产量最高的汽车零部件生产基地，在全国成千上万家乡镇企业同行中，首家获得国家一级企业的殊荣。鲁冠球先后被评为全国"十佳农民企业家"与"全国十大新闻人物"。

鲁冠球曾在总结企业管理经验时认为，培养和倡导优秀的企业精神是十分重要的。万向集团早期的十六字企业精神，即"想主人事，干主人活，尽主人责，享主人乐"促进了企业的发展。

### （一）想主人事

万向集团确立的企业精神第一条就是"想主人事"。创业初期，根据乡镇企业员工绝大多数亦工亦农的特点，企业通过物质手段和精神激励来激发员工的主人翁意识，基本思路是把经营管理与思想政治工作结合起来。企业每进行一项活动，下达一项生产任务，都要让员工明确"做什么""为什么做""怎样做""这样做了对国家有什么好处""为国做贡献的事就在你岗位上"。这是企业围绕着"想主人事"展开的一项员工竞赛活动。1988年7月份，

## 第三章 汽车企业文化的体系

国内外用户纷纷向万向集团要货，产品供不应求，生产频频告急。这时，企业办公室起草了一封《公开信》，信中告诉每位员工，工厂欠产已达17万套万向节，能否按时供货，关系到企业形象和国家信誉，尽量满足用户需要，为国家多创汇多贡献，是每一位员工当家做主的光荣职责。一下子，企业面临的喜与忧，成为员工们茶余饭后的热门话题。尽管当时气温高达38℃，大家仍然坚持上班顶岗，结果超额完成了生产任务，及时满足了各界用户的需要。企业的7项主要经济技术指标连续5年居全国同行业的首位，尤其是员工的劳动生产率提高了12倍，员工每增加1元收入，就要为国家和企业多创造4元收入。

### （二）干主人活

在商品经济发展的大潮中，万向集团把眼光投向了国际市场。企业提出：如果把产品打入"汽车王国"美国，就如同有人把丝绸打入享有"丝绸之府"称号的浙江。一个企业不仅要在国内经营发展，也要把产品拿到国际市场上去竞争。

1986年，应美国客商的邀请，鲁冠球作为中国第一位访美的农民企业家与其签订了每年向美国出口20万套万向节的长期供货意向书。1990年，万向集团向美国市场投放的万向节增加到200万套。

### （三）尽主人责

尽主人责是万向集团企业精神的重要组成部分，当时不少农民员工存在"被雇用心理"，容易产生"八小时内为你干，八小时外自己干"。为了使全体员工焕发主人翁精神，企业管理者处处关心员工、爱护员工、理解员工、尊重员工。平时通过厂报、广播和黑板报、宣传栏，定期地把企业的方针政策、重要决策以及面临的困难告诉每一位员工，使企业上下一心想企业所难，解企业所急。与此同时，企业还专门设立了"管理者意见箱"，让员工提建议，对于来自群众的合理化建议，及时给予采纳和奖励。为了更好地做到"尽主人责"，企业还开展了"信得过"活动。这项活动是把产品质量从过去由检验员把关，变为以工人自检为主。

### （四）享主人福

万向集团认为，对员工不能只讲奉献，还要给他们创造一个安居乐业的生活环境。为此，企业专门组织了对员工实际困难的摸底调查，企业先后解决了400多名员工家属的就业问题。他们还专门组织妇女干部做"红娘"，给大龄青年牵线搭桥。企业有些技术人员、供销人员每年几乎有一半以上的时间在出差，子女教育、家务劳动都落到另一半的肩上，时间一久，他们的另一半难免有怨言。为了鼓励家属支持配偶做好工作，企业工会组织了40多位家属搞了一次"海陆空"旅游。让他们乘飞机去南京，坐火车游无锡，乘轮船回杭州，这些家属表示今后一定会全力支持另一半的工作。

## 第二节 汽车企业伦理道德

**参考案例13：** 大众汽车的道德危机

德国汽车工业百年来引领世界汽车产业的发展，也是德国重要的经济支柱之一。德国汽

## 汽车企业文化

车工业的光环甚至扩及其他不同的产业领域，影响着消费者对待德国产品的态度与评价，产生了正向的"来源国效果"。大众汽车是德国最大的汽车公司，更是全球最大的工业制造集团。然而，德国大众汽车曾在美国因为柴油车排放软件制造假数据，闹得沸沸扬扬，大众股价应声而落，跌幅最高超过30%，CEO引咎辞职，高管到美国道歉，每台车罚款37500美元，总计面临高达180亿美元的巨额损失，并且面临严重的道德危机。

大众汽车在"清洁柴油科技"上的领先，甚至获得美国政府5100万美元的推广补贴。揭发大众汽车排气问题的是一个独立非营利研究机构，该机构发现欧盟汽车业在排放、油耗等测试的测试结果与真实情况存在差异，且此差异从2001年的8%扩大到2013年的38%。大众汽车柴油车的路测与实验室结果也存在着巨大差异，此问题逐渐集中至大众汽车柴油车的控制芯片内有无诈欺软件的诚信问题上。面对美国方面的质疑，大众汽车与美国政府进行了长期的攻防，辩称是"测试方法和仪器的不准确导致的巨大差异"，不过，美国政府的专家团队在长达两年半的测试和调查中，锲而不舍地拿出科学实验数据，直到大众汽车无言以对。

其实大众这次柴油车作弊所用的方法有点"小聪明"，柴油车排放的有害物质中氮氧化物和颗粒物很多，颗粒物也就是常说的PM2.5，如果要减少这类有害物质排放就必须提高技术使柴油充分燃烧，并在排气管中喷射32.5%的雾状尿素催化剂，即柴油排放催化剂，用于中和氮氧化物，将其转化为氮气和氧气，减少污染。一般行驶3000～5000km就要添加一次尿素催化剂，否则正常情况下传感器会报警，如果车主置之不理，按照美国环保设计要求，最终的结果就是发动机锁死不起动，车主还要缴纳5000美元以上的罚款。汽车维护要经常添加尿素催化剂，这不仅程序烦琐，养护成本还贵，大众汽车为了骗过美国严格的环保检测，在车载电脑上作了弊。环保检测是在实验室进行的，因此转向盘抖动位置、车速传感器、周围气压等都与实际行驶有很大差别，车载电脑通过这些参数了解到是实验室检测，就会打开作弊软件，增加尿素催化剂的喷射，降低排放有害物质，实际行驶中则关闭或者减少尿素催化剂排放，而在实际行驶中的污染最大达到美国标准的40倍。这样做的目的是减少补充尿素催化剂的次数，降低客户维护成本，延长维护周期。

欧盟与美国的环保部门对于汽车车型的审核虽然宽进宽出，但是却分别有巨额罚款以及司法追溯的大棒，再加上因欧美资本市场的股价波动所产生的天价市值损失，足以惩罚蓄意欺骗的厂商。像德国大众汽车这样的企业居然也会造假，实在令人难以置信。此次道德危机的严重程度，足以撼动德国制造业的百年基业。大众汽车正面临严重的道德危机，只有解决道德危机才能重新获得信任。重新获得信任是一项长期而且艰巨的任务，必须持之以恒，而且没有任何捷径。否则，现在就是企业百年基业崩塌的开始。

德国大众汽车在美国柴油车排放软件数据造假事件，也成了商业道德与功利主义的经典案例。

对汽车消费者来讲，最大的权利是要求汽车产品的安全性，此外还有降低排放量和提高燃油经济性等其他要求。2015年在全球汽车市场发生了"大众排放门"事件，其排放造假是有违伦理道德的犯法行为，受到国际汽车界的谴责。最后，德国大众汽车与美国监管机构和消费者就尾气排放数据造假丑闻达成了和解协议，大众通过返修、回购及付赔偿金等方式支付的总金额超过180亿美元，这是美国汽车行业有史以来最大规模的消费者集体诉讼和解

## 第三章 汽车企业文化的体系

案,该事件成为美国历史上规模最大的汽车回购事件,也是代价最为昂贵的汽车行业丑闻。因此,汽车企业伦理道德是汽车企业文化的一个重要内容,它是社会伦理道德在企业活动中的具体表现,一方面表现为企业作为社会关系主体在整个社会中的职责和义务;另一方面表现为企业构成人员的道德素养,即管理者的道德和企业员工的道德。

### 一、汽车企业伦理道德的内涵和作用

汽车企业在各项经营活动中开展的调整企业内外关系的行为规范的总和被称为企业伦理道德,它是检验企业成员素养高低的精确可靠的方式。良好的企业伦理道德有利于处理好企业外部关系,有助于协调企业内部利益关系,有助于树立良好的企业形象,提高企业的信誉,获得外部社会和公众的认可,促进内部员工形成追求上进的和谐气氛和统一的价值取向,使企业竞争力不断增强,企业经营活动持续保持健康。

 **温馨提示** 企业伦理道德视频参见教学资源3.6。

#### (一)企业伦理道德的内涵

汽车企业文化理念体系主要涉及社会层面和人的层面,与社会道德现象和道德规范相关,因此,在本书中把伦理和道德作为同义语使用,引导企业建立道德规范和标准,通过规范员工行为,调和企业内外部关系,发挥精神推动作用,有效促进企业理念转化到企业的制度中,落实在实际行动上。

**1. 企业伦理道德的内容**

企业伦理道德按活动主体的不同分为企业管理者的职业道德和员工的职业道德两个方面。

(1)管理者职业道德是主导  一个汽车企业管理者道德素养的高低,直接影响企业的前途,对企业的发展有着至关重要的作用。优秀企业管理者有较高的伦理道德素养,对企业整体行为起积极的引领和表率作用,有利于形成良好的企业风气和形象;而缺乏伦理道德素养的企业管理者将会把企业引向邪路,与社会公众的期望背离得越远,企业的道德形象就会越差。因此,汽车企业管理者的职业道德是企业伦理道德的主导内容。

(2)员工的职业道德是基础  每个汽车企业的战略规划目标、生产经营计划以及社会交流活动都需要全体员工的具体落实。如果企业员工能够爱企奉献、爱岗敬业、严于律己、刻苦钻研,在个人利益与企业利益发生冲突时,能够发扬个人服从企业的精神,这样的企业就有了成功最基本的保障。企业员工遵守职业道德,更好地向社会公众展示企业整体风貌,有助于为企业树立良好的道德形象。一个积极向上、健康的员工群体,将向社会昭示企业蓬勃发展的不竭动力和战胜一切困难的信心、勇气和力量。因此,企业员工的职业道德是企业伦理道德的基础。

**2. 企业伦理道德的准则**

汽车企业具有经济人和道德人的双重身份,其追求经济利益的行为必须遵守社会道德准则。因此,企业伦理道德直接表现为规范企业行为的一系列行为准则,如道德原则、规范、标准等。这些道德准则是判断企业行为正确与否的标准,是衡量企业行为是否得当的准绳。企业违背了这些原则和标准,行为就被判定为不道德,就会遭到社会公众、消费者以及媒体的批评和谴责。

### (二) 企业伦理道德的作用

汽车企业伦理道德通常可以发挥以下四个方面的作用。

**1. 转化作用**

在汽车企业文化建设过程中，需要将企业愿景、企业使命、企业价值观、企业精神等企业文化理念，转化到企业的各项经营管理制度里，落实在员工的实际行为中。企业伦理道德在企业文化中属于社会文化层面，它是通过道德规范来调节企业和员工的行为，既表现为企业的伦理守则、伦理规范，又表现出企业管理者与员工的道德素养。因此，企业伦理道德在贯彻到制度中、转化到企业和员工的行为上、物化在企业的实物形态中时，对于企业的人员素质和道德规范，都起到强有力的导向、控制和凝聚作用。

**2. 引领作用**

在汽车企业总体发展战略和具体的经营活动中，由于社会范围广、体制类型多、经济规模大，存在各方面的诱惑，特别是利益方面的巨大诱惑，企业管理者或员工一旦放松对自己的严格要求，可能会发生偏离社会主流价值、违背社会期望的事情。因此，企业在确立企业愿景、使命、价值观的基础上，还要坚守伦理道德底线，保证企业的核心价值观念从始至终不走样，确保企业的实际行为不偏离社会的主流价值和期望。引领作用通过以下两点来实现。

(1) 制定伦理道德守则和规范　为发挥汽车企业伦理道德的引领作用，要制定好全面、详细和具体的企业伦理道德守则和规范，以企业制度规范的形式，确立企业所有人员的行动准则。企业伦理道德规范是企业文化理念中的重要组成部分，它是在融合了企业愿景、使命、价值观和企业精神之后，为了使管理者和员工的行为不偏离这些核心理念而进一步具体化的细则，构成企业管理者和员工更为具体的行为准则。因准则的具体性、丰富性、细致性和全面性特点，能促使每一位管理者和员工的每一个行动都在符合基本理念的框架内，而不偏离主流价值，从而引导汽车企业更好地服务社会，在各个方面履行社会责任。

(2) 变伦理道德为行动的指引　汽车企业在确立的伦理道德守则中熔铸企业所有核心价值理念之后，一旦伦理道德守则被企业的管理者与员工高度认同，它就会变成企业行动的指引，无论是对内部时企业与员工关系，还是对外部时企业与社会关系、企业与股东关系，汽车企业确立的伦理道德都会发挥巨大的引领和导向作用。

**3. 控制作用**

社会环境的复杂性容易使人的心态变化不定，容易导致人面对复杂的环境和诱惑产生不确定的行为，特别是遇到利益诱惑时，控制不住自己的行为，从而触犯法律而走向犯罪。因此，发挥企业核心价值理念和企业的伦理道德作用，控制企业管理者和员工的行为在任何时候都合乎企业和社会的要求，显得十分重要。

**4. 凝聚作用**

汽车企业在企业文化建设中，在企业文化理念转化为制度、体现在实物、落实到行为的时候，由于企业管理者和员工的理解和接受程度不同，出现一些困难和分歧，导致汽车企业美好的企业愿景规划在实现过程中受到阻碍。在这时，企业伦理道德守则有助于提升企业管理者和员工的道德素养，特别是管理者的伦理道德素质造就的人格魅力，更能产生威信，赢得员工的信任，对于企业战胜困难、勇闯难关、凝聚人心、团结向上，都会起到巨大的鼓舞和推动作用。

## 二、汽车企业伦理道德规范

企业伦理道德规范是汽车企业在长期的经营实践中，在企业与利益关系者的利益协调中，被各种利益关系主体认同的、行之有效的准则，也是一种明文规定或约定俗成的标准，如道德规范、技术规范等。企业伦理道德规范以善恶为评价标准，依靠各种利益关系主体的内心信念、社会舆论和传统习惯来维系。遵循它，行为就合乎伦理道德；违背它，行为就不符合伦理道德。汽车企业以此来调整个人与个人之间、企业与企业之间、企业与股东之间以及企业与社会之间的关系。

企业伦理道德规范主要包括以下五个行为准则：公正、责任、诚信、互利、秩序。

### （一）公正

公正作为市场经济条件下企业道德行为的准则，要求企业和利益相关者之间，要公平交易、公平分配、和谐相处，也就是分配公正，是非判断公正。公正的分配是将恰当价值的实物授予相应收受的人，合乎公正的职责分配应当考虑到每一个受益者的才德和功绩。是非判断公正除了对客观真实情形的详尽认识与正确分析外，还需以客观公正之心、以公理作为判断的标准和依据。避免不同利益主体因其出发点、角度、价值观、知识结构、情感等因素，误导人们对客观真实情形产生不同甚至相反的判断。

### （二）责任

责任可以从两个方面来理解，一是从社会道德方面，个体分内应做的事，如工作职责、岗位责任等；二是从个人道德方面，个人没有做好自己工作，就应承担不利后果或强制性义务。责任又可细分为：责任意识、责任能力、责任行为、责任制度和责任成果。作为一个经济组织，汽车企业必须追求效益的最大化，这是体现企业的经济责任；但作为社会公民，企业对社会的进步和发展具有不可推卸的责任，这是体现企业伦理道德责任和社会责任。2008年，广汽集团与广州亚组委签订《广州2010年亚运会赞助协议》，出资6亿元人民币赞助广州亚运会，正式成为广州亚运会首家高级合作伙伴。广汽自主品牌传祺汽车成功当选为亚运会指定礼宾接待用车。同时，广汽集团旗下广汽本田、广汽丰田、广汽日野、广汽客车也积极响应，为亚运会提供2000多辆用车。在亚运会期间提供的所有车辆中，事故率为零、投诉率为零，圆满完成了各类车辆的运行保障工作。广汽集团专门投入大量资金、人力和物力，组建专项亚运会用车保障团队，围绕赛事前的检查维护、赛事中的现场服务和配件供应提供保障，同时制订周密的运行保障工作方案。广汽集团为中国成功举办第16届亚运会做出了应有的贡献，体现出了一个国有企业强烈的社会责任。企业主动承担社会和伦理道德责任，塑造良好的企业形象，有助于企业经济效益的实现。

### （三）诚信

诚信是企业伦理道德的基本规范，也是做人的基本准则。常言道：民无信不立，企无信不旺，国无信不强。中国改革开放以来，现代市场经济已成为一种信誉经济、文明经济、规范经济、法制经济。一个企业越是具有伦理道德水平，就越有可能在市场上和社会上赢得消费者和同行的信任和尊重。因此，诚信是企业伦理道德之本，诚信经营是企业伦理道德的底线。比如，汽车市场经常出现一种不好的现象，即部分紧俏车型，经销商在生产企业公布的指导价外，要求消费者再支付"少则几千元，多则几万元"的额外费用以提前提车，也就是所谓的"车辆加价销售行为"。该加价销售行为可分两种，第一种是经销商在销售地点对

车辆明确标示出加价的销售行为;第二种是车辆经销商私下收取加价部分费用而不出具相关收费凭证的加价销售行为,也就是隐性加价销售行为。

### (四) 互利

市场经济有两个特征:一是经济利润是生产和投资决策的主导力量;二是依靠市场和价格分配资源和收入。商品交换必须遵循这两个特征,等价交换和自愿交换成为市场交换原则。互利就是物质、精神的互相有利,彼此受益,等价交换和自愿交换的内在原因,就是交易双方的"互利"。可以看出,市场经济的本质特点决定:互利是交易双方进行交易的前提条件,更是交易成功的必要条件。"互利"才能"共赢",互利既是市场经济要求的经济准则,也是人和人之间相互尊重所要求的道德准则。

因此,企业在与利益相关者的利益交换关系中,应根据互利的原则,注意把企业利益和股东、员工、消费者、社会公众、供应商和经销商等经济主体的利益结合起来,在不损害股东、员工利益的基础上,更好地满足消费者、社会公众的利益,从而实现自己的利益,实现一举多得的良好结局。这里要特别强调,企业不能把消费者当成实现自己利益的手段,采用欺诈和蒙骗等手段获取利益;企业不能为了自己的短期利益,置员工的安全健康于不顾;企业也不能为了在竞争中占优采取不正当手段挤垮对手;企业更不能为了自己的利益,利用国家的政策漏洞把国家财产据为己有。这些都违背市场经济"互利"原则要求,是极其不道德的行为。

### (五) 秩序

秩序,顾名思义是有条理地、有组织地安排各构成部分,以求达到正常的运转或良好的外观的状态。秩序还可以按属性进一步细分,如经济秩序、社会秩序等。企业生存和发展需要有良好的社会秩序和经济秩序做保障,而企业的生产、经营和管理不应打乱社会秩序和经济秩序,而应促进和谐的社会秩序和经济秩序的建立。中国传统文化提倡人和人之间相处要团结、和睦,非常重视"和谐",强调个人和社会之间要以集体和谐为重。这种人与自然、人与社会、人与人和谐的思想,对于市场经济条件下牢固建立企业伦理道德责任观念有重大意义。企业管理者和员工之间的相互信任和密切配合,是建立企业内部秩序和谐的根本保证。

## 三、汽车企业伦理道德培育

在企业伦理道德培育和长期积累过程中,必须考虑社会伦理道德大环境与汽车企业的实际现状,既要兼顾企业传统风气,又要照顾到员工的构成和素质,更要体现社会道德和社会风尚的要求。企业伦理道德的培育可以从以下几个方面入手。

### (一) 建设企业伦理道德规范

企业伦理道德规范是企业伦理道德体系的重要组成部分,是引导员工保持良好行为的行动准则。建立企业伦理道德规范,要坚持继承传统与创新吸收相结合的原则,既要从汽车企业内部充分发掘企业优良传统和良好道德习俗,又要从社会吸收当代先进的文化思想和管理思想,以确保企业伦理道德规范适应企业时代发展的要求。同时,要遵循处理好内部关系和外部关系的两个准则。

**1. 处理内部关系的企业伦理道德规范**

处理汽车企业内部关系的伦理道德规范包括以下四点。

第三章　汽车企业文化的体系

(1) **员工与员工之间的关系规范**　汽车企业员工与员工之间是一种平等互助的关系。因此，员工要在企业伦理道德原则和企业愿景的指引下，坚持人格一律平等的原则，在日常工作和生活中，互相关心、互相爱护、团结友爱、加强协作，共同享受劳动的快乐与成果，通过员工与员工之间的和谐关系，发挥企业的整体效应。

(2) **管理者与员工之间的关系规范**　管理者与员工关系是一种上下级的关系。这种关系往往伴随着在某些问题上观点的迥然不同，造成双方关系的不和谐，发生对立与冲突。在企业伦理道德规范的引导下，汽车企业员工要尊重、理解、支持管理者的工作，与管理者相互沟通，积极参与企业管理，为企业发展贡献个体力量。企业管理者则要树立"以人为本"的管理理念，科学地使用管理权力，特别要发挥好非权力影响力，以自身的品格、知识、专长来凝聚广大员工，激励员工为企业做贡献。

(3) **企业与员工之间的关系规范**　建立积极正向的企业与员工关系可以吸引且留住优秀员工，提高员工生产力，提高员工对企业的忠诚度，提高员工工作士气，提升公司绩效，降低旷工、缺席率。一方面汽车企业的员工要坚持正直的道德原则，坚守集体主义观念，爱企业、讲奉献、诚实正派、爱岗敬业、忠于职守、加强学习和提高道德信仰，为企业做出自己应有的贡献。另一方面汽车企业要为员工的发展创造有利的管理措施和工作条件，保证员工在安全的环境中体面地工作，发挥专长，确保员工的切身利益和合理要求的顺利实现。

(4) **企业与股东的关系规范**　股东是企业的投资者，企业与股东的关系正如一个生态系统，汽车企业只有不断提升企业价值，才能吸引股东资本，股东保持长期投资，才能促进企业的持续经营，实现企业稳步发展。汽车企业发展得好，就能在股东心目中树立良好的形象，也能借助股东提高企业的信誉和声望。因此，汽车企业管理者要正确处理好企业与股东的利益关系，在企业伦理道德的规范下，合法经营、科学管理、不断创新，为股东最大限度地创造利润回报，以获得董事会或股东大会的关注，长期、有效地支持企业发展。

**2. 处理外部关系的企业伦理道德规范**

企业与国家、政府、社会、消费者等的关系都属于外部关系。在市场经济环境下，汽车企业与外部的关系非常密切，处理好企业与外部的关系对企业的生存和发展具有重大意义。处理好汽车企业与外部之间关系，必须树立社会道德观念、公众利益观念和社会服务观念。汽车企业作为经济社会的基本单位，必须建立和完善企业伦理道德规范，时刻牢记公众利益，服务社会，才能使企业被社会接受和认可，才能得到社会公众的支持，才能维持企业长久的发展。如果一个企业不注重社会道德观念，有违背社会道德的行为，必将被社会抛弃。因此，汽车企业在处理与社会公众等外部关系时，要勤于沟通、以诚相待、遵循职业道德、诚实守信。对不同的利益群体要讲求沟通技巧，树立企业良好形象。

**(二) 建立企业道德约束机制**

企业伦理道德约束机制包括建立企业社会道德和履行企业社会责任等内容，这是从伦理道德的角度，强化企业的企业社会道德和企业社会责任意识，服务好社会。因此，建立企业伦理道德约束机制可关注以下几个方面。

**1. 企业的公共道德约束**

汽车企业在许多社会公众场合，经常称自己为"企业公民"，以表明自己是社会公众中普通的一员，不是社会的特殊一分子。汽车企业作为普通的"社会公民"，必须自觉遵守社会公德、维护公共秩序、履行社会责任，守法经营、依法纳税、多做善事、资助社会公益事

汽车企业文化

业和文化事业。

### 2. 企业的环境道德约束

汽车企业生存的环境包括社会环境和自然环境，汽车产品的生产、销售、使用、售后服务等都与社会环境和自然环境密切相关，但从汽车企业的产品生产和产品使用的角度看，关注自然环境更为迫切，这要求企业高度注重环境对企业的道德约束。因此，汽车生产企业，要讲求行业道德和特殊行业的行为规范，产品研发、生产和使用坚持以人为本。一方面要研发生产安全、节能、环保、舒适、可靠的产品，减少产品带来的环境污染和引发的交通安全事故。另一方面，在产品制造环节，采用先进工艺流程和环保材料，争取实现工厂污水零排放，这更有利于自然环境的净化和保护，与生态环境建立良好的关系。这些都是建立企业环境道德约束机制要关注的重点。

### 3. 企业的人际道德约束

汽车企业如何对待人，直接影响着企业的人际关系和企业形象。汽车产业链的每个环节都涉及人，企业要面向社会与不同类型的人交往，汽车企业更是各种人才聚集的地方，企业内外无时无刻不与人打交道。因此，建立企业人际道德约束机制，就要以人为本，不仅关心生产、关心利润，更要关心和关注企业内外部的所有人，人性化地处理企业与各种"人"的关系，把人的要素、人的利益、人的需求放在企业的心中和行动上，真心相处，真诚相待。

### （三）建立良好的企业道德风尚

企业道德风尚是汽车企业员工在长期生产经营活动中形成的精神风貌和企业氛围，是企业群体的思想观念、传统习惯、人际关系、工作作风和生活方式的综合体现，也是社会公众衡量汽车企业是否践行企业道德的具体标准。因此，汽车企业作为道德主体，在建立企业道德风尚时，要从员工的愿望、趣味、情感、传统、习惯等心理和道德观念入手，通过企业精神和企业伦理道德规范的制约与影响，提高汽车企业道德风尚的水平，为社会主义精神文明建设做贡献。

 **温馨提示**　　绿色企业广汽本田视频参见教学资源3.7。

## 参考案例 14：广汽本田构筑面向未来的绿色企业

"除了产品生产之外，绝不生产其他物质。"这是本田创始人本田宗一郎对环境保护的理念。而将这种想法逐步变成现实，正是广汽本田的追求。

### 一、"废水零排放"汽车工厂

广汽本田增城工厂凭借全球首个导入"废水零排放"汽车工厂的环保实践，入选了上海世博会广州馆"水环境治理行动"展示案例。广汽本田的增城工厂在设计时就以节能减排作为重要目标，以环保为导向，力图将生产对环境的影响降到最低。"废水零排放"项目，不仅不对外排污，而且可节约大量用水。

广汽本田增城工厂年产能24万辆，每年可以回用中水414000吨，按照广州家庭37吨/月用水量计算，节约的这部分水量可满足932户广州家庭一年的总用水量。广汽本田单台产品产量水耗达到3.17吨/年，处于全行业前列。

## 第三章 汽车企业文化的体系

继"废水零排放"之后，广汽本田又在汽车行业率先提出了"生产过程二氧化碳零排放"的目标，意在通过清洁生产和环保公益活动，实现环保效益与生产过程产生的二氧化碳的双向平衡。此外，广汽本田还在河北丰宁和内蒙古兴和持续开展公益植树活动，以达到中和生产过程中剩余碳排放的效果。

### 二、绿色环保"正循环"

汽车绝大部分的能耗和排放发生在使用环节，为此，广汽本田一直将产品的节能环保放在首位。为了向顾客提供二氧化碳排放最少的产品，广汽本田一直在持续提升现有产品燃油经济性和清洁排放性能。

广汽本田整个污水零排放系统投入了3000多万元，每年还有上百万元的维护费，分摊到每一辆车的成本上至少有60元。这也反过来促进了广汽本田效率的提高。要想消化因此带来的成本，广汽本田就必须通过提高效率的方式补回来，而这又进一步增加了广汽本田在节能减排方面的动力，推动了广汽本田整个绿色环保工作走向"正循环"。

据统计，在降低二氧化碳排放计划中，广汽本田开展的170余项节能减排项目，节约了能源费上千万元。正是这种良性循环，让"绿色"已经成了广汽本田自觉自愿的内生驱动力。

广汽本田作为"企业公民"，遵守了企业的公共道德、环境道德和人际道德，建立了良好的企业道德风尚，得到了社会的好评。在由《21世纪经济报道》和《21世纪商业评论》主办的"中国最佳企业公民"评选中，广汽本田多次荣获"中国最佳企业公民"称号。

## 第三节　汽车企业制度文化

汽车企业文化理论的另一个重要组成部分是企业制度文化。作为一个实行大工业化生产的汽车行业，汽车企业制度文化是企业将价值理念体系转化为企业行为和员工行为的纽带和桥梁，汽车企业制度文化也能促进企业价值理念体系的形成。

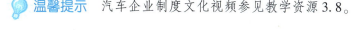 **温馨提示**　汽车企业制度文化视频参见教学资源3.8。

### 一、汽车企业制度文化

制度是指"要求成员遵守的，按一定程序办事的规程"。制度作为一种行为规范，是任何一个社会组织团体正常运转不可缺少的因素，它是组织为了达到某种目的，维护某种秩序，人为制定的程序化、标准化的行为模式和运行模式。

#### （一）汽车企业制度文化的内涵

汽车企业制度是关于企业组织、运营、管理等一系列行为的规范和模式的总称，而汽车企业制度体系是企业全体员工在企业生产经营活动中须共同遵守的规定和准则的总称。其表现形式或组成包括法律与政策、企业组织结构（部门划分及职责分工）、岗位工作说明、专业管理制度、工作流程、管理表单等各类规范文件。汽车企业制度文化是企业精神文化的固化，是企业为了实现自身目标对企业和员工行为制定出的一系列规范，具体包括企业的各种规章制度和这些规章制度所遵循的文化理念。

汽车企业文化

对于汽车企业制度文化的内涵，可以从以下几个方面理解。

**1. 汽车企业制度文化是精神文化的产物**

汽车企业制度文化是企业文化结构中的一个重要层面，是精神文化的产物，也是精神文化的载体，与属于精神文化层面的企业伦理道德紧密相连。制度文化与企业经营管理活动紧密相连，为了稳定企业发展、规范企业运作、维护企业秩序，企业以价值理念为导向，研究制定一系列规则、规范、条例、制度，并颁布执行、监督检查、修订完善。它既是汽车企业为保证经营目标的实现而采取的一种管理形式和方法，又是从其精神文化出发而形成的一套制度规范。

**2. 汽车企业制度文化是企业理念的载体**

大量实验表明，人的价值理念存在不稳定性，在接触一定的事物后会发生变化，然后指导自己的下一步反应。汽车企业制度文化承载着企业的价值理念，体现着企业价值理念的追求，标志着企业员工的行为准则。汽车企业价值理念要转化为企业员工的行为，如果没有汽车企业制度文化进行规范，也容易出现波动、走样和失真。因此，强化企业制度文化建设，发挥企业制度文化载体的作用，可以影响企业的精神风貌、经营作风和人际关系，提高企业理念的传播效果，提升企业全体成员的道德情操。

**3. 汽车企业制度文化是一种"规范"文化**

汽车企业制度包括生产操作规程、厂规厂纪、经济责任、考核奖惩制度等，其内容来自企业长期的生产经营实践，是企业全体员工必须共同遵守的规范性文件，制约着企业的每一位成员。汽车企业制度的目的是为了维护企业的生产秩序，规范全体员工的行为，统一全体员工的行动，以实现经营目标。企业制度文化对企业全体成员的约束，带有一定的限制性和他律性，它与企业道德建设是相互补充、相互推进的。如果企业成员的自律意识、道德意识强，即使没有企业制度的约束，他们也能自觉地遵守企业道德。同样，企业制度文化越完善，则越有利于企业道德的培育，人们的道德认同感也就越强。

**（二）汽车企业制度文化的转化作用**

企业理念是推动企业生产经营的团体精神和行为规范，系统的、根本的管理思想是汽车企业制度文化赖以产生的价值标准和参照，体现着企业的内在精神。因此，汽车企业制度文化在企业理念转化中能够很好地发挥作用，主要表现在两个方面。

**1. 汽车企业制度文化是企业理念落实的保障**

企业价值、企业理念通常是一些定性的描述，而企业制度是标准性和规范性的具体要求，企业价值、企业理念要很好的落到实处，需要融入各种制度、守则及规章中，因此企业制度是企业理念得以落实的重要保障。

**2. 汽车企业制度文化是体现企业价值的准则**

通过企业制度的各种形式、操作流程界定员工在生产经营中的责任、权利和义务，可以体现企业所倡导的企业价值准则。通过企业制度所规定的工作方式、行为方式，可以直接影响并改变汽车企业全体员工的思想观念和行为模式，使员工按正确的指令、正确的要求做正确的事情，在工作中不知不觉地领会企业价值观的真谛。企业理念能得到广大员工的认可，是汽车企业制度长期坚持、持续积累、不断作用的结果。

**（三）汽车企业制度文化的创新**

汽车企业外部环境千变万化，每时每刻都在影响企业的经营活动，因此，作为规范经营

# 第三章 汽车企业文化的体系

活动的汽车企业制度文化,必须随环境的变化做出相应的调整和创新。在企业文化管理理论的影响下,汽车企业制度经过调整后,更加"以人为中心",更趋向人性化、软性化,这标志着汽车企业制度文化的一大创新。如沃尔沃汽车公司装配厂"以员工为中心"组织生产,就是生产管理制度的创新。在今天国际市场竞争条件下,企业制度创新,已成为各类经济主体生存与发展的基本前提。它表现为企业管理者权力制衡机制的建立、组织结构的扁平化趋势和企业管理制度再造意识等。

## 二、汽车企业制度文化的特点与功能

### (一)汽车企业制度文化的特点

汽车企业制度文化不同于企业精神文化,它有以下几个特点。

#### 1. 具有强制性

汽车企业为了实现经济利益和社会利益,为企业和员工制定了企业制度作为其行为准则。企业制度如研发流程及规范、生产操作规程、厂规厂纪、经济责任制、考核奖惩制等是企业内部具有法律意义的规则和规范,因此,具有强制性和权威性,都必须严格执行,不得违抗。如果哪位员工违反了相关企业制度的规定,就会受到一定的处罚,甚至被开除。

#### 2. 具有独立性

汽车企业制度是企业文化智慧的结晶,企业制度的不断积累、调整和补充,也是企业文化完善的源泉。因此,汽车企业制度有其自身文化的实践性、独立性、特殊性和稳定性。比如,在企业发展的不同时期,企业制度中的不同文化倾向也伴随企业发展而出现变化和调整。在计划经济时期,企业制度的集体主义文化倾向较为明显,鼓励个人发扬奉献和牺牲精神。而在市场经济时期,企业制度明显带有鼓励个性发展、重视个人能力的文化倾向。汽车企业制度,无论是根据企业不同时期的实际情况进行调整、补充或删改,只要企业批准并颁布,就不受企业管理层或个人的影响,企业从上至下都必须严格执行,确保企业的各项经营活动有章可循,体现出企业制度的独立性。

#### 3. 具有动态性

为了适应社会和行业的发展,汽车企业制度也具有随着经济的发展和环境的改变而变化的动态性。因此,汽车企业应在与社会内外部环境相适应的过程中,及时调整企业制度的相关内容,与时俱进跟上国家和行业发展的步伐,以确保企业的发展有所依据、有所遵循。相反,汽车企业制度不随着内外部环境的变化而做出及时调整,就会出现制度真空、制度错位、制度混乱,扰乱企业的正常经营秩序,危害企业的健康有序发展。

### (二)汽车企业制度文化的功能

汽车企业制度文化对于企业的生存和发展起着重要作用,它具备以下两大功能。

#### 1. 汽车企业制度文化是实现个人目标和企业目标的保障

企业制度是企业组织运营、开展管理的一系列行为的规范,是企业全体员工在企业生产经营活动中共同遵守的规定和准则,对员工实现个人目标,企业实现经营目标,是一个很好的保障。

#### 2. 汽车企业制度文化是调节企业内外部人际关系的准则

在汽车企业内部,员工与员工之间的关系,员工与管理者之间的关系,甚至企业与股东之间的关系经常会出现一些不适应现象,需要企业制度来引导、缓和和调节。如员工与员工

汽车企业文化

之间的关系，员工与管理者之间的关系可通过企业的员工守则来引导，这些规则和道理，告诉他们怎样合理对待彼此，怎样和谐相处。企业与股东之间的关系，有企业经营制度相关规定来进行调节。

在市场经济条件下，企业外部关系也是企业可持续发展的重要环境因素，企业与外部各种利益关系者的协调显得尤为重要。因此，企业制度不但要健全内部员工关系准则，更要逐步延伸和拓展至企业外部关系的协调。

### 三、汽车企业制度文化构成

通常，汽车企业制度文化由企业领导体制、企业组织机构和企业管理制度三部分构成。

#### （一）企业领导体制

汽车企业领导体制是企业领导方式、领导结构和领导体制的总称，其中领导体制是重中之重。领导体制影响企业组织架构的设定，制约企业管理的各个方面。因此，企业领导体制又是企业制度文化的核心内容之一。

**1. 企业领导体制概念**

把企业独立的或相对独立的进行决策、指挥、监督等领导活动的具体制度或体系，称为企业领导体制，包括企业内领导权限的划分，领导机构的设置和各种领导关系的规定。它是领导者与被领导者之间建立关系、发生作用的桥梁与纽带，对保证企业经营目标、经营方针和经营战略的有效实施具有重要意义。

**2. 西方企业领导体制演变**

西方企业领导体制的发展，经历了四个历史阶段。

（1）第一阶段为家长制领导　　在这一阶段，西方经济还不发达，企业的一切经营策略全凭企业主的个人经验，一切经营决策由领导说了算。家长制领导的主要特点是企业决策快捷、迅速，管理和工作程序简单。

（2）第二阶段为经理制领导　　在这个时期，企业数量不断增加，企业逐步发展，经营规模不断扩大，企业主没有精力负责企业全面的管理，因此，企业从基层工程技术人员、营销人员或管理层中选拔有一定经验的员工，担任专门负责经营的经理职位。企业主主要负责企业战略规划和重大事情的决策。

（3）第三阶段为职业经理人制　　在西方经济的快速发展时期，专门负责经营的各专业职业经理人出现，并不断增多，逐步市场化。企业按经济规律选择合适的职业经理人，这些精于管理的专家逐渐进入企业的领导层。他们除在日常经营管理中实现专业化管理外，在企业战略规划和重大事情的决策上，也提出专业的意见和建议。

（4）第四阶段为专家集团式领导　　在这一阶段，西方经济逐步全球化，从事国际经营的、大规模的跨国公司大量出现，为适应现代社会的快速发展和经济发展与最新科学技术的结合，很多企业为应对日益增多的国际化事务，借助人才市场的优势资源，采用专家集团式的领导体制。

总的来说，西方领导体制的发展和演变，反映了文化的发展对制度的影响。家长制时期的领导体制，反映了文化上的集权和专制；经理制领导和职业管理专家领导体制，反映了经济发展和社会进步后，全面的人才有了更加广阔的发展空间；专家集团领导制，反映了全球化时期，文化科技知识的多元化，使得思维方式和解决问题的方式必须多元化、民主化，只

## 第三章 汽车企业文化的体系

有这样才能解决复杂的国内和国际问题。

### 3. 中国企业领导体制演变

中国的企业领导体制也经历了三个发展阶段。

**(1) 第一阶段是厂长（经理）负责制**　1988年，中国颁布的《企业法》规定，国有企业实行厂长（经理）负责制。厂长（经理）的产生方式坚持公平、竞争、择优和民主的原则。厂长（经理）拥有经营决策权、指挥权和用人权。同时企业建立管理委员会，作为协助厂长（经理）决策的机构。

**(2) 第二阶段是党委领导下的厂长（经理）负责制**　党委书记是党委的"班长"，负责召集和主持党委会议，领导党委的工作。厂长（经理）是单位的行政主要负责人，在党委的领导下，主要负责生产经营。企业的日常生产经营、行政管理工作，都由厂长（经理）负责，副厂长（副经理）等班子成员在厂长（经理）的领导下分别分工负责。涉及大政方针，如重大决策、重大经费支出、人事任免、机构设置以及涉及广大干部员工利益等的工作，必须要经过党委会的讨论，由党委决策。

**(3) 第三阶段是党委、行政和工会三方合作领导体制**　党委、行政和工会三方合作领导体制的分工是，党委政治监督，厂长（经理）经营决策，员工代表大会审议监督企业重大问题。通过三方协商合作，充分发挥党组织的政治核心作用，坚持和完善厂长（经理）负责制，全心全意依靠广大员工。

中国领导体制的变迁，同样可以看到文化在不同历史时期对企业制度的影响。改革开放初期，受市场经济利益最大化观念的影响，个人主义膨胀，具体反映到企业就是一个人说了算，当过度的个人主义决策，对大局产生了不利的影响，特别是作为一种力量影响了社会秩序的时候，必须出现一种监督把关和纠正的力量，这就是党委领导下的厂长（经理）负责制。当文化管理、以人为本成为管理的新潮流的时候，必须重视发挥广大员工的积极性和主动性，企业经营才会有活力。因此就有了"充分发挥党组织的政治核心作用，坚持和完善厂长（经理）负责制，全心全意依靠广大员工"的企业制度格局。

### （二）企业组织结构

企业组织结构是企业为维持正常经营、实现企业目标而建立的管理架构，企业组织结构包括的内容较多，一般是根据既分工又合作的原则来组建，在企业内部筹划建立部门、处室或科室等机构，然后划分职能要求、赋予管理权力，设定运行机制、配备管理干部和职员，开展决策、执行与监督等。有的企业为应对上级部门的管理，参照设置相关部门。企业组织结构并不是一成不变的，企业将结合外部社会经济环境的变化，根据自身发展情况，不断调整和完善。常见的企业组织结构主要有直线制、职能制、事业部制和矩阵制四种模式。

#### 1. 直线制

直线制组织结构是一种最简单的组织形式。它的管理特点是，企业内部从上到下都实行垂直领导，即下属部门只接受直接上级的管理，各级部门负责人责权利对等，负责本部门的业务决策并承担相应责任。

直线制组织结构的优点是：结构设置简单，责权利分明，统一指挥，集中管理。其缺点是：组织结构呆板，缺乏民主，不易调动下属的积极性，为全面处理各种复杂业务，要求相应各部门负责人有较广的知识面和较强的技能。

因此，直线制只适用于规模不大，生产和管理比较简单的企业。

汽车企业文化

### 2. 职能制

职能制组织结构通常是按满足专业技能要求的业务来归类划分，除任命业务主管负责人外，还相应地设立一些职能机构协调相关工作。比如，在企业内设立技术部、生产部、质量部、销售部等职能机构和人员，协助企业最高管理者从事职能管理工作。职能制组织结构把相应的管理职责和权力交给相关的职能机构，各职能机构有权在自己业务范围内，向下级行政单位发指令。因此，下级行政负责人除了接受上级行政主管人指挥外，还必须接受上级各职能机构的领导。

职能制组织结构的优点是：职能部门任务专业化，能适应现代化工业企业生产技术比较复杂、管理工作比较精细的特点，便于发挥职能机构的职能专长，避免人力物力的重复配置，减轻直线领导人员的工作负担。其缺点是：不利于集中领导和统一指挥，处于多头领导状态，各职能机构之间协调性差，不利于建立和健全各级行政负责人和职能机构的责任制。另外，在上级管理者和职能机构的指令发生矛盾时，下级将无所适从，容易造成生产管理秩序混乱。

### 3. 事业部制

事业部制把企业进行分级管理、分级核算，实行自负盈亏，是一种分权式的组织结构形式。即企业按地区或按产品类别分成若干个事业部，从产品设计、原料采购、成本核算、产品制造，一直到产品销售，均由事业部及事业部所辖工厂负责，事业部及所辖工厂实行单独核算，独立经营，企业总部只保留人事决策、预算控制和监督大权，并通过利润等指标对事业部进行考核和控制。事业部制最早是由美国通用汽车公司总裁斯隆于1924年提出的，故有"斯隆模型"之称，也称"联邦分权化"，是一种高度集权下的分权管理体制。它适用于规模庞大、品种繁多、技术复杂的大型企业，是国外较大的联合公司所采用的一种组织形式。

事业部制组织结构的优点是：能适应企业规模化、经营多样化、竞争激烈化的市场经营环境，在集权领导下实现分权管理，集中决策，分散经营，提高了管理的灵活性和适应性，有利于组织专业化生产，提高生产率。其缺点是：事业制增加了一个管理层级，管理人员和管理费用增加。另外，各事业部各自为战，容易产生本位主义思潮，忽视企业的整体利益。

### 4. 矩阵制

矩阵制组织结构，目的是为了改进直线制组织结构职能横向联系差、缺乏弹性的缺点，它是集按职能制组织结构划分的垂直领导结构以及按项目划分的横向领导结构的优势，形成的一种组织形式。如某企业为了开发一项新产品或完成一项特殊的任务成立一个跨部门的专门机构，临时组织项目组并委任负责人，在研究、设计、试验、制造各个不同阶段，由有关部门派人参加，任务完成后项目组解散，有关人员回原部门工作。目前国内大部分汽车企业集团研究院的车型开发项目采用这种组织模式。

矩阵制组织结构的优点是：机动灵活，有弹性，适应性强，各方面有专长的人在新的项目组里信息沟通容易，协调配合好，有利于发挥专业人员的作用，提高项目的完成质量。其缺点是：项目负责人和项目组成员不固定，稳定性差，管理困难。由于项目组成员来自各个职能部门，容易产生临时观念，对工作有一定影响。

### （三）汽车企业管理制度

汽车企业管理制度，是对企业经营管理活动的制度安排，是企业全体员工在企业生产经

## 第三章 汽车企业文化的体系

营管理活动中,必须共同遵守的有关员工行为、办事方法、工作流程的规定和准则的总称。企业要保持正常运行,如果没有统一的、规范性的企业管理制度体系,企业的发展战略将无法实现。

**1. 汽车企业管理制度的内容**

汽车企业管理制度是科学的现代管理理论和企业历史经验的总结和运用,因此,它具有科学性、规范性、系统性和可操作性等特点。下面选取生产管理制度、质量管理制度、营销管理制度、财务管理制度、人力资源管理制度以及安全生产管理制度6个主要制度做简要分析。

(1) 生产管理制度 生产管理制度是企业对生产过程的控制和管理的各种规范和程序的总称,主要包括工艺技术管理、生产设备维护保养、生产岗位管理、生产成本控制等各项制度。

(2) 质量管理制度 质量管理制度是企业为了保证产品质量而制定的质量管理制度。该制度的推行,能提前发现异常、迅速处理改善,以确保产品质量符合管理及市场需要。

(3) 营销管理制度 营销管理制度是企业对与产品销售相关的各种制度和规范的总称,主要内容包括营销岗位职责、营销队伍培养、客户管理、品牌宣传和策划、市场信息反馈和营销绩效考核等。

(4) 财务管理制度 财务管理制度是企业严格执行财经纪律,以提高经济效益、壮大企业经济实力为宗旨,实行的财务计划、预算、控制、核算以及决算的重要管理制度。该制度要求企业贯彻"勤俭办企业"的方针,在企业经营中精打细算,制止铺张浪费和一切不必要的开支,降低消耗,增加积累,主要内容包括财务计划与预算、经营支付、费用报销、现金管理、票证管理、会计档案管理等,是衡量企业管理水准的重要规范性制度文件。

(5) 人力资源管理制度 人力资源管理制度是企业的基本管理制度,其具体内容包括:员工的管理、招聘、解聘、辞职与辞退、各类假期、考勤制度、薪金与考评制度、各类加班、档案管理、员工培训、劳动工资与福利待遇、奖励与惩处等方面的规定。人力资源是企业最为宝贵的资源之一,企业必须有意识地加强对人力资源的开发和管理。

(6) 安全生产管理制度 安全生产管理制度是企业对安全生产的各项管理规定,主要包括安全管理责任制、安全责任追究制度、安全考核制度等。制定安全生产管理制度的主要目的是控制风险。

**2. 汽车企业管理制度与执行力**

制度的有效在于落实,落实的关键在于执行力,执行力通常指企业各部门对企业决策的落实情况和确保各项措施执行的力度和水准。

(1) 科学的制度是提高执行力的基础 "科学的现代企业管理制度是企业进行科学管理的前提和保证,如果没有科学的现代企业管理制度,就不会有科学的现代管理,也就不会有规范高效的现代企业。"这是美国哈佛大学管理学院长期研究得出的结论。企业管理制度涵盖了企业所具有的人、财、物、信息等全部内容以及产、供、销活动的全过程。因此,要提高制度的执行力,必须保证管理制度的科学性既符合企业客观实际状况和条件,又适应企业生产经营活动的客观规律和要求,避免理论与实践、制度与实际之间相互发生矛盾,以保证制度的有效执行。

(2) 韧性的管理是提高执行力的关键 汽车企业要通过制定科学、系统的管理制度来保证执行力的到位。没有执行力,管理制度无法落实到位,再详细的制度也是纸上谈兵,再

汽车企业文化

严格的制度也难发挥作用。荀子在《劝学》篇中说过："锲而不舍，金石可镂。"企业管理者除带头执行制度外，还要有始终强调制度执行力的韧性，杜绝任何人凌驾于制度之上，让制度真正发力、发挥作用，把管理制度落实下去，真正通过员工的行动贯彻管理制度。

**3. 汽车企业管理制度创新**

随着汽车企业内外部环境的变化，一些制度长期不修改、不完善，适应不了形势的发展，出现过时和老化的现象，如果这样，制度将失去应有的作用。因此，汽车企业如果要增强制度管理的科学性，提高制度管理的效能，必须针对企业内外部环境的变化，及时对企业管理制度进行调整和创新。

(1) 注重规范与创新相结合　随着社会的进步和汽车企业的不断发展，有些过时和老化的制度内容无法适应新的形势发展，可能成为企业进一步发展的障碍，尤其是当企业处于快速变化，或动荡不安的环境中时。因此，汽车企业管理制度必须及时更新和调整，保持动态性、适应性和有效性。但汽车企业管理制度的更新和调整，应坚持规范性与创新性相结合的原则，确保创新的制度内容顺应市场的新变化，适应汽车企业的新发展。

(2) 注重以人为本的人情观　传统的汽车企业管理制度，是通过建立一套使管理者意愿得以贯彻的一系列详细的规则，将企业管理中不可避免的矛盾由人与人的对立，弱化为人与制度的对立，从而更好地规范员工行为、约束员工完成规定的工作，但是这忽略了员工的个性和创造性。因此，企业管理制度还需要"得到员工认可"，才具有本企业特色的文化。只有把握好这关键的一步，才能把握好基本的人性和人情观的问题。制度文化发挥作用的关键点不在别处，在人的内心，在价值观的"柔"和制度化管理的"刚"之间，必须坚持"以人为本"，一切以人为中心，重视人的因素，注重对人的积极性、创造性的激励。

## 第四节　汽车企业行为文化

汽车企业行为文化是企业经营目标、经营作风、员工精神面貌、员工文化素质、人际关系的动态体现，是企业员工在企业经营的各项活动中产生的文化现象，更是促使企业愿景、使命、价值观融合进企业各项经营管理制度中的必要环节，企业行为和员工行为直接影响着企业经营业务的开展和经营活动的成效。因此，只有掌握汽车企业行为文化的构成，做好汽车企业行为文化的设计，才能培育出优秀的汽车企业行为文化。

💡 **温馨提示**　汽车企业行为文化视频参见教学资源3.9。

### 一、汽车企业行为文化的含义

在汽车企业制度的支配以及企业哲学、企业价值观、企业精神的影响和驱动下，汽车企业和员工在生产经营、人际关系和学习娱乐中表现出来的具有动态的、外在的文化活动和文化现象，称为汽车企业行为文化。它是企业经营作风、精神面貌、人际关系的生动体现，也是企业精神和价值在员工身上的集中体现。

企业行为文化具有外在性和动态性的特点。外在性是指企业文化内在精神价值的外在体现，它通过企业和员工的行为活动，把企业文化所要表达和传递的精神价值，用行为体现、

## 第三章 汽车企业文化的体系

表达出来。动态性是指企业行为文化是通过群体和个人生动鲜活的行为和活动来表达和体现的一种文化,包括企业整体行为、企业家的行为、企业模范人物的行为、企业员工的行为等,具有生动、鲜活、感性的特征。

### 二、汽车企业行为文化的构成

汽车企业在管理行为中,肯定要遇到企业对内部成员的责任、企业经营者同企业所有者之间的责任、企业对社会的责任、企业对消费者的责任、企业在各种具体经营中所必须承担的责任等问题,要承担这些责任并处理好企业的内外部关系,就必须有一定的行为规范加以保证,这就是企业行为文化。汽车企业行为文化主要包括企业整体的行为、企业家的行为、企业模范人物的行为和企业员工的行为四个部分。

#### (一)企业整体的行为

汽车企业的生产经营和服务、企业民主活动、企业人际关系和企业文化活动等,都属于企业整体行为。

**1. 企业生产经营与服务**

汽车企业最基本的、最主要的行为活动是企业生产经营和售后服务。通过生产经营和服务,企业为社会提供适销对路的汽车产品,解决社会就业,为国家创造税收,并实现自身良好的经济效益。汽车整车生产企业的整体行为要获得广大消费者和社会的认可,决不允许有生产假冒伪劣、以次充好的产品,损害消费者利益的生产行为发生;决不允许在产品售后上服务不到位,敷衍消费者,甚至有利用售后服务获得更多利益的行为发生。

**2. 企业民主活动**

汽车企业民主活动包括企业民主制度、民主作风、民主权利、民主意识等内容,是企业行为的重要组成部分。企业民主活动是否合格,主要看员工是否有机会参与民主管理;员工合理化建议开展的效果如何;员工代表大会是否正常开展;自下而上决策的行为习惯、工作作风和办事风格是否在企业内形成等。

**3. 企业人际关系**

汽车企业人际关系分为企业内部人际关系和企业外部人际关系。企业在社会活动中处理与各种关系效果的情况,是企业人际关系的试金石。企业内部人际关系主要表现为管理者与管理者、管理者与员工、员工与员工之间的关系。这些内部人际关系处理的好坏,对于形成企业和谐人际关系非常重要,也是体现企业民主、包容、人文关怀的重要方面。企业外部人际关系主要表现在企业与外部利益关系者之间的关系。

**4. 企业文化活动**

汽车企业文化活动主要有四种类型:思想性活动、技术性活动、文体娱乐活动和福利性活动。开展这些活动的目的是为了提高员工工作和生活质量,促进员工的全面发展。

#### (二)企业家的行为

有一种说法是"企业文化就是老板文化",一定程度上说明了企业家在企业文化建设中的地位和作用。企业家富有创见,管理上明理在先,导行在后,是企业理念体系的创立者、提倡者、传播者、践行者。企业家将自己的理念、战略和目标反复向员工传播,将形成巨大的文化力量。企业家本人的个性、办事作风、志趣情操、道德情操和人生追求,都对企业经营管理制度和文化产生重要影响,很多企业都深深地打下了企业家本人的烙印。

汽车企业文化

企业家本人的人生追求影响了企业的发展，比如，亨利·福特在很小的时候，就想发明一种机器让人在田间劳动不再那么辛苦，这个理想引导他走上为人类生活带来方便的生产汽车的人生之路。他在少年时的人生理想，成为福特汽车企业的目标——"生产消费者买得起的汽车，让汽车改变人们的生活。"

### （三）企业模范人物的行为

汽车企业中的五一劳动奖章获得者、劳动模范、先进工作者、技术革新能手、各种标兵等人物，是在某个方面有突出能力，做出极大贡献的模范人物。这些模范人物使企业的价值观人格化，是企业员工学习的榜样，他们的行为常常被企业员工作为行为规范仿效。

企业模范人物的模范行为可以分为两类，即企业模范个体的行为和企业模范群体的行为。卓越地体现企业价值观和企业精神的某个方面的行为称为企业模范个体的行为；而企业的模范群体由这个企业中所有的模范个体的集合体构成。可见，卓越的模范群体必须是企业精神的化身，是企业价值观的综合体现。因此，在各方面它都应当成为企业所有员工行为的规范。

### （四）企业员工的行为

企业员工的行为决定了汽车企业整体的精神风貌和企业文明的程度，员工群体行为的塑造是企业文化建设的重要组成部分，可分为企业内部行为和企业外部行为。企业内部行为是通过各项规章制度和员工行为准则来约束的。企业外部行为由企业员工的社会行为决定，每个员工在社会上都代表自己的企业，其一言一行将直接影响到社会对企业的评价，影响企业的整体形象。汽车企业只有通过良好的、优秀的企业行为表现，获得社会对企业行为的良好评价，优秀的企业形象才能得以确立，才能在社会上树立起一个良好的整体形象。

## 三、汽车企业行为文化设计

大量研究表明，不同的企业行为文化最终决定企业不同的命运，短视的、见利忘义的企业行为，终将导致企业走向衰落；只有高尚的、有远见卓识的企业行为，才能造就伟大的、长寿的企业。汽车企业行为文化与人文素养密切相关，行为文化是理性的，人文素养是感性的，二者协调发展才能构成完整的员工个体，才能形成健康的企业。企业行为文化主要通过企业行为的准则和规范提升全体员工的人文素养，形成优秀的企业行为。

### （一）岗位纪律

为提高企业办事效率和服务质量，确保各项工作任务顺利完成。企业制定员工在工作岗位上必须遵守的共性要求，称为岗位纪律。如作息制度、请假和销假制度、工作状态要求、特殊纪律、保密制度等。

### （二）工作程序

推行管理工作程序化是汽车企业开展标准化的重点工作之一。企业工作程序包括工作交接班程序、会议程序、信息沟通程序等。

### （三）仪容仪表

许多交际活动对人的仪容仪表非常注重。仪容是指人的外观、外貌，重点指人的容貌。仪表主要是指人的外表。汽车企业在社会交际活动中，每个参加活动的员工的仪容仪表都会引起交往对象的关注，甚至影响到对方对企业的整体评价。

仪容仪表是企业员工风貌的集中体现，一定程度上反映着企业的群体印象，体现出企业的文明素养。通常汽车企业在员工的仪容仪表方面，规定统一着工装、佩企业标识。有的企业还要求男员工头发前不过眉、侧不过耳、后不过肩；女员工头发过肩者，工作时要盘起来。

### （四）待人接物

企业要处理好内外部关系，必须跟他人往来接触。对于企业内部，"他人"是管理者、员工。对于企业外部，"他人"是企业相关利益者。汽车生产企业，特别是汽车销售企业，直接面对的是消费者，因此，必须对待人接物的礼节做出相应的规定。一方面反映企业对员工的严要求，另一方面也向社会展示着企业整体形象。待人接物主要包括：礼貌用语，基本礼节（坐、立、站、行），接待客人，电话礼节，拜访礼节等。

> 💡 **温馨提示** 广汽研究院吐鲁番高温试验视频参见教学资源3.10。

## 参考案例15：广汽集团研究院试验团队的优秀行为文化

汽车产品的三高试验，是指汽车高温试验、高原试验和高寒试验。汽车作为出行的重要交通工具，对性能、寿命等方面要求极高，影响汽车产品质量的因素很多，这就需要汽车经过严格的验证环节才能面市。汽车"三高"试验是检验新车品质、排除整车故障的关键一环，是考验新车能否适应极端苛刻环境的重要依据，也是设计开发是否满足要求的重要环节。

广汽集团研究院是国家级企业技术中心。2016年，整体研发实力在全国所有行业1100多家技术研究机构中排名已跃居前10，已拥有了一套完整的研发体系，和一支结构合理的研发队伍，具备同时主导开发三款整车和多款发动机、变速器等核心部件的能力。研究院秉承"人为本、信为道、创为先"的理念，坚持"以智慧和不懈努力，铸就世界品质和社会信赖的卓越企业"的目标，发扬广汽集团精益求精的工匠精神和良好的品行，坚持正向开发产品，坚持严格的验证产品，向消费者源源不断地提供优质的产品。汽车产品的三高试验中，诠释了广汽人顽强拼搏的精神和优秀的行为文化。

### 一、高温试验

广汽集团研究院的高温试验选择在新疆的吐鲁番进行，当地7、8月份，白天气温在40℃以上，最高气温达50℃，而地表温度能达到83.3℃，是名副其实的"中国热极"。

在此条件下对发动机的性能进行调试，试验团队每天要驾驶汽车在恶劣的高温工作环境下高负荷行驶，在连续高低速行驶和长时间爬坡的过程中，根据车辆实际行驶情况，不断修改和调试电控单元的各参数，对发动机的共轨油压系统、ECU、各传感器和整车质量相关参数进行试验。每次试验，试验员还没走到车上，衣服就湿透了，刚进车里的几分钟是最难受的，阳光晒在手臂上还有刺痛的感觉。而且，有些试验项目还要求不能开空调，试验员表示，那种感受，让人无法呼吸。

### 二、高原试验

广汽集团研究院的高原试验通常选在大西北的格尔木和昆仑山山脉进行，那里平均海拔5000多米。为进行发动机涡轮增压器的保护标定、烟度限值标定、整车的驾驶性能和起动性能标定等项目，试验团队每天早晨从海拔2700米的格尔木出发向海拔5000多米的昆仑山行驶，途中在不同的速度和坡度的条件下，根据车辆实际行驶情况，调整相关参数，测试发动机排放情况，进行发动机冷起动检查、调试等。试验一般是连续进行的，从格尔木到昆仑

汽车企业文化

山这1300多千米的路程，一般耗时3天，蓝天、白云、雪山是高原试验最美的景色，但试验人员没有心情去享受这一切。在超过4700m的昆仑山口，能在狂风中顺畅呼吸已是实属不易，通常还伴随着呕吐、耳鸣、头痛、呼吸急迫、食欲不振、发烧、睡意蒙眬等身体状况。

### 三、高寒试验

高寒试验通常选在黑龙江黑河进行，寒冷是黑河地区气候的主要特征之一，气温值均低于-40℃，最低气温达-48.1℃。高寒标定是电控发动机独有的一项重要标定内容，主要是提升优化电控发动机在高寒环境下的冷起动性能、冷起动下的驾驶性能以及起动后的排放性能。试验团队每天早上6:30，晚上19:00进行冷起动试验，试验一做就十几天。试验员在寒冷地区不停地跑，如果某个零部件出现了问题，就要在高寒中加班加点解决问题。在做冷起动试验时，试验员在车上一坐就是一个多小时，还不能开暖风，因为那样会影响试验效果。

在三高试验中，不仅有艰苦的环境磨炼，还有生死的考验。由于气候恶劣，环境荒凉，试验中途经常会出现意外的交通事故；试验员常年离家在外，无法顾及家庭，照顾老人和小孩；年轻人无法正常恋爱等。这些都体现了无私奉献、不怕牺牲的优秀企业精神和行为文化。

## 本章小结

1）汽车企业文化体系，包括汽车企业精神文化、汽车企业伦理道德、汽车企业制度文化和汽车企业行为文化等内容，以及这些内容相互之间的内在关系。

2）汽车企业精神文化包括企业愿景、企业使命、企业价值观、企业精神等主要部分。各部分之间并非机械罗列，而是密切联系，有机贯穿。汽车企业精神文化是汽车企业文化建设中最为基础的部分，是汽车企业文化的灵魂和指引。

3）汽车企业伦理道德是企业活动中的具体表现，一方面表现为企业作为社会关系主体在整个社会中的职责和义务；另一方面表现为企业构成人员的道德素养，即管理者的道德和企业员工的道德。

4）汽车企业制度文化是汽车企业精神文化的固化，指汽车企业为了实现自身目标对企业和员工行为制订出一系列规范，具体包括企业的各种规章制度和这些规章制度所遵循的文化理念。在汽车企业文化体系结构中，制度文化起到的作用是把企业愿景、使命、价值观这些理念性的东西固化在企业的各种经营管理制度中，确保企业行为和员工行为有可依据的规定、准则和标准。缺少了制度文化，汽车企业文化只能是口号和目标，只有在制度文化充分固化并有效实行的情况下，汽车企业文化才能得以落实。

5）汽车企业行为文化是企业和员工在生产经营、人际关系和学习娱乐中产生的活动文化，是受其企业哲学、价值观、企业精神的影响和驱动，并在企业制度的支配下表现出来的具有动态的、外在的文化活动和文化现象。汽车企业行为文化是企业经营作风、精神面貌、人际关系的生动体现，也是企业精神和价值在人身上的集中体现。汽车企业行为文化是促使企业愿景、使命、价值观融合进企业各项经营管理制度中的必要环节，没有汽车企业行为和员工行为的身体力行，企业文化无法落实。

## 作业

完成"学习工作页"第三章的各项作业。

# 第四章 汽车企业文化的生成与发展规律

 学习目标

1) 掌握汽车企业文化生成的过程、生成的一般模式和发展规律，掌握汽车企业文化变革的内容、时机，变革的方式及原理。掌握汽车企业文化冲突的类型、表现形式。

2) 熟悉西方企业文化生成理论、汽车企业文化变革的含义和管理、汽车企业文化冲突的含义和汽车企业文化基本的整合方式。

3) 学会分析汽车企业文化的变革的误区和存在的问题、汽车企业文化冲突的原因以及汽车企业文化创新理论和新思路。

4) 能够区分汽车企业文化冲突的表现形式，并进行汽车企业文化的识别和整合。

5) 培养读者把握汽车企业文化变革的机遇，及时创新汽车企业文化发展的意识。

# 汽车企业文化

## 第一节 汽车企业文化的形成

汽车企业在长期的生产和经营管理实践中,逐渐积累了企业经验、风俗、传统及习惯,形成了经营管理理念、经营哲学和价值观念等思想内容,这些都是汽车企业文化的重要组成部分。汽车企业通过各种活动将这些观念、理念和传统习俗宣传、贯彻、传播,被企业广大员工逐步接受和认同,成为他们固定的思维方式和行为模式,以思考、分析、解决企业在经营管理中遇到的问题,推动了企业健康发展,提升了企业的效率。通过研究国内外知名企业的企业文化形成的内外部环境、形成的过程和发展历史,我们可以发现,汽车企业文化的形成和发展有一定的规律。

### 一、西方企业文化生成理论

关于企业文化是如何形成的,西方学者有过一些研究。在企业文化早期经典著作中,艾伦·肯尼迪、特伦斯·迪尔、艾德佳·沙因、约翰·科特和詹姆斯·赫斯克特有过相关论述,国际知名的汽车企业也经历了这个过程,对企业文化的形成做出了贡献,为企业文化的研究奠定了坚实的理论基础。

#### (一)肯尼迪、迪尔关于企业文化生成的论述

一些知名企业的创始人,在创建企业的整个过程中,都近乎痴狂地专注自己企业的文化,小心翼翼地培育企业的文化,设法让企业文化在企业管理者中代代相传,保证企业无论是繁荣时期还是萧条时期,都能支撑企业的发展。麦肯锡咨询公司顾问艾伦·肯尼迪(图4-1)和美国哈佛大学教授特伦斯·迪尔(图4-2),在其出版的《企业文化——现代企业精神支柱》中的阐述也说明了这一点。他们认为,"每一个企业——事实上是每个组织——都有一种文化。无论是软弱的文化还是强有力的文化,在整个企业内部都发挥巨大的作用。这种企业文化包含五种因素:企业环境、价值观、企业英雄、风俗和礼仪、文化网络。"他们还认为,企业管理者的任务就是要在他们的企业中创造一种环境(实际上就是一种文化),使员工们受到保障并能为企业的成功做出贡献。

图4-1 艾伦·肯尼迪

图4-2 特伦斯·迪尔

# 第四章　汽车企业文化的生成与发展规律

美国福特汽车的创始人亨利·福特，出生在密歇根州离底特律不远的迪尔伯恩，他自幼有一个理想就是让人们干活不那么劳累，他想方设法要发明一种可以耕作的汽车来解放人的劳动力，让人的劳动变得轻松。100多年前，他从创立企业开始，就勾画出了企业的愿景，企业要生产消费者买得起的汽车，用汽车来改变人们的生活，以便让人们的生活变得更美好。由老福特倡导的、小福特继承和发扬的这种简单的汽车生产理念，在福特汽车百年的发展过程中，贯彻到一切经营管理制度中，成为企业员工做一切事情的原则和标准，时刻约束企业的行为。正是因为有这样的文化，福特汽车在历史上做出许多惊人的举动，在1908～1916年间，当汽车供不应求时，企业不加价，反而降低价格；同一时期，企业支付给员工日工资5美元的高薪，是当时汽车行业平均薪资的2倍，虽然遭到了汽车业的集体攻击，但福特汽车的文化得到了社会的认可。

肯尼迪、迪尔的企业文化形成理论认为，第一，企业一切经营活动都是在企业内外部环境中进行的，企业环境是影响企业文化形成的重要因素。企业只有把握好内外部环境的特性并改善和营造良好的发展环境，才能提出有效的企业文化方案，建设好有特色的企业文化，促进企业生产经营的健康发展；第二，企业管理者的思想和观念是影响企业文化形成的另一个重要因素，企业管理者是企业决策管理者，他们的基本思想和信念对企业的引领作用无可替代，没有管理者的强力倡导和积极推进，有特色的企业文化是无法形成的；第三，共同的价值观是企业文化生成的核心，这种价值观必须得到全体员工的认可和遵循。企业管理者在企业文化建设中可以提出和倡导任何内容，关键要企业全体员工最终达成共识，只有那些能够保障员工利益的，能够促使企业成功的制度、方法甚至是习惯，才能成为企业文化。

### （二）沙因企业文化生成理论

在组织文化领域中，美国麻省理工学院斯隆商学院教授艾德佳·沙因（图4-3）率先提出了关于文化本质的概念。他在对文化形成的因素分析的基础上，对文化的本质、文化的形成、文化的演化过程提出了独创的见解，沙因把这些主要见解写进《组织文化和领导》一书中。他指出，某个团体在探索、解决环境的适应和内部的结合过程中发现和创造了一些假设，这些假设是构成企业文化的模式。如果这个模式运行良好，则可以认为是行之有效的，是新成员在认识、思考和感受问题时必须掌握的正确方式。沙因的企业文化形成理论，更多是从文化人类学和心理学的角度来解释的。其理论认为，企业文化是企业长期经营管理成果的结晶，是企业处理关系及问题的最佳模式。

图4-3　艾德佳·沙因

### （三）科特、赫斯克特关于企业文化生成的论述

美国哈佛商学院著名教授约翰·科特（图4-4），是世界知名的管理行为学和领导科学的权威，曾两度荣获颇具声誉的麦肯锡基金会"哈佛商学院最佳文章奖"。詹姆斯·赫斯克特（图4-5）是美国哈佛商学院UPS基金会企业物流学教授。他们在1992年合著了《企业文化与经营业绩》。该书总结了他们在1987～1991年间对200多家公司的企业文化和经营状况的深入研究，列举了强力型、策略合理型和灵活适应型三种类型的企业文化对企业长期经营业绩的影响，并通过对一些世界著名公司成功与失败案例的分析，说明了企业文化对企业长期经营业绩有着重要的影响。

## 汽车企业文化

图 4-4　约翰·科特

图 4-5　詹姆斯·赫斯克特

对于企业文化的生成，他们认为，企业文化是企业历史传统的积累，是企业管理者们的倡导，是企业行为约束的形式，需要不断改变和创新。

### 二、汽车企业文化生成过程

企业历史传统习俗的积累以及管理者的大力倡导是汽车企业文化生成的关键因素，这两个因素相辅相成，缺一不可，互为联系不能分开。现在分别就历史传统积累和管理者倡导两个因素对汽车企业文化生成的影响进行分析。

#### （一）历史传统积累对汽车企业文化生成的影响

**1. 积累是重复学习的过程**

企业的成长是一个不断实践、不断学习、不断积累经验、不断改进的过程，具有个性的汽车企业文化是随着企业的成长而日积月累形成的。因此，汽车企业文化的积累离不开学习，离不开总结和改善。在积累过程中，淘汰那些不可重复的"学习"，保留那些可以重复的"学习"，去伪存真，就形成了积累。沙因把重复学习分为两种方式：一是积极解决问题的、起强化效用的情境学习；二是避免焦虑的情境学习。将这两种学习方式相结合，既可成功地解决问题，积累经验，又可成功地减轻焦虑，并且有效防止焦虑的产生，强化学习效用。因此，这两种学习方式紧密结合在一起，将可以达到事半功倍的效果。

**2. 积极解决问题的学习积累**

对于一个汽车企业，如果通过一套产品的开发、生产和营销方案，使得新产品开发获得市场成功，形成了解决某些问题的有效方法，那么这套方案的主要内容就会得到进一步的强化。这些主要内容可能是公开的行为、认识或考虑某个问题的方式、一系列的感觉、一整套信念、对市场和消费者某些方面的新假设等。在后续开发系列产品时，它又会发挥作用并进一步得到改进和提高。在这种积极解决问题的情境中，产品从开发到成功营销的方案将得到重复沿用并保存，最终形成学习积累。而失效的方案则会被放弃，只有在分析教训时才会让人想起。

**3. 回避学习法的学习积累**

某汽车企业花巨资引进了一款发动机产品，但由于技术水平不高，最后没有获得市场的认可，惨遭失败，企业不仅遭受了巨大的经济损失，在情感上也遭受了极大的痛苦，同时这种失败恶化了企业的经营，损害了企业形象。在后来企业讨论引进另一款发动机产品时，不管风险是否存在、企业经营环境是否发生变化，参与讨论的管理人员大部分不同意这个引进

# 第四章 汽车企业文化的生成与发展规律

项目方案。

这个事例说明，参加讨论的企业管理人员会认为，这与以前遭受的痛苦和焦虑的情境是相同的，减少焦虑的最好方法就是拒绝再次引进类似的产品。通过拒绝来减少焦虑，这种认知反应一旦形成，它就可以通过某种减少焦虑和痛苦的方法而自动地被强化，使管理人员回避再次尝试失败的情境。这是一种"回避学习法"，往往是一种"一次性"的学习法，即使导致痛苦的根源已不存在，这种方法也会无限期地重复下去，人们一般只是学习避免产生焦虑的情境，而永远认识不到危险是否仍然存在的可能性。

**4. 积累包括时间和空间维度**

研究发现，大部分新企业中人际关系、劳动关系相互作用非常剧烈，文化的差异性或分裂苗头很容易被发现，企业缺乏企业文化氛围的感染，这说明历史传统需要时间维度和空间维度的积累。对于一个发展历史很短的企业，缺少传奇故事，缺少模范人物，即使每个员工都具有建立在企业共同目标基础上的强烈文化理念，企业整体上也很少有可以称为"文化"的现象。

积极解决问题的学习积累和回避学习法的学习积累，是汽车企业文化形成的时间维度和空间维度。时间维度上讲究长远性和动态性的积累，空间维度上讲究全局性和深入性的积累。时间维度积累了企业理念和企业目标，空间维度积累了企业丰富的经验和宝贵的资源。

## （二）管理者对汽车企业文化生成的影响

汽车企业管理者拥有自己独特的理念、价值观和思维方法，而且他们在企业中拥有决策权力和管理权威，因此，汽车企业管理者的个性特征、处事手法、管理风格，必然会影响到企业文化生成和发展的方向，甚至左右着企业文化的生成。

**1. 企业管理者是汽车企业文化的创造者**

汽车企业文化与企业生产经营是相互促进的。因此，一个汽车企业的企业文化建设过程与企业的管理过程息息相关，紧密相连，在企业动态发展和企业文化生成的过程中，汽车企业管理者在文化倡导、建设、推进和创新等环节里扮演了举足轻重的角色。企业在创建初期，汽车企业文化处于空白，企业家为了实现自己的一些构思，通常会运用自己的文化思想和个人魅力，影响合伙人，招募员工，形成企业核心管理团队和员工队伍。在这些人当中，企业创建者借其权力和非权力因素，影响他们的思想和意识，使自己当初的构思和目标在企业得到进一步的强化，逐步形成体系并内化为全体员工的共同信念。例如福特汽车的亨利·福特，以自己推崇的价值观念和性格特征给福特汽车企业文化深深打上了他个人的烙印。

因此，可以说汽车企业管理者是汽车企业文化的创造者。

汽车企业管理者创造的企业文化在企业发展过程中具有一定的惯性，这种"前文化"对所有的企业管理者都有一定的影响力。受"前文化"的束缚，企业可能形成一种惰性，不再开展新的创造性活动。另外，当一个汽车企业发展成熟后，这个企业的企业文化也随之成熟，成熟的企业文化也容易让企业故步自封，形成强大束缚力，不利于适应内外环境的变化。这对汽车企业管理者的创新能力、推陈出新的精神都是严峻考验。

**2. 企业管理者决定汽车企业文化的生命**

看一个汽车企业的发展是否健康，能否保持可持续性，不是只看企业一时对外部环境的适应性和对内部关系的协调能力，关键要看其企业文化的生命力。纵观各行各业企业文化的发展，有的企业的企业文化随管理者的离去而不复存在，有的企业的企业文化却经久不衰。

**汽车企业文化**

说明企业管理者在企业文化建设中的战略眼光至关重要,优秀的企业管理者具备与时俱进的战略家魄力,科学规范地建设企业文化,一旦形成标准的企业文化体系,其自身的适应调节力就具备顽强的生命力,这种企业文化不会随管理者的去留而消失,将会一代一代传承下去。

#### 3. 企业管理者个性决定汽车企业文化的风格

许多研究成果表明,优秀明智的企业管理者能造就独具个性的企业文化,胸怀狭窄的企业管理者造就偏执病态的企业文化。因此,汽车企业管理者的个性决定着企业文化的风格。有的汽车企业管理者活跃、冲动、冒险,根本不考虑企业实情,利用特权进行冒险,盲目追求多元化经营。有的企业管理者为满足自身需求,不断地推出新产品放弃旧产品,将相当数量的企业资本置于风险状态。有的汽车企业管理者目光短浅,其工作作风是要求下属依附于自己,有时造成下属无所适从,出现焦虑、愤怒和迷茫,敢怒不敢言。久而久之,这些汽车企业的企业文化受管理者个性的限制,无法吐故纳新,产生退步、老化,最终可能导致企业人治大于法治,员工盲目服从,企业经营脱离外部和内部的客观现实,影响企业的正常发展。

### 三、汽车企业文化生成的一般模式

#### (一) 汽车企业文化的产生模式

无论什么样的汽车企业文化,产生都有相似之处。在汽车企业文化产生的过程中,它们有共同的路径、类似的形成过程、相似的产生模式。结合科特和赫斯克特早期研究企业文化产生模式的成果,可以概括并总结出汽车企业文化的产生模式。

##### 1. 创始人提出创意

在汽车企业创立之初,由企业创始人员提出创建企业的创意,在此基础上逐步提出一些企业的经营思想和经营策略。

##### 2. 员工实现创意

汽车企业创立后,招聘各岗位的员工从事生产经营行为,并按照经营思想和策略指导经营行为,进行实际工作的操作。

##### 3. 经营完善创意

汽车企业经过不断努力,采取各种措施取得经营成果,经营思想和策略不断完善,经营过程和成果相对稳定持续。

##### 4. 产生企业文化

长期经营实践过程中,累积并沉淀下来一些企业经营思想和经营战略,以及实施这些经营思想和战略的一些措施和体会,这些最终成为汽车企业的文化。

#### (二) 汽车企业文化生成的一般模式

汽车企业文化生成模式与汽车企业文化产生模式有所区别,汽车企业文化的产生模式将企业创立划分成几个阶段,分为引领、规范、融入、积淀,它是静态地去看企业文化如何伴随汽车企业经营管理实践过程的。而汽车企业文化生成模式则注重对企业内外部关系的应对和处理,展示汽车企业文化产生的动态过程。

##### 1. 提出企业目标

汽车企业最高管理者根据企业的外部环境(政府法律法规、竞争对手、大众消费心理)

第四章　汽车企业文化的生成与发展规律

的信息变化，提出并制订出经营思想、经营战略和企业目标。

### 2. 建立企业制度

汽车企业建立组织结构、企业制度，实施经营思想和战略。员工根据企业的制度要求和管理者的行为示范，从事生产经营，生产出产品，向社会提供产品和服务。

### 3. 完善经营措施

汽车企业把产品和服务投向社会，经过市场的检验，企业获得一定的经济效益，企业生产者初战成功，在此基础上进一步改进生产经营措施，完善组织制度，规范员工行为，再次获得满意的经济效益。

### 4. 生成企业文化

汽车企业按社会需求向市场提供产品和服务，在满足消费者需要的同时企业获得利润，企业经营按这种良性循环运作下去，企业的经营思想、经营战略的作用逐渐加强。一方面，汽车企业决策管理者和员工对企业经营战略和思想进一步认同；另一方面，持续的良性循环带来经济效益的同时也带来一定的社会认同。汽车企业管理者和员工在长期的经营管理和生产实践中，在良性的经济循环和社会循环中，积累了一定经营模式、管理模式、管理思想、经营作风和处事方式，生成汽车企业文化。

## 第二节　汽车企业文化变革

汽车企业在错综复杂的经济环境、社会环境中生存，必须与内外部环境保持一致，只有随环境的改变而改变，才能保持企业持续发展的活力和动力。这种改变往往是汽车企业文化变革先行。

### 一、汽车企业文化变革的含义

全球经济一体化，国内外市场竞争更加残酷时，企业只有不断地创新变革，适应内外部环境的变化，才能保证生存并获取竞争优势，更好地满足市场需要。因此，汽车企业文化的变革对于企业的可持续发展非常重要。

汽车企业文化自身某些本质特征在适应内部组织环境和外部生存环境的变化中发生的改变被称为汽车企业文化变革。这种变革的根源来自两个方面。一方面，当社会文化发生变革后，必然波及企业，导致企业生存、发展的客观条件发生了变化，企业文化只有变革才能适应大环境的变化。另一方面，当企业原有的文化体系难以适应企业经营发展的需要而陷入困境时，为适应新的发展要求，就必然要通过文化变革来建立新的企业文化。所以，汽车企业文化变革也是企业发展的重要机遇。汽车企业文化变革的含义可以从以下方面来理解。

#### （一）变革是汽车企业文化发展的规律

汽车企业赖以发展的内外部环境发生变化，必然会引起企业文化的变革，这是企业发展变化中的客观规律，在任何企业中都存在，而且不可避免。对于汽车企业文化的变革，可从两个方面来理解。

##### 1. 应对内部环境的变化

随着市场经济的发展和变化，企业内部组织环境为适应发展也常常发生着重大变化，如

汽车企业文化

管理层发生变化、企业组织机构发生调整、生产规模扩大、招收更多的员工、出现劳资纠纷等。内部组织环境一旦出现与原企业文化不一致的因素时，意味着企业文化面临变革或发展。汽车企业内部组织环境的变化促使企业文化的变革，企业文化正是在这一次次的变革中，求得自身的发展。

**2. 适应外部环境的变化**

汽车企业无法控制竞争对手、法律法规和消费大众心理等变化因素，因为这些因素是不以企业意志为转移的。因此，汽车企业外部生存环境就成为一个始终变幻莫测的动荡背景，企业只能适应，即所谓适者生存。当外部环境发生巨大改变，汽车企业必须及时调整企业的理念、行为方式和方法。美国未来学家阿尔文·托夫勒曾经说过：适应环境变化而变革的公司为"适应性公司"，不能随着环境变化而相应变革的公司为"恐龙公司"，就像曾经因为不能适应地球气候变化而灭绝的恐龙一样。

### （二）企业变革不等于企业文化变革

汽车企业变革的方式多种多样，如企业调整内部组织结构、调整产品结构、增加产能扩大规模、兼并重组、战略联盟等，有些企业变革并不表示企业文化也一定要随之改变，虽然企业变革后产品结构和生产规模变化，但企业价值理念、经营理念以及支配员工行为、心理的还仍然是原有的文化、原有的思维定式或原有的行为习惯，企业文化并未改变。因此，企业变革并不等于企业文化变革。但如果企业的经营性质发生改变，行业政策导向发生变化等，一定意味着企业变革，因为企业文化变革意味着员工和管理者最深层的意识发生变化。

## 二、汽车企业文化变革的内容和时机

为应对企业内外部环境发生的变化，如何判断企业文化变革的内容、变革的最佳时机，是汽车企业需要面对并认真研究的问题。

### （一）汽车企业文化变革的内容

面对企业内外部环境的变化，汽车企业首先要研判企业文化不适应的内容，影响程度，然后选择变革的方向，并按轻重缓急制定企业文化变革的进度计划。在研判过程中，要重点关注汽车企业精神理念层面的价值观的变革、固化于制度层面的企业制度风俗的变革和物化于形的企业标识方面的变革。

**1. 企业价值观变革**

企业价值观是汽车企业文化的核心，面对内外环境的巨大变化，汽车企业的很多方面都有可能要调整，首先就是企业价值观的变革。这种巨变包括企业选择历史性和机遇性的转型、市场出现重大改变、产业政策出现根本性转变等，为适应这些变化，企业发展的重心和战略必须要做出调整，并进行企业价值观变革。企业管理者对企业性质、目标、经营方式的取向等重新做出选择，并形成员工所接受的共同观念。

**2. 企业制度和风俗的变革**

面对环境变化，汽车企业的制度和风俗也要随之做相应的调整和充实，把新形势、新环境下的企业愿景、使命、价值观融入和贯穿到制度中。如果企业文化的建设与变革缺少调整和充实这个环节，企业文化有可能会变成口号，流于形式，这是企业文化建设和变革失败的重要原因。因此，建设或者变革一种文化，企业的制度、风俗和传统层面的改变不容忽视。比如，汽车生产企业总装车间的物流运输车，原来在车间穿行时主要靠驾驶人主观判断，没

第四章　汽车企业文化的生成与发展规律

有详细的驾驶制度约束，经常出现一些交通事故。为避免这种事故发生，企业出台了物流运输车操作规定。要求驾驶人在经过车间内交叉路口时必须将车停下，即使路上没人、没车，也要伸出手向左、向右、向前做出指向路口的辨认动作，之后才能进行下一步直行或转弯的操作，以此操作规定，杜绝车间内交通事故的发生，确保安全生产。这种安全文化的建设，人的安全意识最重要。这种看上去多余的动作，员工开始觉得枯燥、受约束，非常不习惯，经过企业的提倡和制度的坚持，以及零交通事故的成果，最终成为车间的一种风俗，成为一种无形的约束力。

**3. 企业标识和符号的变革**

汽车企业标识和符号是企业文化中特色文化的体现，是企业视觉形象的核心，体现企业内在素质，是消费者认识企业的标志，也是分辨一个企业和其他企业的区别。因此，需要通过造型简单、意义明确、统一标准的视觉符号，将企业文化包含的经营理念、经营内容、企业规模、产品特性等要素，传递给社会公众，使之识别和认同企业的图案和文字。汽车企业要根据内外部环境的变化，调研实施效果，对标识性不佳，理解性差的企业标识和符号，及时进行变革。变成有利于记忆、有利于区分、能够体现企业特色的标识，提升企业视觉形象。

（二）汽车企业文化变革的时机

汽车企业文化变革的时机有很多，归纳起来主要有以下几种。

**1. 当企业生存的外部环境发生根本变化时**

汽车企业文化变革的最佳时机，是企业外部环境发生根本变化，导致较大市场冲击的时候，如果企业抓住这个时机迅速变革，无论是主动的还是被迫的变革，都是企业趁势而为，获得发展转机的好机会。如2008年，国际金融危机爆发，中国汽车市场急剧下滑，市场信心并不太好，比亚迪汽车在外部汽车市场环境恶化的情况下，抓住时机主动变革，2008年年底推出油电混合和电动双驱动的F3DM双模新能源汽车，抓住新能源汽车发展的机遇，开展企业转型升级。经过几年的发展，至2016年中国新能源乘用车累计销售33万辆，对比2015年新增了15万辆，比亚迪当年销量超过10万辆，接近中国新能源乘用车销售总量的1/3，以超过第二名一半销量的绝对优势稳居新能源乘用车龙头老大的位置。变革取得了优异的成绩。

**2. 当行业竞争激烈、消费需求迅速变化时**

当行业竞争激烈、消费需求迅速变化时，也是企业变革的大好时机。这时，如果企业对于市场份额的下滑原因认识不到位，还固执地坚持曾经的企业文化，企业将可能错失良机，陷入巨大的危机。柯达的毁灭就是典型的例证，柯达公司有着上百年的历史，曾经创造了全球传统胶卷市场的神话。在辉煌时期，柯达曾占据全球2/3的胶卷市场，拥有员工8.6万人，其特约经营店遍布全球各地。柯达一度以自己的胶片为荣，大力发展胶片市场。柯达早在1975年就发明了世界上第一台数码相机，可以说是全球数码相机的首创者，本可以在数码相机上大显身手。但是，由于柯达对于日本的数码相机迅速占领市场缺乏防备，没有把握住进入代表市场趋势的数码相机新兴领域的机会，及时变革，而是一直固守陈规，放弃了有利于自己的发展先机，导致企业最终走向没落。

**3. 当企业业绩平平或每况愈下时**

当企业业绩连年大幅下滑时，更是企业变革的大好时机。企业必须要查明原因，如是否

汽车企业文化

是产品不适应市场,是否是经营管理不善,是否是生产或流通环节成本过高等,然后有针对性地大胆变革。英国曾经有一家皇家汽车运输企业,车身上有皇家徽章,车体是蓝色的,虽然有皇家历史,但在激烈的市场竞争中,其经营业绩并不理想。企业面对这种情况分析原因,找出弊端,首先从车身颜色开始,大胆改革,把原来的蓝色刷成白色,一夜之间这个老牌皇家汽车运输企业彻底变身,这个变化起到了意想不到的结果,又重新吸引了消费者和社会公众的眼球,很快夺回了失去的市场。

**4. 当企业体制或结构发生变化时**

汽车企业在发展过程中,经常会遇到因适应市场变化而开展业务整合、进行机构改制或调整、增加产品品种并扩大产能,甚至开展混合所有制改革等情况,同时带来员工增多、劳动关系变化等问题,这正是企业文化进行相关改进和变革的好时机。如企业机构合并重组,有的员工选择离开,新员工择机进来,员工人数将发生变化。企业合并重组后,业务范围、经营规模将扩大,管理层也会发生很大变化。这时优秀的企业文化将发挥作用,用文化凝聚人心,用理念激励信心,用精神鼓舞士气,企业凝聚力和向心力进一步增强,企业可借此出现新气象、新面貌。

### 三、汽车企业文化变革的管理

汽车企业文化的变革,通常发生在企业生存的外部环境发生根本变化,或行业竞争激烈导致消费需求迅速变化,或企业业绩连年大幅下滑,或企业改制或扩大规模和新员工大量进入时候,此非常时期需要汽车企业和管理者有较强的管理能力,敏锐的市场观察能力,运筹帷幄的战略管控能力。只有具备这些能力,汽车企业管理者才能及时觉察到外部环境的变化,才能判断危机出现的可能性。企业文化变革是一项系统工程,耗时长、耗资大、过程曲折。汽车企业必须有足够的毅力和耐力,持之以恒,才能保证企业文化变革的最终实现。

**(一) 决策和管理层的共同理解**

汽车企业的任何一项变革,都存在成功和失败两种可能,需要企业管理者和员工正确面对。如果担心因为变革失败招来责难而犹豫不决、观望等待,最终将会错失良机,失去让企业重整旗鼓的机会。面对企业文化变革,企业决策层和管理层必须共同确认企业价值观并达成一致认识,要对向员工灌输的具体价值观形成一致的理解,同时要及时消除员工的疑虑,保持企业生产经营的正常开展。

**(二) 全体员工之间的相互信任**

汽车企业文化变革一般由内部管理者发起,这往往比聘请外部专家发动的更容易为企业员工接受,而且也能使变革更快、更深入地贯彻下去。但企业文化变革涉及面广,推进过程中容易产生矛盾,需要管理者之间,管理者与普通员工之间,员工之间相互理解,相互信任,顾全大局,齐心协力。肯尼迪和迪尔认为,"在高信任环境中信任就更为有效。"因此,只有企业上下团结一心,企业文化变革才能顺利推进。

**(三) 变革和培训两者相辅相成**

汽车企业文化变革,必须根据企业内外部环境的变化,及时修改和调整企业文化的相关要素和内容,文化变革需要改变原有的规则及思维习惯,需要摒弃一些不合时宜的旧内容,导入适应新形势发展的新观念。这种推陈出新的变革,本身就是一次学习提升的过程。因此,要让员工们理解并接受一项变革,必须具备完成此项变革的技巧和能力,培训是最好的

# 第四章 汽车企业文化的生成与发展规律

方式和手段。

### （四）管理者有足够的时间忍耐

任何一个汽车企业文化的变革，都是一个比较漫长的过程，在研判环境趋势，捕捉市场变化的基础上，分为提出初步设想、进入具体准备、动员发动、制定方案、计划实施、阶段评估、整改提升、效果评价等阶段。汽车企业管理者在文化变革问题上要有充分的思想准备，切忌心急浮躁。通常汽车企业文化变革周期少则需要三至五年，多则要更长时间，不少企业管理者往往低估实现变革所需要的时间。国内外各行各业的企业文化变革用时各异。日本尼桑汽车公司用了6年时间，且文化变革仍未结束；通用电气公司用了10年时间完成变革；海尔从1991年着手国际化经营到1999年基本形成规模，用了近10年的时间完成企业改革和文化变革。根据科特和赫斯克特的调查，美国银行信托投资公司文化变革用了8年时间完成；英国航空公司用了4年时间完成变革；美国运通公司旅游服务中心用了6年时间完成；帝国化学工业公司也用了6年时间完成变革；施乐公司用了7年时间完成变革；芝加哥第一银行用了10年时间。

### （五）全员参与是变革成功关键

很多汽车企业文化变革成功的经验证明，全员参与是企业文化变革成功的关键。汽车企业文化变革需要经过由上而下，由下而上多个来回的反复推进，最终的目标是将管理者提出的企业文化变革设想变成现实，贯彻到企业每一个员工，落实到企业每一个角落。只有企业全体员工参与对变革方案的修改和完善，发挥每个员工的智慧和能力，才能使员工真正顺应激烈竞争的外部环境。

通常企业文化变革是在新、旧文化交替之间进行的。在实际推进过程中，由于企业员工来自各个阶层、各个不同的文化群体，管理者或员工都可能出现一些自相矛盾的言行，比如说企业管理者一方面提倡企业分权的文化，另一方面在日常管理中又表现出自己说了算的集权个性。而员工理解企业新文化也有一个过程，甚至可能出现与变革后的文化相抵触的地方，这些在变革管理中都值得关注。既然动员员工投身变革，企业就应该持宽容的态度，鼓励员工畅所欲言，调动员工的积极性。

## 参考案例 16： 雪佛兰新星汽车装配厂抓住时机变革

20世纪80年代，随着日本汽车进入美国市场，美国汽车业受到巨大冲击，曾经一度出现经营管理困境。其中通用汽车在加州佛里蒙特的雪佛兰新星汽车装配厂的情况最为突出。这家企业汽车装配成本相比日本车装配成本高出30%，员工旷工率达20%，每年有5000次（最高一天达21次）投诉，2000起含冤受屈的投诉得不到处理，企业员工每年大约罢工有三四次。而且汽车产品的样式老旧过时，消费者信用评价极低。在这种情况下，通用汽车抓住变革时机，向丰田汽车求救，希望和丰田汽车一起设计和生产汽车产品。通用汽车在协议中要求，优先雇用老员工并保证享受以前的待遇，不能解雇那些有反抗精神、爱抱怨的员工，且要优先上岗。丰田汽车只提出一个要求，通用汽车不插手企业管理。经过多次磋商，双方达成协议。

1985年该工厂重新命名为"新联合汽车制造公司"并开始生产，投产一年后，到1986年，工厂精神面貌焕然一新，经济数据的变化翻天覆地。旷工率由原来的20%降到了2%，

117

## 汽车企业文化

未解决投诉由原来的 2000 起变为 0 起，员工的罢工由原每年 3~4 次变为 0 次，单车装配成本由原高出日本车 30% 变为和日本车持平，生产率由原通用内部最低变成通用平均水平的 2 倍，产品类型由原单一的雪佛兰增加至雪佛兰新星、1988、地理棱镜、丰田花冠多个产品，质量由原通用内部最差变为通用内部最好，员工的精神面貌也发生了巨变。

丰田汽车管理雪佛兰新星汽车装配厂后，该厂出现了翻天覆地的变化。不仅经济数据喜人，员工表现也今非昔比。丰田汽车从管理理念、技术研发、工厂管理上下功夫，最终让该汽车装配厂发生量的变化，质的飞跃，形成了一种新的文化、新的氛围、新的做事方式，成为汽车企业文化变革的范例。

### 四、汽车企业文化变革的方式

推进汽车企业文化变革的具体时期，更多的是选择在企业的发展阶段和成熟阶段，变革的方式因企业而异多种多样，主要有以下几种。

#### （一）引入外部管理者领导变革

俗话说，"他山之石，可以攻玉"，他人先进的、成功的经验，可以借用来解决自身的问题。科特和赫斯克特通过对企业文化变革的研究发现，在世界十家成功实现企业文化变革的公司中，四家的管理者是外来的。引入外来管理者进行企业文化的变革，是变革中普遍采用的方式。

引入外来管理者的优点有：第一，需要变革的企业发展陷入困境时，问题很多，说明这个企业管理者的视野较窄，管理能力存在不足，引入外来管理者是对现有管理者能力的补充，给企业员工以希望；第二，引入的外来管理者一般是经过挑选、考察的，专业的管理知识和才能比企业原来的管理者要强。

当然引入外来管理者来主导企业变革不是唯一的方式。从本企业成长起来的管理者成功完成企业文化变革的案例也有很多。如通用电气的杰克·韦尔奇，他在通用电气工作了几十年，因对企业现状不满曾负气想离职，但管理者发现他是难得的人才，再三挽留并委以重任，杰克·韦尔奇不负众望，大刀阔斧地改革，让通用电气走上历史的高峰。

#### （二）诊断企业文化有计划变革

在汽车企业发展的中期，聘请外部咨询专家诊断企业文化，制定变革方案和推进计划，有利于提高企业文化变革的成功率。在这一阶段，原有的企业文化尽管存在一定的问题，但长时间的文化积淀形成了一定的群众基础，且已经深入人心。引入第三方外来咨询专家，通过科学的调研和诊断，对企业全面了解后，结合专家所积累的行业经验，提出的意见更具说服力。这是因为外来的咨询专家属于第三方，有专业经验，容易保持客观和中立，提出的企业文化变革方案更加结合企业实际，广大员工也容易接受新的文化内容。

#### （三）以科技为推动力促进变革

现代科技快速发展，扩大了企业文化变革的思路，增加了企业变革的途径，企业可以通过新技术的传播、各种科技文化的交流，以科技为推动力来促进变革。新科技及新技术必将引导企业成员重新检查现有的文化，以适应新的行为，接受新的价值观和企业信念。同时新的科学技术的应用也会给企业带来很多的变化，如计算机和网络的广泛使用，给企业带来产品研发、生产流程、办公方式和交流沟通方式的改变，甚至给企业管理方式和方法的理念都带来新变化。这些变化改变了企业工作环境和条件，进一步提高了员工的工作效率，提升了

第四章　汽车企业文化的生成与发展规律

企业的整体形象，体现出企业新的文化气象和氛围。

（四）利用文化网络来带动变革

在汽车企业内部有一种联系工具，那就是虽然看不见却非常接地气的非正式传播渠道，称为文化网络。在弱势企业文化中，企业的文化网络被一些喜欢管闲事的人员所掌握，他们熟悉内部环境，利用员工的猎奇心理，散布负面舆论，传播小道消息，给企业制造各种麻烦。而在强势企业文化中，文化网络在企业文化的引导下，反而能强化企业的基本信念，相关人员传播的是先进模范人物的事迹和成就，增加了企业文化的积极象征意义，造成适应变革的气氛，成为企业管理者推进企业变革的助力工具，达到往往官方传播无法达到的传播效果。企业在推进文化改革中，要扬长避短，利用好文化网络这种传播工具。

（五）点滴积累实现渐进式变革

汽车企业文化的渐进式变革，是利用企业已有的文化资源推进变革，在基本不触动既得利益格局的前提下实行增量变革，通过点滴文化的积累逐步演变推进。渐进式地开展汽车企业文化的变革，企业管理者可以先寻找机会来做小的变革，并不断检验这些变革产生的效果，这个过程在一个相当长的时期内缓慢地改变着文化的各个组织部分，点滴积累小的变革成果，这些可能是悄无声息、不知不觉发生的，一旦企业员工发现情况确实不一样了，他们根本不知道这种变化是什么时候发生的。

（六）背水一战推进强迫性变革

强迫性变革，就是破釜沉舟，断绝后路，寻找新的出路。20世纪80年代，东风汽车，也就是当年的中国"二汽"曾上演过一场强迫性变革。当时的二汽上了国家关停企业黑名单，为了东山再起，当时的经营管理班子向政府立下军令状"只要国家给政策，不要国家资金，自筹资金，抢救二汽"。告别了计划经济的"铁饭碗"，把自己强行推向了市场经济的大海，背水一战。企业上下团结一心，坚持只能成功不能失败的信念，艰难地推进变革。在经历了不留后路的强迫性变革后，二汽闯过了难关，开启了一种新的承担风险、自立自强的新文化。

（七）全员参与变革

员工是企业文化的实践者和丰富者，企业文化是管理文化、是全员文化，因此，汽车企业文化变革必须要全体员工参与。企业文化变革是把原来不好的价值观、不好的文化破除，唤起危机意识的大变革，通过全员参与，让全体员工意识到旧有的文化、思维方式、做事方式存在严重的问题，必须推行变革来确立新的思维方式、价值观念和行为方式。

全员参与式的变革是变革成功的重要保证，首先，必须有人勇敢地站出来，唤起危机意识；其次，必须提出建设新文化的系统化思想、观念、想法和做法；最后，以严格的奖惩制度确立正确的行为、正确的做法，对于违背正确做法的事情，按制度严格处理，保证新变革的顺利进行。

五、汽车企业文化变革的误区及要注意的问题

（一）企业文化变革的误区

在企业文化变革中，由于理解方面的偏差，汽车企业往往对企业文化的认识存在一定的误区，有时甚至阻碍文化变革的正常推进。

## 汽车企业文化

### 1. 企业文化变革的焦点在价值观

很多企业片面认为,汽车企业文化的变革就是重新提出新的企业价值观,营造新的文化氛围。实际上,新的企业文化的塑造和落地生根,是一个艰难的过程,最根本的是需要内在的观念和人的心理、思维发生变化,只有人的观念、思维发生变化,行为方式才能改变。

### 2. 企业文化仅仅体现在人性方面

有管理者认为,汽车企业文化是以人为本的管理文化,企业管理各方面、各环节的人性化制度和措施的提出,才是新企业文化建设的重点。实际上,企业文化涉及的范围很广,包括企业发展、企业目标、企业愿景、企业价值观、企业精神等,人本管理文化变革只是企业文化变革的一个重要方面。因此,企业文化变革要全面布局,切不可片面进行。

### 3. 企业文化像制度一样可操纵

企业制度是要求全体员工共同遵守的办事规程或行动准则,因此,在汽车企业管理中,制度和流程在一定程度上是可以操纵的。但文化是一个非常广泛和具有人文意味的概念,管理时不可以像操纵制度一样去操纵文化,但是文化观念和意识却可以影响管理的方方面面,比如管理中制定目标、考核、监督、工作成效反馈等,在不同的文化观念指导下,这些方面对应的制度设计会大有不同。

### 4. 企业文化的评价有好坏之分

汽车企业文化是企业在协调内部管理与外部环境,积极开展生产经营管理过程中,所积累和系统总结出的,并经过实践证明行之有效的一种文化模式,这种适合本企业的文化,照搬给别的企业未必适合。因此,每一家企业的企业文化不能用好与坏、优与劣去评价,只能用适不适合自己去衡量。这也说明,企业文化建设没有模式和框架,不能盲目模仿自己认为所谓好的文化,一定要结合本企业的生产经营实际,积累和建立属于自己、适合自己的文化。

### 5. 企业文化一切都与效益有关

评价一个企业经济效益好坏的直观标准就是,资金占用少、成本支出少、有用成果多,即以尽量少的劳动耗费取得尽量多的经营成果,或者以同等的劳动耗费取得更多的经营成果。因此,汽车企业采用现代管理方法,依靠科技进步提高企业经济效益是价值规律的客观要求。现代管理方法包括组织形式、管理制度、人本管理、目标管理和系统管理等方面,但是这些管理内容不直接体现文化与效率的直接关联。

### (二) 汽车企业文化变革要注意的问题

#### 1. 员工角色定位问题

社会上一般称企业文化为老板文化,表明社会认同企业管理者在企业文化形成中的作用,但太过于关注企业管理者的作用,就容易忽略员工在企业文化变革中的重要性。企业文化实际上是企业管理者倡导企业大多数员工认同的集体文化,应该突出整体性和组织性。企业文化经过内化于员工的心、固化于企业的制、外化于集体的行,最终在企业中形成想问题、做事情的固定模式、方法,需要企业管理者和员工共同努力践行才能发挥作用。汽车企业的员工既是企业文化建设的主体,也是企业文化建设的客体,既是接受者和被改变者,也是推动者和参与者。因此,在汽车企业文化变革过程中,员工的认同、心理接受和转变是非常重要的。企业管理者要与员工充分地沟通,只有得到员工的理解和支持,才能激发员工的主动性与积极性,让改变从员工的心理发生,从"要我改"变成"我要改",让员工成为新

## 第四章 汽车企业文化的生成与发展规律

企业文化建设的支持者和实践者。

**2. 管理者角色定位问题**

汽车企业文化是企业管理者发起和倡导的，在企业生产经营实践中需要得到广大员工的认同和追随，企业管理者在企业文化建设中的地位毋庸置疑。但企业文化不是倡导完、创建完就结束了，企业管理者必须以身作则起带头作用，企业文化才能在生产经营活动中发挥作用，才能在变革中得到完善和提高。在汽车企业文化变革中，管理者需要做好以下几项工作。

（1）唤起员工的危机感　当文化变革时机来临时，汽车企业管理者要唤起员工的危机感，引导员工认识到企业面临的处境，认识到变革的必要性和迫切性，并和员工一道坚定信心、同甘共苦，只有这样才能成功实现变革。

（2）提出新的价值导向　汽车企业管理者在文化变革中，要提出新的基本假设和价值导向，并通过发挥带头作用成为新文化的角色模范和先导。

（3）选拔相适应的人才　汽车企业文化变革是摒弃旧文化，导入新文化，因此，需要选拔与新的企业文化相适应的人才到企业的关键岗位上，做好文化变革工作。

（4）创造新价值观体系　在汽车企业文化变革中，要对原有陈旧的价值观进行改造提升，同时创造符合企业新价值观的管理体系，建立相关措施鼓励员工认同新企业文化，引导员工采取符合新企业文化价值观的行为。

**3. 各个环节衔接不到位问题**

新企业文化建设是弃旧迎新的系统工程，工作量大，涉及面广。很多汽车企业在文化变革过程中，由于各种原因，经常出现新旧文化衔接不到位，新旧系统驳接不舒畅，变革工作虎头蛇尾的现象。在汽车企业文化建设中，价值观是建设工作的核心，但不能忽视价值观在各项经营管理制度中融入的环节，否则企业文化就变成了口号、形式。同时，汽车企业行为文化建设也不能忽略，它是企业的形象工程，是企业价值观、精神文化的外化和物化。

**4. 对识别系统轻重不一问题**

在识别系统建设过程中，企业往往认为面对外部环境的视觉识别，是针对社会公众的，通常是委外处理，找专业公司进行标识设计、广告宣传策划，因而特别重视。而理念识别的任务比较复杂，好的文化理念的提炼，既要有文化意蕴，同时又要体现行业特色，把两者很好融合起来才能提炼出富有特色的文化理念，相关人员因此产生畏难思想，忽视理念识别和行为识别的工作。

### 参考案例 17：福特汽车的企业文化变革

20世纪80年代的福特汽车，是一家全球排名第二且充满光荣历史的汽车企业，经营有其独到之处，但也存在包袱。福特汽车以生产为导向的企业文化，在世界各地逐步建立起了生产据点，却逐步造成了全球各分公司各自为政。在面临来自日本汽车公司"低价高质"的大举入侵后，福特汽车公司展开了第一波的改造，除了用裁员来降低成本外，还陆续引进了多项产品质量改革计划。

经过20世纪80、90年代的改革阵痛，福特汽车开始面对"文化改革"的新挑战。1998年，董事会决定任命纳瑟担任首席执行官，在纳瑟的倡导下，福特汽车描绘出了新的企业文

## 汽车企业文化

化四要素，即具有全球化想法、注重顾客需求、持续追求成长、深信"管理者是老师"4 项概念，并逐步从四个方面进行企业文化的改革。

### 一、课程培训

福特进行了一个为期半年的课程培训，对象是企业内较高层的管理人员。首先学员必须参加一个 5 天的密集训练。在这 5 天当中，由高层主管团队担任讲师，与这些学员经历团队建立的过程，讨论福特汽车所面对的挑战，并且分配未来 6 个月所需进行的项目任务。

随后的 6 个月，学员必须花费 1/3 的时间，通过电子邮件、视频会议甚至面对面方式，讨论、分析与完成所指派的任务。在此过程中，学员与高层主管团队（讲师）再见一次面，讨论项目的困难和进度。

最后，学员再参加一个密集训练，提出改革的想法，并与高层主管团队再进行分享、讨论与学习。在这次的密集训练中，立刻决定改革计划，并且在一周之内执行。这项计划在 1996 年，纳瑟刚接手福特汽车时就开展了，不仅让福特汽车 100 多位高层主管成为企业内的种子讲师，也实际推动了福特汽车的全球改革计划。

### 二、管理者工作间

管理者工作间所教育的对象扩展到了中层与基层主管，类似巅峰课程，执行时间大约是 100 天。进行的方式是从 3 天的密集课程开始，然后分配专项任务，运用 100 天的时间进行学员间的讨论、分享，最后，再通过密集训练，讨论与确定改革计划。

在整个管理者工作中，有 2 个地方相当特别：首先，所有的学员都必须在 100 天之内，参加半天的社区服务。这项做法的主要目的，除了可以让这些未来管理者，了解福特所强调的"企业公民"精神，也可让他们感受到生活中有这么多需要帮助的人，进而不再有抱怨或不满的心态。另外，所有的学员要以拍摄视频的方式，呈现"新福特"与"旧福特"，以突出新旧文化的差异性。

### 三、伙伴课程

伙伴课程则是专为培养年轻却深具潜力的经理人成为真正的管理者而设立的，通常由 3 位学员组成 1 个实习小组。这个实习小组安排 8 周的时间，与 7 位福特汽车的高层主管每天一起工作、开会、讨论或拜访客户。针对一些企业问题或挑战，高层主管甚至会请实习小组提出可行的解决方案。对于实习小组而言，这是一个绝佳的观察和学习的机会。通过 8 周实际的工作，这些年轻主管不仅可以学习高层主管的思考观点，更可以了解公司的资源分配、长短期目标以及策略挑战与问题。

### 四、交谈时间

交谈时间由纳瑟自己进行。每周五的傍晚，他会寄一封电子邮件给全世界大约 10 万名福特汽车员工，分享自己经营事业的看法。同时，他也会鼓励所有的员工，回寄任何的想法、观点或是建议。

纳瑟认为，福特汽车要转变成为顾客导向的文化，必须要培养每一位员工了解如何经营一家企业。因此，在每周一次的电子邮件中，他会谈全球的发展趋势，谈克莱斯勒与奔驰的合并，谈福特汽车在亚洲市场的发展等主题，让员工了解高层主管的经营观点，进而让他们也能有类似的思考角度。

自从福特汽车的改革教学计划实行以后，福特汽车的文化逐渐产生一些变化，不仅有更多的员工参与了企业的改革，还有更多的主管履行了自己曾经传授的观念。虽然对福特汽车

第四章 汽车企业文化的生成与发展规律

这样一家大型企业而言，改革的确是漫长艰巨的历程。但是，运用上述模式，福特汽车正逐步完成改革计划，为成为顾客导向的企业而努力。

福特汽车逐步进行企业文化改革的做法，从一个侧面表明，只要企业下决心开展文化改革，并根据企业自身实际情况选择合适的改革方式，脚踏实地地推进，就一定会取得相应的效果。

## 第三节　汽车企业文化的冲突

在汽车企业中，两种组织文化在互动的过程中，由于某种抵触或对立状态，双方往往会感受到一种压力或者冲突。常见的冲突主要表现在企业并购过程中的文化冲突，以及跨国经营过程中因社会观念、民族区域的不同而产生的冲突。这些冲突最大的问题就是引发管理的失调，最终导致企业的可持续发展受阻。相关数据统计显示，近几十年来，汽车行业跨国兼并重组案例中，大部分是成功的，少数失败的主要原因是文化的隔阂导致管理上难以沟通与合作，最终导致合作失败。

### 一、汽车企业文化冲突的含义

汽车企业文化冲突，是指企业文化发展过程中，存在差异的不同国家、不同民族的文化在相互接触、交流时产生的对立、排斥现象。这种汽车企业文化的冲突，是新旧企业文化差异或总体文化与局部文化的差异，导致不同形态的文化或文化要素之间产生冲突。这种冲突首先表现为价值观的冲突，其次是由价值观不同导致的管理方法和具体做法的冲突。汽车企业文化冲突往往给企业的变革与创新带来巨大的阻力。

随着经济全球化、产业无国界的国际市场格局的形成，发展过程中的汽车企业文化冲突是不可避免的，冲突是变革的起因，没有汽车企业文化的冲突就没有汽车企业文化的变革，也就不会有文化的创新与发展。这种不同国家、不同民族的文化交流、碰撞甚至对立，以新文化丰富了原有企业文化的内容，或者新旧文化因素相互融会贯通成为一种新的文化，或者新文化取代旧文化出现一种全新的企业文化的发展规律，都有益于汽车企业文化的完善与发展。

总结起来，企业文化冲突的原因有以下两个方面。

#### （一）由不合理性和矛盾性引起

在汽车企业的发展过程中，企业文化由于受到内外部环境的变化及影响，如引进产品技术，生产工艺和生产制造管理就将发生变化。本土企业与跨国汽车企业合资生产产品，外来文化也面临"合资"等问题，企业文化自身逐渐显现出不合理性和矛盾性。企业文化建设要求有一定的系统性和逻辑的一致性，在一定程度上也允许存在一点矛盾和不合理性，有些矛盾从创立之初就存在，随着时间的推移，企业文化各个因素之间的不合理性、矛盾性就逐渐暴露，但这些不合理和矛盾，是可以在企业历次企业文化的冲突和变革中加以有效调整和解决的。

123

### (二)由管理者的强势风格引起

汽车企业通常随管理者的风格,结合产品特点、地域特色,而形成某种企业文化,在企业全体员工的经营活动中,文化会自动保持其在企业中的地位,形成一定的惯性。从行为主体的角度来看,如果创始人和追随者的偏好较独断,将造成强势的企业文化。这种由创始人和追随者的偏好造成的企业文化具有较强的惯性。在稳定的环境中保持传统,企业会有好的业绩表现;当环境急剧发生变化时,文化的惯性导致文化无法适应企业的可持续发展,成为发展新文化、建设新文化的障碍。

## 二、西方企业文化冲突理论

西方学者霍夫斯坦德(图4-6)和欧贝格的文化冲突理论,为汽车企业文化冲突的研究打下理论基础。

### (一)霍夫斯坦德的文化冲突理论

霍夫斯坦德是荷兰文化协会研究所所长,他带领研究人员用20种语言,从40个国家,在态度和价值观方面,选择从工人到高层管理的人员,收集了共116 000份问卷调查数据,撰写了著名的《文化的结局》一书。他认为,文化不是一种个体特征,而是在一个环境中具有相同的教育和生活经验的许多人所共有的心理程序。因为在不同的国家、区域和群体中,这种程序互有差异,这种文化差异可分为五个维度,即权力距离、不确定性避免、个人主义与集体主义、男性度与女性度以及长期取向与短期取向。

图4-6 霍夫斯坦德

#### 1. 权力距离

权力距离是指社会承认和接受的权力在组织中不平等分配情况的接受程度,是一种文化与另一种文化相区别的第一个维度,显示出权力距离的权威性。

权力距离的大小,可以根据上级民主或专制决策的方式、上下级发生冲突时下级的恐惧心理等因素来确定。在企业中,可以理解为员工和管理者之间的社会距离,并从企业内权力大小不等的成员的价值观中反映出来。如果权力距离过大,将不利于企业员工与管理者之间和谐关系的创造,也将影响员工在企业中不断地学习和进步。因此,企业管理者应该在管理实践中,有意识地缩小企业内部的权力距离,以更好地带领全体员工实现企业的管理目标。

#### 2. 不确定性避免

不确定性避免指的是一个社会感受到的不确定性和模糊情景的威胁程度。为避免这些情景,社会试图建立更正式的规则,提供较强的职业稳定性,以绝对依赖知识和专家评定等手段来应对。在一个弱不确定性避免的汽车企业中,人们普遍有一种安全感,工作条例和流程规范化和标准化程度较低,很少强调控制。而对于高不确定性避免的汽车企业里,人们则普通有一种高度的紧迫感和进取心,因而,趋向出台更多的工作条例、流程或规范,以应付不确定性的威胁,管理也以工作和任务指向为主,管理者决策多采用程序化决策。

#### 3. 个人主义与集体主义

个人主义强调个人的自由和个人权利的重要性,每个人只顾及自身的利益,每个人自由

# 第四章 汽车企业文化的生成与发展规律

选择自己的行动，认为个人利益应是决定行为的最主要因素，依靠个人的努力来为自己谋取利益，反抗权威以及所有试图控制个人的行动。集体主义则主张个人从属于社会，个人感情服从团队整体利益，每个人必须考虑他人利益，组织成员对组织具有精神上的义务和忠诚。

#### 4. 男性度与女性度

在文化的价值观中，男性度与女性度是社会上居于统治地位的价值标准，它在不同程度上影响到管理者的决策方式。在男性社会，男性气概居于统治地位，他们进取好胜，自信武断，对于金钱的索取，执着而坦然。而在女性社会，情形刚好相反。有分析表明，如果社会上给予"男子气概"的评价越高，其男子与女子之间的价值观差异也就越大。

#### 5. 长期取向与短期取向

霍夫斯坦德对世界各地的23个国家的学生进行过研究，研究结果表明，不同国家的人群，在价值观的趋向上有一定的差异。因此，在企业高层管理决策层面，特别是在企业可持续发展的问题上，由于价值观的不同，有倾向于长期行为的，有倾向短期行为的，因此，发生冲突是不可避免的。

### （二）欧贝格的文化冲突理论

欧贝格是美国人类学家，他把文化冲突总结为蜜月阶段、烦躁与敌视阶段、逐渐适应阶段和双重文化阶段四个阶段。

#### 1. 蜜月阶段

彼此相互产生新鲜感，心理上兴奋，情绪上亢奋和高涨，对未来充满希望，处于乐观的、兴奋的蜜月阶段。此阶段一般持续几个星期到半年的时间。

#### 2. 烦躁与敌视阶段

双方新鲜一段时间之后，各自真实的本性开始暴露，彼此开始出现烦躁和敌视。

#### 3. 逐渐适应阶段

当双方客观认识和评价对方之后，理性反省自己，并做出友好姿态，敌视和冲突慢慢消退，开始逐渐理解和包容对方的缺点和不足。

#### 4. 双重文化阶段

双方深刻认识到，要完全改变对方是不可能的，只有相互尊重，相互适应，各自取长补短，才能更快、更好地形成两种文化并存的局面。

欧贝格的文化冲突理论说明文化冲突是暂时的，通过冲突、敌视，最终实现相互适应、包容、尊重。

## 三、汽车企业文化冲突的类型

汽车企业文化的冲突，实际上是新文化与旧文化的一种博弈，是企业文化变革与创新的巨大力量。在企业跨国经营中，以不同国家的宗教信仰、民族文化的多种多样为背景的企业文化冲突，已经成为企业发展的最大障碍。因此，我们在研究汽车企业文化冲突的类型时，要正视文化系统构成的复杂性，充分认识和分析企业文化冲突的背景及原因。根据汽车行业的特点、汽车企业文化形态和中国企业所有制性质的不同，这里把汽车企业文化冲突划分为跨国经营型企业文化冲突、合资经营型企业文化冲突和并购重组型企业文化冲突三种类型。

### （一）跨国经营型汽车企业文化冲突

跨国经营是指企业以国际需求为导向，以扩大出口贸易为目标，进行包括海外投资、营

销在内的一系列对外经营活动。

随着国际化进程的深入，汽车的生产和销售呈现全球化和国际化，汽车企业文化在跨国企业管理中越来越受到重视，跨国企业在经营实践中积极面对并解决由于文化差异导致的文化冲突带来的问题。跨国经营企业的文化是多种文化的承载体，它涉及不同民族、种族和国家的文化冲突。一是跨国企业来自不同的社会政治背景、不同的文化环境和不同的经济条件，必然会在文化差异等方面发生摩擦与冲突。二是由于文化有相对的稳定性，且文化变革具有过程较长的特性，在短时间内跨国企业中的文化差异很难消失，文化冲突的局面将会维持一个相当长的时期。因而这种汽车企业文化的冲突类型最为典型。

从全球范围看，欧美跨国公司已有一百多年的经营历史，日本和韩国也分别有七八十年和三四十年以上的经营历史，而中国企业开始全球经营是改革开放以后的事情。中国的跨国经营是在现代企业制度开始建设的条件下走出国门的，因而，在激烈的国际竞争环境下，将面临更多的文化冲突。

（二）合资经营型汽车企业文化冲突

合资企业是指依照有关法律在中国境内设立的外国公司、企业、其他经济组织或个人与中国公司、企业或其他经济组织共同创办的合资合作企业，即两个以上不同国籍的投资者，根据《中华人民共和国公司法》和《中华人民共和国企业法人登记管理条例》的规定共同投资设立，共同经营，共负盈亏，共担风险的有限责任公司。

中国改革开放以来，国际汽车制造商先后进入中国，在产业政策的管理下，在汽车生产领域建立合资企业，生产销售整车产品，如广汽本田、广汽丰田、上汽通用、东风日产、一汽大众、北京现代、长安福特等。这些合资企业的外方股东，分别来自欧美、日韩等国家，各国的宗教信仰、风俗习惯、民族特性、传统文化等方面差异较大，在合资企业的日常经营活动中，与中国文化之间不可避免地产生文化冲突。

在合资汽车企业成立初期，由于各股东独立的原文化具备各自不同特征，企业的经营和文化建设一开始就面临跨文化的管理，一旦处理不好，将直接影响合资企业的后续发展。因此，跨文化管理必须先要确立跨文化意识，合资各方对不同文化间存在的差异要做出正确的理解和认识。跨文化意识的产生，一是由外部文化差异性的客观因素决定的，二是因为经济活动需要具有不同文化背景的人和组织来完成，所以必须以跨文化意识来消除文化冲突。

如广汽本田成立初期，股东双方都意识到文化差异将会阻碍企业的正常发展，因此，首先确立以合资企业的根本利益为最高利益，重大决策实行双签制，在日常经营中，求同存异，将文化差异产生的矛盾暂时搁置一边，待大家充分理解后再处理。这种处理文化冲突的做法取得了很好的效果，广汽本田投产当年就实现了盈利。

（三）并购重组型汽车企业文化冲突

随着汽车产业竞争的深入和经济全球化趋势的进一步加强，并购重组成为诸多汽车企业优化资产配置、扩大规模的常用手段。如上汽集团并购重组韩国双龙汽车和英国罗孚汽车、吉利并购重组沃尔沃汽车等国际并购案，上汽集团并购重组南汽集团、广汽集团并购重组长丰汽车和吉奥汽车等国内并购案。并购重组交易的完成并不表示并购重组的成功，企业文化融合往往成为影响并购重组成败的关键。

并购重组型汽车企业文化冲突，可分为国际并购重组和国内并购重组两种情况，对于国际并购重组，与跨国经营型汽车企业文化冲突和合资型汽车企业文化冲突类似。对于国内并

第四章 汽车企业文化的生成与发展规律

购重组的情况，由于当事人双方都是来自中国不同地域的不同汽车企业，因此这种并购重组受不同地域文化的影响（如上海、江苏、广东、湖南和浙江等地方文化），产生国有汽车企业文化之间的冲突。也可能产生国有汽车企业文化和民营汽车企业文化的冲突。

### 四、汽车企业文化冲突的表现

通过对以上三种汽车企业文化冲突类型的分析发现，无论是跨国经营的汽车企业、合资经营的汽车企业，还是国内外并购重组的汽车企业，汽车企业文化冲突出现时有一些相似的表现形式。

#### （一）对战略目标的不认同所导致的文化冲突

我们首先看到，导致汽车企业文化冲突的可能是各方对战略目标的不认同。企业文化冲突可能发生在跨国经营、合资或合作的企业中，也可能发生在企业并购重组的活动中，甚至任何形式的商业交往中。这一系列冲突的焦点集中在各方对战略目标的不一致、不认同上。表现为人们对新企业所倡导的价值、规范等的抗拒和冲突。

#### （二）价值观念的差异所导致的文化冲突

企业的价值观是企业文化的决定因素，新合资或合作汽车企业经营活动的意义、目标和原则，是以价值观来引导的。从各合作方汽车企业层面看，核心价值观反映了民族文化的精髓，并由此衍生出一系列观念，如道德观念、财富观念、审美观念、时间观念、空间观念等。文化系统具备的不同性质，决定了人格特质和行为方式的整体差异。中国人格有较强的内向型和依附性，以人际和谐为善，以自然和谐为真，以家庭成员为中心，注重行为的勤俭、行事的低调。而西方人格是在西方宗教文化、商业文明熏陶下形成的价值观。

企业文化冲突首先集中反映在管理者和员工个体不同的价值观上。具有差异性的价值观接触在一起，必然会相互碰撞、相互摩擦。出于本能，每个个体都极力维护自身长期形成的价值观，不理解他人的价值观，导致各方无法形成统一的行为准则。共同的价值观是企业文化的核心，而这种不同国家和民族价值观的差异，会导致合资或合作中企业价值观和经营理念的冲突。如在广州标致汽车合资过程中，法方管理人员盲目使用"自我参照原则"，引起中方管理人员的逆反心理，从而产生更大的矛盾和文化冲突，这也是合资企业最后失败的原因之一。

#### （三）各自资源禀赋的不同所导致的文化冲突

汽车企业文化冲突产生的另一个根源，是各方资源禀赋的不同，多表现在规模相当的两家或多家企业的合并重组、合资合作的企业中。各方开展合作，必然是要寻求一种价值增值，整合合作各方的资源，实现整体利益的最大化，但合作各方是否真诚地贡献出自己所拥有的特殊的资源禀赋如产品、技术、人才、经验、技巧等，往往决定合作的成败。

因此，新汽车企业在战略目标达成一致的基础上，需要在不同资源禀赋和利益之间寻找平衡，在利益分配上按资源投入量决定回报量的原则，确保各自利益不受到损害，避免由此而发生的冲突。

#### （四）管理方式的差异所导致的文化冲突

在汽车企业的管理活动中，管理风格、处事态度、决策方式、激励评估体系等各个方面，都会受到文化的影响，合资或合作各方在文化上的差异，容易在具体问题的处理中产生意见分歧，严重时将直接给企业的正常经营管理造成障碍。

## 汽车企业文化

处理好汽车企业文化冲突对所有跨国经营和合资企业的顺利发展至关重要，稍有疏忽可能会导致企业经营失败，必须引起中外合作各方的高度重视。

### 五、汽车企业文化识别和整合

汽车企业文化整合，是指企业为适应外部环境变化或企业战略调整，有意识地对企业内不同的文化倾向或文化因素，以及企业整体文化包括来源于内外部文化的不同性质构成要素之间的相互冲突，通过有效的整理、整顿而相互渗透、吸收而融为一个有机整体的过程，也是企业的文化主张、文化意识和文化实践一体化的过程。

汽车企业文化整合，特别是跨国经营型、合资经营型、并购重组型的汽车企业文化的整合，容易被误解为简单的文化吞并，简单的大文化吃小文化、强文化吃弱文化、新文化吃旧文化的过程。实践中，它应该是一种扬长避短，优势互补，创新文化诞生的过程。

因此，为有效开展企业文化整合，首先需要对企业文化进行识别。

#### （一）汽车企业文化识别

文化冲突主要是文化差异造成的，文化差异究竟有哪些主要影响因素和内容，需要展开梳理和分析，并在企业文化整合前进行识别。在进行汽车企业文化识别时，应注意汽车企业文化与民族文化、与正式规范性文化、与非正式规范性文化、与技术规范性文化的关系，以保障文化整合取得实质性成效。

**1. 汽车企业文化与民族文化的关系**

民族文化是各民族在其历史发展过程中，创造和发展起来的具有本民族特点的文化，包括物质文化和精神文化。汽车企业文化是民族文化和现代意识在企业内部的综合反映和表现，是在民族文化和现代意识影响下形成的具有汽车企业特点和群体意识的行为规范。可见，汽车企业文化必将深深地烙上民族文化的痕迹，但民族文化毕竟不等于汽车企业文化，决不能把民族文化与汽车企业文化混淆。

**2. 汽车企业文化与正式规范性文化的关系**

人的基本价值观，判别是非的标准，以及它能抵抗来自外部，且企图改变它的强制力量，称为正式规范性文化。从定义上不难看出，正式规范性文化引起的冲突往往不易改变。从内容上分析，正式规范性文化属于民族或国家文化层面上的价值观，应该是人们心理最深层的东西，或者说属于心理无意识的层次。它构成了企业文化最核心、也最难以改变的部分。因此，汽车企业文化整合最好不要触及这个层面的文化。

**3. 汽车企业文化与非正式规范性文化的关系**

非正式规范性文化属于实践层面的价值观体系，是指人的生活习惯、习俗、仪式等。因而，非正式规范性文化引起的文化冲突，可以在汽车企业中经过较长时间的各方接触和磨合，通过深入的文化交流来加以克服。从这个角度看，非正式规范性文化与汽车企业文化有相似之处，或者可以说，汽车企业文化属于非正式规范性文化层面上的文化。通过培训、交流、磨合、沟通，可以使跨国经营型和合资型的汽车企业文化冲突得以缓解。汽车企业文化的整合，通常情况下可以在这个层面下进行。

**4. 汽车企业文化与技术规范性文化的关系**

技术规范性文化，通常是指人们的知识、技术、技巧、技能和经验等。它可以通过人们技术知识的学习和工作的实践而获得，因而比较容易改变。在汽车企业文化整合中，企业可

## 第四章 汽车企业文化的生成与发展规律

以遵循先易后难的原则,在跨国经营或合资时,首先开展技术规范性文化整合。

由上分析可知,跨国经营或合资经营企业的管理者,首先要识别和区分不同程度、不同类型、不同层面的文化所造成的文化差异和冲突,才能制定并采取有针对性的措施。

### (二) 汽车企业文化的整合

不同性质的汽车企业文化,在收购或并购的行业重组中,通常都经历相互冲突、相互渗透、相互吸收、相互认同,最后融为一体的文化整合过程。这种过程曲折而复杂,排斥会引起冲突,吸收就会有选择性,渗透是以新代旧,最后达到相互之间排斥和吸纳之后的重新融合体。从国内外汽车企业文化整合的经验总结来看,最基本的整合方式大致可以概括为以下4种。

#### 1. 支配注入式文化整合

支配注入式文化整合是指,一家起支配地位的汽车企业,把自己的文化注入被并购的企业中,通过强制性、支配式的注入,被并购企业在强势文化的整合下,形成融为一体的企业文化。如 2007 年上汽集团对南汽集团的收购时进行的文化整合属于这种方式,该事件已成为中国汽车工业历史上最大规模文化整合案例。上汽集团入主南汽集团后,在产品研发、生产制造、供销体系、汽车后市场等领域,全面注入以上汽集团企业愿景、使命、价值观为核心的企业文化,推进上汽集团创新驱动发展战略,提升了名爵品牌的知名度,南汽集团很快与上汽集团融为一体,成为上汽集团发展自主品牌的重要基地。

#### 2. 各自保留式文化整合

各自保留式文化整合是指,收购方与被收购方在并购的同时,各方都保留相对独立的运作和文化,以维持已有子公司的自治与独立。基于各方文化背景和企业文化风格的不同,相关领域可能产生相互排斥甚至对立,整合的难度较大、代价较高,得不偿失。这种情况多见于跨国经营的汽车企业或多元化经营的汽车企业集团公司中,这种方式能够保持彼此的文化独立,避免文化冲突,更有利于新建企业的发展。如 2014 年意大利的菲亚特汽车并购美国的克莱斯勒汽车,组建菲亚特克莱斯勒汽车公司,成为完整一体的跨国汽车企业,在全球汽车企业中规模排名第七。新公司保留两大品牌各自旗下独立的品牌文化,如菲亚特品牌的菲亚特、蓝旗亚、法拉利、阿巴斯、阿尔法罗密欧和玛莎拉蒂等,克莱斯勒品牌的克莱斯勒、道奇、Jeep 等。这样可以避免品牌文化间相互冲突,保证规模庞大的新公司健康发展。

#### 3. 融汇一体式文化整合

融汇一体式文化整合,是指并购与被并购方或合资的各方,在各自协商、自愿的基础上,重新确定经营领域,重新组建新的企业。在新的企业中各方之间相互吸收、相互借鉴、相互补充、不分主次,各方共同地做出一体化的决定,在各自原有文化融汇一体的基础上,创建一种新的更优秀的汽车企业文化。2003 年 6 月,东风汽车集团与日产汽车牵手,日产汽车投资 85.5 亿元人民币,东风以对等的资产入股,合资重建注册资金达 171 亿元的"东风汽车有限公司"。这是国内首家拥有全系列货车、轻型商用车和乘用车产品的中外合资汽车公司,也是迄今为止中国汽车行业规模最大、层次最深、内容最广泛的对外合资项目。在中国汽车业的未来发展道路中,这一事件所带来的重大影响和历史意义必将逐步凸现,这是汽车行业融汇一体式文化整合的典型案例。

#### 4. 一体吸纳式文化整合

在汽车企业中,当弱势企业文化冲击强势企业文化时,强势企业文化在保持自身一体的

## 汽车企业文化

基础上,通过剔除弱势企业文化的糟粕,吸纳弱势企业文化的精华,并趁此机会完善自己的文化,这就是一体吸纳式文化整合。这种方式较适合于强势企业与一般企业的文化整合,因为一种新文化,哪怕是弱势的新文化介入某一以强势企业文化为主体的企业,其强势企业文化相应的一些文化要素,也必然会相应发生变化,其结果是强势企业文化变得更强,更适应外部竞争环境的挑战。

如东风小康汽车企业文化整合就是采取这种方式。东风小康由东风汽车入资重庆小康汽车组建而成,主要从事微型乘用车、商用车的研发、生产、销售、服务等业务,填补了东风汽车在微型车市场上的空白,增强了东风汽车系列车型的阵容,完善了东风汽车的全产业链结构。特别是此案例是国企与民企合资,开创了汽车行业国企和民营企业合资合作的先河,为中国汽车产业的体制改革提供了宝贵经验。

### 参考案例18:戴姆勒-克莱斯勒公司并购案

作为汽车工业界有史以来最引人瞩目的并购案,1997年德国戴姆勒-奔驰和美国克莱斯勒的合并无疑带给汽车产业极大的震撼。然而,间隔着大西洋的两种极端不同的企业文化使得这桩被人们寄予厚望的合并仍然没有摆脱失败的噩运。文化整合是跨国整合内涵的一部分,戴姆勒和克莱斯勒之间超出正常边界的文化冲突,已经明确地告诉了我们文化整合是决定跨国并购成败的关键,而这也值得国内外那些意欲踏上并购之路的企业认真对待。

#### 一、背景

戴姆勒汽车销售量在合并之时比克莱斯勒汽车少,但销售金额却高得多。1997年,全球范围内的戴姆勒汽车公司30万员工生产了71.5万辆乘用车和41.7万辆货车和商用车。此外,戴姆勒还生产火车、直升机和飞机,其2/3的收入来自德国之外。1993年,克莱斯勒汽车公司在亏损25亿美元之后迅速扭亏为赢,1994年盈利37亿美元,利润率超过7%,远高于它在美国的两个竞争对手通用和福特汽车公司。克莱斯勒汽车公司从1994年起每年盈利都在几十亿美元以上。1995年,它的利润率为3.8%,好于福特汽车公司,比通用稍低;1996和1997年,克莱斯勒汽车公司的利润率又是最高的。

从产品线上看,戴姆勒汽车公司和克莱斯勒汽车公司两个企业有互补性,克莱斯勒汽车公司将合并视为克服欧洲一些贸易壁垒的机会。但汽车工业合并的主要原因是技术(其固定成本非常高)和生产能力过剩(据估计为20%),只有那些具有规模经济的企业才能生存下去。这些使得戴姆勒-克莱斯勒合并成为一种竞争需要,而非形成竞争优势或战略优势。

#### 二、合并前景

亚洲的汽车工业在20世纪80年代得到空前的发展。日本汽车工业进入以资本输出为主的国际化扩张阶段,1980年,日本汽车产量达到1104万辆,甚至超过美国成为世界最大的汽车生产国和出口国。1988年,韩国汽车产量突破100万辆,1995年达到254万辆,1997年达到280万辆,成为世界汽车第五大生产国。在随后的五年时间里,年均增长率基本保持在15%左右。韩国汽车业也形成了以现代、起亚、大宇、双龙"四足鼎立"的市场格局,成为世界汽车生产大国。

戴姆勒-奔驰汽车公司是欧洲最大的汽车公司,而克莱斯勒汽车公司则是美国第三大汽车生产企业。两家公司都面临着固定成本极高和生产能力过剩的问题。据当时的预测,21

## 第四章 汽车企业文化的生成与发展规律

世纪只有大约 6~7 个大型汽车生产企业能够生存下去,所以此时,戴姆勒-克莱斯勒的合并成为一种竞争需要。

克莱斯勒汽车公司是由于其微型面包车和吉普车的畅销而著名。它的基本市场主要集中在本国以及北美自由贸易区市场,在北美自由贸易区外鲜有知名度。再加上美国汽车市场的饱和和萧条,以及来自于日本车和韩国车的压力,使得当时克莱斯勒汽车公司的财务状况并不好。但戴姆勒-奔驰汽车公司主要以豪华车著称,缺少低价位、销量大的车型来开拓更加广阔的市场,取得一定的规模经济,形成一个从高价位到低价位的完整的产品线。

戴姆勒-奔驰汽车公司的豪华车品牌形象,可以给克莱斯勒汽车公司提高知名度,而克莱斯勒汽车公司强劲的管理能力,以及高生产效率、低成本等特点,可以给戴姆勒汽车公司进入低价位细分市场的机会。

由此可见,两个企业的优势与薄弱环节互补,可在各自的专长领域利用其创新能力,获得合理效应和成本的节约。

### 三、强强联手

1998 年,由原德国戴姆勒-奔驰汽车公司与美国克莱斯勒汽车公司合并的戴姆勒-克莱斯勒集团公司正式成立。强强联手让戴姆勒-克莱斯勒集团公司一跃成为当时世界上第二大汽车生产商。但好景不长,2007 年 7 月 3 日,欧盟正式批准戴姆勒-克莱斯勒公司以 74 亿美元的价格,将旗下克莱斯勒公司 80.1% 的股份出售给美国瑟伯勒斯资本管理公司。戴姆勒-克莱斯勒公司 2007 年 10 月 4 日发表公报更名为戴姆勒股份公司,正式结束了戴姆勒-克莱斯勒公司的历史。2007 年戴姆勒-克莱斯勒集团公司完成分拆,联手 9 年后,戴姆勒-奔驰与克莱斯勒又各奔东西。

### 四、成败分析

戴姆勒-克莱斯勒汽车公司战略是失败的,阻碍战略实施的原因如下。

**1. 欧美的文化差异和企业管理差异**

德国戴姆勒公司等级森严,决策过程复杂,工作作风严谨甚至有些古板;而美国克莱斯勒则提倡多功能的团队精神,企业员工喜欢自由着装、自由讨论。例如,德国高层管理人员可能依赖 50 页纸的报告来讨论和决策,美国人却喜欢一对一的沟通。

**2. 恶劣的宏观经济**

1997 年金融危机的爆发迅速蔓延到世界各国,绝大多数国家经济增长率普遍下滑,1998 年到 1999 年间世界 GDP 增长率只有 2% 左右,比 1997 年的增幅下滑近一半。宏观经济的恶化打乱了多方面的供需平衡,许多行业的资金链断裂,原先隐藏着的矛盾爆发出来,作为和许多行业相关联的汽车行业,也难免深受影响。

**3. 战略决策失误**

根据美国人喜欢庞大舒适乘用车的特点,克莱斯勒开发的皮卡车和 SUV 一度备受欢迎,他们曾经预计 2005 年克莱斯勒能够得到 20% 的市场份额。为此企业投入大量资金,扩大产能。然而 2005 年石油价格受伊拉克战争影响大幅飙升,同时美国人的环保意识不断加强,克莱斯勒的库存开始大量积压,戴姆勒-克莱斯勒集团不得不把计划产量削减 16%,并关闭了克莱斯勒在美国的多家工厂。

**4. 汽车行业竞争环境的变化**

东方汽车不仅在新兴市场占据更大的份额,也已快速进入欧盟和北美。日本汽车凭借高

汽车企业文化

效率的生产和管理系统；韩国汽车凭借高质量标准、廉价实用、优质售后服务成为有力竞争者。这些因素都让美国本土汽车产业难以阻挡。

### 5. 市场定位差异大

合并后的新公司为了拓展市场，大量生产低成本汽车，使得戴姆勒-奔驰本身高端车的市场定位被打破，品牌形象在一定程度上被损害。

戴姆勒-克莱斯勒并购项目失败的案例表明，除外部环境影响因素外，欧美的文化差异和企业管理差异是阻碍并购战略实施的主要原因。

## 本章小结

1）西方管理理论中关于企业文化生成的论述，反映了对企业文化生成的不同观点。而企业文化的积累与企业管理者的倡导，对汽车企业文化的生成起着重要与关键的作用，这两个重要因素缺一不可。汽车企业文化生成的一般模式，也反映了企业文化生成的普遍规律。

2）汽车企业文化变革是保持汽车企业可持续发展的动力和活力，是企业文化自身发展的必然规律。陷入汽车企业文化认识的误区是企业文化变革的最大障碍，要掌握好企业文化变革的时机，及时找出汽车企业文化变革存在的问题。正确选择汽车企业文化变革的方式，是企业文化变革成功的重要前提。

3）汽车企业文化冲突是企业发展的重大转机，了解汽车企业文化冲突的类型和冲突的表现形式，是汽车企业跨国经营、合资合作和兼并重组的必要准备。识别汽车企业文化的差异，有利于汽车企业文化的整合。

## 作业

完成"学习工作页"第四章的各项作业。

# 第五章
# 汽车企业文化的传播

 学习目标

1）掌握汽车企业文化传播的重要性，了解企业家、企业先进模范人物和企业员工在汽车企业文化传播中的地位和作用，重点掌握汽车企业文化传播渠道的不同类型和汽车企业文化网络的角色，以及如何利用文化网络在企业内部进行非正式传播。

2）熟悉汽车企业文化传播渠道、汽车企业礼仪和汽车企业文化网络的特点和应用场合。

3）学会在不同情况下正确选择汽车企业文化的传播渠道、汽车企业礼仪和汽车企业文化网络的对应形式。

4）能够初步策划汽车企业文化的传播渠道、汽车企业礼仪和汽车企业文化网络的应用方案。

5）培养读者借助各种媒介主动传播汽车企业文化的意识，精确传播汽车企业文化。

汽车企业文化

**参考案例19：** Jeep极致旅行，另一种企业文化传播的方式

1938年初，美军向所有汽车企业公开征询一款轻型侦察车，有三家汽车企业应标，各制造1500辆车供军方实地越野测试，结果Jeep中标，二战期间60万辆Jeep车参与作战，证明了Jeep产品的成功。二战结束后，Jeep以其优异的耐用性及可靠度，很快便被用来作为营造生活乐趣的运输工具，成为全球著名的消费品牌之一，并且已经成为越野性能的代名词。

2016年7月，广汽菲克的Jeep极致旅行携手《中国国家地理》、璞缇客、Feekr旅行等众多业界顶级专业媒体合作伙伴，再次定义一次专业级旅行生活应该拥有的样子，很好地传播了Jeep汽车企业文化。

Jeep旅行，不是走马观花式到此一游，而是满怀信赖、倍感安心地踏足未曾领略的风景，为人生收藏全新的阅历，在与自己的对话中探寻未曾发现的可能，为征程拓宽心灵之路的深度旅游。

开着Jeep驰骋在一半是海水一半是火焰的征途，五天行程却蕴含四季风景，连绵浩荡的天山山脉，是连接南北新疆的绝美纵贯线。这里有中国第二大草原，天光、云影、湖水、骏马、天鹅和谐相处，构成最美的"天堂草原"；这里只在一年中特定的时段里准许通车，就好似激情和爱情，都需要定期的维护保养。开着Jeep，跨过10条大河，去翻越终年积雪的4座冰达坂（维吾尔语意为高耸入云冰峰雪山）。历经冰与火的碰撞，壮美和奇险的交错，感受万物和谐，敬畏自然最真实的壮阔。

Jeep极致5天旅行，诠释了Jeep企业文化，让更多消费者被Jeep所宣扬的文化吸引。

任何好的汽车企业文化如果无法"落地生根"，只能是镜中花、水中月，成为口号，即使企业构建起健全的文化架构体系，也只是空中楼阁。因此，汽车企业文化建设需要通过有效的方式传播，一方面将企业的理念转化为企业的认知与行动，引领全体员工的行为指向企业的整体目标。另一方面将企业存在的意义、使命和追求等信息传递给外部市场，提升企业的辨识度。汽车企业文化只有为企业全体员工所接受和认同，被市场所了解和熟悉，才能成为真正具有企业群体或全员意义的，乐于被消费大众和利益相关者接受的，推动企业持续有效经营的重要力量。

## 第一节 汽车企业文化的传播主体

汽车企业文化传播是企业通过各种媒介，向内部员工和社会大众传递自己的企业文化的过程。人是企业和社会的主体，企业文化的主旨与核心对内、对外都是以人为本。可见，企业文化的产生、形成、传播和发展的全过程，都是以人为主体的。

**温馨提示** 汽车企业文化传播视频参见教学资源5.1。

# 第五章 汽车企业文化的传播

## 一、汽车企业文化传播的重要性

汽车企业文化建设的最高境界是：在企业内部让文化理念融入员工思想里、沉淀在流程内、落实到岗位上、体现在行动中。在企业外部让企业理念转化在消费者忠诚上，社会各利益相关者的信任中。因此，汽车企业文化的积累、传承和发展，离不开企业文化的传播。

### （一）传播是让员工认同企业文化的重要手段

一个汽车企业的企业文化建立之后，需要认真细致地、切实有效地做好宣贯工作，才能获得管理者和员工的接受和认同。如果企业文化只存在于管理者的头脑中和企业的文件表述中，而没有得到广大员工的理解和认同，没有转化为员工的日常工作行为，必将流于形式，无法为企业的发展提供强劲的动力。做好企业文化的宣贯，传播是重要的手段。在企业文化的传播中，虽然管理者起主导作用，但是随着企业的发展、规模的扩大，企业文化的传播已经很难依靠一个人或者一个团队来完成，更要依靠广大的员工队伍来完成。

员工是汽车企业文化的载体，要让广大员工认同并接受企业管理者的意识和倡导，必然依赖于自上而下的传播。汽车企业文化的形成、发展、积累都与企业文化对内传播有密切的关系，企业文化在企业内传播，实际上就是对企业内部员工及管理者进行的企业内部的文化培训，教育，宣传，灌输，传递组织目标、任务、方针、政策，通过企业文化的传播，激发员工凝聚力和战斗力，同时可以完善和辅助企业文化的形成，使企业文化得到传承和发扬。

### （二）传播是完善和发展企业文化的重要途径

员工的价值观对企业文化的形成至关重要，在汽车企业文化传播的过程中，企业的内部刊物、网站是员工和社会了解企业文化的重要媒介，要完善企业宣传渠道的建设工作，充分利用这些信息交流工具和平台，通过民意调查、在线论坛、焦点集体讨论等方式，认真倾听员工意见和建议，及时把员工意见吸纳到企业文化的建设中，不断为企业文化创造新的活力，让全体员工体会到，企业文化就是自己的文化。这样的企业文化才接地气，才能成为真正的企业文化。

在汽车企业内传播企业文化理念，可以消除信息不畅导致的各种猜测和疑惑，促进企业内部良好氛围的形成。通过员工之间的沟通、交流和互动，可以增进员工间感情，提高企业行为的趋同性。同时，汽车企业文化在企业内的传播，可以把员工日常的实践信息以及对企业文化的理解在更大范围内扩散，借助群体的力量强化企业文化的渗透力。

### （三）传播是社会公众认可企业形象的重要工具

汽车企业在内部开展企业文化传播的同时，要加大对外形象宣传和正面报道，统筹协调与社会媒体的关系，借助向外传播企业文化，塑造良好的企业形象，提高品牌忠诚度和竞争力，让社会公众和消费者认识企业、了解企业文化，在他们心目中留下一个美好印象，促进企业健康发展。

社会公众通过各种传播途径，如企业文化的主动输出式传播、企业文化的示范传播和企业文化的交流合作等，感受汽车企业经营管理能力，以及研发、生产、质量控制、营销与服务等各细分领域的管理能力，分析企业的发展潜力和前景，判断对企业总体的印象是否真实反映企业的精神文化。传播有利于展示企业形象，因此传播的内容能否被社会各界和公众舆论理解和接受，考验着汽车企业自身的主观努力。

汽车企业文化

## 二、企业家在汽车企业文化传播中的地位和作用

中国企业中常流行这样一种说法,汽车企业文化建设就是"一把手工程"或"经营班子工程",企业文化就是"企业家文化"或"一哥文化"等。这种说法的广泛流传,从一个侧面反映了一些企业文化建设的特点和经验,也反映出了中国企业文化建设与发展的现状。企业家在企业文化传播主体中有着重要的地位,发挥了重要的作用。

### (一) 企业家是汽车企业文化传播的主导者

企业家既是企业生存发展的核心人物,也是企业文化的核心人物。在汽车企业文化的构建中,企业家是企业文化的倡导者和培育者,许多核心价值理念是企业家从自己的经营实践中感悟、提炼出来的,也即管理者个人极力提倡和崇尚的价值理念,成为企业文化的主要来源和构成。因此,在汽车企业文化的传播中,企业家必然是传播的主导者。只有企业家把企业文化传播作为一项重要的工作任务,并纳入企业经营管理的规划中,才能使企业文化的构建与传播实际地运作起来。

在汽车企业中,企业家对企业拥有法律赋予的特定权利,可以利用这种权利单纯地发挥被动的、阶段性的作用,但主动的、长效的、使员工心甘情愿为企业效力的,则是企业文化的作用。企业员工是企业文化的实践者,作为企业文化传播的主导者,企业家只有通过自己的感召力与示范作用去持久地影响和带动员工,使员工接受企业文化,并在管理者的"人格化坐标"中找准自己的方位,把员工自身价值的体现和企业目标的实现结合起来,实现其人生价值。相反,企业家如不注意建立和塑造自己的形象,就会减弱甚至丧失在员工中的威信,在某种程度上,就丧失了对企业、对员工的凝聚力、控制力与影响力。

汽车企业文化建设是一个不断学习的过程,作为企业文化的倡导者更要勤于学习、善于学习并做到终身学习,使团队成为学习型组织。企业家是市场经济活动的主角,与市场经济的发展、现代企业制度的建立密切相关,建设企业文化也需要一批优秀的企业家来引领,只有这样企业文化建设才能得到蓬勃发展。

### (二) 企业家是汽车企业文化传播的组织者

有什么样的企业家,就有什么样的企业文化,企业家的价值观决定着企业价值观的形成,任何一个企业的文化体系无不打上企业家个人文化的烙印。企业家是企业文化的设计者和创始者,也承担着企业价值理念的传承与创新、宣传与传播、教育与培训,因此,企业家是企业文化传播的组织者。

汽车企业文化建设是一个不断学习的过程,要做好企业文化传播的组织工作,作为企业文化的倡导者要认真地学习和继承企业思想宣传工作的成功经验,更要勤于学习、善于学习并做到终身学习,才能具备驾驭文化传播的能力。利用宣传灌输法、精神激励法、活动感染法、典型导向法和管理者示范法等国内外优秀企业的文化传播方法,只有这样汽车企业文化建设才能蓬勃发展。

### (三) 企业家是汽车企业文化传播的示范者

榜样的力量是无穷的,企业家不仅是企业文化建设的倡导者、设计者和指挥者,而且是身体力行的实践者,是企业文化传播的示范者。企业家的言谈举止,使其倡导的文化理念人格化,凡要求员工做到的自己必须首先做到,其自身行为是极为重要的传播途径和方式,自身行为是一种无声的号召,对企业文化的传播具有直接的影响。优秀的企业家具有极强的人

## 第五章　汽车企业文化的传播

格感染力和渗透力，特别是他们的胆识、能力、人品、作风、修养等，吸引、影响、维系企业员工的信任，并形成一种内在的凝聚力，同时在社会上更好地树立起企业形象。

### （四）企业家是汽车企业文化传播的总结者

企业家们每天以他们的所作所为更新着汽车企业文化，通过各种决策和管理传播企业文化，企业家同时也在总结企业文化的传播效果。企业文化伴随着企业的诞生而降临，起初的企业文化是处于无意识状态的，经过传播发展到一定程度后，需要将传播情况和效果进行系统的总结，然后提出应对措施更好地进行推广和实施。企业家们通过企业文化的传播，向企业员工渗透自己创办和发展企业的理想、信念与追求，以使全体员工在认同的基础上团结奋斗。企业家总结企业文化传播过程中出现的现象，也是为了进一步明确企业价值观。

### （五）企业家是汽车企业文化传播的创新者

思维敏捷的企业家常常能及时发现汽车企业文化传播中存在的问题，并能大胆创新，打破束缚企业文化传播的约束，建立能够推动企业文化传播的新方法。因此，企业家是企业文化传播的创新者。

## 三、员工在汽车企业文化传播中的地位和作用

员工是汽车企业发展的基础、动力和源泉，也是企业文化最大的承载主体和传播主体。汽车企业文化由企业管理者提出、创建和倡导，但只有企业全体员工接受、认同了企业价值观、理念和精神等，企业文化才能有效"落地"，才能在企业日常的经营活动中发挥作用，才能使先进的企业文化成为企业真正的文化。

### （一）员工是汽车企业文化传播的承载者

汽车企业文化以价值观为核心，表现出企业独特的行为方式，企业员工不仅熟悉企业文化，而且时刻在传播企业文化。通过企业文化的传播，全体员工共享企业的价值观、企业精神、经营理念，共同遵循企业规章制度，共创企业独特的物质、精神风貌，企业员工首先是以企业文化"内传播个体"的身份而存在的。因此，作为企业的一分子，员工不仅要做好自己的本职工作，也要理解和把握企业文化，因为只有从内心认同和接受企业文化，才可能融入企业，成为企业文化传播的承载者，真正成为企业的一分子。

在汽车企业文化的传播中，管理者起到了主导作用。随着企业的发展、规模的扩大，企业文化的传播已经很难仅依靠一个人或者一个团队来完成，更要依靠广大的员工队伍来完成。

### （二）员工是也汽车企业文化传播的主体

在优秀的汽车企业，每个员工都是企业品牌的形象代言人，是企业对外传播企业文化的第一个窗口，因为消费者通常都是通过这个窗口所提供的产品和服务来了解一个企业的。一个消费者对销售店的看法，一定是通过这个接待员传递的。企业文化对外传播的第一类社会公众对象是消费者，消费者与企业发生关系，是通过两种形式来实现的，一是使用该企业的产品或享受该企业提供的服务；二是与该企业的员工进行直接或间接的联系，既借助于企业的物，又借助于企业的人。而消费者评价企业的依据，就是看产品和服务的质量，以及员工对待消费者的态度，质量越高，态度越好，消费者头脑中所留下的企业形象就越好。可以看到，企业中的每一位员工都是"企业文化传播主体"，他们在日常工作中的态度和行为表现是否符合企业规范，是一个企业的企业文化建设成功的关键所在。因此，在汽车企业文化传

播过程中，要确立员工的主体地位和发挥员工的主体作用。

### （三）员工是汽车企业文化传播的宣传员

在汽车企业文化传播的实际过程中，企业中的很多部门和成员都不同程度地扮演着企业文化宣传员的角色。如营销代理和采购代理、市场部门和广告部门、公关部门、招聘部门、传播顾问及接待部门等，他们通过接受环境的反馈了解企业行为缺陷，为企业调整提供政策咨询，他们对企业文化的传播及企业形象的塑造同样非常重要。所以，企业文化传播必须重视员工力量，要发动企业全体员工来宣传企业文化，塑造企业良好形象。

## 四、先进模范人物在汽车企业文化传播中的地位和作用

在经济建设中，我们很少用到英雄模范这个概念，往往把企业英雄统称为先进模范人物。尽管两者在概念上有一定的差异，但是先进模范人物在企业文化传播中的地位和作用与英雄模范有很多相通之处。

### （一）企业先进模范人物特有的价值观意义

不管是建国立业的英雄模范，还是经济建设中的先进模范人物，从企业文化的视角看，都是价值观的模范遵守者和奉行者，具有象征的意义。企业先进模范人物特有的价值观主要体现在两方面。

#### 1. 他们是企业价值观的人格化

先进模范人物的事迹，能够引导员工深刻理解企业文化的丰富内涵，激发员工爱企如家的精神，把先进模范人物的崇高精神转化为推动实际工作的强大动力。

#### 2. 他们是人格化的企业价值观

汽车企业通过他们的名字表征着企业倡导、崇尚的价值观念，员工把先进模范人物作为一种精神来崇尚和理解，能够树立学习楷模，进一步弘扬企业正能量，引导员工见贤思齐，不断帮助全体员工树立正确的价值观。增强员工对企业理念、企业制度、企业各项经营事业发展的信念和信心。

### （二）企业先进模范人物在传播中的作用

#### 1. 引导作用

汽车企业先进模范人物的先进事迹和精神，是企业价值观的具体体现，他们的特殊行为和壮举，向人们昭示企业需要什么样的人，弘扬什么样的企业文化和企业精神。同时作为企业价值观的人格化，他们的先进模范事迹在流传过程中，往往被赋予传奇故事的色彩以及理性的夸张，成为企业成长过程中的"神话"。汽车企业有意识地传播和扩散这些故事和神话，可以在员工中产生很大的影响，指引员工的努力方向，从而形成强大的感召力，激励员工奋发向上。将他们的思想和行为作为标杆和样板，引导员工的思想和行为，使员工接受和认同企业价值观。

#### 2. 桥梁作用

汽车企业先进模范人物来自于广大员工之中，有很强的亲和力，很容易被员工接受和认同。肯尼迪和迪尔曾在《公司文化》一书中说过，"在员工企图在个人志向与公司目标之间找出现实联系的过程中，英雄人物就日复一日地被涂上圣油，不着痕迹地成了成功行为的一种象征。"可以看出，在历史上那些拥有强力企业文化的企业中，明智的企业家都会利用企业先进模范人物所具有的这种桥梁作用，赋予其神话色彩来成功地传播企业文化。

第五章 汽车企业文化的传播

### 3. 启示作用

汽车企业先进模范人物是普通的员工，他们理解和把握了企业文化的真谛，通过自己的能力获得成功，成为广大员工学习的楷模。他们的经历向人们展示，任何人只要在企业文化的指引下，不忘初心，坚守理念，最终都可以获得成功。普通员工能够从先进模范人物的成功中受到启示并树立起信心，自觉地以他们为榜样，为实现自己的目标而努力。

### 4. 延续作用

汽车企业要使其先进的企业文化延续下去，不但要保持企业经营实践中已经证明过的正确的模式发展，还要根据环境的变化不断地创新发展。因此，要继续关心和爱护企业先进模范人物，不断地强化先进模范人物的宣传，传播扩散他们先进模范事迹的影响。同时做好企业先进模范人物的接替，培育企业模范人物，让他们的业绩和精神，延续和传承企业文化的发展和进步，从而使企业文化在员工中代代相传。

## 第二节 汽车企业文化的传播渠道

汽车企业文化的传播是通过不同的工具和途径，包括各种传递信息方式和手段的传播渠道，将已设计出来的企业理念、核心价值观等有针对性、有计划地呈现出来。只有选择合适的传播渠道，企业文化的相关信息才能顺利到达受众，达到传播的目的。企业文化传播以人为主体（企业管理者、员工、各相关利益者和消费者等），分为内部传播和外部传播。对内传播实际上就是对企业管理者及员工进行的企业内部的文化培训、教育、宣传、灌输。对外传播则是树立企业形象，提高品牌忠诚度和竞争力，促进社会文化进步。

 **温馨提示** 汽车企业文化传播渠道视频参见教学资源5.2。

### 一、汽车企业文化传播渠道主要分类

汽车企业文化的传播，是对企业文化的全面内涵和组成要素进行全方位的推广和扩散，需要根据传播内容选择合适的传播渠道。企业文化传播渠道按照传播的媒介、传播的目的和传播的受众等不同的分类标准可以分为不同的类型。

#### （一）按传播媒介分类的传播渠道

传播媒介通常指传播渠道、信息通道、传播工具等，是介于传播者与受传者之间，用以负载、扩大、延伸、传递特定符号的物质载体。包括两部分内容，一是传递信息的手段，如电话、计算机、网络、报刊、广播、电视等与传播技术有关的媒体。二是组织或机构，如报社、电台和电视台等从事信息的采集、选择、加工、制作和传输。渠道则是指传播过程中传受双方沟通和交流信息的各种通道。传播媒介的传播渠道分为以下三种。

#### 1. 产品传播渠道

汽车改变了人们的生活状况、生活方式，给人类提供了很大的便利。由于汽车产品使用广泛，受众面巨大，汽车生产企业传播自己的企业文化，通常是利用产品生产环节，如向消费者开放制造工厂；产品销售环节，如4S店销售、广告、车展、试乘试驾活动等。以畅销产品为主流载体，并依据媒介所作用的人的感官的不同，选择听觉媒介、视觉媒介或视听媒

介，在网络、电视、报刊、广播等媒体上传播，让消费者在认识和使用产品的过程中接受企业文化，并由此提升企业的品牌价值。

**2. 人际传播渠道**

人际关系是指人与人在相互交往过程中所形成的心理关系，人与人交往关系包括亲属关系、朋友关系、同事关系、管理者与被管理者关系等。汽车企业管理者和全体员工利用人际关系，通过语言与行为等符号系统传播企业文化，以管理者或员工行为传播企业文化的途径有很多，比如企业的优秀服务行为直接交流，借助网络等手段联系交流等。随着网络的普及，汽车产品虚拟化与间接性的网络人际传播是一个明显特征，这种人际传播渠道，可以使汽车企业开展一对多与多对多的交流，以网络为中介来进行信息的传递。在熟人之间、陌生人之间，不同语言、不同层面、不同地区、不同民族的人之间也能够相互沟通，传播产品信息。这种传播方式具有方便、快捷、成本低等特点，极大扩大了企业与消费者人际沟通的圈子，有利于企业与消费者形成良好的人际关系。

**3. 媒体传播渠道**

传播媒体指传播信息资讯的载体，如传统的传播渠道有纸类（报纸、杂志等）、声类（电台广播）、视频（电视、电影）和现代的网络类等。汽车企业利用这些传播媒介传播企业文化，具有速度快、范围广、影响大等特点。互联网传播渠道越来越受到汽车企业的关注。微博、微信、APP等，新兴的传播渠道，具有速度快、针对性强、生动活泼、有互动等特点，正成为汽车企业青睐的媒体传播渠道。

**（二）按传播目的分类的传播渠道**

传播渠道对应传播目的可以分为正规传播渠道和非正规传播渠道两种。正规传播渠道强调传播目的，是通过正式组织和正式媒介传递企业文化信息的途径和通道。非正规传播渠道则有意识地回避传播目的，是在企业正规传播渠道之外的自发、分散的传播信息的通道。

**（三）按传播受众分类的传播渠道**

受众指的是信息传播的接收者，包括报刊和书籍的读者、广播的听众、电影电视的观众、网民等。从宏观上来看，受众是一个巨大的集合体，从微观上来看受众体现为具有社会多样性的人。因此，按照传播的受众可以将传播渠道分为内部传播渠道和外部传播渠道。内部传播渠道是面向企业内部员工的传播渠道，包括内部网络、内部期刊、内部会议等。外部传播渠道是面向社会大众的传播渠道。当企业希望把自己的产品和形象推介到社会以获取社会公众的认同时，就需要借助外部传播渠道才能达到效果。

以上分类并不是绝对的，而是存在交叉的。如产品传播在大多情况下是一种正式传播渠道。再如，内部传播渠道也分为正式的内部传播和非正式的内部传播，没有哪一种传播渠道可以单独承担起汽车企业文化传播的重任，只有相互配合使用才能取得最佳的效果。

## 二、汽车企业文化正规与非正规传播渠道

传播渠道的划分，可以按照传播目的来进行，通常分为正规传播渠道和非正规传播渠道。一般企业重视从内部去分析正规和非正规传播渠道的特征，但随着外部环境对企业经营的影响作用越来越大，企业也不能忽视对外部正规和非正规传播渠道的关注。

**（一）汽车企业文化正规传播渠道**

汽车企业文化正规传播渠道是指企业通过正规组织、正规媒介并符合一般公认的标准的

第五章 汽车企业文化的传播

传递文化信息的途径和通道，如"官方报道""官方消息"的信息通常来自正规传播渠道，其传播途径主要是通过企业内部广播、电视和网络系统、企业内刊、各种会议、文件、报告、展览橱窗和光荣榜、大众媒介等。

从信息流向来看，汽车企业正规传播渠道可以有以下三种情况。

**1. 下行沟通**

下行沟通是在企业中，自上而下将信息沿着企业架构层次、正规沟通渠道传达落实的过程，这种情况具有强制性，是以教育说服和灌输为主的传播活动的一种渠道。如在汽车企业里，在每天的正式上班前，从科长、系长、班长到员工，自上而下地将企业制定的生产任务、质量控制和实施要求等一级一级向下传达，这种沟通往往是指令性的、强制性的、例行公事式的。

**2. 上行沟通**

上行沟通渠道的顺序刚好与下行沟通渠道的顺序相反，是将基层活动和工作情况沿着企业架构的层次和正规沟通渠道，从员工开始一级一级自下而上地逐级向上汇报，汇报的内容可以是多样的，如向管理者反映员工的呼声和愿望，向企业提出合理建议和意见等。它是企业中枢管理部门获得信息反馈的重要渠道。上行沟通渠道，可以保证上级管理者能够及时了解企业目标或任务在第一线的贯彻落实情况，并及时根据收集到的意见和建议情况，对既定决策进行修改，使之更符合实际。同时，上行沟通是把握员工心理和精神状态的重要渠道，充分利用上行沟通有利于及时采取措施，把企业员工情绪和士气调整到理想状态。

**3. 平行沟通**

平行沟通是企业架构层次同级人员之间的信息交流。这是企业中最经常和大量存在的一种传播活动。比如，汽车制造企业有冲压、焊接、涂装和总装四大车间，为保证汽车产品生产正常进行，各车间负责人在产量安排、生产进度、质量检测等业务上进行沟通。而在同一个车间，各科室、各工序之间也存在大量的交流事项。在这种沟通活动中，传播双方不具有上下级隶属关系，平等的协商与联络是传播的主要形式。由于平行沟通时人们地位平等，沟通结果准确率比较高。也可避免沟通各方由于价值目标的差异和竞争，而出现的摩擦内耗的现象，可以提高企业的整体运行效率。

在现代市场环境条件下，企业文化、企业产品及经营业绩等信息的传播，不仅要关注内部的正规传播渠道，也要不断利用对外的正规传播渠道去释放对企业有益的信息，消除社会上不良信息对企业的影响，增加社会公众、消费者对企业及其文化的了解和认同。

**（二）汽车企业文化非正规传播渠道**

在汽车企业内部，非正规传播渠道是在企业正规传播渠道之外，员工自发散布、传递信息的通道。非正规传播渠道主要包括：企业员工之间私下交换意见，议论某人某事，传播小道消息，管理者与员工非正规接触、发表非正规的消息，汽车企业用局域网上的论坛交流，非正规团体的聚会和各种自发组织的业余活动等。在汽车企业外部，也存在着非正规传播渠道，这些非正规渠道有的传播范围还比较广泛，然而对于非正规渠道目前还缺乏有效的管理，在一定程度上将可能影响企业文化的传播，必须引起汽车企业的高度重视。

企业信息传播在非正规传播渠道中进行，也可称为非正规沟通。与正规沟通相比，缺乏有效管理的非正规沟通具有传播的生动性、方式的灵活性、传播的迅速性和内容的丰富性等特点。非正规沟通有时可以起到正规沟通所达不到的效果，企业应高度关注其对企业和员工

141

汽车企业文化

产生的重大影响,做好风险应对预案。

### (三) 非正规传播渠道的重要性

传统的汽车企业管理往往只关注内部分工、职责划分和规章制度的作用,很少关注员工的日常生活,包括婚恋、生育、子女教育、家庭矛盾处理等。现代企业管理突出强调调动人的积极性,提升管理工作效率,它不仅考虑物质条件对人的影响,还考虑社会和心理条件(如感情、情绪)对人的影响,非正规传播渠道恰好能弥补正规传播渠道的缺陷和不足。现在,越来越多的企业充分利用非正规传播渠道的特点,建立企业上下相互沟通感情的通道,为员工提供感情倾诉、精神寄托的平台,将许多在正规渠道不便明说的观点和态度,在非正规传播渠道中以某种方式表达出来,为企业管理者及时了解员工的思想动态、及时调整工作方式和方法提供便利。因此,对于汽车企业来说,发挥内部非正规传播渠道的作用,畅通言路,具有重要意义。

## 三、汽车企业文化内部和外部传播渠道

汽车企业文化传播渠道,又可以分为内部传播渠道和外部传播渠道。

### (一) 汽车企业文化内部传播渠道

汽车企业组织和员工将企业文化的相关信息有计划、有目的地传递给企业内部员工的通道,称为企业文化内部传播渠道。按照传播工具或手段的不同,可以分为内部正规传播渠道和内部非正规传播渠道。汽车企业文化的内部正规传播渠道种类很多,如培训、会议、企业网站、论坛、微信公众号、官方微博、内部刊物、企业礼仪,甚至先进模范人物等。

对于内部非正规传播渠道,可以认为是企业内部除正规传播渠道之外的其他传播渠道。这种渠道也常被称为"文化网络",管理者如能巧妙利用这类渠道来加强与员工的联系,可以更有效地灌输企业的价值观和增强企业凝聚力。

### (二) 汽车企业文化外部传播渠道

汽车企业有组织、有计划、有目的地向外部社会传递企业文化相关信息的通道,可以称为汽车企业文化外部传播渠道。同样,根据传播的工具或手段不同,这种传播渠道也可以分为外部正规传播渠道和外部非正规传播渠道。企业通过外部传播渠道全面、准确地对外展示、传播企业文化和企业形象,最终在社会公众心目中留下一个美好印象,塑造兼具文明度、知名度和美誉度于一体的企业形象,是企业对外传播的主要目的。汽车企业文化的外部传播渠道种类很多,主要方式有广告、大型汽车展览和公共关系三种。

**1. 广告**

广告是汽车企业通过一定形式的媒体,公开而广泛地向公众传递信息的宣传手段,其目的一方面是企业为了向外部社会宣传企业文化和企业形象,另一方面是企业为了占领市场、推销产品、提供劳务,与消费者沟通产品信息和服务信息。汽车企业通过报刊、广播、电视和网络等媒体,把企业形象和汽车产品直接向社会公众发布。尽管广告有助于提高企业知名度,但对提高企业的美誉度作用较小,广告要与公共关系配合使用才能产生更好的文化传播效果。

**2. 汽车展览**

汽车展览通常是在专业展馆或会场中心,由政府机构牵头,专业协会或主流媒体等组织主办的汽车行业经贸交易会、博览会或汽车产品展示、展销会等活动。这类活动,主要呈现汽车工艺和汽车产品的实物,传播汽车制造企业与相关供应商企业、销售商企业的公共关

第五章　汽车企业文化的传播

系，宣传汽车产品的研发和技术成果，也是消费者学习汽车产品技术性能和使用知识，了解汽车制造工业的发展动向和发展趋势的难得机会，更是汽车企业集中对外宣传产品的设计理念，发布产品信息，特别是宣传企业文化的大好机会。

### 3. 公共关系

汽车企业公共关系，是指企业为取得社会的信任和支持、争取与公众和社会各界合作、树立良好的社会形象、开展与公众环境之间的沟通与传播的一系列活动，是企业通过传播手段使自己与相关公众之间形成双向交流，使双方达到相互了解和相互适应的管理活动。因此，也是汽车企业的一种重要管理职能。汽车企业公共关系通过新闻发布会、记者招待会、公开发行企业报刊、参与产品展览会和大型社会活动、慈善救助、赞助社会公益事业等开展。

企业外部非正规传播主要是通过员工个人在非正式时间里对社会公众的影响，在这里不做专门论述。

## 第三节　汽车企业礼仪

企业礼仪是汽车企业的精神风貌，包括企业的经营作风、环境布置风格、待客礼仪、员工精神风貌、员工的举止言谈，以及企业内部的信息沟通方式等内容。汽车企业礼仪往往形成企业独有的传统与习俗，体现企业的经营理念，在企业内外部交往中，逐渐成为社会大众所认同的文化交往理念、交往方式和行为规范。它赋予企业浓厚的人情味，对培育企业精神和塑造企业形象起着潜移默化的作用。

 **温馨提示**　汽车企业文化礼仪视频参见教学资源5.3。

### 一、汽车企业礼仪的构成要素

中国是世界文明古国之一，素以"礼仪之邦"闻名全球。中国的礼仪文化不仅对中华民族有着巨大的作用，而且也带给世界深远的影响。

任何礼仪都带有自身的传统文化的色彩，从这个角度去理解，礼仪是由礼节与仪式构成的。中国礼仪在中国文化中起着"准法律"的作用，渗透于人们日常生活中的点点滴滴。如日常生活中餐桌上的礼仪、待客之道、拜访致礼等。人们遵守某种礼仪，就是对社会规范和道德规范的认同。

任何礼仪都是需要通过具体的形式去表现才能让人感受，如服务礼仪、社交礼仪、政务礼仪、商务礼仪、涉外礼仪等，具体如有迎宾仪式、升旗仪式、婚礼仪式、活动开幕式等。

美国企业管理学家肯尼迪和迪尔认为，企业礼节和仪式是企业文化的五大要素之一，它是企业日常生活中的惯例和常规，向员工们表明对他们所期望的行为模式。汽车企业礼仪，主要由以下几方面构成。

#### （一）汽车企业礼貌

汽车企业礼貌是指企业成员在职业交往活动中，表现出来的文明的言谈举止、行为、仪表、仪态等。它包括：口头语言礼貌、书面语言礼貌、行为举止礼貌，以及服饰、仪容、仪态等方面的文明规范。

汽车企业文化

在企业业务交往中，使用礼貌用语、对他人态度和蔼、举止适度、彬彬有礼、尊重他人等，都是企业礼貌的具体表现。如在《广汽集团企业文化手册》中，对于员工的"待客用语""仪容与态度"等都做了明确规定。

例如，在"礼貌的姿势"中规定：一是员工站立时，要求将臂挺直、两手自然放下、收小腹、重心集中在两脚的大拇指上。二是员工走路时，要求将背挺直，不拖着脚跟走路，任何情况都不在室内匆忙奔跑。三是员工坐着时，要求身体稳稳坐入椅中，将背挺直，不靠在椅背上，不晃动或抖动双脚。在对外接待中规定了待客基本用语："欢迎光临、承蒙您的惠顾、谢谢、请您稍候、对不起、让您久等了、真对不起、是的、我知道了、非常抱歉、请您原谅、谢谢您、欢迎您再次光临。"

礼貌，是人们共同遵守的最起码的道德规范，是人类为维系社会正常生活而约定俗成的要求，它是人们在长期共同生活和相互交往中逐渐形成的，并且以风俗、习惯和传统等方式固定下来。对一个人来说，礼貌是一个人的思想道德水平、文化修养、交际能力的外在表现。因此，企业礼貌无小事，切不可"善小而不为之"，它是企业文化的组成部分，体现着企业精神文明建设和企业行为文化建设的基本要求，是企业道德、职业道德最直接的表现。

### (二) 汽车企业礼节

礼节是不妨碍他人的美德，是人和人交往的礼仪规矩，是人对人表示尊重的各种形式，包括动作形式和语言形式。动作形式有握手、鞠躬等；语言形式有问候、道谢等。汽车企业礼节则是企业成员在内外交往过程中，各种约定俗成的惯用习俗和行为规范的总和，它是企业行为文明的组成部分，反映了企业礼仪的性质和品格，并贯穿在企业职业活动的各个方面，如称呼礼节、问候礼节、应答礼节、仪表礼节、操作礼节、聚会礼节、宴会礼节、迎送礼节等，都属汽车企业礼节的范畴。

### (三) 汽车企业仪式

仪式，多指典礼的秩序形式，如升旗仪式等。而汽车企业仪式是指企业礼仪的具体表现形式，是礼仪的具体过程或程序。汽车企业仪式是企业例行活动的固定化，企业仪式包括：交际和社会仪式、工作仪式、管理仪式、表彰仪式等。

### (四) 汽车企业工作仪式

肯尼迪和迪尔认为，"经理们和工人们每天严肃在干的许多工作也是仪式。"工作仪式即员工们常规的固定化的工作程序。如企业工作的班前准备、工作程序、工作交接、工作结果检验等，均属工作仪式。如在汽车制造企业的四大工艺车间均建立了例行的班前会。班前会是指车间每日工作开始前，由负责人组织相关人员进行的会议，主要是回顾、分析、布置与工作相关的注意事项。汽车制造企业班前会目的是保证汽车生产作业处于安全可控、组织有序状态。这种工作仪式并不直接产生结果，但是由于它能够提供预期的安全感和行为的一致性，所以员工总是忠实地执行这种工作仪式。

另外，在企业日常工作中，上班签到，换工作服，员工们见面相互问好的礼节，上下班相互交接程序，上、下工序之间的传送和验收方式等，也都是不同的工作仪式。

### (五) 汽车企业管理仪式

汽车企业管理仪式是指企业运营中协调、控制、决策等活动的固定化、程序化，是企业在做某件事时特别注重的程序、形式，这些管理仪式是企业管理文化的直接反映和外在表现。企业文化的差异决定了管理仪式的差异，实际上是不同企业文化的表现。

第五章 汽车企业文化的传播

例如，企业的"正规会议"是一种最重要的管理仪式，但不同企业会议的仪式却不尽相同。会议次数、会议地点、与会者人数、会议桌形状、身份和席位问题、会议召开的形式等，都反映着企业文化的差异。管理仪式意味着管理程序从一种状态向另一种状态转化的过渡阶段、中间状态，间接表示管理者之间、管理者与员工之间的对应关系，有利于会议按一定程序顺利进行。从许多会议产生的效果来看，会议管理仪式确有很多合理性与参照性，所以必要的仪式感还是非常重要的。

其实在汽车企业管理中，管理仪式无所不在，尽管不同企业的管理活动千差万别，但良好的管理仪式能增强企业的凝聚力，也为企业各项工作的顺利开展提供了有力的基础。

### （六）汽车企业表彰仪式

表彰仪式是汽车企业对在经营工作中取得优异成绩的员工举行特定的仪式予以表扬并嘉奖，并作为体现企业价值观的范例广泛宣传。表彰仪式的形式多种多样，如对受表彰的人授予光荣称号、颁发奖章、证书等。表彰频率有一年一次或多年一次。表彰规模有正规隆重表彰如召开万人大会，披红挂彩，也有即时的、小范围的、灵活简便的表彰。

在汽车企业中，定期的、正规隆重的表彰仪式一般为企业年度总结表彰大会。表彰会上，企业管理者亲自给受表彰者颁发奖状、奖章和奖金等，介绍他们的先进事迹和突出贡献，把受表彰者的照片荣登光荣榜，并通过各种传媒渠道广泛宣传。

及时的、灵活简便的表彰可以随时进行，形式不必正规隆重，奖品也不必贵重丰厚，有时一根钢笔、一个苹果都可以作为奖品。奖品虽然微薄，但能及时肯定员工的成绩，往往可以取得意想不到的效果。有的企业利用退休欢送会的晚宴等形式，由企业管理者讲述退休人员的事迹，以及向他们赠送纪念品，来表彰他们的成就和贡献，这些仪式也具有表彰意义，可以在广大员工中起到强化企业价值观的作用。

### （七）汽车企业典仪

汽车典仪通常指隆重举行的典礼仪式。汽车企业的典仪有企业周年庆典、大型汽车项目奠基典礼、汽车企业开业典礼、新工厂投产典礼、新车下线典礼等，是具有严格规范性的重大仪式。企业典仪隆重庄严，典礼中表达的如项目投资总额、汽车年产能规模、建设周期、新车型项目等内容可以起到鼓舞人心、催人奋进的作用，它所体现出来的价值意义，要比一般企业礼仪深远得多。

## 二、汽车企业礼仪的功能和作用

礼仪是我们在生活中不可缺少的一种能力。从个人修养的角度来看，礼仪可以说是一个人内在修养和素质的外在表现。从交际的角度来说，礼仪可以说是人际交往中适用的一种艺术、一种交际方式或交际方法，是人际交往中约定俗成的示人以尊重、友好的习惯做法。

从企业管理的意义上说，企业不仅依靠规章制度管理员工的行为，而且依靠企业道德和职业道德的力量调整、规范员工的行为。企业礼仪可以使企业规章制度和道德规范具体化为固定的行为模式，对制度和规范起到强化作用。所以，企业礼仪也被称为软管理手段，被看成是协调企业人际关系的管理艺术。

从汽车企业文化建设的意义上说，企业礼仪表现着企业的价值观和道德要求，它使员工在礼仪文化的氛围中受到熏陶和感染，自觉地调整自身行为以便与团队行为协调一致，从而起到融洽人际关系、激发工作责任感和荣誉感的积极作用。

汽车企业文化

### （一）汽车企业礼仪的功能

礼仪是人们表示不同地位的相互关系和调整、处理相互关系的手段。汽车企业礼仪的功能表现在以下几个方面。

**1. 尊重的功能**

汽车企业及其员工在社会交往中的礼仪规范，可以向对方表示尊敬，在此基础上容易沟通感情，从而使交往容易成功。

**2. 约束的功能**

礼仪是社会文明发展程度的反映和标志，同时也对社会的风尚产生广泛、持久和深刻的影响。汽车企业礼仪作为企业和员工的一种行为规范，对企业和员工的社会行为具有很强的约束作用。汽车企业礼仪一经制定和推行，久而久之，便成为企业的习俗和行为规范。任何一个生活在礼仪习俗和规范环境中的员工，都自觉或不自觉地受到该礼仪的约束。

**3. 教化的功能**

汽车礼仪通过评价、劝阻、示范等教育形式去纠正员工不正确的行为习惯，倡导员工按礼仪规范的要求协调人际关系，维护企业的正常经营活动。讲究礼仪的员工同时也起着标榜的作用，潜移默化地影响周围的人。企业礼仪的教化功能主要表现在两个方面：一方面是企业礼仪的尊重和约束作用，企业礼仪作为一种道德习俗，它对企业的每个员工，都有教化作用，都在施行教化。另一方面，企业礼仪的形成、完备和凝固，会成为一定企业传统文化的重要组成部分，它以"传统"的力量不断地由老员工传承给新员工，世代相传。在汽车企业的发展过程中，汽车企业礼仪的教化功能具有极为重大的意义。

**4. 调节的功能**

汽车企业员工在与人交往时只要注重礼仪规范，就能够互相尊重，友好合作，从而缓和和避免不必要的冲突和障碍。企业礼仪具有调节人际关系的功能，一方面，企业礼仪作为一种规范、程序，作为一种企业文化传统，对员工之间相互关系模式起着规范、约束和及时调整的作用。另一方面，某些企业礼仪形式和活动可以化解矛盾、建立新关系模式。企业礼仪在处理人际关系和发展健康良好人际关系中，具有重要的调节功能。

### （二）汽车企业礼仪的作用

汽车企业礼仪是塑造形象的重要手段。在企业的各项活动中，交谈讲究礼仪，可以变得文明；举止讲究礼仪可以变得高雅；穿着讲究礼仪，可以变得大方；行为讲究礼仪，可以变得美好。总之每个员工讲究礼仪，就可以变得充满魅力，事情就会做得恰到好处，企业的整体形象也会得到进一步的提升。

汽车企业礼仪是员工工作生活和社会交往中约定俗成的，员工可以根据各式各样的礼仪规范，正确把握与企业内外部的人际交往尺度，合理地处理好人与人的关系。如果没有这些礼仪规范，往往会使员工在交往中感到手足无措，乃至失礼于人，闹出笑话。熟悉和掌握企业礼仪，就可以做到触类旁通，待人接物恰到好处。

具体来说，汽车企业礼仪对于企业文化建设的作用主要表现在以下几方面。

**1. 汽车企业礼仪体现并固化企业价值观**

汽车企业的价值观决定了企业礼仪的内涵，两者密不可分，它是由价值观派生的，为价值观而存在的，是企业价值观的具体体现和实施，是一种独特的传播企业价值观的方式。这种独特的行为方式通过履行一定的礼仪程式，不仅可以使员工接受和认同价值观，同时，还

## 第五章 汽车企业文化的传播

推动了员工将其内化为自身的观念和行为。

**2. 汽车企业礼仪体现并固化企业道德观**

汽车企业礼仪不但表征着企业的价值观，也体现企业的道德要求，塑造着企业形象，这种企业的道德要求使员工在礼仪文化的氛围中受到熏陶，自觉调整个人行为。汽车企业礼仪实际上是企业道德规范的具体化、程式化、固定化，如交际仪式、工作仪式、生活仪式和节庆仪式等，在这些具体的礼仪活动中，员工们自觉或不自觉地接受了一定的道德规范。

**3. 汽车企业礼仪可增强凝聚力和向心力**

汽车企业仪式形式多样，仪式过程轻松愉快，内容温馨贴近人心，如庆典、表彰会、员工生日庆贺、欢迎新员工、欢送老员工退休等礼仪活动，员工都乐意参加这类活动。在活动中，融洽的氛围很容易促进员工之间的沟通、联络和感情交流，无形中增强企业的凝聚力和员工的向心力。社会心理学研究表明，人具有相互交往和群体聚集的心理需要，企业举办的各种礼仪活动，开展经常性的各类群体交往和聚集活动，有助于产生彼此认同的集体意识，并消除人际隔阂、增进情感、激发活力。

**4. 汽车企业礼仪可树立良好企业形象**

汽车企业礼仪对内对外要求一致，表现了企业待人接物、处理公共关系的良好风格，体现了企业对员工、消费者、竞争伙伴和相关公众的尊重，良好的汽车企业礼仪有助于企业在内外公众中形成良好的形象。如一些汽车企业定期邀请员工家属到企业参观访问，向他们介绍企业的发展情况，员工在企业中的工作成绩等，很好地沟通了企业与员工家属的情感；有的企业定期召开汽车供应商大会和经销商大会，加强产供销一体战略联盟关系；有些企业定期召开顾客座谈会、顾客联谊会或组织消费者监督委员会等，加强企业与消费者的联系，增强他们对企业的信任感和忠诚度；有的企业定期举办"开放日"活动，让社会公众参观企业的生产情景，增进公众对企业的了解、信任。汽车企业礼仪塑造了社会公众认同的良好企业形象，在当今市场竞争日益激烈的形势下，成为汽车企业的无形资产和竞争利器。

### 三、汽车企业礼仪文化建设

汽车企业礼仪是企业的行为规范和程式，它是由企业风俗或企业传统经过内外环境的"洗礼"而形成的，更是通过道德的自律和他律的约束来实现的。因此，在企业礼仪文化建设中，企业可以在道德软约束的基础上，把它上升到制度或规范的层面来解决，给它赋予一种硬约束力量，让企业礼仪文化建设更加有力和坚实。在企业礼仪文化建设中，要特别注意以下几方面工作。

#### （一）梳理整合企业的风俗和传统

在梳理、整合汽车企业的风俗和传统的过程中，学习国内外先进的企业礼仪是非常有必要的，但关键是要结合我国国情和企业实际，保持民族和多年积累的风俗习惯和良好传统，这样的礼仪才能接地气。如一位汽车零部件企业总经理到日本考察，看到一家与丰田汽车配套的零部件企业总经理每天上班前都在企业门口迎接员工，并鞠躬问好。考察回来后就依样模仿，由于员工们不知道总经理这样做的用意，造成每个员工在进门时心情紧张、手足无措，很不自在。这说明企业礼仪的制定，既要符合国情、民族特色和企业的实际情况，又要符合日常的习俗和习惯，为广大员工所理解，才会取得良好的效果。

汽车企业文化

### （二）发挥管理者的实施主导作用

大量的企业实践证明，汽车企业礼仪文化如果没有企业管理者的首倡与发动，是很难建立起来的。因为员工们往往不是看管理者怎么说，而是看管理者怎么做。企业管理者带头先行一步，汽车企业礼仪文化推广就有强劲推动力，管理者带头示范，开展企业礼仪文化活动就有了巨大号召力。

### （三）通过教育培训推广企业礼仪

汽车企业礼仪是一门应用艺术，礼仪的培训和推广需要循序渐进才能取得好的效果。企业礼仪制定后的推广，并不是发几份文件，看几段视频就自然地被广大员工所接受和认同，必须高度重视对员工的教育和培训。企业礼仪培训和推广需要把握好以下几方面内容。

#### 1. 礼仪传播

汽车企业应充分利用各种媒体和传播手段，如广播、电视、报刊、网络等。广泛宣传企业新的礼仪规范，营造一种了解礼仪、掌握礼仪和实施礼仪规范的氛围，努力把礼仪规范融入全体员工的工作和生活中，把礼仪规范推广至生产经营的每一个角落里。

#### 2. 礼仪培训

培训是快速推广礼仪规范的有效手段，汽车企业可通过举办由各类员工参加的礼仪培训班，系统化培训和学习礼仪规范，结合职业特点进行训练，使员工在短时间内迅速地掌握企业礼仪知识和规范。

#### 3. 岗位培训

岗位培训就是根据岗位应具备的礼仪要求，结合不同的岗位工作需要，为在岗员工有针对性地安排汽车企业礼仪培训的活动，其目的是提高在岗员工的礼仪知识和服务态度。如针对车间生产工人、办公室文员、销售店销售人员等，进行不同岗位的礼仪培训。

#### 4. 新员工培训

对于汽车企业而言，招聘到优秀的人才，并不等于拥有了优秀的员工。重要的是新员工的入职培训，汽车企业对新员工开展的态度、规范、价值观的企业文化培训，包括企业礼仪和行为规范等内容。培训可以帮助新员工系统掌握企业文化，快速提高礼仪水平，适应企业环境和新的工作岗位，融入企业大集体，进入角色，为今后顺利地开展工作打下基础。这关系到新员工对企业文化的理解、对企业礼仪文化的理解、对本职工作的理解，有利于新员工尽快进入工作状态，有利于企业和新员工的共同发展。因此，企业文化培训是新员工培训的重要内容。

## 第四节 汽车企业文化网络

**参考案例 20：** 日本丰田汽车中的非正规组织

丰田汽车为使企业中的非正规组织朝着健康的方向发展，大力鼓励和引导企业员工成立各种非正规的员工团体。例如，籍贯相同者可以组织同县会；同一母校者可以组织同学会；兴趣相同者可以组织各类的球会、诗歌会、围棋会；学历相同有共同语言者组织丰进会（大学毕业生）、丰泉会（大专毕业生）、丰辉会（短大毕业生）；在公司中担任相同职务者

## 第五章 汽车企业文化的传播

组织部长会、课长会等。诸如此类的"亲睦团体"不胜枚举。企业为各种团体提供活动场地，对团体的活动既不插手，也不限制，员工用自己缴纳的会费进行活动，团体的管理者通过民主选举产生，轮流担任。企业里还有许多俱乐部活动，包括相扑、射箭、游泳、排球、击剑等各项体育俱乐部，诗歌、音乐、读书等文化俱乐部，女员工还有烹调、手工艺、服装设计等活动。各俱乐部一般由常务董事担任名誉会长，董事担任会长。丰田汽车通过各类非正规团体及活动，有效地传播了企业所崇尚的价值观和理念，既增进了员工之间的情感联系，也满足了员工们自我发展的需求。

从汽车企业文化的建设总体情况看，在企业内部，员工们的大部分信息和交流，经常是通过非正规传播渠道来获取或实现的，许多企业通常很注重正规传播渠道的作用，却往往忽视了非正规传播渠道的存在。因此，在企业文化传播过程中，发挥非正规传播渠道的积极作用尤其值得注意。肯尼迪和迪尔在《公司文化》一书中，把企业中通过非正规传播渠道传播企业文化的途径和沟通路线称为"文化网络"。

### 一、汽车企业文化网络组成

文化网络是指在企业中传播价值观、企业先进模范人物的事迹等非正式的信息沟通与传播的手段，也称渠道，也是企业内部基本的、非正规的交流沟通方式。汽车企业文化网络常常与非正规组织联系在一起，交流非正规的文化信息。

汽车企业文化网络组成比较特殊，不包括企业的管理者，而由分布在企业中不同岗位的中层管理人员和普通员工组成。文化网络中有七大类重要的角色，诸如讲故事者、"牧师"、耳语者、闲聊者、秘书、密探和小集团等。这里仅就汽车企业文化网络的基本人物与特征进行简要的介绍。

#### （一）讲故事者

讲故事者主要来自于地位高、信息量大，但不起管理者作用的高级管理岗位，他们有想象力、洞察力和对细节的辨别能力。经常把发生在企业里的逸闻趣事，按照自己的观点进行传播和扩散，因为他们知道得很多，所以能根据自己对企业中所发生的事情的感觉，编成故事向别人讲述。这些讲故事者将企业内部的趣闻要事添油加醋编成形象通俗的故事，经他们传播后，将一件平常的轶事赋予了不同的文化意义，员工津津乐道争相传播，形成大范围的传播效应。

由此可见，讲故事者是企业文化网络中的重要人物，他们通过讲故事可以产生较强的吸引力和影响力，有时能以假乱真、弄假成真，所以他们在企业中处于一种有力的地位，讲故事是传达信息、统一行动的最强有力的一种方式，通俗易懂的故事容易打动人。在企业文化的建设上，汽车企业可以充分发挥讲故事者的积极作用，促进企业文化建设工作有效开展。

#### （二）"牧师"

"牧师"主要形成于企业管理者顶层以下第三到第五管理层，在正式组织系统中担任一些下面没有职员、上面无须经常向分管管理者报告工作的职位，如"研究专员""行政顾问"之类。他们多为企业元老，在企业工作时间很长，对企业历史、企业内每个人、每件事都了如指掌，是企业历史的活百科全书。

由于他们长期在企业工作，对企业怀着深厚的感情和强烈的责任感。面对其他员工，他

汽车企业文化

们往往会不厌其烦地讲述企业辉煌的历史，歌颂企业先进模范的事迹，并以此为己任，来教育和激励周边的员工。因此，在拥有强力企业文化的汽车企业中，企业文化"牧师"发挥的作用不容忽视，他们是企业宝贵的"活化石"资源，要很好的珍惜和爱护。

### （三）耳语者

耳语者往往形成于一个不太引人注目的岗位上，即高层决策者周边类似"特别助理"式的人物。他们的权力来自上司的耳朵，这些人虽未担任某种正规职务，但有时却能够呼风唤雨，员工在办事前都想听取耳语者的主意，他们对企业管理者极度忠诚，往往是企业里令人望而生畏的人物。他们具备两种关键技能：一是善于察言观色，能根据极少的线索，快速和准确地领会企业管理者的意图，从而能通过耳语左右公司的决策。二是立足于努力工作，能在整个企业内建立广泛的支持关系，从而能使消息在整个网络传播。他们的权力取决于发挥这两种关键能力的程度。

### （四）闲聊者

闲聊者可以形成于任何一个岗位，不与企业管理者接近，是企业文化小道消息的传播者。他们的能力是善于在餐厅的饭桌上或在休息室喝咖啡、工间休息时与一大群人闲聊，这类人物传播信息不分场合，表现出神秘而不经意，经常是以悄悄话开头，他们接触面很广，能够把小道消息迅速地传播和扩散到企业的各个阶层，因此具有较强的渗透力和影响力。人们容忍甚至喜欢闲聊者，仅仅是为了消遣，并不指望所得到的消息一定是正确的。企业里每天发生的琐碎小事都会是他们的传播内容，他们迅速、生动地传播信息，但是他们以逗趣取乐、引人注意为目的，因而，往往会对所掌握的信息进行夸张或篡改，甚至杜撰一些小道消息的内容。

在拥有强力企业文化的汽车企业中，闲聊者的作用与讲故事者不同，他们并不创造企业神话和先进模范人物，而是以润饰先进模范人物的功绩和成就来推动造就先进模范人物的进程。他们与"牧师"不同，不讲大道理。他们与耳语者也不同，不接近企业里的大人物。但是他们以特有的方式传播企业价值观、提高先进模范人物的地位，因此，汽车企业可以充分发挥他们的作用。

### （五）秘书

汽车企业中的秘书或秘书处员工，也许是唯一以正式的身份介入文化网络的人，是企业文化网络中的一个重要信息源。因为他们的工作接近管理层，了解企业的真正面貌，很清楚企业中正在进行的事情。他们往往不愿介入纠纷，相对超然于事外，因此，较少带有偏见，可以公正评价相关事情，扮演不偏不倚的角色。

有时，秘书还会直接扮演耳语者和"牧师"的角色。例如，他们会比其他任何人包括总经理更详细地告诉人们，这个企业到底是什么样子，到底在发生些什么事情，或者告诉上司发生在办公室里的争论，甚至在车间里谁对谁开了一个令人发窘的玩笑等，他们往往通过小道消息网络把企业和管理者的功绩传播和扩散出去。

### （六）"密探"

汽车企业的"密探"是指那些从来不说任何人坏话，不以任何方式来改变企业气氛而影响他人工作的人。他们能把各方面的意见都听进去，并原原本本地向企业管理者汇报，因而企业管理者把他们当作"密探"来使用。显然，企业里的新来者最容易成为这种"密探"。

在汽车企业中，企业管理者和员工之间有一种天然的隔阂。若要有意识地培育员工，企

## 第五章　汽车企业文化的传播

业管理者就要了解员工的思想活动、小动静等，以便能及时采取对策，将一些问题消灭在萌芽之中，进一步和谐上下级关系。

### （七）小集团

汽车企业中两个或两个以上的人为了达到共同的目的，提高自己在企业中的地位，常常秘密地结合在一起，艺术性地在众人面前讲述企业内其他人的相关事情，而形成互相照应的小集团，实际上这种小集团就是企业中的非正规组织。小集团的成员通过各种方式聚在一起，有的是具有共同的兴趣爱好，有的是由于职位和工作关系相互接触频繁，有的是在同一个部门工作等，他们相互交流频繁，容易形成较为一致的价值观和共同的经验。他们的活动通常不是按照正常的隶属关系进行的，往往拥有各种信息沟通渠道，信息来源较广。这种小集团的力量对小集团以外的其他人员具有较大的影响力和控制力。

小集团作为企业的非正规组织，往往是无名而有实的团体，其作用与正规组织明显不同。小集团成员相互配合，默契合作，通过能摸准员工的心思，满足他们的多种需求，尤其是情感和精神方面的需求，起到正规组织所起不到的作用。具体说来，他们的积极作用主要有以下几点。

**1. 非正规信息沟通和交流**

非正规组织是一个相对自由、宽松的平台，信息沟通和交流比较随意，不受相关规定的约束，在这里，可以获得许多在正规组织中无法得到的信息，弥补了正规渠道沟通的不足。

**2. 利用非正规组织沟通协调**

汽车企业有时候可借助非正规组织具有的中间人性质的角色，更好地了解员工真实的心理倾向与需要，以便有的放矢地采取对策来增强企业内部的团结，调动和发挥员工们的积极性和创造性。当企业要推动一项变革时，往往会遇到阻力，在正规传播渠道里，企业和员工有时难以达成共识，往往通过非正规组织了解员工需求、传递信息后，可以协助企业有针对性地开展工作，以达到更好的沟通效果。

**3. 发挥员工的兴趣爱好特长**

员工可根据自己的兴趣、爱好和特长等要求，自愿组合成非正规组织，并在其中相互切磋，彼此取长补短。在这种组合里员工可以自由发挥兴趣爱好，有利于员工的自我完善和自我发展。在一些汽车企业文化建设开展得比较好的企业中，管理者常常有意识地发展小集团，并注意把企业利益与小集团利益协调起来，从而使这种小集团成为汽车企业的一个强有力的经营管理网络点，成为企业管理者的有效助手。

非正规组织的小集团也存在消极的一面，比如企业难于控制其信息的传播，当传播的内容失真时，将影响企业的凝聚力和人心稳定，有时几个小时的正面报告，也抵不上小集团几分钟的闲聊。因此，汽车企业要发挥或发扬小集团的优点或有利条件，克服或回避小集团的缺点或不利条件，为企业所用。

### 二、汽车企业文化网络的管理

汽车企业文化网络是客观存在的，有其非正规组织的两面特性，既可以成为传播企业文化、增强企业内部联系的有力工具，又可以成为传播垃圾信息、瓦解企业正常联系、破坏正常运营的手段。企业文化网络虽然是非正规的、员工自由组合形成的群体，但是，它有自己约定俗成的潜规则。管理者在加强企业文化网络的管理上，要了解网络中的人员情况，掌握

## 汽车企业文化

和熟悉其运作规律和运行规则，并给以正确的引导，以有效地管理和运用企业文化网络，促进汽车企业文化健康发展。

### （一）了解文化网络中各种角色人物

为有效地发挥企业文化网络的正面效应，企业管理者要通过各种途径进行调查研究，了解本企业中客观存在的各种文化网络人物，诸如讲故事者、闲聊者、"牧师"和小集团等。管理者在寻找这些人物时，必须在思想上端正态度，既承认这些人物的客观存在，重视他们的作用，还要深入到各个管理层广泛地进行调查和交流。经验表明，作为企业经营管理人员，务必要谦逊谨慎地对待每一位文化网络人物，文化网络中的人物未必具有正规的管理者头衔，但是他们产生的影响面大，不能忽视。另外，企业管理者特别要了解扮演各种文化网络角色人物的特征，掌握和熟悉各种非正规组织的潜规则，并客观实际、公平公正地对待这些非官方的各种文化网络人物及非正规组织，切忌表现出轻视或反对的态度，积极应对，措施得当，则可能化不利为有利，促进汽车企业文化健康、顺利开展。

### （二）与文化网络角色人物建立联系

企业管理者了解扮演各种网络角色人物的特征、掌握和熟悉各种非正规组织的潜规则之后，要注意加强与他们的联系。工作中，应认可他们在企业的特殊地位，尽可能满足他们的正常合理要求。生活中，应了解他们的家庭、个人生活情况和细节，个人的兴趣爱好和人际关系情况等，尽可能走进他们的生活，真诚地与他们交朋友，建立起密切的联系，便于发挥他们的作用。

### （三）运用文化网络为企业管理服务

汽车企业管理者要扬长避短，有效地运用文化网络的优势，采取因势利导、顺势而为的管理方式为企业管理服务。管理者或企业文化部门要根据管理的要求和经营活动的需要，经常地有针对性地创作反映企业文化价值观的企业故事或消息，并有意识地向文化网络中的相关人员传递，如闲聊者和小集团，以充分运用和发挥非正规沟通渠道所具有的生动、灵活、迅速等特点，将企业所希望传播的文化信息广泛地扩散出去。

### （四）协调两种传播渠道的互补作用

汽车企业文化网络具有来自员工、亲近员工的民间特性，是一种重要的非正规传播渠道，既要做好管理，充分运用，还要协调好与正规传播渠道的关系，形成两种传播渠道互补的双重作用，增强企业文化信息的传播效果。

**1. 发挥两种传播渠道各自的优势**

汽车企业的正规沟通渠道一般都带有制度管理的强制性，官方色彩比较浓厚，在传播文化信息的过程中，容易出现层级管理的递减性特征，传播效果有时并不理想。非正规渠道传播具有表达的生动性、方式的灵活性、时效的迅速性和内容的丰富性等特点，能起到正规沟通渠道所起不到的作用。企业管理者要坚持一分为二地看问题，既要看到两种渠道的积极作用，也要重视各自的弊端和不足带来的负面效果。在管理中要充分考虑信息特性，对于柔性的文化信息传播，应采用正规沟通渠道传播并做好配套应急预案，以保证企业的执行力。对于刚性的文化信息传播，应通过非正规渠道进行非正规沟通，在一定程度上避免不必要的对立，弥补正规沟通渠道的不足。

**2. 引导文化网络正面健康发展**

汽车企业文化网络有效传播企业文化，通常是发生在企业文化建设工作做得好的汽车企

## 第五章 汽车企业文化的传播

业之中。在那里，企业文化宣贯到位，文化氛围比较浓，相关制度比较健全，员工素质比较高。而在企业文化建设工作做得还不到位的汽车企业中，企业文化网络有可能会产生破坏企业文化、瓦解组织的作用。因此，这类汽车企业要在加快企业文化建设工作的同时，采取适当的措施，避免企业文化网络负面作用和影响的发生。

(1) 加强正规沟通渠道的作用　保障正规渠道的信息畅通，加强汽车企业正规沟通渠道的作用，是避免文化网络人物的不实宣传，避免企业文化网络负面作用在弱势企业文化的汽车企业发生的有效举措。实践表明，在有些企业，当正规沟通不畅时，非正规沟通就会自然而然地畅通起来，而正规沟通渠道畅通时，非正规沟通的作用则递减下来。

(2) 主动引导非正规组织的建立　在正规沟通渠道较弱的汽车企业，企业管理者要结合汽车企业的实际需要，积极、主动地引导企业员工成立各种非正规组织，并积极发挥他们的作用，以弥补正规沟通渠道的不足，诸如成立各种由员工自愿参加或自发组织的 QC 小组、技术攻关小组、读书会和各种文体活动小组等，这些类型的非正规组织都是加强企业成员相互沟通的有效形式。

(3) 把握文化网络特殊性运行　为传播真实的企业文化信息，营造汽车企业团结一致、积极向上的风气，汽车企业管理者要注意把握企业文化网络运行的特殊性，主动地向文化网络人物传播真实的企业信息，实现企业文化网络传播企业正能量的目的。企业管理者要加强与他们的联系，使他们在价值目标上与企业价值目标趋近或认同，特别是要使这些员工中的关键人物发挥出积极的作用。同时，为避免企业文化网络引发事态并蔓延，对那些与企业价值观格格不入的人，要及时采取一定的组织措施，对那些恶意肇事的人，要依法依规进行处理。

汽车企业要注意充分发挥正规的或非正规的沟通渠道的互补作用，及时调整和修正相互之间的关系，引导文化网络正确地传导企业价值观，营造良好的企业文化氛围，这是汽车企业搞好企业文化建设，有效地开展正常生产运营活动的重要保证。

## 本章小结

1) 汽车企业文化传播非常重要，企业家是企业文化传播的主导者、组织者和示范者；企业员工是汽车企业文化最大的传播主体和承载主体；企业先进模范人物是企业价值观人格化的代表。

2) 汽车企业文化传播渠道按不同分类标准可分为不同的类型。汽车企业文化正规传播渠道和非正规传播渠道以及企业内部传播渠道和外部传播渠道各有特点。

3) 汽车企业礼仪是传播汽车企业文化不可或缺的重要途径和手段，它具有多种多样的表现形式。通过接受、认同和履行企业礼仪，可以固化企业价值观、企业道德，并将其外化为企业员工的行为规范。

4) 汽车企业文化网络是企业内部非正规传播渠道。它由具有不同角色的特殊人物构成，在该文化网络中，每个角色都发挥着不同的作用，加强汽车文化网络的管理，才能使之扬长避短，促进汽车企业文化健康发展。

## 作业

完成"学习工作页"第五章的各项作业。

# 第六章
# 汽车企业文化的建设

 学习目标

1）掌握汽车企业文化诊断的基本原则和基本方法，企业精神文化建设、企业行为文化建设的关键步骤和基本方法，重点掌握汽车企业文化建设方案的制定。

2）熟悉汽车企业文化内外部环境分析，汽车企业文化建设阻力因素分析，包括企业内部个体阻力、组织阻力以及各种文化理念阻力，熟悉汽车企业文化设计与建设的四个阶段。

3）能够进行汽车企业文化建设工作的开展，包括调研分析、总体规划、方案制定及设计、实施与传播、评估与调整等过程。

4）培养读者认识企业文化建设的必要性，理解企业文化建设的科学内涵，承担汽车企业文化建设具体工作的能力。

**参考案例 21：** 长安汽车企业文化建设实践

汽车企业文化建设是一个复杂而长期的工作，特别是汽车企业文化的具体落地，在企业

## 第六章 汽车企业文化的建设

管理者与员工思想的统一、企业文化价值与员工行为的匹配、客户和社会公众对企业理念的体验等方面,存在着诸多的挑战。长安汽车在"领先文化"的基础上,经过数年的实践积累,已经提炼出一定的文化建设运行模式,积累了一定的理论和实践方面的经验。

### 一、建立三大支撑模型

#### (一) 企业文化全价值链关系模型

企业文化直接影响到企业战略与业务战略,企业战略与业务战略落地后就形成了企业的方针政策和制度流程。员工与企业文化不直接关联,但是却真实地感受着方针政策和制度流程,员工通过消化吸收方针政策和制度流程,最终的表现是产品的质量和员工的行为。而客户感受到的是员工制造出来的产品的质量和带给他们的感动;客户通过产品质量和员工传递出的感动,表达出对产品品牌的支撑。

这样,企业文化转化为企业的方针政策和制度流程,员工落实方针政策和制度生产出高质量的产品,消费者使用高品质产品产生对企业品牌的信任,形成了企业文化全价值链关系模型。

#### (二) 长安汽车领导力模型

长安汽车领导力,就是动员长安全体员工,为打造世界一流汽车企业共同努力奋斗的能力。"领"是领先、引领,"导"是指导、激励,"力"是能力、魅力。

长安汽车领导力中定义了7大角色,即文化创建者、战略承载者、系统管理者、团队发展者、问题解决者、创新实践者、品牌打造者。其中这七大角色中每一个角色都分别定义了详细能力项。具体为21项领导能力:愿景和价值观、榜样和责任、倡导和传播、创造市场和价值、统筹和突破、减少浪费和成本、专业素养、组织管理、时间管理、标准化和数字化、激励、沟通和协调、严格认真、直面问题、快速响应、科学方法、对标学习、创新变革、不断改进、品牌意识、客户导向。

文化创建者,位于领导力构建之首。领导干部的文化创建者角色,需要积极创建长安文化,使员工拥有共同的愿景和价值观;身体力行,树立榜样,承担使命和责任;努力宣传长安文化,凝心聚力,激励斗志,让长安文化成为自觉和习惯。

#### (三) 长安汽车员工核心素质模型

长安汽车的员工核心素质模型,是在参考全球标杆企业的成功经验的基础上,从长安汽车的战略和组织的客观需求、文化的核心诉求以及高绩效优秀员工的实践三个方面得出来的。它对企业多方面工作都产生了重要的价值。

对于企业,核心素质模型将员工的能力和企业战略目标结合在一起,为特定的人群提供了共同的框架和语言,向企业提供一组清晰的关于员工核心素质优劣势的数据。

对于业务部门,核心素质模型有助于强化人才队伍建设并最大限度地提高部门整体绩效,提供了在员工绩效评估和个人职业发展等方面深入沟通的基础,提供了员工绩效目标的标准,有助于在团队中识别人才。

### 二、长安汽车企业文化落地

长安汽车经过五年的探索,最终将企业文化落地的"地"归纳为4个方面11个要素。这四个方面分别为"资源保障建设、文化管理体系建设、落地过程管控建设和效果评价"。

#### (一) 资源保障建设

企业文化组织资源保障"经纬相交,织作布帛"。之所以说企业文化组织资源体系建设

汽车企业文化

是企业文化落地的基础保障,是因为组织是一个团队为实现共同目标形成的有机组合,是工作效率的源泉。

### (二) 文化管理体系建设

企业文化落地的标志体现在两个方面,一个是在组织层面的落地,另一个是在员工层面的落地。在组织层面,企业文化与企业的生产经营相结合,促进企业实现愿景目标;在员工层面,企业文化与员工的价值观和行为方式相结合,促进员工认同企业的价值观。

**1. 企业文化在组织层面落地的路径**

企业文化在组织层面落地的路径为企业文化与企业生产经营的紧密结合。该结合分两个层面:一是在分(子)公司、事业部层面,企业的文化理念要转变为分(子)公司的文化理念(或称子文化),子文化形成后各业务层面的经营理念作为对子文化的支撑需要进行进一步的完善和细化,同时,经营理念也是业务层面战略地图展开的重要支撑,通过战略地图的展开,形成部门的年度业务工作推进计划,进而指导部门业务的开展,达成分(子)公司业务目标的实现。二是在职能业务层面,企业文化理念需要转变为各业务层面的经营理念,进而支撑业务层面战略地图的形成和展开,各业务层面以战略地图为纲,制定年度业务推进计划和个人年度绩效目标计划。

**2. 企业文化在员工层面落地的体现**

企业文化在员工层面落地的现实体现是企业员工行为习惯的养成。员工行为习惯的养成需要从四个方面进行构建。第一个层面是构建企业文化理念体系;第二个层面是构建企业文化的行为体系;第三个层面是构建企业文化的传播体系;第四个层面是构建企业文化的识别体系。

(1) **理念体系的构建** 企业文化的建设离不开企业的发展历史,企业历史是企业文化建设的根基和重要组成内容,所以在构建企业文化的过程中首先要对企业的历史进行梳理,将其中的闪光点总结提炼出来,作为新的文化理念提炼的依据。

同时,通过对标世界一流汽车企业和世界一流上市企业的文化特征,提炼出成功企业的一些共有的文化基因,结合企业的发展战略、领导层的期望以及外部客户和供应商的期望,继承企业员工长期以来沉淀下来的优良传统和优秀做法,提炼出长安汽车的企业文化基因,并最终形成了CA1613企业文化理念体系。

(2) **行为体系的构建** 企业文化行为体系的设计目的在于调整个人行为,使之与企业目标相一致,调整企业行为,使之与企业发展相统一。

在企业行为的调整方面主要围绕两大行为要素进行调整。一是企业内部行为,包括教育培训、研究发展、生产管理、人事安排、奖金或福利分配、内部沟通、文体活动等;二是企业外部行为,包括市场开发、促销活动、广告宣传、招聘活动、资金筹集与股市活动、消费者权益保护、公益活动、环境保护等。

在企业人行为方面,主要围绕企业家行为,企业先进模范人物、领域带头人、专家、技术能手等具有企业行为"风向标"的人物行为、企业员工群体行为(即各类员工的岗位工作表现和作风、非正式企业活动和业余活动)三个方面进行调整和改善。如长安汽车已经建立起的比较完善的员工行为体系,包括《长安汽车领导力模型》《员工手册》《质量管理手册》《员工安全手册》《管理一体化操作手册》、领导干部和员工"18 10"禁令等。同时树立起一大批优秀的技术能手、先进模范人物,通过这些调整企业人的行为,为员工树立行

# 第六章 汽车企业文化的建设

为标杆。

（3）**传播体系的构建** 全面构建企业文化立体传播地图，是要全方位涵盖企业文化传播的方方面面，创新企业文化传播的载体，开展形式多样的文化推进活动。立体传播包括外部传播和内部传播两大方面，另外还分六大类别，分别为政府和行业、市场和消费者、社会公众和学生、经销商、供应商、员工。员工是企业文化传播的核心，所以企业重点围绕员工层面的企业文化传播展开制定了以下措施：

一是管理者示范，领导干部是文化的创建者，企业通过举行领导干部企业文化闭卷考试、企业文化及领导力知识竞赛等形式多样的活动，让领导干部带头践行企业文化。

二是开展主题活动，通过举办长安员工运动会、千人太极表演比赛、长安150周年庆典，集中体验企业文化；通过成立书法、摄影、足球等17个文体协会，让员工在寻找知音伙伴中体验企业文化的精髓。

三是通过故事传播，开展企业文化故事征集，编撰出版《长安故事》集，以故事为载体，记录奋斗足迹，传承优秀文化，正面引导员工。

四是通过会议传播，依托中层干部大会、文化宣传工作会、企业文化案例发布会等平台传播企业文化。

五是接待传播，通过接待向外部传播企业文化，提升企业品牌形象。企业建立了《每月一看》的文化传播平台，让员工切身体会到企业的发展成果，增强员工对企业文化的感知、体验和互动，提升文化感染力。

六是电视、网络、报纸、橱窗展板传播，通过电视、报纸、微博、网络和橱窗展板等多种视觉、听觉、感觉向员工传播企业文化。

（4）**识别体系的构建** 企业视觉识别体系，一般由图标部分和应用部分组成。应用部分是图标的推广与宣传，承载着企业的文化内涵。研究制定统一的视觉识别系统（包括标准、尺寸、颜色、材质等）。

长安汽车通过系统设计《长安汽车企业品牌VI视觉识别系统》，规范化、标准化管理企业视觉识别体系。同时制作了上千块企业文化展示牌，近百块公告栏，形成了更加科学的品牌管理体系，并在终端进行全面和统一的切换，进行推广传播。

（三）落地过程管控建设

企业文化建设工作要向着长远和稳固的方向发展，必须建立长效保障机制。

**1. 明确业务主线**

长安汽车把企业文化建设落地工作列入重要议事日程，逐步建立起"领导带头、行政负责、目标具体、层层分解、人人参与"的企业文化管理机制，并明确业务主线。

**2. 拟定中长期发展规划**

长安汽车拟定文化建设工作的3～5年发展规划，并逐年进行任务分解和落实，明确年度目标和推进方案，确保了企业文化建设目标的顺利实现。

**3. 建立有效的保障机制**

长安汽车搭建有效的管理平台和运行保障机制，定期进行检查和评估、处罚和奖励，确保文化建设工作和生产经营目标的顺利实现。并定期对建设情况进行归纳总结，及时暴露问题、解决问题，从而使企业文化建设工作得以顺利推进。

（1）**领导干部率先垂范** 领导干部在文化建设中的示范表率是企业领导力的重要体现，

## 汽车企业文化

也是文化建设达级和提升的重要标志,领导干部积极努力成为企业文化的创建者、传播者、践行者。企业将加强领导干部示范表率的考查评估,作为企业文化建设考核评估的核心要素和重要内容。

(2) **文化建设以人为本** 企业文化的核心是"以人为本"。建设优秀的企业文化,就是要用先进的观念管理企业,使员工的心往一处想,劲往一处使。再先进的技术,如果没有掌握在训练有素而又对工作充满热情的员工手上,也难以发挥作用。真正先进的科学的企业文化,是能够让每一位员工认同企业目标并为之奋斗的文化。优秀的企业管理者创造了优秀的企业文化,而优秀的企业文化更需要有企业全体员工的积极参与、自觉贯彻,否则,建设优秀企业文化就无从谈起。

(3) **员工是建设的主体** 企业员工是企业文化建设的主体,在他们之中蕴藏着极为丰富的企业文化建设的素材,是提炼总结优秀企业文化的源泉。如果让员工感觉到自己的工作能力、水平、业绩受到承认、重视,那么员工就会自觉为企业着想,就会真正形成凝聚力、向心力。因此,必须充分发挥全体员工的积极性和创造力,使企业的目标、信念等深深扎根于每个员工的心中,变成他们的共同信仰。

### (四) 效果评价

长安汽车企业文化建设效果评价根据企业文化价值关系模型,分三个方面来体现,即文化助推目标达成、企业文化的认同度和产品(品牌)美誉度。通过对这三个要素的评价,检测企业在文化落地过程中取得的效果以及提升企业内外部核心竞争力等方面所反映的实际成效。

#### 1. 文化助推目标达成

企业文化是生产经营活动,属于经济建设范畴。企业文化核心理念分解为企业战略和经营目标。如果企业战略和经营目标制定科学,同时又有符合当期实际的制度流程以及积极敬业的员工队伍作保障,则生产经营目标就能顺利达成。

#### 2. 企业文化的认同度

企业文化认同度主要指员工因在企业中学习、工作、生活而对企业的愿景目标、价值观念、管理制度、领导行为等,产生的一种情绪感受和做出的看法反映。

#### 3. 产品(品牌)美誉度

消费者通过企业产品和服务感知企业的文化,品牌美誉度是消费者对企业文化的综合性感知指标,真正反映品牌在消费者心目中的价值水平。品牌(产品)美誉度和品牌(产品)知名度都是衡量品牌价值外延度的重要指标。美誉度是品牌在消费者心中的良好形象,美誉度是以知名度为前提的,没有很好的知名度,更不用说有很好的品牌形象。但知名度可以通过宣传手段快速提升,而美誉度则需要通过长期的细心的品牌经营,十年如一日地保持良好的品牌形象,才能建立起来。

如果认知度低,而且美誉度低,说明该品牌处于市场导入期,产品(广义上说,服务也是产品)品质和品牌推广工作都还做得不够;如果认知度低,而美誉度高,说明好产品"养在深闺人未识";如果产品认知度高,美誉度低,往往容易给人一种臭名远扬的感觉;高认知高美誉度是产品非常成熟的表现。

### 三、企业文化落地总结

要检验企业文化是否落地,关键是这个"地"到底在哪里,是否适合我们的企业文化

## 第六章 汽车企业文化的建设

在这里生根发芽。

### （一）落地的"地"十个方面

长安汽车总结企业文化的"地"主要包括十个方面：

1）发展战略、目标。
2）经营与管理活动。
3）管理制度。
4）品牌。
5）岗位主人翁、岗位将军或榜样。
6）员工的言行。
7）体现文化理念的事迹或故事。
8）社会活动与自主组织的主题活动。
9）企业环境。
10）文化载体。

### （二）定性与定量有机结合

这十个方面是长安汽车设定企业文化落地评价要素的基础，企业希望通过设定一些可操作的，能够基本量化的要素，强化文化建设的过程管控和效果检验，从而实现定性评价与定量评价的有机结合，引导各单位抓住文化建设的重点，有的放矢地从根本上加强文化落地和成果转化，形成文化建设的良性循环。

汽车企业文化建设是一项系统工程，是企业文化相关理念的形成、塑造、传播的过程，需要明确企业精神、企业核心价值观、企业伦理道德以及建立健全各项管理制度与行为规范，实现企业文化内化于心、外化于行、固化于制的长期的渐进发展的过程。汽车企业文化建设也是企业提升核心竞争力的关键，是现代企业发展必不可少的竞争法宝。为探寻合理有效的企业文化建设途径，需要开展汽车企业文化的诊断，分析汽车企业文化建设阻力因素，确立汽车企业文化设计和建设的主要内容以及关键步骤，遵循汽车企业文化建设的客观规律，做好汽车企业文化的设计方案，科学稳步推进企业文化的建设和提升。

## 第一节 汽车企业文化的诊断

开展汽车企业文化的诊断，是企业文化建设的基础，通过对企业文化进行深入的诊断，可为企业文化建设提供科学依据和策略、方法，为设计好企业文化建设方案，实现企业文化的切实改进和实际提升提供保证。任何时候、任何情况下的企业文化建设，都需要进行定时或不定时诊断，根据企业内外部环境的变化，并结合企业的实际情况对企业文化进行诊断、修改、调整和完善。

### 一、汽车企业文化诊断的基本原则

汽车企业文化建设涉及企业内外部环境的各要素、各环节，并贯穿企业生存发展的始终，因此，企业需要组织外部的企业文化专家和内部的经营管理人员，在符合企业自身的特

汽车企业文化

点、遵从经济社会环境对企业的客观要求、遵循企业文化建设的一般规律的前提下，对企业文化状况开展诊断，并进行科学的调查与研究工作。为了保障企业文化诊断工作的顺利实施，以下几项原则需要遵循。

### （一）员工广泛参与原则

在汽车企业中，员工是企业创造财富的源泉，是从事生产、经营活动的主体，是企业持续发展的关键因素。只有全体员工认可、认同的企业文化才是有生命力的，员工才能在工作岗位上产生不断创造和丰富企业文化的积极性，企业文化才能在实践中执行。因此，员工广泛参与企业文化的调研活动，对企业文化诊断工作的成败至关重要，诊断评估工作本身就是一个与员工沟通的过程，也是企业文化理念传播的过程，员工广泛参与是诊断评估工作的首要标准。

### （二）客观性原则

汽车企业文化诊断评估工作，其根本目的是通过诊断评估，了解和掌握企业文化的发展状况及存在的问题。因此，企业文化的诊断评估，应采取实事求是的态度，决不能主观臆断，掺入个人好恶感情。必须选择科学、先进的诊断评估工具，客观公正、实事求是地调查、收集、整理数据，并进行科学的分析。只有这样，企业文化诊断评估工作才能反映出企业文化的真实面貌。

### （三）全面性原则

在汽车企业文化诊断评估工作中，工作人员要对所评价的对象使用相同的标准、相同的指标和相同的要求。在评价中应全面衡量，不过分地突出企业文化某一部分。在单项评价时，要与综合评价结合起来，全面做出判断，既要从某个侧面、某个项目上进行评价，又要综合进行系统评价，确保企业文化诊断评估工作全面反映出企业文化的真实现状。

### （四）评价与指导相结合的原则

汽车企业文化诊断是为了充分了解企业文化的现状，使企业管理者明确企业文化基本特征和问题，为企业文化提升奠定共识的基础。诊断不仅要搞清企业文化"是什么"，还要说明白企业文化"为什么"和"怎么办"的问题，最后，把评价结果上升到一定的理论高度加以概括，并依据事实，参考条件，指出企业文化改进的方向。

## 二、汽车企业文化诊断的步骤

### （一）确定企业文化诊断人员

为客观地诊断汽车企业文化的传统和现状，第一项工作就是建立企业文化诊断工作小组，确定企业文化诊断人员。这些人员一般来源于两个渠道：一是企业内部具有丰富管理经验、资历较高的各级各部门人员；二是外请企业管理、企业文化方面的专家和学者。

### （二）企业文化诊断的具体步骤

确定汽车企业文化诊断人员之后，企业文化诊断工作开展的具体步骤如下。

**1. 确定企业文化诊断的目标**

汽车企业根据自身所处的行业特点、产品类型、经营规模等情况，设定文化诊断目标，如确认企业现有文化的类型和强度；获得相关部门企业文化的诊断结果；企业文化未来的类型和强度。

第六章　汽车企业文化的建设

**2. 选择企业文化诊断工具**

涉及企业文化诊断的工具很多，应根据汽车企业文化的核心要素和文化特征进行选择，核心要素如战略重点、组织的主要特征、组织的管理能力、员工的管理、组织的粘合力、成功的标准等，文化特征如部落式、临时体制式、等级森严式和市场为先式等。

**3. 开展企业文化诊断**

汽车企业文化诊断人员应用诊断工具，根据设定的文化诊断目标和诊断内容，选择具体的方式如访谈、座谈、问卷调查等，确定具体的企业文化诊断方案。企业文化诊断归纳起来主要有以下七个方面内容。

（1）企业价值观　汽车企业价值观是企业文化的核心，决定着企业文化的发展方向，直接体现企业生存和发展的意义。

（2）面对失败的态度　个人面对失败所采取的态度，决定了个人的成与败。那么，汽车企业面对失败所采取的态度，也决定企业的成与败。

（3）行为自发性　行为自发性可以直接反映汽车企业文化在广大员工中的接受或普及程度，体现企业文化的建设效果。行为自发性表现在很多方面，主要表现在员工的工作热情上，如员工对本职工作能欣然接受，并主动帮助同事完成工作等。

（4）信息沟通　信息沟通也就是有效沟通，包括对内对外、上下左右的全方位沟通。快速反应，使信息能顺畅地到达指定目标，达到既定效果，是衡量汽车企业文化建设的指标之一。

（5）互助行为　互助行为即团队合作，汽车企业员工能互帮互助，为了共同的目标而努力。这也是衡量现代企业生命力的一个重要标准。

（6）员工忠诚度　几乎每一个汽车企业的文化都或多或少地涉及忠诚的内容，但忠诚度不是说出来的，要看实际的效果。员工忠诚度建设是汽车企业文化建设的难点，也是最高境界的建设。

（7）自我价值实现　企业就是员工实现自我价值的平台，能为员工的成长不断注入活力，员工要把自己的荣辱兴衰同企业的荣辱兴衰紧密结合起来。员工自我价值的实现同企业的发展是辩证的关系。

**4. 分析诊断结果**

访谈诊断、座谈诊断、问卷诊断的结果是按一定的分类方法对该企业文化的模式进行分析、归纳、总结出诊断结果。

**5. 提出变革建议**

在分析诊断结果的基础上，汽车企业文化诊断工作小组结合企业未来发展的规划和需要，针对企业协调内部关系和应对市场的能力，提出企业文化变革、创新的建议。

**6. 优化方案的实施**

汽车企业文化诊断工作小组提出的企业文化变革、创新的建议，经汽车企业文化建设管理小组审议批准后，根据管理小组会议的要求，优化企业文化建设方案，并组织实施。

### 三、汽车企业文化外部宏观环境分析

影响汽车企业文化建设的外部宏观环境主要指企业所处的政治环境、经济环境、文化环境和社会环境，这些因素会直接影响企业的生产经营活动。由于外部宏观环境不可控，因

## 汽车企业文化

此，汽车企业文化建设从根本上说，就是要客观认识外部宏观环境，通过对企业内部的组织协调来有效适应企业文化建设的外部环境。

### （一）政治环境

汽车企业文化建设的政治环境，主要指企业所在国家那些影响和制约企业的政治制度、国家制定的法律法规及政策环境。在稳定的政治环境中，汽车企业能够通过公平竞争获取正当权益，得以生存和发展。国家的政策法规对企业生产经营活动具有控制、调节作用，相同的政策法规给不同的企业可能会带来不同的机会或制约。

### （二）经济环境

经济环境是指构成企业生存和发展的社会经济状况、国家的经济政策。分析经济环境主要是为了培育汽车企业在市场经济环境中的竞争优势，制定如成本优势战略、差异战略、集中一点战略等，以适应变幻莫测的外部环境。

### （三）文化环境

文化环境是指一个国家在长期的历史发展过程中逐渐积累形成的，有着持久生命力和强大渗透力的民族文化、历史文化和当代社会文化环境。文化环境是企业文化扎根的土壤，是企业文化值得汲取的精神营养，对企业的生产经营有着潜移默化的影响。文化环境会影响和制约到企业文化的性质和建设方向。汽车企业必须及时了解消费者需求动向，掌握影响消费者需求动向的因素，有针对性地提高企业的服务满意度管理。

### （四）社会环境

社会环境是指人类生存及活动范围内的社会物质、精神条件的总和，即在自然环境的基础上，人类通过长期有意识的社会劳动，加工和改造了的自然物质，创造的物质生产体系，积累的物质文化等所形成的环境体系，是与自然环境相对的概念。社会环境是人类生活的直接环境，也是人类精神文明和物质文明发展的标志。社会环境中如员工家庭、劳动组织、学习条件和其他集体性社团等，对企业的发展都有重大影响，汽车企业文化在适应社会环境的过程中也在不断变化、变革和更新。

### （五）科学技术环境

科学技术环境对企业经营的影响是多方面的，汽车企业的技术进步将使社会对企业的产品或服务的需求发生变化，从而给企业提供有利的发展机会。但从另外一个角度来看，企业的每项新技术的发明或应用同时又意味着"破坏"，因为一种新技术的发明和应用会带动一批新行业的兴起，从而损害甚至破坏另外一些行业。越是技术进步快的行业这种技术变革就越应该作为环境分析的重要因素。企业必须处理好这两者之间的关系，做好企业经营战略设计和调整。

按照国际经验，一个国家经济增长速度，在很大程度上与重大技术发明采用的数量和程度相关，而一个企业的盈利状况也与其研发费用的投入程度相关。汽车行业属于技术密集型，也是技术更新较快的行业，必须高度重视科技进步和这种进步将对汽车企业经营带来的影响，加大科技投入，及时地采取经营策略以不断促进技术创新，保持竞争优势。

社会环境中的技术力量可以为企业提供解决问题的各种途径，包括专利的获取、中间试验以及各个方面的发明创造。在衡量技术环境的诸多指标中，国家研究开发经费总额、企业所在产业的研究开发支出状况、技术开发力量集中的焦点、知识产权与专利保护、新产品开发状况等，都可以作为关键战略要素进行分析。

第六章 汽车企业文化的建设

因此，汽车企业文化建设应该高度关注科学技术环境的变化趋势，在企业文化建设的科技环境分析时，不仅要包括引起革命性变化的创造发明，还应包括与企业生产密切相关的新技术、新工艺、新材料的开发与创新，而这正关系到企业物质文化建设及发展水平。科学技术环境对企业的技术竞争创新，增强企业竞争力起着重要的影响作用。

**1. 重视提升科学技术成果应用水平**

众多的企业科技发展历程表明，当科学技术不发达时，企业并不重视利用技术去发挥竞争优势，随着科技的日渐发达，企业重视利用科学技术成果，产业化的竞争则更加激烈。因此，企业对科技成果的发现、采用、开发的过程是企业技术竞争创新的具体表现。

**2. 加大科技投入占据市场竞争地位**

科学技术已无处不在地渗透到国民经济的各个行业，外界常常以科技水平含量来衡量企业的素质高低。随着科学技术的不断发展，国民经济的素质，企业内在科技含量，应用科学技术的能力、水平和效果，日益成为检验企业是否优秀的参考标准，各企业正在为占据市场中竞争主动地位而你追我赶，只有大量地进行技术创新的企业才能在竞争中取胜。因此，科学技术的发达为这种创新性的技术竞争提供了广阔的空间。

**3. 重视科学技术研究及其成果转化**

科学技术极大地提高了各行各业的生产力，世界各国都把发展科学技术当作促进国民经济的基础手段，应用科技成果能力的竞争在企业之间的技术竞争中表现得尤为突出。生产同一类产品的企业，由于采用不同的工艺技术，开展不同档次科技水平的应用，产生出明显的经济成果的差异。要求充分利用企业科学技术环境，加大投入开展科学技术的研究，转化科学技术成果，增强企业市场竞争力。

**4. 加强科技前沿技术情报收集研究**

科学技术的发展，技术创新的机会，技术研发经费的投入，技术革新的法规，科学技术发展趋势和发展速度，以及国家科技体制、科技政策等，都是汽车企业需要关注的信息，需要安排专门团队、专职人员，进行情报收集、研究分析，跟踪预警。在知识经济兴起和科技迅速发展的情况下，技术环境对企业的影响可能是创造性的，也可能是破坏性的，汽车企业必须预见这些新技术带来的变化，采取相应的措施予以应对。

## 四、内部微观环境分析

微观环境是汽车企业生存与发展的具体环境。与宏观环境相比微观环境因素更能够直接地给一个企业提供有用的信息，同时也更容易被企业所识别。汽车企业内部微观环境包括企业的物质环境和文化环境，它反映了企业所拥有的客观物质条件和工作状况以及企业的综合能力，是企业系统运转的内部基础。因此，汽车企业内部微观环境分析也可称为企业内部条件分析，其目的在于掌握企业实力现状，找出影响企业生产经营的关键因素，辨别企业的优势和劣势，以便寻找外部发展机会，确定企业战略。如果说外部环境给企业提供了可以利用的机会的话，那么内部条件则是抓住和利用这种机会的关键。只有在内外环境都适宜的情况下，汽车企业才能健康发展。

**（一）汽车企业资源**

汽车企业的任何活动都需要借助一定的资源来进行，企业资源的拥有和利用情况决定其活动的效率和规模。企业的资源可以分为外部资源和内部资源。企业的内部资源包括人力资

## 汽车企业文化

源、财力和物力资源、技术资源、信息资源、品牌资源、管理资源、可控市场资源、内部环境资源等。企业的外部资源包括行业资源、产业资源、市场资源、关系资源、外部环境资源等。

### (二) 汽车企业文化

汽车企业文化分析主要是分析企业文化的现状、特点以及它对企业活动的影响。汽车企业文化是企业战略制定与成功实施的重要条件和手段，它与企业内部物质条件共同组成了企业的内部约束力量，是企业环境分析的重要内容。影响企业文化建设的内部环境因素主要有两方面内容。一是企业内部对企业文化产生影响或制约的个体阻力，即管理者与员工的个人习惯、各类人员狭隘的利己主义、缺乏对文化的应变能力、潜在风险导致的忧虑不安等；二是企业内以整体性的、系统性的方式体现出来的组织阻力和文化理念阻力，组织阻力包括固步不前的组织结构惯性、对组织内部既存利益的威胁、忽视改革特点而急于求成、管理者言行不一等；文化理念阻力包括难以改变的文化惰性、员工价值观念的相对稳定性、以及来自内部的文化自我保护。

### (三) 汽车企业能力

汽车企业能力是指企业在生产、技术、销售、管理和资金等方面力量的总和，具体体现为企业有效利用资源的能力。企业的组织能力是企业竞争力的重要来源，但组织能力不光看企业学习、积累相关知识的能力，关键看能否将这些知识嵌入到企业组织中，体现在企业的运作程序上。企业组织能力包括技术能力、功能性能力（产品开发能力、生产能力、营销能力）和管理能力。汽车企业拥有资源不一定能有效运用，因而企业有效地利用资源的能力就成为企业内部条件分析的重要因素。

 **温馨提示** 广汽集团视频参见教学资源6.1。

### 参考案例22： 广汽集团开启人工智能时代

随着互联网技术在大数据、云计算等技术上的突破，蛰伏了六十年的人工智能技术突然大爆发，除了图像识别和自然语言的识别等突出进展以外，人工智能在应用层面的集大成者就是无人驾驶技术。而以人工智能技术见长的互联网公司和世界上最优秀的传统的汽车企业都纷纷涌入无人驾驶汽车这一全新的领域。作为国内最早进入智能汽车研究领域的汽车企业，广汽集团在2013年就开发了首款具备完全自主知识产权的无人驾驶汽车，并掌握了多项无人驾驶关键技术。

根据《杨澜访谈录》栏目组拍摄的《杨澜访谈录——开启人工智能时代》特别节目介绍，广汽集团经过十余年的创新实践，自主品牌汽车已达到国内领先水平，尤其在智能驾驶、移动互联、新能源动力等专业领域拥有丰富的技术积累，并加速无人驾驶等前瞻技术研发，规划了四个阶段性目标。第一阶段是完成驾驶辅助，如实现自动泊车等；第二阶段是部分自动驾驶（PA级），以环境感知为主，基于智能化信息，进行车道内自动驾驶、环道辅助等；第三阶段是有条件自动驾驶（CA级），车辆具备网联式环境感知能力，可适应较复杂工况下的自动驾驶环境；第四阶段是高度/完全自动驾驶（HA/FA级），具备与其他交通参与者之间的网联协同控制能力，实现高速公路、城郊公路和市区道路的自动驾驶。

第六章　汽车企业文化的建设

2016年，由于在智能汽车方面取得的优秀成绩，广汽集团获得了代表世界最高智能汽车水平的科研联盟MTC（美国移动交通中心）组织的认可，成为中国国内汽车企业中两家组织成员之一。2017年6月30日，"2017世界智能驾驶挑战赛"在天津圆满落幕，19支无人驾驶车队经过激烈角逐，广汽集团自主研发的无人驾驶汽车"祺迹"，不负众望，斩获无人驾驶组"领先奖"和"最佳跟驰奖"。另外，投资额超450亿元的广汽集团智能网联新能源汽车产业园也已正式开工建设。

无人驾驶汽车的发展是汽车工业的一次新的革命，将推动汽车工业进入全新的发展时代，对汽车工业产业结构、组织方式、服务模式、全球布局和竞争格局都会产生重大而深远的影响。汽车企业的企业文化建设要高度关注无人驾驶汽车科学技术的发展趋势，及时采取相应的措施予以应对。

## 第二节　汽车企业文化建设阻力因素分析

汽车企业文化建设，实质上是打破企业中旧有的文化习惯，建立新的文化的过程，新旧文化相争必然会遇到阻力。所谓汽车企业文化的阻力分析，就是以影响企业文化建设的各种阻力为中心的企业文化分析，其目的就是要找出企业文化建设的不利条件，发现影响企业文化绩效提高的主要因素，以便在企业文化建设中加以克服和扬弃。从总体上看，影响汽车企业文化建设的阻力涉及企业员工的基本价值观念、行为方式、思维习惯和心理转变。因此，要保证企业文化建设顺利进行，必须认真分析建设过程中可能存在的各种阻力产生的原因，采取有针对性的措施进行化解。不充分认识并积极消除这些阻力，建设企业文化就很可能是一句空话。汽车企业文化建设的阻力主要来自于以下几方面。

### 一、来自企业内部的个体阻力

汽车企业文化建设的阻力主要来自内部，特别是员工个体。企业文化建设给员工带来一种压力，他们熟悉的旧文化要被改变，自然就会有防卫行为。即使员工最后愿意接受这种改变，阻力仍然无法避免。汽车企业文化建设中的个体阻力，来源于人的某些特性，如个人习惯、狭隘的利己主义、对变化缺乏适应能力、对风险的疑虑等。

#### （一）管理者和员工的个人习惯

习惯是人们经过长期的自我观察、自我尝试、自我判断之后所形成的在一定情境下无意识的重复行为。习惯也分好习惯和坏习惯，在汽车企业文化建设中，有时好习惯反而成为理直气壮的阻力。比如独立完成工作是个好习惯，但如果汽车企业文化建设要求大家协作配合去完成某些工作，一直坚持独立完成工作的习惯就会成为阻力。所以当员工面对变化时，以习惯的方式做出反应的趋势就会成为阻力源。因此，对于各种习惯势力要区别对待、具体分析，要让过去的好习惯变为新的好习惯，同时去除坏习惯，至少减少坏习惯的坏影响。若管理者不愿改变习惯，会对汽车企业文化建设带来更大的不良影响。因此，一些管理者和员工只顾自己的个人利益和短期利益，盲目地抵制文化变革，会使得企业文化建设难以有效实施。

汽车企业文化

### (二) 各类人员狭隘的利己主义

汽车企业文化建设前，员工的利益有稳定的保障，汽车企业文化建设带来的是未知和不确定性，有可能使一部分人的绝对利益减少，相对利益更可能下降，有一部分人的权利可能出现调整。因此，他们在汽车企业文化建设一开始就持反对态度，并在新文化中感到极度不适应。作为企业员工，他们想维护自己合法利益的诉求应得到理解和尊重，企业要让他们明白，汽车企业文化建设后他们的合法利益完全能得到保障，消除他们的顾虑和担心，尽可能化解这种类型的阻力。

另外，任何企业中往往都存在不同程度的派系斗争，或虽然没有派系斗争，但却存在个人之间的竞争，包括是权力之间的竞争。个人之间的竞争，一般表现为同一地位层面的人之间的竞争，有的人为达到目的，可能会通过各种手段，动员相关员工加入到他的反对行列去阻止企业文化建设，形成阻力。

### (三) 缺乏应对变化的适应能力

因为保守而反对汽车企业文化建设的员工，很多时候不是不想进步，而是求稳，不希望激进的变革。他们担心无法适应新的结构、方法、技术等，担心自己的素质不能适应新的工作和新的规范，无法达到企业的要求，在感情上无法接受，形成抵抗的阻力。在一般企业特别是企业文化建设中，有时保守派是很有影响力的，因此，赢得保守求稳的人对变革的支持是非常重要的。保守求稳的人争取过来了，许多潜在抵触变革的力量也就更容易争取过来。

### (四) 潜在风险导致的忧虑不安

汽车企业文化建设将导入新的文化，员工对于与自己密切相关而未知的东西总是感到忧虑和不安，可以说在文化变革中，几乎所有的员工都会有不同程度的忧虑和不安。人都有理性规避风险的倾向，当无法确定新文化对员工的生活和工作造成的影响时，员工很容易产生对企业文化建设的消极观望心态。对此，企业应该和他们多沟通。一旦这些人打消顾虑、消除不安，他们可能成为文化变革的重要动力，甚至能带动那些徘徊观望的人成为变革的力量。

## 二、来自企业内部的组织阻力

组织阻力包括组织结构惯性、对已有权力关系以及资源分配的威胁、急于求成、管理言行不一等，通常以一种整体性、系统性的方式体现出来，是一种反对文化变革、阻挠文化变革甚至对抗文化变革的制约力。组织阻力的存在，意味着文化变革不可能一帆风顺，这给汽车企业管理者提出了更严峻的文化变革管理任务。

### (一) 固步不前的组织结构惯性

汽车企业发展的时间越长，积累的管理和决策经验越丰富，组织中的权威制度化，制度政策和业务流程规范化，在面对变化的环境时，企业更倾向于惯例处理问题，偏好沿着原有路径继续运作，具有一定的依赖性。汽车企业过去的成功经验，有可能使企业固步不前，以至于妨碍企业的顺利发展。许多曾经辉煌的企业之所以衰落，并非是它们面对环境无能为力，而是不能随着时代的发展变化而迅速地做出调整，一味恪守前人成功的经验，不能敏锐把握未来发展方向，不敢突破、不敢创新，以至于被组织惯性束缚着，企业在昨日的教训上平白失掉了明天的机会，也丧失了自我成长的空间。这种守旧的组织结构惯性对汽车企业文化建设来说会形成一定的阻碍。

# 第六章 汽车企业文化的建设

## （二）对组织内部既存利益威胁

汽车企业文化建设对组织内部的既存利益造成威胁，往往伴随着权力的重新分配及职能的调整，一些管理者惧怕减少甚至失去已有的权力及职位，一些资源控制能力大的部门或群体，对文化变革也感到忧虑，因为文化变革很可能会影响未来权力和资源的分配，于是他们对汽车企业文化建设持消极甚至否定态度。

## （三）忽视变革特点而急于求成

汽车企业文化建设是一项系统工程，需要加强文化变革的系统性、整体性、协同性，需要足够的时间和耐力，不能急于求成，必须在建设过程中保持企业的战略定力。从实践角度看，员工行为的变化和价值观的转变往往发生在整个文化变革的最后部分，因此，汽车企业文化建设要想取得真正成功，至少需要三至五年的时间。有的企业和部门忽视文化变革的长期性和稳定性的特点，一味冒进，急于求成，出现欲速不达的结果，甚至有碍于文化变革的大局。有的企业生搬硬套地引进西方先进的管理概念来开展文化变革，但自己的思考方式和观念没有变革，结果收效甚微。

## （四）管理者倡导与示范言行不一

企业管理者在汽车企业文化建设中，是新理念的倡导者和新行为的示范者，必须率先垂范、言传身教、言行一致，这种带头言行对员工起着十分重要的作用。如果管理者低估新的价值观念、新的管理方式的作用和影响，他们的言行不一、自相矛盾的行为，将会误导员工，往往无意识地成为新文化体系的破坏者，不仅会对文化变革形成阻力，而且会影响全体员工对文化变革的正确认识与理解，从而使汽车企业文化建设失败。

## 三、来自各种文化理念的阻力

汽车企业文化建设过程中还面临文化理念的阻力，包括文化的惰性、价值观念的稳定性和文化维模。因此企业文化的变革，尤其是其中的突发性变革，会遭遇到这些因素的阻挠。

### （一）难以改变的一种文化惰性

任何一种企业文化在形成之后都有相对的稳定性，汽车企业文化作为企业的惯例，长期被重复运用，这种稳定性会随着企业的成功及其习惯性的认识而成为一种惰性，除非外部环境发生足以影响企业内部调整的变化，否则这种惰性是不会改变的，成为企业文化自身发展的很大阻碍。另外，汽车企业的每位决策者都是独立的自然人，他们具有本身特定的成长背景与经验范围，造成了决策者独特的偏好习性或认知，其主观的知觉环境与其所处的真实客观环境间常存有一些信息失真的差距，容易产生选择上的错误，因而经常误导或延误企业采取的反应，从管理层的角度成为新企业文化建设的主要障碍。

### （二）员工价值观的相对稳定性

员工价值观是员工形成的一种关于某种价值的观念，在特定的时间、地点、条件下，员工对客观对象及其价值的总的观点和总的看法。员工的价值观念具有相对稳定性和持久性。比如，员工对某种人或事物的好坏总有一个看法和评价，在条件不变的情况下这种看法不会改变，它具有持久、稳定的特点，而且会一直支配着他的日常行为和活动。因此，一旦员工的这种固有的价值观念遭到挑战，员工往往会产生反抗、沮丧和失落的心理，即使员工表面上服从和认同汽车企业倡导的价值观念，其内心未必真正了解和接受。

汽车企业文化

## （三）文化维模即文化自我保护

文化维模的通俗理解就是文化的自我保护。当一个汽车企业内部协调稳定且处于发展与上升阶段，在开展汽车企业文化建设时，文化维模对外来文化则比较宽容、比较开放，能够更多地接受先进的外来文化，以适应企业发展的需要。与此相反，在一个内部运行机制已经失调，或者处于惰性的封闭企业里，文化的维模功能也处于封闭状态，对外来文化就会顽强地拒绝，文化传播就难以实现。这是一种负面功能，久而久之，便产生了一种文化隔阂，使原有文化缺乏活力。这种文化隔阂存在的时间越长，它对文化变革尤其是文化输入的制约性就越强。

可见，在汽车企业文化建设中，文化维模是十分重要的影响因素。外来文化的输入，需要一定的客观条件，如果条件不具备，文化变革就会遇到各种阻碍。因此，在文化变革中，不仅外来文化要适应本企业文化，而且本企业文化也要适应外来文化，两者彼此相互适应，没有这种相互适应，就无法建设好企业文化。

# 第三节 汽车企业文化设计与建设

汽车企业文化设计与建设，是在对现有企业文化诊断的基础上，分析现有文化的优缺点，了解企业发展历史和现状，预测企业的未来，规划设计符合企业目标的文化意识、文化环境，为汽车企业文化建设提供明确的内容、准则和程序。根据企业文化各个层次的内在规律和原则，汽车企业文化设计与建设的内容主要包括企业精神文化、企业制度文化和企业行为文化，其按照调研分析、总体规划、实施与传播以及评估与调整四个阶段进行。

 **温馨提示** 汽车企业文化设计与建设视频参见教学资源6.2。

## 一、调研分析

调研分析是结合汽车企业对现有文化的诊断情况，提炼必要的、精髓的因素，把负面的、不积极的因素去除掉，再进行科学的、贴近企业特色的汽车企业文化设计。特别要注意的是，要从企业历史中进行提炼，这是因为在汽车企业几年、甚至几十年的发展历史中，一定会沉淀一些支撑员工思想的理念和精神。这些理念和精神，包含在企业创业和发展的过程之中，隐藏在一些关键事件之中。把隐藏在这些事件中的精神和理念提炼出来，并进行加工整理，就会发现真正支撑企业发展的深层次精神和理念，这就是企业的精神和理念。因此，汽车企业文化设计与建设的调研分析阶段应着眼于以下十个方面来进行。

### （一）充分认识企业的环境

汽车企业环境包括企业性质、经营方向、外部环境、企业社会形象、与外界联系等方面，制定和建设的优秀企业文化要符合实际情况，并要具有很强的可操作性，这样才能真实发挥企业文化的积极作用。

### （二）确立正确的经营哲学

经营哲学是汽车企业特有的从事生产经营和管理活动的方法论原则，它是企业科学的方法论和逻辑思维程序，是一切行为的逻辑起点。之所以要重视，是因为它是指导企业行为的

# 第六章 汽车企业文化的建设

基础，往往决定企业的行为。

### （三）培育共同的价值观念

共同的价值观是汽车企业文化的核心，是企业文化建设的一项基础工作。因为企业组织中的每个成员都有自己的价值观念，但由于他们的资历不同、生活环境不同、受教育的程度不同等因素，使得他们的价值观念千差万别。汽车企业价值观念的培育是通过教育、倡导和宣传先进模范人物等方式，使企业员工摒弃传统落后的价值观念，树立正确的、有利于企业生存发展的价值观念，并形成共识，成为全体员工思想和行为的准则。

### （四）倡导良好的企业精神

良好的企业精神是在汽车企业管理者的倡导下，根据企业的特点、任务和发展走向，使建立在企业价值观念基础上的内在信念和追求，通过企业群体行为和外部表象而外化，形成的企业精神状态。汽车企业精神的形成具有人为性，这就需要企业的管理者根据企业的情况、任务、发展走向有意识地倡导，并亲手培育。

### （五）设计企业的积极形象

设计汽车企业的积极形象的过程，一般要经过形象调查、形象定位和形象传播三个阶段。形象调查是了解公众对本企业的认识、态度与印象等方面的情况，为企业形象设计提供信息；形象定位是在形象调查的基础上，根据企业的实际状况，用知名度和美誉度的高低程度对企业形象进行定位；形象传播是以广告或公关方式，将企业形象的有关信息向社会传播，让更多顾客认识和接受，从而提高汽车企业形象。

### （六）建立良好的企业伦理道德

汽车企业伦理道德是企业文化的一个重要内容，是一种特殊的意识形态和行为规范，企业在生产经营过程中存在着企业与员工、其他企业、社会各个方面纷繁复杂的关系，用以选择和调整这些关系的行为规范的总和就是汽车企业伦理道德。建立良好的汽车企业伦理道德，既有利于提高企业员工素质，调动员工工作的积极性、主动性和创造性，也有利于促进企业实现可持续发展，积极承担社会责任，在社会上塑造良好形象。

### （七）培养员工的团队意识

团队意识指整体配合意识，包括团队的目标、团队的角色、团队的关系、团队的运作过程。培养员工的团队意识就是树立团队精神并培养员工的团队情感，树立员工共同的目标和利益，建立良好有效的沟通，提升团队的学习力、思考力和执行力，发挥管理团队文化的辐射力。

### （八）改进企业的管理制度

汽车企业的规范管理、高效运作，离不开完善和可持续优化的制度建设机制，制度建设是企业管理的一项长期的基础性工作，随着内外部环境的变化以及企业规模的不断扩大和综合实力的迅速增强，过去制订的部分制度已不能适应企业的发展需要，需要进一步修订和完善。因此，应不断改进企业管理制度，将企业文化的具体落脚点融入企业管理制度中，特别是要形成新的激励机制，让员工真实感受到企业文化无处不在。

### （九）强化宣传培训的作用

宣传、教育、培训、文化娱乐、联谊、学习先进代表等方式，能以网络和会议等为载体进行强化，使得汽车企业文化通过宣传让员工铭记在心，并在工作方方面面得以展现。

### （十）完善企业文化的细节

应根据社会的进步和汽车企业员工知识结构的改变，不断改进企业文化的具体细节，从而确保企业文化的长远发展并发挥其重要的积极作用。

## 二、总体规划

在调查分析结果的基础上，开展汽车企业文化的总体规划和系统设计，是企业文化建设的重要环节和关键步骤，也是战略导向性的建设方向，根据企业文化建设的基本内容，总体规划包括以下几个环节。

### （一）树立正确的企业文化建设思想

树立一个具有战略高度的、正确的企业文化建设思想，对构建优秀的汽车企业文化具有重要的指导性作用。如果建设思想出现偏差，企业文化的建设就会误入歧途。因此，在开展汽车企业文化建设工作中，企业管理者必须端正态度，形成正确的指导思想，才能达到培育文化力、增强凝聚力、提升竞争力的目的，共同锻造出企业的精神状态、价值信条，为企业适应市场竞争、推进改革创新提供精神动力和思想保证，有力地提升企业核心竞争力，促进企业健康协调可持续发展。

### （二）划分匹配的企业文化建设阶段

企业文化建设要和汽车企业的发展阶段相匹配，契合的文化战略有助于企业的发展。反之，不匹配的企业文化不仅无法帮助企业，甚至可能阻碍企业的发展。因此，汽车企业应实事求是地认真分析自身企业所处的发展阶段，规划相适应的企业文化建设内容，以保证企业文化建设工作的持续进行。通常企业文化建设阶段包括初创阶段、上升阶段、成熟阶段、衰退阶段和变革阶段等五个阶段，企业应判断好自身发展处于哪个阶段，并分析该阶段企业在生命周期中的特点，以规划与该发展阶段相匹配的企业文化建设内容。

### （三）明确关键的企业文化建设重点

汽车企业文化就是要能够反映企业的侧重点，企业的重心和核心。所谓汽车企业文化建设重点，是指那些对于实现战略目标具有关键作用而又有发展优势，或者自身发展薄弱而需要着重加强的环节和部分。对于不同的汽车企业来说，建设的侧重点有所不同：有的重点在于培养企业精神、企业道德、企业意识，有的重点在于塑造企业形象、规范企业制度，有的重点在于树立企业风貌、端正经营风尚、提高企业素质等。因此，抓准了关键建设重点，不仅有助于企业文化建设的重点突破，而且也有助于找到企业走上振兴之路的关键点。

### （四）制定科学的企业文化建设方案

汽车企业文化建设方案是实现企业文化建设目标的重要纲领，因此，企业必须依据企业内外部条件的分析与预测，结合企业文化建设的阶段，认真仔细地制定出科学、务实、优秀的企业文化建设方案。方案的制定应考虑按企业不同时期、不同部门、不同经营领域等特点划分，以有利于方案的贯彻落实。再好的企业文化方案，如果得不到实行，也是一纸空文。因此，汽车企业文化方案是否切实可行、实操性强是重中之重。

企业文化建设方案遵循针对性、灵活性、适当性和多元性四个原则，针对性就是必须针对实现战略指导思想和战略目标的需要；灵活性就是要因时、因事、因地随机应变，以适应内外环境变化的特征；适当性就是要讲求实效、恰到好处，不过分追新或搞形式；多元性就是各种策略技巧相互配套，有机结合，谋求最佳配合和整体优势。

## 第六章 汽车企业文化的建设

**（五）注重发挥企业管理者的关键性作用**

英国著名学者沃尔特·歌德史密斯和大卫·克拉特巴克在《制胜之道》中指出："作为企业文化建设一部分的管理作风，在我们许多成功的企业中，受到企业创始人和最近几任董事长的性格和声誉的很大影响。"这从某种程度上说明了企业管理者和创始人对企业文化的影响。实际上，如荷兰学者霍夫斯坦德所说，远不止是管理者的作风，整个企业文化建设都受企业那些核心企业管理者的明显影响，以至于我们可以认为企业文化就是他们的人格化，在某种意义上就是他们的映射。

可见，汽车企业管理者是企业文化建设的重要角色，管理者行为决定文化形式，并对文化产生重要影响。通过管理者与员工沟通，即通过言谈及文字阐释企业的核心价值观，有助于建立共识，塑造具有竞争力的企业文化。企业管理者在文化建设中担任的角色主要是设计者、倡导者、指导者、变革者、示范者、培育者。

### 三、实施与传播

汽车企业在制定了正确的企业文化建设方案之后，就应当转入有效的实施阶段，以保证企业文化建设的成功和实效。企业文化实施与传播阶段包括以下几种步骤。

**（一）建立计划和组织保障体系**

为顺利推进汽车企业文化建设工作，通常把企业文化建设方案的长期目标分解为各种短期计划、行动方案和操作程序，让各级管理人员和员工明确各自的责任体系和任务网络，以保证各种实施活动与企业文化建设指导思想和建设重点的相互一致。同时汽车企业文化的实施，要求企业管理者亲自挂帅，建立一个高效率的组织机构，如成立企业文化建设委员会和企业文化建设部等专职企业文化建设结构，通过相互协调、相互信任和合理授权，以保证企业文化的顺利实施。

**（二）用计划保障企业文化投入**

汽车企业文化建设是一项庞大的系统工程，涉及企业的方方面面，没有一定的人员和资金保障，企业文化建设工作就很难开展。企业文化投入在短期内难以产生明显的经济效益，企业管理者要树立对企业文化建设的投入就是对企业发展和企业未来的投入的理念，用计划来保障企业文化建设的人力和财力的投入，且这些投入不随经营管理者的好坏改变。在人力上要设立专职工作人员，加大培训力度，提升专职人员的理论素质和专业化水平。在资金投入上要有总体规划，每年做好预算计划，统筹安排，分步实施，落实到位。提供必要的人员、资金和物质支持，是汽车企业文化建设成功的保障。

**（三）进行企业文化体系的传播**

汽车企业在开展企业文化建设过程中，要通过做好文化传播来营造文化氛围，具体有：对员工，尤其是新员工进行灌输教育，创办企业文化宣传刊物，开展企业文化的理论研究和旨在宣传企业文化的各种生产经营活动或文娱、体育活动，大力宣传企业文化方案的具体内容和要求，努力创造有利于实施企业文化的文化氛围和环境。有效的企业文化体系的传播，可以让员工潜移默化地接受新的价值观，并逐渐用以指导自己的行为。

**（四）设计企业文化体系的内容**

汽车企业文化体系的内容主要包括物质层、行为层、制度层和精神层等四个层次的文化。企业管理者要把握好企业文化与企业制度、企业发展战略和人力资源管理的互动关系，

明确企业愿景、使命、核心价值观和企业精神，以及具体的经营管理理念；明确企业价值观为核心的企业意识形态，企业共同行为规范，使企业倡导的价值理念落实在企业的经营和管理活动中，并发挥重要的促进作用。

### （五）发挥企业管理者引领示范作用

汽车企业管理者在工作实践中积极宣传、示范，身体力行，让员工看到企业提倡什么、反对什么，以及以什么样的准则和规范去工作，同时把这些渗透到企业的每一项规章制度、政策及工作规范、标准和要求之中，体现在各种活动和礼仪之中，使员工从事每一项工作，参与每一项活动都能够感受到企业文化在其中的引导和控制作用。

**1. 从实践中提炼企业核心价值观**

汽车企业文化的核心是价值观体系，企业文化通常是由企业管理者在社会和行业发展的大环境下倡导和创立，经企业广大员工接受和认同，带有企业特色和企业家个性的文化，同时也具有时代的特色、行业的特色。根据大量的企业文化建设案例分析结果，任何企业文化的价值观体系最初总是由某一人提出后，由企业管理者经过自省，根据自己对社会、行业以及企业的理解并结合自身的经历，提供出思想的素材，最后借助专业人士或文化中介机构从表达形式、表达文字上进行推敲和润色，经企业实践检验并修改调整逐步形成的。

**2. 忠实地严守企业的共同价值观**

汽车企业管理者身居企业管理最高层，在员工中的威望和威信极高，其模范行动是一种无声的号召，对下属成员起着重要的示范作用，在塑造和维护企业的共同价值观的过程中，汽车企业管理者本身就应是这种价值观的化身。因此，他们必须通过自己的行动向全体成员灌输企业的价值观。汽车企业管理者确定了价值观体系之后，可以通过象征性行为、语言、故事等各种方式表述出自己对价值观体系始终如一的关注，从而使广大员工也跟着来关注价值观体系的实现。

**3. 充分利用好管理工具和手段**

企业管理者权力范围内的一切，如管理权、话语权、提拔权甚至管理艺术手段等，似乎都可以成为管理工具。企业管理者行使和运用这些管理权力的工具时，必须恰到好处，用之有度。

### （六）建立企业文化的制度化

企业制度与企业文化有不同表现形态及作用方式。企业文化是无形的，存在于人的头脑中，存在于企业集体潜意识中，是一种精神状态。它也是非正式规则约束，强调心理"认同"，强调自主意识和主动性，通过启发人的自觉意识达到自控和自律，违背企业文化的言行往往受到舆论的谴责或团队的排斥。而企业制度则是有形的，往往以章程、组织制度、规章、条例等系列规范与程序等形态存在，它是外在的，强制性的，是企业倡导的"底线"，一般不得违反，企业通过组织架构逐层控制。尽管企业制度与企业文化存在一定的差异，但制度化管理可认为是企业文化管理的基础。因此，汽车企业文化制度化管理无疑更具现实意义。

**1. 企业制度是企业文化的载体**

汽车企业管理者在倡导企业文化时，可以通过树立典型、举行仪式、开展文化活动、出版宣传资料等形式来推展和传播，但要把倡导的企业文化渗透到管理过程中，制度则是最好的载体。企业文化要得到员工的普遍认同，可能需要经过较长时间，而把企业文化转化为企

# 第六章　汽车企业文化的建设

业制度，就会加速这种认同过程。

**2. 企业制度转变员工的习惯**

通过企业制度，促使企业全体员工对企业价值观的认同，内化为员工的意识，使企业文化转化为员工的日常工作行为。汽车企业把企业的价值观念、精神状态等转变成全体员工自发遵守的风俗、习惯、舆论、仪式等，可以从以下方面入手。

（1）**培训是重要的手段**　培训是促使文化塑造与变革的一个重要的手段。汽车企业通过专门培训，让员工知道企业文化与企业制度的关系和区别，新的企业文化对员工有什么新的要求，如何用企业制度来体现等。在培训活动中，可以采用一些比较灵活的方式，如非正式活动、非正式团体、管理游戏、管理竞赛、"师傅带徒弟"等方式将公司核心价值观在这些活动中不经意传达给员工，这样有助于营造一种强大的文化氛围，潜移默化地影响与改变员工的行为。

（2）**利用各种舆论工具**　企业制度是有形的，可以用文字和语言进行描述。为了将企业制度转化成员工的习惯，汽车企业可以充分发挥企业内部媒体的作用，如企业内刊、宣传栏、各种会议、研讨会、局域网、广播、有线电视、新媒体等大力宣传企业的价值观，解释和宣贯企业制度。还可以设置企业内部 BBS 交流板，让员工在上面讨论相关问题，互动沟通，寓教于乐，让员工深刻理解企业文化是什么，怎样做才能符合企业制度的要求。利用舆论工具使员工时刻都处于充满企业价值观的范围和企业制度的软约束之中，让企业文化平稳落地。

**3. 建立专项管理制度**

许多汽车企业文化建设的案例表明，企业文化只能发挥柔性的、潜移默化的作用，对于企业的长久发展，可通过企业制度特别是企业专项制度如管理责任、培训制度、考核制度、奖惩制度、企业文明礼仪规范等，对各种利益进行规范和调节。通过有前瞻性的制度性安排，保证企业在规范、良性的轨道上运行。

## 四、评估调整

汽车企业文化建设通过有效的实施之后，建设工作进入评估调整阶段。在这个阶段需要将企业文化建设的信息进行反馈，对实际建设成效和预定的计划进行比较，以检测两者的偏差程度，然后采取有效管理措施进行纠正，以保证企业文化建设目标的最终完成。

### （一）评估企业文化建设的实际成效

在汽车企业文化建设按工作方案进行的过程中，要根据企业文化建设各阶段的目标，组织专家及企业专业人员对企业文化的建设过程进行全面的检查，发现问题及时调整。如组织保障体系是否得力，企业管理者的引领和示范作用发挥得如何，建设投入是否有保证，传播效果是否达到建设方案的要求，企业文化制度化是否得到落实，实施过程中存在什么问题等，都需要进行了解和督促。同时需要对整个企业文化建设的运行程序进行分析，对企业文化建设的绩效做出评价。

汽车企业管理层要认真听取专家及员工的意见，对实施过程中的问题加以解决，对运行过程进行调控。要选择适当的评价方法，根据检查过程中收集的信息资料进行运行结果的分析，以便确定评价因素，将员工的素质、企业的效益和社会的认可作为最基本的要素进行评价。把是否实行以人为中心的管理，是否下功夫培育企业共同的价值观，是否将刚性管理和柔性管理有机地结合起来作为基本的评价标准，以求对企业文化的绩效进行客观的评价，从

汽车企业文化

而进一步提高企业员工对企业的满意度和企业文化的整合度。只有这样，才能确立与整个社会的正确价值导向相符合的企业价值目标，培育富有时代特征和鲜明个性的企业精神，塑造良好的员工形象和企业形象。

汽车企业文化评估可以分为定性和定量两种方法。企业文化定性研究的代表人物是美国麻省理工学院的沙因教授，他对企业文化的系统探讨，至今仍被奉为经典。定量化研究则以密西根大学工商管理学院的奎恩教授等人为代表，认为企业文化可以通过一定的特征和不同的维度进行研究。定量化研究是通过企业文化诊断、评估的模型，并借助一系列的量化表格对企业文化定量化分析。

### （二）对企业文化进行更新和调整

通过汽车企业文化实施效果的评估，可以对企业文化建设的绩效做出评价，对实施过程中存在的问题也有清晰的认识。汽车企业要根据对现有企业文化的评价结果，努力把感性的东西上升为理性的东西，认真把握本企业文化的现状、优势和经验，找出存在的问题并进行整改。同时，企业文化建设要随日益复杂多变的企业环境变化情况适时进行自我更新和调整，以不断充实、丰富和提高企业文化。在开展企业文化的调整和发展过程中，还应遵循一定的程序和方法，对症下药，自始至终地以全局的视野看待。

### （三）写出评估分析报告，落实企业文化重塑

汽车企业文化建设经过前几个阶段的工作后，应写出企业文化评估分析报告，落实企业文化的调整和重塑，力求把实践的东西上升为理论的东西，研究企业文化理论，构建汽车企业文化的新框架，提出汽车企业文化重塑的新思路、新对策。同时，要注意把员工的个人行为变为企业的群体行为，把企业文化建设的重点放在群体行为上，培育共同信守的群体价值观，不断提高企业文化的层次。

## 参考案例23：某汽车公司关于开展企业文化战略宣贯活动的通知

公司总部各职能部门：

根据公司企业文化建设大会精神，为加强企业文化建设，推动××汽车公司文化战略的实施，经研究，决定组织开展××汽车公司文化战略宣贯活动，现将有关事项通知如下：

### 一、活动目标

全面、准确理解××文化战略内涵，进一步凝聚企业发展共识，把××文化核心价值理念作为广大干部员工和各事业单元的行为准则，以实际行动践行××文化，为建设百年××注入文化内涵，提供精神引领。通过宣贯活动，使公司广大干部员工广泛知晓、深入理解、全面认同、自觉践行××文化。公司各党支部组织对××文化的培训率达到95%以上，员工知晓率（××文化核心价值理念）80%以上。

### 二、活动时间

集中宣贯活动时间为20××年××月至20××年××月，以培育和实践××文化为主要内容，开展集中的宣贯活动。

### 三、活动内容及安排

（一）开展广泛的宣传与传播

充分利用和发挥公司宣传主渠道、主阵地作用，创新宣传载体和方法，开展专题宣传。

# 第六章 汽车企业文化的建设

利用多种方式，推动××文化的广泛传播。

1. 发挥公司内宣平台的作用，加大对××文化战略的宣传力度

××汽车报、××电视台要开辟"××文化战略"宣传专栏，通过专题新闻报道和新闻评论，刊登诠释××文化战略内涵的文章。要深入基层、深入一线采访报道宣传和践行××文化的好做法和经验，营造学习践行××文化的浓厚氛围。要通过微信、手机报、APP等载体宣贯××文化核心价值理念，在宣传栏目中注入××文化理念相关元素，营造宣贯××文化的浓厚氛围，提升广大员工的关注度和知晓率。

公司各单位要按照"统一集中宣传——常态化报道"的模式，通过在内部电子报刊开辟专栏，在内部网站、新媒体开设专题网页，宣传××文化核心价值理念，集中内部宣传媒体和网站的力量，形成宣传合力。

2. 强化××文化战略及核心价值理念的视觉宣传

公司各单位要组织开展"××文化上墙"活动，在公共办公场所、党员活动中心、员工活动阵地、宣传橱窗等显著位置，悬挂和张贴××文化核心价值理念语，宣传展示本单位宣贯、践行××文化战略和企业文化建设成果，使广大员工潜移默化地接受××文化的熏陶。

3. 进一步丰富××文化传播的方式

加强载体传播，公司及所属单位在制作办公品、各类礼品、宣传用品时，要自觉运用××文化相关内容、口号和标识；加强活动传播，在公司和各单位举办的表彰会、运动会、新闻发布会等各项重大活动中，都要自觉传播××文化；加强先进典型传播，公司和各单位各类先进人物的培育、选树、表彰，都要以践行××文化为首要条件，充分发挥先进人物在践行××核心价值理念的模范带头作用。

（二）组织专题学习培训

××文化战略及其核心价值理念，独具特色、内涵丰富。要组织专题学习培训，使广大干部员工全面、准确理解××文化战略的深刻内涵。

1. 组织××文化战略专题学习辅导

公司各级组织要及时学习传达公司企业文化建设大会精神，组织开展以××文化战略及其核心价值理念为主题的专题学习、研讨活动。各级领导班子和领导干部要自觉地承担起宣贯××文化战略的任务，成为积极的倡导者、宣传者和实践者。

组织开展对《××汽车公司文化战略》读本的专题学习。各基层组织要把《××汽车公司文化战略》作为"书香××"阅读活动的重要内容，组织"三会一课"、学习阵地、班组"小课堂"等，认真开展学习阅读和讨论交流活动。

要把对××文化的培训纳入各单位各类综合性培训课程中。要把××文化作为公司广大员工尤其是新入职员工日常培训的重要内容，要强化新入职员工对××文化和历史的学习，对新入职员工的××文化和历史育，要做到100%覆盖。

2. 开展××文化巡回宣讲活动

公司要组织专门力量，围绕如何更好理解和践行××文化战略和核心价值理念，在基层单位开展巡回宣讲活动。各级领导要带头宣讲××文化，统筹抓好各级组织的学习培训。加强××文化内训师和宣讲队伍建设。公司将组织开展××企业文化内训师以及各类人员培训，公司各单位要建立和培养××文化宣讲队伍，扩大和深化××文化的宣讲。

汽车企业文化

**3. 创新载体，组织开展丰富多彩的主题教育活动**

要紧密结合新媒体环境下文化宣传的特点和公司不同层面员工的思想实际，创新文化宣贯的载体。在××文化战略深入宣贯的基础上，公司计划在今年四季度，组织公司的企业文化知识竞赛，公司各单位要组织队伍积极参加，推动公司文化战略宣贯活动深入开展。公司各单位要根据自身实际，围绕××文化战略宣贯，组织开展践行××文化演讲比赛、征文比赛、主题文化节，以及践行××核心价值理念的主题学习和践行活动。

（三）开展典型示范和经验推广

要发挥典型示范作用，及时总结提炼和宣传推广践行××文化的经验和成果，在战略发展规划、企业管理活动、各项规章制度、员工行为规范等方面体现××文化核心价值理念的要求。

**1. 开展"践行核心价值观，做最美××人"活动**

公司将开展以弘扬社会主义核心价值观和践行××文化为主旨的"践行核心价值观，做最美××人"主题活动，深入推举、评选、宣传员工身边的先进典型人物，并将适时编辑出版《"践行核心价值观，做最美××人"故事集》。公司各单位要结合××文化战略的宣贯，积极挖掘、培育和选树本单位践行××文化的先进典型。××汽车报、××电视台要开展"践行核心价值观，做最美××人"系列报道活动，开展记者走基层活动，组建采访小组，寻找最美××人，收集整理相关事迹开展专题宣传。

**2. 发掘践行××文化核心价值理念的典型，宣传推广先进事迹**

公司将开展"践行××文化核心价值理念"案例征集活动，收集和整理各单位主要负责人践行传播××核心理念的典型案例和生动故事，对优秀案例进行评选表彰和宣传推广，推动践行××文化活动的深入开展。公司各级宣传部门、企业文化建设部门、主要媒体要大力发掘践行××核心价值观的优秀案例和故事，用典型的鲜活案例，将××核心价值理念潜移默化植根于广大干部员工心中。

**3. 建立完善××文化宣贯的长效机制和企业文化建设考评机制**

公司各级单位要认真总结宣贯活动情况，展示本单位宣贯、践行××文化战略主要做法，取得的新经验、新成效。公司将组织相关交流活动，固化于制，示范推广，保持企业文化建设的活力。公司将根据企业文化建设的总体部署，建立公司企业文化建设的考核评价体系，使企业文化建设落地根。

**四、活动要求**

（一）提高认识

做好××文化宣贯，是××文化战略落地的前提和基础。公司各级单位和负责企业文化建设的部门，要高度重视××文化核心理念宣贯工作，切实把××文化核心理念宣贯，作为当前企业文化建设的重点工作加以推进和落实，使××文化真正"入脑、入心"。

（二）加强领导

为更好组织指导活动的开展，公司成立深入宣贯践行××文化战略活动领导小组。

组　　长：公司党委书记、董事长

　　　　　公司总经理、党委副书记

副组长：公司党委副书记

成　　员：各二级单位党政主要负责人，公司（党委）办公室、公司党委工作部、人事

## 第六章 汽车企业文化的建设

(干部)部、纪委、工会、团委、××党校、××汽车报社、××电视台等部门和单位的主要负责人。

领导小组下设办公室,设在公司党委工作部。办公室具体负责各项宣贯践行工作的推进、协调、督办、落实。办公室公司各单位要成立宣贯践行××文化活动的领导小组,负责本单位宣贯践行××文化的整体推进、协调、督办和落实。各相关责任单位对××文化宣贯工作要高度重视,扎实推进,切实保证宣贯工作取得实际成效。

(三)细化落实

公司各二级单位是开展深入宣贯践行××文化活动的责任主体,要按照公司的统一部署,根据自身的情况,做好宣贯工作安排,拿出实施方案,抓好落实。

(四)务求实效

要把××文化宣贯与公司的深化改革、管理创新结合起来,与完善企业制度、融入生产经营结合起来,与规范员工的行为结合起来,与不断提高员工的职业道德素养结合起来,与公司的品牌建设和树立良好的企业形象结合起来,推动公司各项工作不断取得新成果。

附件:××汽车公司文化战略宣贯活动推进表

××汽车公司办公室<br>20××年××月××日

## 本章小结

1)汽车企业文化是在一个开放的系统中进行的,因此受到企业内外部环境因素的影响,包括外部的政治环境、经济环境、文化环境、社会环境和科学技术环境,以及内部的企业资源、企业文化和企业能力。

2)汽车企业文化建设是促进企业长期可持续发展的必然选择,在建设过程中将面临较多的阻力,包括企业内部的个体阻力、组织阻力以及来自各种文化理念的阻力,不充分认识并积极消除这些阻力,汽车企业文化建设就无法很好地实现。

3)汽车企业文化设计与建设过程按照调研分析、总体规划、实施与传播以及评估与调整四个关键步骤和阶段进行。

## 作业

完成"学习工作页"第六章的各项作业。

# 第七章
## 汽车企业形象识别系统的策划

学习目标

1）掌握企业形象识别系统（CIS）的概念、组成部分及其作用；掌握企业理念识别（MI）、企业行为识别（BI）和企业视觉识别（VI）的概念和特点；掌握汽车企业导入 CIS 的设计操作过程。重点掌握汽车企业理念设计的内容以及企业外部行为和企业内部行为的设计。

2）熟悉 CIS 在德国、美国和日本兴起，在中国推广应用的过程和产生的效果；熟悉相关的典型案例及在企业推广应用的过程。

3）学会初步策划汽车企业的 MI、BI 及 VI；学会 CIS 的导入程序和过程。

4）能够进行汽车企业的 MI、BI 及 VI 设计与实施；能够制定 CIS 导入计划。

5）通过学习，培养读者树立设计企业识别系统是打造企业形象战略的意识，自觉掌握企业实施形象战略的方法。

第七章　汽车企业形象识别系统的策划

**参考案例 24：** 太阳神的 CIS 战略策划

1988 年，被誉为"中国 CIS 第一案"的实施人、制药工程师怀汉新，放弃人人羡慕的公职，筹集 5 万元的微薄资金开办了一个小企业，名字非常响亮："太阳神"。谁也不曾想到，一轮崭新的"太阳"会在东莞黄江的地平线上冉冉升起。短短几年，太阳神便创造了市场占有率高达 63% 的奇迹，"太阳神"三个字成了家喻户晓的品牌。而这个中国保健品行业一段前无古人的传奇故事正是太阳神引入 CIS，通过 CIS 战略实现品牌突围所造就的，在今天仍然为业内人士津津乐道。

### 一、勇敢探索，开创 CIS 先河

CIS 即企业形象识别系统，由理念识别、行为识别、视觉识别三方面构成。CIS 是企业文化与经营理念的统一设计，利用整体表达体系，最终促进企业产品和服务的销售。

当时，太阳神的企业名称为黄江保健品厂，属于地名加行业的模式；注册商标是万事达，名称平庸；产品品牌是生物健，强调产品的原料和功能。这三者互不相干，从企业识别理论和市场竞争实践的合理化要求的角度看，有很大的差距。经过反复讨论和认真斟酌，怀汉新最终决定采用太阳神来表达企业所需要的总概念。但如何处理好企业、商标、产品三者之间在识别上的关系？这其中包含着巨大的风险。处理得好，将有利于企业经营成功；处理得不好，则会导致企业经营失败。而对于当时刚刚初创起步的太阳神而言，是输不起的。

怀汉新最后拍板，太阳神采取三位一体的做法，即用太阳神之名统一指称企业、商标和产品，在市场上进行推广。这种做法不仅可以集中力量向消费者灌输一个概念，使他们通过这个概念同时辨识并记住企业、商标和产品，而且还能节约推广成本，提高广告所带来的效果。事实证明，怀汉新下了一步妙棋。

### 二、大胆设计，尝试"人"字造型

太阳神商标的图案设计如图 7-1 所示，以简练、强烈的圆形与三角形构成基本定格。

太阳神商标形象的设计特点在于追求单纯、明确、简练的造型，构成瞬间强烈的视觉冲击效果，同时也高层次地体现了企业独特的经营风格。"太阳神"作为企业形象在识别系统中的基础定位，旨在通过更理性的设计手法，形成企业、商标、产品形象三位一体的整体形象战略，强化企业文化意识与凝聚力，有利于导向高层次、多功能、国际化、商品化、系列化、标准化、集团式的全方位发展战略，成为企业从内部管理到外部经营形成良性发展的前提。

图 7-1　太阳神标识

### 三、明晰 CIS，黑马脱颖而出

太阳神经典 A 字红黑商标作为太阳神企业象征的标识被广而告之，这一形象也随之深入人心，被广大消费者接受。太阳神风潮迅速在国内蔓延，成了老少皆知的品牌，并成为一匹黑马在众多品牌中脱颖而出。短短几年的时间，太阳神一跃成为国内保健品的龙头老大，占据着保健品市场大部分份额。公司刚成立时仅 5 万元资产，销售额 1988 年 430 万，1989

## 汽车企业文化

年 4200 万，1990 年 2.4 个亿，1991 年 8.5 个亿，1992 年达到 13 个亿，成几何倍数增长。太阳神迅速成了保健品行业的领跑者。随后，其他品牌也跟随太阳神的步伐，纷纷导入 CIS。

当年，成功的 CIS 战略营销案例不仅对保健品行业有着深远的影响，而且深刻地影响了中国企业对于企业品牌的认知。

> **温馨提示** 太阳神的 CIS 视频参见教学资源 7.1。

企业形象识别系统（Corporate Identity System，CIS）是一种现代企业经营战略，于二战后在西方兴起。先后导入美国的国际商用公司、克莱斯勒汽车公司和日本的大荣超市、马自达汽车公司等企业，20 世纪 70 年代中后期导入中国台湾，20 世纪 80 年代末导入中国大陆，太阳神是被业界公认的首家导入 CIS 的中国大陆企业。经过几十年的运作后，CIS 战略被证明对企业的发展具有一种功能强大的推动力，特别是通过近年来的新发展，CIS 战略日益成为现代企业塑造企业形象，改善企业经营管理，提升企业经济效益，增强企业市场竞争力的重要工具和手段。

汽车企业形象识别系统，是具备汽车行业特点、汽车企业特色的企业形象识别系统。

# 第一节　CIS 战略及发展

企业导入 CIS 战略，可以简洁、形象地明确企业的价值观念和行为准则、企业的使命和理念、企业的气质、风格以及产品的特性等，可以统一企业信息传播策略，明示企业的主体性，凸显企业个性和特色，最终提升企业公众形象和综合竞争实力。

## 一、CIS 战略的概念

CIS 是把企业形象作为一个整体来进行建设和发展，也称为 CIS 战略。它是企业通过个性化识别系统，将经营理念与精神文化等价值观，以静态和动态的方式传播给社会公众，从而增强企业综合竞争力，实现差异化生存的一种商业战略。它是指企业为树立统一而独特的形象而设计、策划、实施的行动，是让公众认识企业，企业树立自身形象的过程。因此，CIS 战略的根本任务就是为企业树立良好的公众形象，使广大消费者和社会公众对企业及其产品产生信赖和好感的心理效应。

在当前经济全球化的市场竞争中，CIS 战略已经成为促进企业健康发展的强劲动力，被越来越多的企业所导入和实施。为了让公众在面对成千上万的企业时，能辨别出谁是甲企业，谁是乙企业，企业必须具有自己的个性，并且在企业的各个方面同一化或统一化，这个过程就是企业识别的设计、策划和实施的过程。从企业识别的含义上来理解，就是以企业识别为途径或手段，围绕企业形象进行识别、塑造或建立，最终结果是塑造出企业良好的形象。

企业形象识别系统（CIS）由三部分组成，即企业理念识别（Mind Identity，MI）、企业行为识别（Behavior Identity，BI）和企业视觉识别（Visual Identity，VI）。其中：

企业理念识别（MI）包括企业文化、经营理念、管理原则和发展策略等方面，是企业

# 第七章 汽车企业形象识别系统的策划

的精神和灵魂,是 CIS 战略的核心和最基本、最深刻的部分。

企业行为识别（BI）包括市场调查、广告活动、公共关系、竞争策略、管理方式、员工言行和工作氛围等方面,是企业的动态识别形式,是企业管理者阶层及其所有员工进行的一种有意识有目的的活动,企业借此形式传递和反馈信息。

视觉识别（VI）包括企业名称、品牌标识、建筑外观（如工厂厂房、销售店外观等）、产品形象、包装设计、广告媒体、标语和企业之歌等,是企业的静态识别形式,包括一切具体形态的视觉化的传达形式,是识别效果最直接、最显著的部分。

MI、BI 和 VI 三个系统相辅相成、密切配合,保持高度一致,构成 CIS 这个内涵十分丰富的有机整体。充分发挥 CIS 战略的作用,才能让消费者感受到品牌的"夺目"和企业的"美好",才能克服产品本身"物的趋同化"所造成的识别特征模糊,从而让消费者熟知和牢记产品及企业,实现购买和关注。

## 二、CIS 战略的发展

CIS 战略于 20 世纪初起源于德国,兴盛于美国,盛行在日本,最终导入中国,经历了从 CI 到 CIS,CS 和 MS 的发展过程。目前已被全世界的大中小企业所认可和推崇,对世界经济的发展产生了重大影响。

### （一）起源于德国

CI 通常表示为企业识别标识,起源于德国,最初应用实践于企业。学界一般认为,AEG 电器公司是德国运用 CI 最早的企业。德国 AEG 公司曾经是世界上最大的电器制造商,1883 年在柏林成立,经营的产品从电力能源到家用电器无所不包,曾经制造过城铁、蒸汽和电力火车头,其 NAG 子公司曾经生产过汽车。1914 年德国的 AEG 电器公司首创 CI,在其生产的系列电器产品上,首次采用贝汉斯所设计的企业识别符号,开创了企业实施统一的视觉系统的先河,AEG 除把企业识别符号用在其系列化产品上,还用到产品包装、产品海报、橱窗广告、办公用品包括便笺、信封、记事本等载体上,成为 CI 中统一视觉形象的雏形。

第二次世界大战结束后,国际经济开始复苏,工业及商业迅速发展,各企业生产的产品逐渐趋于同质化,导致市场竞争十分激烈,企业经营者开始强调自己与竞争对手之间的差异,纷纷采用统一符号来标识企业,通过采用独特经营观念来塑造企业的形象,CI 得到传播和发展。较早的如意大利的奥利维提公司,其 CI 设计运用了标准字体；1951 年美国的 CBS 公司,将威廉·哥顿设计的标识广泛运用在各种媒介上,成功地将 CI 种植于公司和社会；1956 年,美国著名的 IBM 公司采用了沿用至今的企业标识,并在其后的 CI 经营中,将这个标识变成了计算机的代名词。

二战之后,美国联邦政府对经济实施干预,美国经济迅速发展,经济实力骤然增长,在资本主义世界经济中占有全面的优势。在完成了由战时经济向和平时期转变之后,美国经济从 20 世纪 50 年代起在上述优势地位的基础上进一步持续增长。美国新企业纷纷成立且国际化趋势明显,企业经营范围的交叉与接近,迫切需要一套系统的企业形象塑造方法,来强化企业独特的经营理念和精神文化,在消费者中制造视觉冲击和识别差异。在这种经济环境下,CI 快速导入美国,得到广泛应用并蓬勃发展起来。

# 汽车企业文化

## （二）兴盛于美国

1956年，美国国际商业机器公司（International Business Machines Corporation，IBM）的总裁小汤姆斯·沃森敏锐地觉察到：要想让自己的计算机产品从世界市场竞争中脱颖而出，必须要树立一个引人注目的企业形象。于是，IBM开始导入CI，把企业形象以及企业奉行的开拓和创造精神成功地融入生产经营、产品展示之中，这个案例被认为是美国CI策划的真正开始。

IBM邀请了当时著名的图形设计师保罗·兰德对企业标识进行创意设计，设计师把原来不易读写、不易记忆的公司名称International Business Machines Corporation缩写为IBM，用粗黑字体代替了之前的字体，使得新标识"IBM"的字母显得更刚性、更扎实、更平衡，易读易认，具有强烈视觉震撼力，一直沿用至今，IBM公司早期标识的演变如图7-2所示。

1947—1956　　　　　　　　　　1956—1972

图7-2　IBM公司早期标识的演变

1972年，IBM公司导入了一个新的标识。仍然是由著名图形设计师保罗·兰德设计，新标识把美国的国旗和IBM的标识用蒙太奇手法拼接在一起（图7-3）。这样，就把企业的形象和美国的国家形象联系起来，把企业的文化、理念、精神和美国的文化、理念、精神结合起来。从此IBM才成为国际性的大企业。

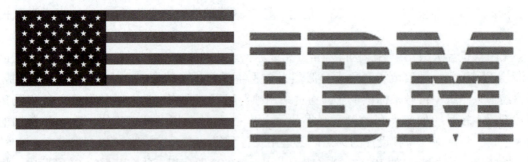

图7-3　IBM公司1972年新标识的创意源于美国国旗

> 温馨提示　IBM公司标识的演变视频参见教学资源7.2。

经历了四分之一世纪后，这个兼具了标准字、标准图、标准色的IBM基础设计标识保持不变，这是世界上最广泛认知的、被其他人最多模仿的标识。蓝色条纹的设计也使IBM获得了"蓝色巨人"美称。从单一识别功能发展到代表性、说明性、象征性等多种功能，鲜明地表现了IBM的产品品质、经营哲学和时代感。被誉为"美国国民的共有财产"，几乎

第七章 汽车企业形象识别系统的策划

成为"前卫、科技和智慧"的代名词。由此，IBM 成功地转变成为电子商务的代名词。可以说，IBM 成功导入企业标识，是 CI 正式诞生的重要标志，是 20 世纪 90 年代品牌发展最伟大的成就之一。

随着 IBM 公司导入 CI 获得巨大成功，美国许多公司纷纷效仿，如克莱斯勒汽车公司 20 世纪 60 年代初导入 CI，一下子把市场占有率提高了 18%；濒临破产的美国东方航空公司导入 CI 后，开始起死回生。其他如美孚石油公司、西屋电气公司，3M 公司等企业在导入 CI 后业绩也提高得很快。1970 年，美国可口可乐公司为创新企业形象，经过 5 年策划后，正式导入 CI，将世界各地的可口可乐标志进行革新。其充满律动的标识和标准色，遍及世界各个角落，在世界各地掀起 CI 热潮，品牌价值无法估量。

西方企业界通常认为，一个品牌可被转让、吞没，但一般不会消亡、破产。可口可乐公司曾宣称，即使公司一夜之间化为灰烬，照样能起死回生。因为当时它的公司商标价值 30 亿美元，而有形资产仅 10 亿美元。这个事例从另一个侧面印证了企业形象识别的品牌价值性和重要性。

### (三) 盛行在日本

由于受二战的影响，日本企业导入 CI 比欧美国家晚了一二十年。

但日本人在 20 世纪 70 年代紧跟美国潮流，却创造出有自己特色的 CI 理论，进一步推动了企业识别系统理论的发展。欧美与日本的 CI 实践相比，欧美的设计偏向于以市场营销为导向的视觉设计，注重公司标识、色彩、字体等元素，将 CI 的战略核心主要放在视觉识别系统上；而日本人提出了"人文 CI"或"文化 CI"，结合其民族性的经营传统开展设计，注重在企业精神文化、经营理念、行为准则和组织制度等方面塑造企业形象，给 CI 理论系统增添了理念识别和行为识别的要素，提出了以人为中心的企业理念与企业文化的概念。

随着工业设计学的兴起，设计师沃森·马格里斯正式提出 CIS 这个术语。从此，企业的标识设计不再被看作单纯的工艺美术创作，而成为以统一企业形象、表达企业精神的经营战略的一部分，发挥出"以设计促销售"的重要作用。1971 年，日本东洋工业公司施行 CIS 计划，改企业名为"MAZDA"（马自达），并接受了日本第一家 CIS 策划公司的全面设计与策划，取得了巨大的成功。该设计公司在美国的企业美容和欧洲企业风格等工业设计学设计思想的基础上，开发出"设计综合经营战略"，给马自达汽车设定了蓝色的企业色彩，使之在众多的汽车标识和一片红色的标识"海洋"中脱颖而出。此后，日本企业界纷纷开展形象策划，如大荣百货、TDK 公司、麒麟啤酒等企业纷纷实施 CIS 并取得喜人效果，小岩井乳业导入 CIS 一年后，销售成绩提高了 270%，发展成为如今拥有百年历史的日本最大民营农场。

20 世纪 80 年代前半期，日本企业在 CI 建设中加入了以注重员工意识改革和企业体制改革的内容，用来防患企业形象下滑。20 世纪 80 年代后半期，是日本 CI 走向成熟、独立的时期，日本的 CI 系统进一步强化企业经营方针，注重企业形象个性修养，以扩大其与竞争同行之间的差异。日本逐步完成了美国式 CI 的本土化改造，从 CI 设计向 CIS 形象系统设计战略的转变，使得企业的管理理念、管理哲学、产品促销、商标设计、公共关系等在 CIS 中融为一体，从而提升了传播手段的整体性，更有利于塑造良好的企业形象，赢得社会公众的依赖和肯定，达到扩大销售的目的。把企业文化引入 CIS 战略中，是作为后起之秀的日本在 CIS 战略的理论发展和实施效果上超越美国等欧美国家的制胜法宝。

183

### (四)导入中国

20世纪70年代后期,CIS理论首先导入中国台湾,80年代中后期得到快速发展。台塑、统一、味全、宏碁电脑等中国台湾企业先后导入CIS,助力这些企业在市场竞争中的地位获得极大地提高。

CIS导入中国大陆是在20世纪80年代末期,改革开放前沿的中国沿海经济发达地区的部分企业,在国际化和市场化经济的感召下,开始在企业中导入CIS。广东太阳神集团公司是被业界公认的大陆首家成功导入CIS的企业。太阳神集团原是一家很小的乡镇股份制企业,1988年,企业导入并实施CIS后,效果非常显著,太阳神系列产品脱颖而出,迅速发展为老少皆知的"名牌产品"。紧接着,上海日用化学工业公司导入CIS,用白底、金线、红带以及灰色的色彩基调,强化其新产品"露美"系列化妆品的品牌印象,并统一使用在产品包装广告、商店营销推广等各种传播媒体上,给消费者造成强烈的视觉冲击,很快成为市场上的抢手货。

随着中国改革开放的深化,尤其是社会主义市场经济体制的建立,1994年至2001年迎来了中国CIS的广泛推广期,越来越多的中国企业导入CIS战略并取得了令人瞩目的成功。以"L"为定位的李宁运动服装有限公司,借助CIS,创造出象征运动、跨越、腾飞形象的飘逸动感标识,产生出强烈的"名牌效应",使李宁运动服装系列一举走红。CIS的魅力吸引越来越多的企业争相导入,先后塑造了一批批有个性的企业形象,如三九集团、健力宝、奥林、乐百氏、浪奇、科龙、卓夫、丽臣等企业都已取得有目共睹的好战绩。CIS战略同样为中国汽车企业提高市场竞争力发挥了巨大的作用。

### (五)CIS的最新发展

在经济一体化和全球化时代,科学技术不断发展,新材料、新技术层出不穷,市场上各类产品性能和质量、销售价格均趋向于同质化,企业采用什么样的创新方式,将本企业的商品、服务,或企业自身所特有的价值转换成有效信息,并且传达给广大消费者和社会大众,是每一个企业面临的亟须解决的问题。企业要想在激烈的市场竞争中获胜,除新颖优质的产品(商品力)、优秀的市场策略(销售力)外,创新企业识别系统,树立良好的企业形象(形象力)至关重要。

由于企业的市场竞争由原先的单纯产品和技术的竞争,转变为企业形象和文化底蕴的较量,CIS战略在企业广泛实践中也出现了新的发展和应用,例如CS(Customer Satisfaction)战略,即消费者满意度;CM(Channel Management)战略,即分销渠道管理战略等方面的最新发展。CIS改变了传统的仅仅从企业角度思考问题的企业思维定式。

#### 1. CS战略

CS战略,即消费者满意经营战略,其基本指导思想是:企业以消费者满意度为经营活动的方针,从消费者的角度,而不是从企业自身利益的角度,用消费者的观点,而不是用企业自身的观点去分析和考虑消费者的需求,全面维护和尊重消费者的利益。它不仅指企业产品销售和服务的对象,而且指企业整个经营活动中不可缺少的合作伙伴。CS经营战略热潮始于汽车行业,接着进入家电、计算机、机械等制造业,目前已扩及银行、证券、运输、旅游等服务性行业。

一个优秀的CS经营战略应包括下列内容。

(1) **顺应消费者需求** 企业通过对市场的调查、研究和分析,确定消费者对产品和服

# 第七章 汽车企业形象识别系统的策划

务的评价标准，不断完善企业以往标准中欠缺的地方，尽可能地把消费者的不满意从产品本身及服务上去除，并制定相应的策略，顺应消费者的需求趋势，预先在产品本身和服务上满足消费者的需求。

(2) 满足消费者需要　企业对以往产品和服务的历史数据进行深入分析和谨慎判断，对比消费者期望和实际体验的差异，确定消费者期望与实际体验之间的差距，改进和完善产品性能、质量、服务速度和效率等服务系统，满足消费者的需要。

(3) 重视消费者意见　企业必须十分重视消费者的意见，及时改进设计、改善生产工艺，提高服务标准，落实为提升产品品质和服务质量管理的程序化、标准化，进一步提高产品性能、产品质量和企业服务水平，及时回馈消费者，提高消费者满意度。

(4) 培养消费者忠诚　为培养消费者的忠诚度，推行关系营销，应根据消费者的需求动向，充实消费者具体满意度内容。通常采用问卷、访谈、现场体验等方式和方法，进行分析和统计研究，始终以满足消费者需求为目标，千方百计留住老消费者，他们是最好的、免费的"推销员"。

(5) 加强消费者沟通　建立以消费者为中心的相应企业组织，掌握市场竞争动向，建立以消费者满意为导向的经营规范，建立以消费者的需求和意见为中心的快速反应机制，养成鼓励创新的组织氛围，保持组织内部上下沟通的顺畅。

(6) 做好消费者服务　企业建立分级授权机制，通过制度和规范保证执行工作的人员有充分的决定权，避免事事请示汇报、等待批准，以致贻误最佳处理时机，以及时满足消费者的意见和需求，提高办事效率和执行力，实现对消费者的满意服务。

(7) 引导消费者消费　企业通过各种形式，提高员工的工作能力，提升应对消费者需求的技巧，从产品有效使用和提高生活质量的角度激发消费者消费热情。同时，企业对员工进行物质和精神上的激励，培养员工对企业的忠诚度，凝聚员工高昂的士气，扩大消费者满意度至企业的各个层面，积极引导消费者的消费动向。

从 CS 经营战略的内容看，CIS 与 CS 是从两个角度来处理企业与公众的关系。CS 是在 CIS 基础上对应的达到满意的标准，它们是"一加一大于二"的关系。因此，在国际 CIS 的最新发展中，CS 已经成为其中一个不可忽略的重要部分。

## 参考案例25： 一汽丰田的 CS 战略

一汽丰田推进以客户为中心的 CS 战略，内容包括：战略、组织、标准、流程、团队、物质支撑以及考评等内容。具体实施情况如下。

### 一、战略宗旨要明确

一汽丰田将 CS 战略明确为长期发展战略，消费者是企业的衣食父母，消费者满意是一汽丰田的经营之道、发展之本。哪里有一汽丰田的客户，就要把满意战略耕耘到哪里。

一个企业的领导无诚信、员工无忠诚、企业无诚信，则不存在忠诚的消费者。因此，谁维护住了客户，谁就维护住了财富。

### 二、组织机构要保障

战略决定组织，组织保障战略。一汽丰田要求各经销店100%成立 CS 推进组织：客户关系部。该部门要独立于销售和服务部门之外，部门负责人建议至少由经销店总经理助理级

的人员担任。通过成立 CS 推进组织，整合经销店分散在各部门的相关职能，提高经销店的 CS 基础管理水平。CS 推进组织确保了一汽丰田的 CS 企划案和销售/服务标准在经销店处的执行效果，成为一汽丰田倾听经销店和客户声音的渠道。

### 三、战略制定要精准

真正的利润来自于忠诚的消费者，而不仅仅是来自于对产品满意的消费者。一汽丰田聘用第三方调查机构开展消费者满意度情况调查，忠诚的消费者在未来再次购买产品的可能性比"满意"的客户要高出 6 倍。满意是基础，感动是水平，忠诚是目标。因此，确立消费者满意的标准是培养忠诚消费者的保障。一汽丰田通过完整的调查与系统的分析后，确定消费者满意度指标，在此基础上制定 CS 策略和改善方案及建立管理的示范体系。

### 四、实施流程要持续改善

细节决定成败，流程改善是首要任务。

#### （一）流程改善要抓住重点

CS 实施关键要重点清晰，要找到企业短板，找到影响 CS 的关键因素。

#### （二）流程改善贵在坚持

把简单的事情做好就叫不简单，把平凡的事情做好就是不平凡，流程改善必须长期坚持才能取得成效。

#### （三）流程改善要全员参与

流程改善要考核一切事情，形成全员参与。CS 工作不仅是 CS 部门的事情，需要全员参与、全员考核，共同促进 CS 战略的执行。

### 五、团队建设要常抓不懈

一汽丰田及各经销店 CS 组织的建立，必须配备专门人员，打造优秀的 CS 团队。十年树木，百年树人，一汽丰田把 CS 团队建设当作战略重点来抓，形成一汽丰田及各经销店的 CS 梯级团队，把一汽丰田的 CS 理念与行动贯彻到每一个员工的工作细节中，提高各级员工的 CS 执行力。

#### （一）一汽丰田 CS 人员配备

一汽丰田对 CS 人员配备高度重视，成立了专门的 CS 推进委员会，并专门配备了相应的专员。保证一汽丰田各部门人员有序展开 CS 协调工作。

#### （二）各经销商 CS 人员配备

对于开业一年以上的经销商，建议客户关系中心至少配置 3 人，分别为客户信息管理员（2 人）和企划员（1 人）。

对于开业不足一年的经销商，建议客户关系中心至少配置 2 人，开业满一年后调整为 3 人。

### 六、物质支撑要配套

要让消费者满意光有微笑是不够的，CS 工作必须要投入硬件设施，如客户休息室等；IT 设施，如客户沟通信息系统等。

### 七、CS 考评

一汽丰田把 CS 战略方针落到实处，与企业的业绩、经营战略和效益等挂钩，进行科学、严格的 CS 考评与奖惩。

# 第七章 汽车企业形象识别系统的策划

### （一）持续改善不断进步

一汽丰田及各经销店在 CS 战略方针中，及时根据客户的声音和标杆企业的做法，自行完善。

### （二）总结推广优秀经验

一汽丰田及各经销店及时总结 CS 做法，把各经销店 CS 经验收集归纳，整理成为"CS 好事事例集"下发给各经销店，推广经验，让大家不断在总结中进步，学习中推广，参照中改进，借鉴中提高。

## 八、两点工作经验

一汽丰田推进 CS 战略取得了很好的效果。2016 年，销售汽车 64 万辆，同比增长 6%，并获得很高的消费者满意度。有两点 CS 工作经验值得借鉴：

### （一）一把手工程

CS 工作必须是一把手工程，对于一汽丰田的各经销店来说，一把手工程就是董事长或总经理工程，要亲自示范，积极宣传。

### （二）必须全员参与

CS 工作不只是一线销售人员的责任，也不仅仅存在于销售或服务的过程，还包括生产环节、研发环节等，必须全员参与。

资料来源：根据企业网站和网络资料加工整理

### 2. CM 战略

CM 战略，即营销渠道管理战略，它是指企业通过完善物流网络，畅通商品销售渠道，将产品迅速有效地传递到最终用户手中，形成销售成果，最终实现企业利益的一种商业战略。它是企业营销系统的重要组成部分，对降本增效，提高企业竞争力，以及企业在激烈的竞争中生存具有重要意义。

面对经济全球化大潮，企业的关注点不仅仅局限于单纯的产品质量、价格等一些常规因素，而是开始扩大到从消费者需求调研到产品设计、采购、生产、物流、销售等各个环节，市场竞争也从传统的竞争模式演变成供应链的市场竞争模式。因此，加强营销渠道的管理至关重要，企业通过积极发展合作营销，在市场运作中既寻求合作，又讲求竞争，只有合作共赢，各方收益才能取得理想效果。所以，有条件的企业可以考虑策划应用 CM 战略。实施 CM 战略，应注意以下两方面内容。

一是做好企业产品流通与物流系统和供应链体系的决策规划，包括渠道的选择、整合、与新渠道的合作开发等，加强现代生产库存管理技术（MRP）、即时生产方式、企业资源计划（ERP）等管理系统的综合运用。

二是将客户需求和企业内部的生产活动，以及供应商的制造资源整合在一起，注重从产品的研究开发、质量控制、市场营销到售后服务等各个环节，把经营管理过程中的所有参与者如消费者、供应商、制造工厂、分销商网络等纳入一个紧密的供应链中，探索建立一种新型的产销合作关系，在实践上向供应链管理方向发展，以实现多赢的局面。

CM 战略的意义不仅是提升营销渠道的管理能力和水平，而且是将经营过程中的所有参与者都纳入"面向消费者化生产中"来，发掘消费者的需要，并以此为基础进行企业的各项活动，通过营销渠道的有效管理，快速满足消费者需求。因此，CM 战略与 CS 战略实际上是密不可分的，最终要达到的结果，就是以让消费者满意的方式将产品送到他们手中。

通过 CM 战略，企业可形成一个有效的营销网络系统，并可以实现以下功能。

（1）分销产品　通过 CM 战略便利的营销渠道管理，为企业与消费者之间建立畅通的销售网络联系，从而实现商品的高效流通。通过自设的或代理的销售机构形成销售网点，把有形产品和无形产品从制造商那里迅速有效地转移到消费者的手中，并获得消费者的满意。

（2）营销传播　有效的营销渠道，能够将企业的商品和品牌信息传递给消费者，通过整合运用销售网络、信息网络、传播网络、客户网络和服务网络，使企业能够保持形象、个性及宣传的一致性，将产品的性能和质量信息传播给消费者。企业了解消费者的个性信息，开发适销对路的产品，从而实现企业、商品、品牌与消费者的沟通，最终实现营销目标。

（3）采集信息　营销渠道网络设立专用信息处理系统，对市场、消费者、企业的大量信息进行收集、归纳及分析，可以及时把握市场脉搏，为消费者提供产品信息，同时方便企业获取消费者的需求信息，以求达到供需平衡，最大限度降低库存，减少销售费用。同时，通过有关客户、消费者的大数据资料，企业可以随时跟踪消费者需求、行为的变化，使企业能够做出正确的营销决策，真正做到"面向消费者化的生产"。

（4）网络服务　通过 CM 战略建设的营销渠道网络，既具备完善的物流网络，又具有畅通的商品销售渠道，有能力为企业实现充分的网络市场服务，使企业的服务准确、及时、到位，真正做到"为消费者创造价值"。

（5）满足需求　通过 CM 战略，建立有效的营销网络，企业能够及时掌握消费者为改善生活质量的想法，及时了解消费者实际需求意向，通过整合销售网络、传播网络、服务网络的运作，投消费者所好，超前满足消费者需求，巩固消费者对企业和产品的忠诚度，逐渐培育强大的忠诚消费者群体。

CS 和 CM 都是 CIS 战略新的发展要素，企业面向 21 世纪越来越激烈的经营竞争环境，离不开 CI、CS 和 CM 三个要素发挥的重要作用，在开展战略策划中必须全面考虑。如果其中任何一项基数为零，则总绩效将会是零。只有以系统的思考方式，建立起完善的 CIS 战略系统，才能实现企业的成功发展。

（六）CIS 战略总结

**1. 国际 CIS 战略**

CIS 战略在国际上的兴起与发展，其前提是充分竞争的市场经济的发展与普及，具有广泛的历史和时代背景。在市场经济发展过程中，企业间竞争大体经历了产品竞争、销售竞争、企业形象竞争三个阶段，CIS 战略就是市场经济在企业形象竞争阶段的产物。

（1）产品竞争阶段　在 20 世纪以前，由于生产力不够发达，市场上物品匮乏，产品短缺，人们处于"卖方市场"的条件下，消费者不可能有充分选择产品的自由，人们购买产品一般都注重物美价廉，企业更重视产量的扩大或质量的提高。

（2）销售竞争阶段　这一阶段为 CIS 战略的出现做了启蒙和铺垫。进入 20 世纪，由于大机器工业的普及，社会生产力迅速提高，社会商品日益丰富，以至于出现供过于求的现象，尤其是 20 世纪 30 年代大危机以后，企业普遍重视产品的销售问题，企业开始采取市场促销的方式来吸引消费者，企业关注点开始转移到消费者的身上。

（3）企业形象竞争阶段　进入 20 世纪 50 年代以后，由于各国非常注重发展国民经济，社会生产力得到飞速发展，产品过剩、相互抄袭等问题越来越严重，花样百出的或高明或卑劣的促销"套路"则越来越招致消费者的反感。同质化消费开始转变为个性化消费，企业

# 第七章　汽车企业形象识别系统的策划

营销重点由注重产品转变为注重服务以及由产品所表达的意义。在这个典型的"买方市场"中，企业面对的是越来越有主见、个性和理性的精明消费者。谁能迎合成熟社会的心理需求和价值导向，谁就能在这样的竞争中生存下来，脱颖而出。于是，能够由内而外打动消费者的 CIS 战略，就作为企业形象竞争阶段市场营销的重要工具应运而生。

**2. 中国特色的 CIS 战略**

中国 CIS 战略虽然起步较晚，但目前发展态势良好，并且呈现出浓郁的东方特色。

（1）**蕴含中国哲学**　中国企业从管理哲学的高度，俯视观察分析企业的现实，在推进 CIS 战略过程中，越来越贴近中国哲学思想的精髓。

（2）**突出差异化**　企业根据所在市场文化背景的不同，在 CIS 战略推进的过程中，在标准化理论指导的基础上，越来越贴近实际，灵活多变，融入当下，体现出各具特色的差异化的特点。

（3）**凸显东方智慧**　企业 CIS 战略追求贴近消费者"心灵"，运用东方型智慧和共同语言，努力打造与消费者有共同"文化根源"的产品，达成价值观上的默契和统一。

90 年代以后，CIS 战略逐渐成为新兴国家及新兴工业化国家、地区的企业谋求发展的重要战略。尤其在大众传媒迅猛发展的今天，个人或组织每天都要受到越来越多信息的冲击，企业如何满足消费者的需求欲望来实现有效的信息传播，如何让公众对信息敏感，从而进行甄别、接收、记忆并转化为购买行动，如何完善营销渠道，在商品有效交易的同时完成信息交易等课题都需要不断完善和发展 CIS 战略来设计和解决。

## 三、CIS 战略的导入原则

塑造统一而独特的企业形象，不是指对企业不着边际的宣传，也不是简单地对企业进行表面的装饰，而是指企业主动策划并施行的由内至外，从局部到整体，从理念到实体的自我认知、自我调适、自我提高的过程，是一项全体员工参与的复杂而艰巨的长期性任务。好的开始是成功的一半，正确导入 CIS 战略直接影响到这项长期性任务的效果和实现。所以，为了追求 CIS 战略的最佳绩效，力求低投入高产出，必须认真探讨导入 CIS 应遵循的基本原则。

### （一）系统性原则

CIS 战略涉及面广、工程量大，是一个系统工程。要有规划、有步骤、统筹而周密的策划，在分析企业内外复杂关系的基础上，找出规律和秩序，建立一个统一、规范的企业识别体系。因 CIS 战略涉及企业的方方面面，在实际工作中，设计者常因观察的角度、分类的方法不同，从而呈现出各种各样、五花八门的企业识别体系方案。不论呈现的方式如何，只要内容能够覆盖 CIS 理念识别、行为识别和视觉识别三大子系统，三者之间不矛盾、不重复、不缺漏，具有一定内在的逻辑，便于理解和执行，便都是坚持了系统性的原则。

### （二）一致性原则

一致性原则是指 CIS 战略的理念识别、行为识别和视觉识别三大子系统在内部管理中的协调统一，在外部传播口径、表现形式上的整齐统一、高度一致。CIS 战略的一致性越高，对公众产生的一致性冲击效果越强，从而形成风格统一的"形象合力"，产生规模影响。如果三者表现不统一、内容不一致，企业行为或视觉形象就无法向外界有一个统一鲜明的呈现，甚至有悖于企业理念，反而给公众带来错觉与混淆，导致许多不良后果。

汽车企业文化

### （三）独特性原则

CIS 战略的根本目的是塑造具有鲜明特色的企业独特形象。保持自身独特的个性，是现代企业在市场激烈竞争中求生的一种本能。企业有无个性，或者个性是否鲜明，是分辨企业是否成熟，是否真正形成了企业风格的主要标志。CIS 战略正是以差异化、个性化为准则，突出企业优势特色，把企业生动的独特性形象传播给公众。因此，在企业名称、标识、标准色、标准字、产品包装、广告、口号等硬件方面，以及在经营理念、管理制度、经营策略等软件方面，都要表现出企业特色。独特性是企业发展主要特点的聚焦、放大和强化，切忌生搬硬套。

### （四）真实性原则

CIS 战略导入的目的是通过形象传递，让消费者对企业和产品产生"好感"，但这种"好"应该是实实在在、名副其实的。企业要结合自己真实的软硬件条件，客观实际、实事求实地设计和导入 CIS 战略，扬长避短，提出发展方向。设计时必须讲求诚信，不可无中生有，故意欺骗和误导。那种不符合真实调研结果，哗众取宠的欺骗行为，只会让企业失去诚信，招致消费者和市场的质疑和反感，甚至会适得其反，最后因 CIS 战略先天不足而凸显企业道德缺失，导致漏洞百出、不可持续发展，给消费者和社会公众留下一个深刻的难以逆转的坏印象。

### （五）长期性原则

CIS 战略的导入是一项艰巨的系统工程，包括战略策划和战略实施两大部分内容，是企业从外在到内在形象的全面革新。根据国际实践经验，国外企业导入 CIS 战略的周期一般需要 10 年左右的时间，最少也需要 3~5 年时间。CIS 是企业的一种无形资产投资，投入是多次的、长期的、持续不断的，但投入的回报不可能在短期内一次性形成，具有滞后性和长期性的特点。

企业在导入 CIS 战略时，应选择并抓住有利时机，一般有两种情况可以把握。一种是企业发展发生重大变化，如新企业成立、重组、企业经营方向改变等；另一种是企业发生重大事件，如企业股票上市、企业大型周年纪念活动、产品进入国际市场等。在前一种情况中，引入 CIS 战略可以把新的良好的企业形象传达给社会大众，建立符合企业现实状况和未来发展的企业形象识别系统。在后一种情况中，导入 CIS 战略则有利于重新塑造企业新形象，赋予企业形象新内涵，助力企业向更可持续、更长远的未来健康发展。

## 第二节　汽车企业理念识别（MI）设计

### 参考案例 26：东风日产的"快乐文化"理念

在东风日产，上上下下弥漫着一种快乐的充满人文关怀的氛围，这种快乐来自于实实在在的满足甚至是自豪，包括管理者和员工之间热情和谐的关系、优质舒适的办公环境、不断改善的生产线车间、丰富多彩的精神文化生活以及周到细致的后勤保障等。这就是东风日产特色企业文化——"快乐文化"的生动体现。

## 第七章 汽车企业形象识别系统的策划

东风日产融合了日产、风神、东风三家汽车企业的文化基因，针对汽车企业的员工普遍压力比较大的情况，提出了"快乐文化"理念，即"与每一个员工分享企业成功的果实；把快乐工作、快乐生活、快乐成长融入企业文化"。汽车企业员工的关键绩效指标像"紧箍咒"一样，让员工的工作神经总是处于紧绷的有压力的状态，只有营造快乐的企业文化才能释放这种压力，才能使得绩效指标法在管理中扬长避短，使得员工在和谐的工作氛围中，感觉到被尊重、被关爱，将压力转化为动力，创造出更好的工作业绩。经过多年的探索，东风日产的"快乐文化"理念通过多个平台得以弘扬——薪酬回报与绩效关联度更密切，还有加薪、升职的激励措施；搭建如体育比赛、演讲、娱乐表演等平台让员工发挥特长、缓解压力、实现自我价值。从过去讲服从、讲训斥的企业文化，转化为一种快乐和谐的、凝心聚力的企业文化。快乐文化成了东风日产企业理念识别系统的重要特征之一，成了企业软实力的重要组成部分，给社会公众和消费者留下了良好的印象。

企业形象识别系统（CIS）包括企业理念识别（MI）、企业行为识别（BI）和企业视觉识别（VI）三个部分，如果将一个企业比喻成一个人，那么，MI 相当于人的大脑，BI 相当于人的肢体及五官，VI 相当于人的衣装和长相，这个比喻生动地体现出 MI 对企业形象识别系统的重要性。

### 一、汽车企业理念识别

#### （一）汽车企业理念识别的含义

识别的中文意思是辨认和鉴别。从 CIS 战略角度，可从两方面来理解：一是企业内外及上下的一致性，企业管理者与全体员工对企业的价值观和使命等必须统一的理解，也就是理念必须一致；二是每个企业的理念有自己的特色，与其他企业有所区别，企业的理念有特色，才能达到识别的目的。因此，为了让广大消费者通过这种特色来区别企业的理念，进而认识企业，需要每个企业在确定企业理念时，根据企业特性、产品的特质去确立和体现本企业的个性和特色。

因此，汽车企业理念识别应突出企业经营观念，体现企业特色，建立能够得到社会普遍认同的、体现企业自身个性特色的、为实现企业可持续发展反映企业意识的价值体系。汽车企业理念识别是由汽车企业管理者积极倡导的、全体员工自觉实践的，在长期的汽车生产、经营活动中形成的独具特色的存在价值、经营方式，以及生产经营的战略、宗旨、精神等，是激发汽车企业活力、推动汽车企业生产经营的团体精神和行为规范。

汽车企业理念识别是汽车企业识别系统的核心，它是企业的灵魂与宗旨，是企业的经营方针，有着鲜明的文化价值观，代表着企业最高决策层的思想和意识。对外它是企业识别的尺度，对内它是企业内在的凝聚力，具有一致性和独立性的特点。它不仅是要求企业内部员工明确并履行的行为准则，同时也是通过大众媒介宣传，希望得到社会公众认同的识别内容，是当代企业信息传播识别性的内核。

#### （二）汽车企业理念识别的功能

汽车企业理念识别的功能包括导向功能、渗透功能和凝聚功能。

##### 1. 导向功能

汽车企业理念识别的导向功能主要表现在两个方面：一是直接引导企业员工的心理、人格和行为；二是通过员工的整体价值认同来引导员工的观念与行为。

汽车企业理念识别是企业形象的灵魂，指导着全体员工共同的理想信念和价值观，是强大的精神武器。

### 2. 渗透功能

渗透功能就是将汽车企业理念渗透到精心构筑的企业价值观念和精神文化之中，在企业内部贯彻执行，从而端正员工价值取向、提振军心士气、增强企业战斗力，促进企业文化建设全面发展。

### 3. 凝聚功能

汽车企业理念对内规范企业行为，强化员工的凝聚力和向心力，形成自我认同，提高员工工作热情，降低经营成本；对外传播企业理念和树立品牌形象，使社会公众对企业确立牢固的认知与信赖，提高沟通的效率和效果，最终取得更大的经济效益与社会效益。

## （三）汽车企业理念识别的类型

汽车企业理念识别主要分为创新型企业理念、人本型企业理念和消费者型企业理念三种类型。

### 1. 创新型企业理念

推行创新型企业理念识别的汽车企业，提倡创新意识和冒险精神，鼓励员工不断试验，勇于革新，强化企业内部的公平竞争。

### 2. 人本型企业理念

人本型企业理念倡导人不是机器，而是有血有肉、有头脑有智慧的创造者，汽车企业的一切经营活动贯彻"以人为本"的理念。如日产汽车的理念是"创造人与汽车的明天"。

### 3. 消费者型企业理念

消费者型企业理念不仅仅只是服务态度和消费者利益方面的"至上"，根本在于一切从消费者需求出发，如丰田汽车的企业理念是"以生产大众喜爱的汽车为目标"。

这三种类型的企业理念并不矛盾，可以同时存在于一套理念系统中，例如广汽集团的"人为本、信为道、创为先"的企业理念，就是把创新、人本和对消费者、合作伙伴的诚信融为一体，打造全方位协调发展的汽车企业文化理念。

总之，汽车企业理念识别的目的，是增强企业发展的综合实力，提升企业形象，参与市场竞争并获得成功。企业理念尤其是经营理念的完善与坚定，是企业识别系统基本精神之所在，也是整个企业识别系统运作的原动力。通过这股内在的动力，促使企业完善组织制度和经营管理，提升产品和服务质量，积极参与社会公益活动。同时，汽车企业理念识别是一个永远开放的体系，需要不断地融入新文化、适应新情况。与时俱进是企业理念能够统领企业识别系统，引导企业不断持续发展的基础。

在经济全球化、汽车产业国际化的发展趋势下，越来越多的汽车和零部件企业都日益重视企业理念的设计，把企业理念放在与技术革新同样重要的地位上，通过融入地域文化精髓，适应社会经济发展，形成有国家、民族、地域特色的具有工业制造业特点的汽车企业理念识别系统。

## 二、汽车企业理念识别设计的内容

汽车企业理念识别是企业决策与发展的内在推动力和指导原则，其设计的主要内容包括

第七章 汽车企业形象识别系统的策划

三个层面：一是企业宗旨、目标层面，包括企业愿景、企业使命、企业宗旨和企业目标等，主要表达企业存在的意义，企业的价值及对社会的意义；二是企业精神文化层面，包括企业的经营理念、企业精神和企业价值观念等，主要表达企业的信念、精神、作风等要素，并由特定的形式展现；三是企业制度和组织结构层面，包括经营哲学、行为准则等，主要表达企业的各种管理制度、规章制度、生产经营过程中的生产方式和行为规范。企业使命是企业的最高原则，企业使命决定企业的经营理念，而经营理念又决定企业每一个员工的行为准则，这三者之间是环环相扣、密不可分的。汽车企业理念识别设计的相关要素和内容，前文已有介绍，在此不再赘述。

### 三、汽车企业理念识别设计的依据、原则、设计方法与程序

汽车企业理念识别设计，为突出专业化、个性化和与众不同的效果，要求先对企业发展战略定位进行准确把握，进而提炼出能够推进这一战略实施的企业文化的核心。

#### （一）汽车企业理念识别设计的依据

**1. 时代特征**

时代在不断发展和变迁，不同时代具有不同的社会特征，理念与时代发展息息相关，汽车企业理念设计必须紧跟时代发展的步伐，不能脱离企业所处的时代。

**2. 民族特征**

随着经济全球化的发展，企业经营逐步国际化，汽车企业应结合自身经营范围，着眼于本民族或参考其他国家的传统民族文化、宗教信仰、民众心理，制定与本民族或兼顾与其他国家民族传统相吻合的企业理念，以使企业的经营思想能迅速深入人心，在开展跨国经营业务时能符合国际化要求。

**3. 行业特征**

汽车企业理念的设计要立足于自身企业所处的行业，归纳总结行业技术状况、市场状况、产品特征、人员素质、消费者的偏好等，针对行业的特点来设计企业的理念。

**4. 管理者偏好**

管理者偏好主要是指汽车企业管理者的个性特征和对企业特色的理解或希望，它是理念设计最直接的依据，它表现出企业管理者对企业在市场中的定位，也是企业从上到下在经营活动中的一贯性总体倾向。

#### （二）汽车企业理念识别设计的原则

**1. 个性化原则**

个性化原则，是指汽车企业在进行企业理念识别设计时要注意突出自己的个性，使自己能在行业中拥有自己独有的特色。

**2. 社会化原则**

汽车企业理念识别既要突出个性及特色，又必须为社会所认同。企业理念识别设计必须同消费者及社会公众的价值观、审美观和道德观等因素相吻合，为社会公众乐意接受和认同，并获取较高的美誉度和知名度。

**3. 简洁化原则**

汽车企业理念识别要用易懂易记的语句来高度概括企业价值观，其语言必须简洁明了，内涵必须丰富，并易于理解和记忆，简洁、新颖、清晰的企业理念将更容易深入人心。

汽车企业文化

**4. 人本化原则**

设计汽车企业理念识别的根本目的在于激发企业员工的积极性和创造性，必须坚持以人为本、以人为中心的原则。只有这样，企业理念才能成为一种真正的管理工具，才能获得企业全体员工的尊重和信任，得到有效的实施，创造一种良好的企业氛围和发展环境。

**5. 市场化原则**

汽车企业理念识别为适应激烈的市场竞争环境，必须满足消费者需求和竞争的要求。在企业的具体经营中，企业理念是指导企业经营活动的工具，而企业活动既是满足顾客需求的过程，也是与同业者进行竞争的过程。因此，汽车企业理念必须满足这一要求。

**（三）汽车企业理念识别设计的方法**

要设计成功的企业理念识别系统，汽车企业要从消费者的观念出发，进行有效的企业形象定位，在消费者的认知心态中找寻空隙和位置，在消费者的心目中建立起区别于竞争对手的、独特的企业形象。归纳起来就是：正确把脉、理性思考、双向结合、科学推断。

**（四）汽车企业理念识别设计的程序**

汽车企业理念识别是企业的灵魂，是企业哲学和企业精神的集中表现。同时，也是整个企业识别系统的核心和依据。企业理念要反映企业存在的社会价值、企业追求的目标以及企业经营的内容，通过尽可能简明确切的、能为企业内外乐意接受的、易读易记的语句来表达。企业理念设计的程序包括如下步骤。

**1. 开展深入调研**

汽车企业是经济实体，也是社会的一分子，在开展企业理念识别设计，确定企业的愿景、目标或宗旨时，要处理好获取利润与承担社会责任的关系。开展企业内外部环境的调查与分析，发掘企业理念的方向和目标，有助于解决企业所面临的形象问题，避免企业理念定位的随意性和简单的联想。通过企业内部的调查与分析，把握企业的文化传统、经营方向、行业特点、运行状况及旧的企业理念的利弊，通过企业外部调查和分析，了解企业的社会地位及角色扮演状况，确认社会对企业的基本期望。根据企业内外部环境情况分析结果，总结评估旧的企业理念，设定企业理念的诉求方向，确定企业的经营宗旨、方针和价值取向。

**2. 确立基本要素**

汽车企业理念识别的基本要素涉及企业愿景、企业使命、企业价值观念、经营理念等诸多方面，同时又涉及企业的社会行为、经济行为和整体文化行为等多个系统，这些一般来源于企业管理者、企业专业人员、企业一般员工、企业外部专家、消费者和社会公众等。因此在确立企业理念设计的基本要素时，要根据调研分析结果，将这些构成要素加以归类整理，再根据设定的企业理念诉求方向，确定其基本含义和象征意义。

在确定企业理念识别设计的基本要素时，还需要考虑企业竞争优势及企业核心能力，主要包括企业竞争战略、经营方向和经营思路的设计、增强员工活力、加强企业的整体协调性等内容。企业核心能力是不同企业在获取战略性资源过程中体现出的"异质性"，具体表现为企业在资源识别、资源获取、资源转化和提供产品过程中的独特的能力，企业拥有了这种独特的能力就可在同行业中拥有较强的竞争力。

**3. 构筑理念内涵**

对已定为汽车企业理念识别的创意，要赋予其丰富的内涵，以便在以后的理念传递和理念实施过程中有据可依。规定理念内涵首先要从字面上给予科学合理的解释，在此基础上，

## 第七章　汽车企业形象识别系统的策划

可通过联想与比喻，使其内涵延伸，以便与树立的理念相吻合。最后，针对理念的要求，明确企业的发展战略、管理者的职责和员工的行为准则等。建立在上述内涵基础上的企业理念，必须具有极强的导向、渗透、凝聚、激励、辐射和识别功能，以使其成为能与其他企业相区别而又易于识别的内容。

### 4. 确定语言表征

汽车企业理念识别设计的基本要素一旦确定，就要用最精炼的语言文字对所要表达的全部理念设计要素和内涵进行高度概括，以提高企业理念的识别力和表征力。语言表征的准确性，即所使用的语言与所要表征的内涵高度一致，也要避免多重象征和产生歧义。这既要求对企业理念要素有深刻而充分的理解，又要求有很强的文字能力，才能充分反映企业理念系统。因此，在语言概括时，要做到言简意赅、易读、易记、朗朗上口和富有感染力。

### 5. 征求意见测试

汽车企业理念识别要素草案出来后，应在企业内部的管理者、员工等，外部的股东、相关消费群体等范围内征求意见并进行测试，根据测试结果对理念系统的基本要素及应用要素进行修改完善。

### 6. 选择导入时机

汽车企业理念识别设计完成后，要选择最有利、最佳的导入时机，以确保企业理念顺利推广。导入的契机主要有：新公司设立或合并成新企业集团，企业周年纪念庆典活动，企业进军海外市场迈向国际化经营，企业新产品的开发与上市，企业扩大营业内容并朝多元化经营发展，经营存在危机要求经营理念重整与再建立，企业形象落伍且企业实态与企业形象不吻合等。

## 第三节　汽车企业行为识别（BI）设计

### 参考案例 27：丰田汽车销售的微笑服务

丰田汽车以擅长标准化、精益化的管理著称，丰田汽车对于汽车销售过程中员工的微笑服务做出了详细的行为设计和规范，包括微笑、问候和行礼的技巧等。

#### 一、微笑的技巧

笑的四种方式：含笑、微笑、露齿的笑和开心的笑。

#### 二、问候的技巧

（一）主动打招呼

为了表达对消费者的敬意和提高工作效率，请主动地向消费者打招呼，晚一步打招呼可能会给消费者留下不好的印象。

（二）专心打招呼

如果你正在做事，请暂停 1 秒钟，停下来面对面与消费者打招呼。不要一边做其他的事情一边打招呼。如果确实不方便打招呼，也请用挥手、微笑的眼神和欠身等其他身体语言向消费者传递你的问候。在通话时如果有消费者到来，需将话筒拿到一侧，之后再与消费者打招呼。

## 汽车企业文化

### （三）微笑的问候

接待消费者要面带微笑，不带微笑的问候可不够亲切，属于无用功。

### （四）开朗的语气

要用开朗的语气向消费者打招呼，即用比平常的语调较高的声音打招呼，注意语句结尾时也要吐字清晰。

### （五）专注的眼神

与消费者打招呼时，要用专注的眼神注视消费者的眼睛。飘忽不定的眼神，让人即使听到了问候，心里也感受不到。

### （六）动作要分明

接待消费者时，先打招呼后行礼，做到动作分明，张弛有度。

### 三、行礼的技巧

丰田汽车总结了一套行礼的技巧，一是挺直背脊、笔直站立、合拢五指、中指对齐裤子或裙子两侧的中缝的位置。二是两腿后脚跟并立、两脚的前方张开、视线笔直向前（看着对方的眼睛）。三是手放置在两腿上，头往下的同时腰也要有一定幅度的倾斜。

丰田汽车坚信，微笑服务可以给消费者留下良好的第一印象，这是成功实现销售目标的关键。通过对汽车销售人员的微笑、问候和行礼等行为的规范设计，有利于销售人员表达出希望让消费者满意的心情，从而提升消费者的满意度。

优质服务已经成为丰田汽车极具辨识性的企业文化特色。经过长期探索和实践发展，不仅仅是微笑服务，丰田汽车对于企业行为识别系统做出了严格、细致的规定，例如"丰田七步法服务流程"，对于店内不同销售情形下接待消费者的流程、技巧，都做出了详细的规定。用礼貌、有序、专业的方式接待顾客，会增加客户的信心，超出客户的期望，留下印象深刻的好感。

> **温馨提示** 汽车企业行为识别视频参见教学资源7.3。

BI是CIS中的动态识别系统，从整体意义上说，是MI在企业行为方式上的物化。它通过企业的行为规范、教育训练、管理方式、规章制度、公共关系、公益文化、营销活动等体现出来，从而获得企业员工和广大消费者的识别与认同，是企业运行的全部规程策略，包括对内的组织、教育和管理，对外的回馈、参与和活动等内容。

### 一、汽车企业行为识别的含义

企业行为识别（BI）是指汽车企业在内部协调和对外交往中，自觉遵守的一种规范性准则，并具体体现在全体员工上下一致的日常行为中，是在理念系统确立后，全体员工在理解企业经营理念的基础上形成的动态识别形式，用以规范企业内部的组织、管理、教育以及企业外部的营销、服务、公关等一切社会活动。汽车企业行为识别系统将企业内部组织机构与员工的行为视为一种理念传播的符号，通过员工发自内心的自觉行动来体现企业行为，反映出企业的经营理念和价值取向，通过这些动态的因素传达企业的理念，塑造企业的形象。

企业行为识别系统几乎覆盖了整个汽车企业的经营管理活动，根据传播性质与渠道分为企业内部行为识别系统和外部行为识别系统。企业内部行为识别系统，包括企业内部环境的营造、生产管理、环境保护对策、废弃物处理、利益分配以及员工教育、员工福利、员工行

# 第七章 汽车企业形象识别系统的策划

为规范等。企业外部行为识别系统，包括市场调查与分析、产品规划与开发、服务活动及水平、广告关系及促销活动、公关准则和公益性文化活动，与金融公司、上下游合作伙伴以及代理经销商的交往行为准则等。

汽车企业行为识别虽然也需要条款和制度的规范，但是这种制度规范与规章纪律的约束不完全相同。它侧重于用条款形式来塑造一种能激发企业活力的机制，这种机制应该是自己独特的、具有创造性的，因而也是具有识别性的。例如，为了充分发挥员工个人的自主性和创造性，本田汽车采用了著名的"一人一事，自由竞争"制度。该制度目的就是彻底废除传统金字塔形公司强迫员工去做他不能胜任的事情的做法，从而保证每一个员工都有自由选择的权力。也就是说，在本田汽车里，如果一个研究员提出一个课题被采纳了，就要以这个研究员为中心成立一个项目攻关小组，所有关于这个课题的研究工作全部都要交给这个研究员一个人负责。这种在企业内部建立的充分竞争的工作机制，就是本田汽车一个非常典型的内部行为识别元素。

汽车企业行为识别具有统一性和独特性的特点。统一性是指企业一切行为要与企业的理念保持高度一致，企业的一切行为在企业各部门以及全体员工所开展的一切活动中都保持企业形象高度的统一性。独特性是指企业在激烈的市场竞争中，坚持企业理念的指导，以企业别具一格的、独具个性特点的行为识别，独特的企业个性呈现在社会公众面前，获得消费者和社会公众的辨识和认可。因此，企业应当注意突出企业内外活动的统一性，创立企业对外活动的独特性、差异性，通过这些内外一致性、独具个性的活动，帮助广大消费者认识并熟知企业。

## 二、汽车企业内部行为设计

对汽车企业内部行为进行规范和富有创意的设计是十分必要的。因为企业并不是一个封闭的场所，在各种来访和交流中，企业是否有竞争力，是否能担当重任，都可由企业内部行为系统显露出来。汽车企业内部行为设计就是开展企业经营管理行为设计、创造良好的工作环境，并对全体员工进行组织管理、教育培训，使员工认同企业理念，形成共识，增强企业凝聚力，从根本上改善企业的经营机制，保证对消费者提供优质的服务。汽车企业内部行为设计主要包括以下几个方面。

### （一）汽车企业经营管理行为设计

汽车企业经营管理行为设计可分为组织结构设计、管理制度设计和内部环境营造三个部分。

#### 1. 组织结构设计

组织结构是汽车企业内部的运作方式及构成，是企业内的全体员工为实现企业目标，通过职务、职责、职权及相互关系构成的结构体系，在管理工作中进行分工协作。现代企业组织结构比较常见的有直线型职能结构、事业部结构、矩阵结构等几种类型，汽车企业可根据自身实际情况选择。

增强组织结构的凝聚力，完善企业内部组织机构建设，一般要经过明确方针和原则、职能分析与设计、设计与建立基本结构、建立组织联系与规范、人员配备与培训和反馈与修正等多个程序，企业在开展组织结构设计时需要结合自身实际情况推进。

#### 2. 管理制度设计

管理制度按照规则范畴，可分为宏观管理制度和各职能部门制度，如按制度性质分，则可分为工作制度、责任制度和特殊制度。制度设计要与制度执行紧密联系，制度适应实际要

求可操作性强，才能实现建立完善的现代管理体系的目的。制度是汽车企业内部行为识别的内容，既要从静态的角度去考虑建立健全各项规章制度，更要从动态的角度去审视企业内部的行为，确保制度的科学性、有效性和可操作性。

### 3. 内部环境营造

构成汽车企业内部环境的因素有很多，概括起来可分为物理环境、人文环境和工作环境。物理环境主要包括视觉、听觉、温湿度和嗅觉环境；人文环境包括企业管理者的严于律己、宽以待人、以人为本，员工精神面貌和合作氛围等；工作环境包括个体工作环境、团队工作环境和办公室工作环境等。

创造一个良好的企业内部环境不仅能保证员工身心健康，而且是树立良好企业形象的重要方面。因此，企业尽心营造干净、整洁、独特、积极向上、团结互助的内部环境，可以给社会大众留下良好的第一印象。

## （二）汽车企业沟通行为设计

### 1. 制订沟通与激励机制

汽车企业常用的沟通方式主要有定期的公开演讲与员工大会、小型会议、企业的文化活动、员工培训、企业出版物、管理者信箱和热线电话、非正式的传播沟通等。企业对员工的激励，主要包括动力机制（奖励）和约束机制（惩罚）两部分。使用激励机制时要遵循"以人为本，公平竞争"，以及物质激励和精神激励双结合的原则。物质激励包括增加工资、发放奖金、提高福利等；精神激励包括尊重、参与、目标、榜样、管理者行为和感情等。

### 2. 加强对员工的培训

实施CIS战略需要通过汽车企业全体员工来完成，是企业全体员工的义务和责任，需要全体员工的参与和协作，每个企业员工素质的高低将直接关系到企业形象的成败。所以在企业内部行为设计时，要加强对员工的教育培训，提高员工的素质。根据企业组织结构层次，员工培训分为普通员工培训和经理人员培训，两者的内容有所不同。普通员工培训主要是与日常工作相关的一些内容，如经营宗旨、企业精神、服务态度、服务水准、员工规范等。经理人员培训主要是政策理论、法规、决策水平及领导作风教育。为增强培训效果，企业的员工培训应该采用系统化、经常化、阶段化和形式多样化等方式进行。

### 3. 制订员工的行为规范

汽车企业员工的行为规范主要包括服饰规范、外表形象和神情仪态等仪表规范；接受和执行上级命令、召集和参加会议、独立工作或团队协作等工作程序规范；员工守则、请假制度和保密制度等岗位纪律规范；基本礼仪、接待礼仪和拜访礼仪等礼仪规范。

汽车企业行为规范是企业员工共同遵守的行为准则，是展示员工形象和企业形象的统一标准和要求，包括职业道德、仪容仪表、见面礼节、电话礼貌、迎送礼仪、宴请礼仪、舞会礼仪、说话态度、说话礼节和体态语言等。只有通过行为规范化，才能保持统一标准，确保高质量的服务，对塑造企业公众形象，促进企业经营目标达成，发挥着重要作用。

### 4. 加强与股东的沟通

汽车企业对股东的沟通行为主要有年度报告、年度股东大会、书信邮件、电话、拜访、邮寄新产品样品、宴会七种方式。沟通内容包括及时向其通报企业的各种信息、编制提交年终总结报告、及时提供企业收集的来自股东方面的各种与集团有关的信息。

# 第七章 汽车企业形象识别系统的策划

### （三）汽车企业内部活动设计

**1. 编制行为手册**

企业员工手册是企业与员工沟通的方式之一，是由企业管理部门编制的指导员工行为的文字资料，是全体员工行为的指南和依据。一般分为员工手册、经理手册、营销手册和岗位手册等。具体内容包括总则、公司介绍、聘用规定、员工福利、工作规范、考勤制度、薪酬制度、员工发展、员工遵循事项以及附言等。

**2. 企业内部文化活动**

包括各种内部的会议、庆典、总结、纪念等企业文化落地活动，是企业理念对内宣贯的集中体现。

### （四）编唱企业之歌

在 CIS 战略中，编写企业之歌是企业为增强凝聚力采用的一种普遍做法。歌曲是综合的艺术载体，兼具音乐性与文学性，审美价值高，感情丰富，优美的旋律能够使人产生高尚的想法，达到心灵的和谐以及与自然的契合。企业之歌的编唱，既可以宣传企业的理念，又可以振奋员工的精神，缓解员工工作紧张的压力，特别是青年员工偏爱音乐，对这种形式喜闻乐见，易于接受。因此，越来越多的汽车企业将企业理念谱写成自己的企业之歌，取得了良好的效果。

## 三、汽车企业外部行为设计

汽车企业外部行为主要包括资源分配、竞争策略、股市对策、公共关系、金融关系、品牌宣传、销售举措、流通对策、文化活动、公益活动等。企业通过开展各种活动向企业广大消费者和社会公众不断地输入强烈的企业形象信息，从而提高企业的知名度、信誉度，从整体上塑造企业的形象。汽车企业外部行为设计主要包括以下几种方式。

### （一）市场调查

市场调查包括调查作业表、调查内容、问卷设计、调研方法和调研报告书等内容。市场调查活动的效果与频率与市场经济发达程度成正比关系，随着市场经济的发展，企业越来越重视市场调查的作用。由于市场经济具备竞争性、法制性、开放性等特点，当企业在开发一种适销对路的新产品之前，必须先进行市场调查，对照相关法定标准对新产品的要求，了解生产同类产品企业的经营状况，同类产品的市场需求情况，了解相关市场对产品销售将可能产生的各种直接或间接的影响因素等，以判断产品的市场适应性及销售潜力，分析对手的优点和缺点，突出自身的优势，掌握消费群体的消费取向，以便制定及时、准确的行销策略等，提前在企业生产经营活动和市场推广策划方面给予重视并提前做好预案。从而为产品创造一定的特色，赋予一定的形象，以适应顾客的特定需要和爱好。

通过市场调查，还可以了解消费者的购买心理，以及对企业的建议和意见，有助于企业采取有针对性的改善措施，提高企业竞争水平。

### （二）市场营销

市场营销是企业在对外传播、交往、沟通和交换产品的过程中，营销人员与消费者、合作伙伴等群体之间的交流，是汽车企业针对市场开展的经营活动、销售行为的过程，是企业与广大消费者最直接的接触。好的市场营销策略会灵活运用促销、广告、公益活动等手段，有效地战胜竞争对手，引导消费者来体验品质和服务，获取和维持消费者，乃至创造消费

者,从而为整个社会创造经济价值,传达企业理念,树立汽车企业良好形象。

### (三) 服务水平

服务是指汽车企业为消费者在推广产品(或服务)、销售产品、维修维护产品等方面提供的一系列服务,包括产品介绍、送货、安装、调试、维修、技术培训、上门服务等。就服务过程而言,包括售前、售中和售后服务三个阶段。服务内容包括服务态度、服务质量、服务效率等多个方面。

优质服务最能博得客户的好感,是企业对消费者负责的一项重要措施,也是增强产品竞争能力、提升企业形象的有效途径。在汽车市场的激烈竞争中,企业仅有优质的产品已经不足以形成巨大的竞争优势,服务水平的好坏成为消费者选择产品的一项重要指标。

服务必须言必信、行必果,带给消费者实实在在的利益,来不得半点虚伪。服务活动对塑造企业形象的效果如何,完全取决于服务活动的目的性、技巧性和独特性。因此,汽车企业在 BI 的外部行为设计中,重视服务质量,提高服务水平,将对良好企业形象的塑造起到不可替代的作用。

### (四) 广告活动

广告可分为产品广告和企业形象广告。其中,企业形象广告是适应企业 CIS 战略而提出的一种广告新策略,它把注重企业标识、突出企业社会责任感、彰显企业特殊使命等非产品因素作为广告的重点,强调在与消费者和广告受众开展的深层次的交流中,产生情感的共鸣。通过企业商标、标识本身的表现,凭借对企业代表产品的形象介绍,创造出一种符合顾客的追求和向往的形象,让企业产品给消费者留下深刻印象,以唤起社会对企业的注意、依赖、好感与合作。

企业形象广告与一般的产品广告不同,它突出企业个性、追求和优势,全面反映企业形象的内涵和实质。因此,企业在对外行为设计中,要掌握好企业形象广告的运用,对广大消费者、社会公众不断传播企业的精神和理念。

### (五) 公关活动

公关活动是指汽车企业为创造良好的社会环境,争取公众舆论支持而采取的相关政策、沟通行动和交往活动,主要使用协调、传播和沟通等手段,以创造良好的公共关系状态为目的的一种信息沟通活动。汽车企业在市场调查的基础上进行必要的公关活动,是企业行为识别的重要内容。公关活动的内容很多,有专题活动、公益活动、文化活动、展示活动、新闻发布会等,通过公关活动可以提升企业的信誉度、荣誉度,能消除公众的误解,取得社会的理解和支持。成功的公关活动能持续提高品牌的知名度、认知度、美誉度、忠诚度、顾客满意度,提升企业品牌形象,改变公众对企业的看法,累积无形资产,并能从不同程度上促进销售。

> 💡 **温馨提示** 汽车企业员工日常礼仪规范视频参见教学资源7.4。

## 参考案例 28: 某汽车企业员工日常礼仪规范

### 一、总则

良好的职业风范可以体现员工的基本素质并帮助企业树立良好的企业形象。为了规范本

# 第七章　汽车企业形象识别系统的策划

企业内部管理，树立企业整体的良好形象，体现员工健康向上的精神风貌和优秀的职业素养，特制定本制度。

本制度对员工在工作期间的仪容仪态、言谈举止、待人接物等方面做出明确的规定和说明。本制度适用于企业各个部门以及全体员工。

## 二、仪容仪态

### （一）仪容

**1. 头发**

头发保持干净整洁，梳理整齐。发型端庄，不使用香味浓烈的摩丝或发胶等。

（1）**男员工**　头发长度前不过眉，侧不过耳，后不过领。

（2）**女员工**　鼓励女员工留短发。留长发的女员工，工作时需用暗色发卡把长发盘起，尽量整理到工作帽内。

**2. 面部及妆容**

面部保持干净清洁，眼睛和鼻子无分泌物，鼻毛不外露。不佩戴耳环、项链。

（1）**男员工**　胡须需剃净，不化妆。

（2）**女员工**　应着淡妆，不涂深色或冷色调的口红和眼影，需根据妆容情况及时补妆。

**3. 手指甲**

男女员工手指甲干净清洁，及时修剪，外观整齐，不宜过长，不涂带颜色的指甲油。

**4. 腿部**

男女员工腿部不直接裸露，夏天男女员工应穿工作长裤，若女员工着工作裙装时应穿长筒丝袜。

**5. 脚部**

男女员工脚部不戴脚链等饰物，脚趾甲干净整齐，不涂带颜色的指甲油。

**6. 制服**

男女员工统一穿工作制服，且保持制服干净，衬衣平整。工作制服按企业要求正确着装，领带、领花应扣紧并佩戴整齐；衬衣下摆应扎入裙内或裤内；着西装的员工，文具不可插在外面的口袋内并保证口袋内不装过多的东西；按企业要求佩戴标识或企业配发的员工证。

**7. 鞋子**

男女员工应保持鞋子的干净清洁，不穿样式特殊、颜色刺眼的鞋子。女员工的鞋跟高度不超过3厘米。工作时间不得穿拖鞋。

**8. 袜子**

男女员工均应保持袜子的干净清洁，并保证每天清洗。

（1）**男员工**　应穿黑或深色无破损的袜子。

（2）**女员工**　应穿肉色无破损的长筒袜或短袜。

**9. 饰物**

男女员工不可佩戴样式及色彩夸张的饰品。

**10. 个人卫生**

男女员工要保证早晚刷牙、饭后漱口的良好习惯。不吃异味食品，避免使用过量及带刺激性的香水。经常洗澡、洗手，勤换衣服、鞋袜。

### (二) 仪态

#### 1. 站姿

男女员工要掌握和保持正确的站姿，站立要挺拔，有精神。头正、肩平、挺胸收腹。给人以挺拔舒展、落落大方、精力充沛的印象。

(1) **男员工** 站立时身体立直，抬头挺胸，平肩收腹，双目平视，下巴微收，双手自然下垂置于身体两侧，两腿分开，两脚平行，保持与肩同宽。

(2) **女员工** 站立时双腿并拢，脚尖微微外撇，或双脚成丁字形，错开半步站好。双手自然下垂或左手搭在右手上置于小腹前。

#### 2. 坐姿

男女员工入座要轻要稳，坐姿要端正、稳重，上身姿态同站立相似，不要弯腰驼背，颈椎腰杆要直立，一般坐在座椅前三分之二处。女员工双膝并拢，双腿正放或放于一侧。男员工的双膝可以分开一拳左右距离。腿脚不能抖动。

#### 3. 蹲姿

男女员工做蹲姿时，上身应直立，双腿合力支撑身体，左小腿支立，垂直于地面，右腿曲下来，或者反过来。

#### 4. 行走

男女员工行走时应自信，头正，双眼平视前方，下巴微收，双肩平稳，双臂自然摆动，不拖拉。步幅适当，一般应该是前脚的脚后跟与后脚的脚尖相距一脚长。匆忙时可以急走，但不能跑。

#### 5. 引导步

男女员工在引导宾客行走时，尽量走在宾客的左侧前方，整个身体半转向宾客方向，左肩稍前，保持两三步距离。遇到上下楼、拐弯、进门时，要伸手示意提示客人。

#### 6. 鞠躬

男女员工鞠躬时，背部挺直，和头成一条直线，双手垂直或向前并拢，脚尖微开。鞠躬时腿部与直立姿势相同，上身微曲前倾15°或30°。注意臀部后翘的幅度不能太大。迎接一般的宾客，身体倾斜15°鞠躬。迎接贵宾，身体倾斜30°鞠躬。

### (三) 动作

#### 1. 手势动作

男女员工在做手势动作时，动作姿势应自然，不要过分夸张。

#### 2. 表示"请进""请"

男女员工在表示"请进""请"时，五指并拢伸直，手掌自然伸出，手心向上，肘做弯曲状，手从腹前抬起向右摆动至身体右前方。目视客人，面带微笑。

#### 3. 请客人就座

男女员工在请客人就座时，手臂向斜下伸出，手势应指向座位的地方，大小臂成一斜线。

#### 4. 指示方向

男女员工在指示方向时，手指并拢，手掌伸直，屈肘从身前抬起，向应到的方向摆去，摆到肩的高度时停止，肘关节基本伸直。

**5. 作介绍**

男女员工在作介绍时，手心应朝上，四指并拢，拇指张开，面带微笑。

**（四）表情**

**1. 微笑**

男女员工微笑时，面部表情与交谈内容和情境相符。

**2. 交谈**

男女员工在与他人进行交流时，要注意双方的目光交流。

**（五）语言**

男女员工应讲普通话，多用肯定词汇，如"您可以……"，而不是"您不能……"，音量要适宜，不能过大或过小，也不能过高或过低。语速要适中，不能过快或过慢。语调要委婉，不能过于生硬。

## 三、言谈举止

**（一）电话交流**

男女员工在电话交流的时候，要保持微笑。

1）接听电话时，用左手拿话筒，方便右手随时记录。

2）电话铃响三次内接听，如两部电话同时响，应及时接听一个后礼貌请对方稍候，分清主次分别处理。接到打错的电话，应客气告之。

3）在接听或打电话时，电话接通，应先道"您好"，并自报单位或部门名称、姓名。如拨错号码，应礼貌表示歉意。

4）办公电话应简明，声音清晰，且音量不宜过高，时间不宜过长。

5）对方欲通话之人不在场时，应根据对方的要求，做好留言或转告。

6）如接到不属于自己业务范围内的洽谈电话，应尽量予以解释，并告之正确的咨询部门和电话。

**（二）与同事的日常交流**

同事之间应相互尊重，平等交流。

1）交换工作意见时，应听完对方的工作思路后，再提出自己的工作思路，共同讨论决定，不应打断对方。

2）不对他人评头论足。

3）相互沟通时，不带有挑逗色彩，应大方得体，眼神要真诚，不能漂移不定。

4）不谈论消极、世俗的话题。

**（三）与领导的日常交流**

员工与领导交流，应有对领导的尊称，对领导给予的工作指导应表示感谢，同时应尊重领导的意见和建议。

1）向领导请教问题，要谦虚、礼貌，音量不能高过领导。

2）在办公场所汇报工作时，面向领导，上身微微前倾，文件正向领导，保持适当距离。

3）其他场所向领导汇报工作时，半蹲在领导侧后，文件面向领导，保持适当距离。

**（四）与客人的交流**

员工与客人会见时，应主动迎接客人。遇特殊情况需客人等候，时间不能超过5分钟。

汽车企业文化

尊重客人，不排斥、诋毁客人，不谈论客人及客人所在单位、城市、国家等的劣势，不谈论有损自己企业形象的话题。切忌趾高气扬。

### 四、待人接物

#### （一）乘坐电梯

1) 电梯门打开时，先等别人下电梯。上电梯时，不要往电梯里挤，如遇人多，可以等下一趟电梯。

2) 走进电梯后应给别人让地方，应站在电梯控制板一侧。

3) 带客人进出电梯应扶着电梯门让给客人先上，一手让门保持开着，一手做出"请"的姿势。下电梯时，根据自己所站的位置，应该先下，然后为客人扶着门，并指明该往哪个方向走。

4) 如有外来客人，应主动微笑点头示意或问好，并应主动承担服务者的角色。

5) 在电梯里面不要大声议论有争议的问题或有关个人的话题。

#### （二）上下楼梯

上楼梯时要让客人、尊长、上司、女士走在前面。下楼梯时，要让他们走在后面。走楼梯或自动扶梯时不便交谈。

#### （三）进出房门

请客人、尊长等先进先出，必要时应该为他们推开或拉开房间的门并随手关门。如果进出房间时，遇到与自己进出方向相反者，应当礼让，即先出后入。如果对方是客人、尊长、女士，则让对方先行。

#### （四）园区内行走

1) 上下园区内班车时，前门上车，后门下车，不要拥挤。

2) 上下班时，不得三五成群横穿道路，堵塞园区内交通。

3) 在园区内靠右侧通行，两人成排，三人以上不得横排行走。

#### （五）穿马路

穿过马路时，要看信号灯，走人行横道，不要随意横穿马路。

#### （六）遇见礼仪

员工遇见员工、领导、客人时应礼貌相待，主动问好，使用尊重的语气说话。

1) 员工遇见领导要主动称呼并问好。

2) 员工遇见员工要主动打招呼。

3) 员工遇见客人要主动点头示意问好。

## 第四节　汽车企业视觉识别（VI）设计

**参考案例29：** 宝马汽车蓝天白云螺旋桨标识图案

在中国一提到宝马汽车的标识（图7-4）可谓家喻户晓，许多关心汽车的朋友都知道宝马汽车跟飞机制造有着不小的渊源，所以蓝白相间的图案代表蓝天、白云以及旋转不停的螺

第七章 汽车企业形象识别系统的策划

旋桨,喻示宝马汽车悠久的历史,证明宝马汽车过去在航空发动机技术方面的领先地位。又象征企业的一贯宗旨和目标:在广阔的时空中,以先进精湛的技术、最新的观念,满足消费者的最大愿望,反映了企业蓬勃向上的气势和日新月异的面貌。另外,宝马汽车的蓝白标识也是宝马汽车总部所在地巴伐利亚州州旗的颜色。

图7-4 宝马汽车蓝天白云螺旋桨标识图案

**温馨提示** 企业视觉识别视频参见教学资源7.5。

企业视觉识别(VI)用完整的视觉传达体系,将企业理念、文化特质、服务内容、企业规范等抽象语意转换为具体符号的概念,塑造出独特的企业形象。

## 一、汽车企业视觉识别的含义

企业视觉识别(VI)是汽车企业所独有的一整套识别标识,是企业理念、形象的静态表现,也是具体化、视觉化、符号化的传达形式。它是企业在MI、BI的基础上,所设计的向外界传达的全部视觉形象的总和,包括企业标识、名称、商标、标准字、标准色、象征图形、企业造型、吉祥物等。如果说理念是企业的头脑和灵魂,行为是企业的处世方式,那么企业的视觉识别系统就是企业的着装和仪表,它与社会公众的联系十分密切,影响最广。

根据研究表明,视觉系统混乱就是信息混乱,视觉系统薄弱就是信息含量不足,视觉系统缺乏美感或冲击力,企业就难以在信息社会中立足,就不能给顾客留下深刻的印象。在信息社会中,企业的视觉识别系统几乎就是企业的全部信息载体,以企业的理念为基础,其特点在于展示清新的"视觉力"结构,从而准确地传达独特的企业形象,通过差异化面貌的展现,实现企业识别的目的。在这个意义上,缺乏了视觉识别,整个CIS就不复存在了。

企业的视觉识别是CIS战略中的一项重要内容。如何使社会公众从视觉上区别本企业与别的企业的不同,并通过某种视觉识别,形成对本企业特性的印象,这就是视觉识别的目的和任务。大量科学实验证明,人类在接受外界信息时,视觉接受的信息占全部信息的83%,因此,通过视觉识别去塑造企业形象,具有十分重要的地位。

汽车企业文化

## 二、汽车企业视觉识别设计

汽车企业视觉识别是企业所独有的一整套识别标识，它是企业经营理念外在的、形象化的表现，理念特征是视觉特征的精神内涵。

### （一）视觉识别设计的要素

企业视觉识别（VI）设计原则上由两大要素组成：基础要素和应用要素。

**1. 基础要素**

基础要素是以汽车企业标识为核心进行的设计整合，是一种系统化的形象归纳和形象化的符号提炼，视觉识别的基础要素主要包括：企业名称、企业标识、标准字体、专用印刷字体、标准用色、企业造型或企业象征图案、宣传口号、市场行销报告书等。这些在企业基础要素识别设计中，必须严格遵守使用规范，不可任意改变。这些要素的设计，还要充分注意到企业蕴涵的文化理念。

**2. 应用要素**

汽车企业视觉识别的应用要素主要包括：符号、证件、办公用品、票据、促销广告、大众传播、商品及包装、服装和交通工具这九大类。

（1）办公用品　办公用品是汽车企业在经营过程中经常使用到的辅助用品，它涵盖的种类非常广泛，包括：文件档案用品、桌面用品、财务用品、耗材等一系列与工作相关的用品。它们是企业日常办公不可或缺的用品，有助于信息的交流，增进企业信誉的建立。

（2）办公设备　办公设备是汽车企业用于办公室处理文件的设备，如大家熟悉的传真机、打印机、复印机、投影仪、碎纸机、扫描仪等，它们可以显示企业实力，体现企业办公的现代化程度和高效率的形象。

（3）室内装潢　室内装潢是汽车企业创造性的室内环境布置，企业的室内空间可通过运用技术和艺术的手段，使它成为便于人们进行各种活动的、既舒适又优美的场所，并能充分利用自然环境的影响，创造具有舒适化、科学化、艺术化的室内环境，满足企业员工以及外来客户工作和商务交流的要求。诸如灯光、音响、环境绿化、室内装修、办公室整体布置、装饰物等都是室内装潢，它们反映出企业的品位，可以包装企业的形象。

（4）建筑外观　建筑外观是指汽车企业的建筑物在内容和外貌方面所反映的特征，主要有建筑的造型、形态构成、艺术处理和手法运用等方面所显示的独创性和意境，如建筑形状、外部装修（材料、色彩）、风景设置、橱窗设计等，可以展示企业整体风格和形象。

（5）标牌旗帜　标牌是汽车企业制作的识别标牌，上面有文字、图案等内容，起到指明方向和警示的作用，如指示牌、线路标识、标志牌、部门牌等。旗帜是企业设计制作并悬挂在相关位置、具有特定的颜色、图案的企业标志物，如厂旗、广告旗、会议用旗、办公室桌旗、广场旗、礼仪旗等。标牌旗帜有利于社会公众对企业的识别。

（6）产品　产品是指汽车企业供给市场，供消费者使用和消费，并能满足消费者某种需求的相关物品。优质的产品有利于品牌形象的树立。

（7）广告媒体　广告媒体是汽车企业用于向社会公众发布广告的传播载体，是指传播商品或劳务信息所运用的物质与技术手段。传统"四大广告媒体"为电视、电台、报纸、杂志，现在常用的媒体网络、手机APP、户外招牌和招贴画等，企业利用它们强化视觉效

# 第七章　汽车企业形象识别系统的策划

果，加深社会公众对企业的识别。

(8) **服装饰品**　服装饰品是指衣服、鞋、包、玩具及装饰人体的物品的总称。它们也是反映汽车企业的精神风范和展示员工风采的不可缺少的组成部分。

(9) **交通工具**　交通工具是现代人生活中不可缺少的移动设备，如汽车、飞机、火车、自行车、手推车等，它们都起到移动广告宣传的作用。

基本要素和应用要素，形成了一套企业视觉识别的传播系统。其中，企业标识、标准字、标准色是核心要素，也是带动所有视觉要素的主导力量。基本要素设计，是应用要素设计的基础，要求在传达企业理念的同时，还必须传达出统一性的基本要求。因而，对基本要素中标识、标准字、标准色的设计有着极其严格的规定。比如，一旦选用某种字体设计的标准字与企业标识进行某种组合后，在应用要素中的使用就不能随意改变。

高水平的视觉设计系统是对企业形象进行一次整体优化组合。基础要素是各项设计的先导和基础，要保证它在各项应用要素中落脚的时候保持同一的面貌，又要避免刻板机械。视觉识别系统设计不同于一般的美术设计，基础要素在具体应用中要能给予包装、广告、名片等各类设计带来生机与活力，带来良好的视觉效果。反之，这种同一性就毫无意义，同一的形象也是失败的。

## (二) 视觉识别设计的原则

汽车企业视觉识别设计一般应遵循以下原则。

### 1. 目标性原则

汽车企业视觉识别设计，必须与企业整个CIS战略以及企业的形象、价值观形成一个完整的系统，立足于企业发展的不同阶段，体现企业自身的经营特点、产品特色，有针对性地以企业外部受众为对象设计目标形象，既注重视觉识别设计中纯粹视觉化的审美感，又突出企业深层的精神理念和内涵，将企业整体实力、外在形象、所处地位传递给社会公众。

### 2. 规范性原则

任何企业的视觉识别设计，都必须遵循一定的设计规范，才能得到专业人士和社会大众的认同。汽车企业视觉识别设计要符合工程学（Engineering）、经济学（Economics）、美学（Ethics）的开发与制作要求，即3E原则。在工程学上要具备开发、创造企业个性的系统能力，在经济学上要能创造出独特的销售价值，在美学上要提升企业品牌的形象。

### 3. 普遍性原则

视觉识别设计追求眼球效应，除了寓意深刻外，还必须有自己独特的风格，能吸引社会公众的眼球，将汽车企业独特的个性传递给社会。同时，在某些特定区域，要体现民族的文化特色，要符合当地的风俗习惯，不犯禁忌，为当地群众所接受，同时具有清晰的可持续性与辨识性。这样的设计才能为广大社会公众所接受，才有生命力。这种生命力，可以从企业生产的产品价值、地位价值、崇拜价值中体现出来。

### 4. 合法性原则

汽车企业视觉识别系统通过品牌、标识、符号及造型等要素，将企业的品牌理念与核心价值观通过视觉手段，有组织、有计划地传递给消费者、社会公众及企业员工，从而树立起统一的企业形象。因此，视觉识别设计必须严格遵守国家法律、法规的规定，各设计要素不能违反国家和有关行业的法律条文，如知识产权法、商标法的要求。

### （三）企业标识设计

**1. 企业标识的重要性**

汽车企业的标识是视觉识别系统的核心，它是企业经营理念、宗旨、目标的提炼。创造一个具有现代气息、个性化鲜明、具有强烈的视觉表现力和感染力的高格调的标识对一个企业来说至关重要，它是企业的形象代表，表达了企业创品牌、创名牌的决心和信心。企业标识具有的特色和风格，反映了企业美好的愿望和追求，体现了企业独特的精神与见解，表现了企业的持久生命力。

**2. 企业象征图案的设计**

企业象征图案是为了避免标识加名称的单调，用来作为企业形象的辅助识别，它可以用来丰富形象，调整版面布局，让人印象更加深刻。它也是象征企业理念、产品品质和服务精神的富有地方特色的或具有纪念意义的具象化图案。

企业象征图案是企业识别系统中的辅助性视觉要素，它包括企业造型、象征图案和版面编排模式三个方面的设计。企业象征图案是为了配合基本要素在各种媒体上广泛应用而设计的，在内涵上要体现企业精神，起到衬托和强化企业形象的作用。通过象征图案的丰富造型，来补充标识符号建立的企业形象，使其意义更完整、更易识别、更具表现的广度与深度。

企业象征图案最大的特点是联想性，通过象征物的联想、想象使受众获得一个抽象的意义，这个图案可以是图案化的人物、动物或植物。选择一个富有意义的形象物，经过设计，赋予形象物以人格精神来强化企业的性格，诉求产品品质。一般象征图案通过平易近人、亲切可爱的造型，能形成一种强烈的记忆冲击，成为视觉的焦点。比如，麦当劳餐厅门前的麦当劳大叔、肯德基餐厅门前的肯德基老爷爷等。

企业象征图案设计应满足如下要求：一是个性鲜明，图案应富有地方特色或具有纪念意义；二是选择图案与企业内在精神有必然联系；三是图案形象应有亲切感，让人喜爱以达到传达信息、增强记忆的目的。

米其林轮胎的象征图案（图7-5）是汽车行业的一个经典案例。米其林轮胎的标识（米其林宝宝）构思源于米其林公司在1894年里昂举办的一次展览会，当时米其林兄弟发现墙角的一堆直径大小不同的轮胎很像人的形状，不久后画家欧家洛就根据那堆轮胎的样子创造出一个由许多轮胎组成的特别的人物造型，于是，米其林轮胎人——"必比登（Bibendum）"诞生了。在标识蓝底上面站了一个轮胎造型的白色小人，蓝白搭配，此独特又有寓意的标志从此成了米其林公司个性鲜明的象征。一个多世纪以来，必比登以他迷人的微笑、可爱的形象，已经成为家喻户晓的亲善大使，米其林也因此而扬名天下。

20世纪末，由一些著名艺术家、设计师、建筑师、零售商、广告与发行业者组成的国际评审团将魅力十足的"必比登"评为20世纪50个最佳企业象征图案。2006年，为了更好地适应中国消费者的称呼习惯，必比登在中国正式更名为"米其林轮胎先生"。

图7-5 米其林轮胎象征人物造型——必比登（Bibendum）

第七章　汽车企业形象识别系统的策划

### 三、汽车企业标准字设计

标准字是指将汽车企业的规模、性质、经营理念、企业精神等，通过文字的可读性、说明性等明确化特征，创造出独特风格的字体，达到企业识别的目的，并以此塑造企业形象，增进社会大众对企业的认知度。标准字是企业形象识别系统中的基本要素之一，应用广泛，常与标识联系在一起，可直接将企业或品牌信息传达给观众，与视觉、听觉同步传递，强化企业形象与品牌的诉求，其设计与标识设计同等重要。

标准字的设计可划分为书法标准字体、装饰标准字体和英文标准字体的设计。从用途上划分，又可以分为企业标准字、产品名称标准字、活动标准字、标题标准字等。

为扩大企业和商品的影响力，汽车企业普遍采用"专用组合字体设计"，它使一组字体融为一个整体，经过注册后，其他厂家不能随便使用，成为受到法律保护的、商标的一部分。例如，福特汽车公司的商标是蓝底白字的英文 Ford 字样，由于创建人亨利·福特喜欢小动物，所以标志设计者把福特的英文画成一只小白兔样子的图案（图 7-6），犹如在温馨的大自然中，有一只可爱、温顺的小白兔正在向前飞奔，象征福特汽车奔驰在世界各地，令人爱不释手。再如，大圣车服是一家汽车服务型企业，标准字体是大圣车服使用最高频率的视觉符号（图 7-7）。"DS"为"大圣"品牌的名字呈现，设计突出大圣车服网站域名，cn 为域名后缀。带有缺口的字形设计，是向用户传递作为一个全新的服务平台品牌，大圣车服始终保持着谦逊的态度，追求不断改善与提升。字形参考品牌标识特性，字体设计简洁平实；设计以"省"为中心，按内容分别将"省"字下部异化为心形和金币，视觉分割"省"上下半部为"少心""少钱"，直观传达"省"字实质含义。

图 7-6　福特汽车商标图案

图 7-7　大圣车服商标图案

标准字具有识别性、易读性、造型性、系统性和延展性等特征。识别性是标准字的基本特征，设计独特的标准字能够在竞争中独树一帜。标准字与普通印刷字体除了外观造型不同外，更重要的是它是根据企业或品牌的个性而设计的，对字体的形态、粗细、字间的连接与配置，统一的造型等，都做了细致严谨的规划，取得了平衡的空间与和谐的结构关系，具有

209

很强的个性风格,与普通字体相比更美观,更具特色。

### (一)汽车企业标准字的设计步骤

由于标准字设计完成后,要运用于整个识别系统中,尤其要与标识的组合关系更为密切,因此汽车企业对标准字的风格创意、设计,要有一个整体的概念,要注意与标识之间搭配的和谐效果。标准字的设计分为以下三个步骤。

**1. 立足实际,确定设计目标**

是否需要更改旧的标准字,重新设计全新的标准字,汽车企业要根据企业实际情况具体问题具体分析。对原有标准字体缺乏设计或未加以规划而滥用字体的企业,其企业标准字要完全改变,重新设计;对于企业已有的一些原标准字,因其已在公众心目中形成很深的印象,且具有悠久历史感,就没有必要推翻重新设计,而应对原有企业标准字分几个过渡阶段进行改善,使其具有时代性。

**2. 调查分析,确定设计方向**

在明确标准字体设计需求后,汽车企业应先开展调查工作,明确设计方向。尤其是对同类型的其他竞争企业的标准字,必须进行整理、分析,借鉴其优缺点和市场上的反映情况,以便确定本企业标准字设计总体风格,少走弯路。同时,也可从调查中了解到消费者容易识别和喜爱的字体形式,还可以通过调查避免出现和市场上现有标准字体混淆不清的情况。

**3. 结合理念,构思基本造型**

汽车企业在进行标准字的设计时,首先应根据要表现的内容确定字体的外形,如方向、长扁度、斜度等,外形特征是字体显著特征,也是字体个性、风格的要素之一,能够使受众产生庄重、亲切、肃穆、严谨、活泼、软硬等心理感受,最终体现企业的气质和风格。其次要考虑笔形、结构的变化,通过字体自身的形状、结构、空间、排列的变化及相互关系,表现出丰富多彩的字体形象。再次,应根据所要表现的主要内容,选择适合的基本字体形式进行变化(例如中文的宋体或黑体),发展创造出独特的字体形式,线端的形式与笔画弧度的表现都对字体风格有极大的影响,但是要避免使用连体字和极端化的变体字。最后,要根据字体和空间来确定标准字的排列是横排还是竖排,竖排时避免使用斜体字。

### (二)汽车企业标准字设计

汽车企业标准字体的设计可划分为书法标准字体、装饰标准字体和英文标准字体的设计。

**1. 书法标准字体设计**

书法既有艺术性,又有实用性,是汉字表现艺术的主要形式。汽车企业的书法字体设计是相对于标准印刷字体而言的,其设计形式可分为两种,一种是针对名人题字进行调整编排;另一种设计性书法体或称装饰性书法体,是为了突出个性而特意描绘的字体,这种字体是以书法技巧为基础而设计的,介于书法和描绘之间。

**2. 装饰字体设计**

装饰字体设计在视觉识别系统中,具有美观大方、便于阅读和识别、应用范围广等优点。广汽集团(图7-8)、上汽集团等车企都采用了装饰字体来设计标准字。

装饰字体是在基本字形的基础上进行装饰、变化加工而成的。它的主要特征是在一定程度上摆脱了印刷字体对字形和笔画的约束,根据品牌或企业经营性质的需要进行设计,以达到加强文字的精神含义和使其富于感染力的目的。

第七章　汽车企业形象识别系统的策划

图7-8　广汽集团标准字设计

装饰字体设计离不开产品属性和企业经营性质，所有的设计手段都必须为企业的核心形象服务。设计装饰字体可运用夸张、明暗、增减笔画等装饰手法，以丰富的想象力，重新解构字形，既要加强文字的艺术特征，又要丰富标准字体的内涵。同时，汽车企业在设计中，不仅要求单个字形美观，还要使整体风格和谐统一，表达企业理念内涵，具有易读性，便于信息传播。

**3. 英文标准字体设计**

汽车企业名称和品牌标准字体的设计，一般均采用中、英文两种文字，以便于参与国际市场竞争。英文字体（包括汉语拼音）的设计，与中文汉字设计一样，也可分为两种基本字体，即书法体和装饰体。书法体的设计虽然很有个性、很美观，但识别性差，用于标准字体的情况不常见，常用于人名或非常短的商品名称。而装饰字体的设计应用范围非常广泛。

从设计的角度看，英文字体根据其形态特征和表现手法，大致可以分为四类：

（1）**等线体**　字形几乎都由宽度相等的线条构成。

（2）**书法体**　字形活泼自由，彰显风格与个性。

（3）**装饰体**　将各种字体进行装饰设计，变化加工，达到引人注目、富于感染力的艺术效果。

（4）**光学体**　其效果是由摄影特技和印刷用网纹技术原理构成。

标准字设计是CIS的基本要素之一，其对于CIS设计成功与否至关重要。当企业、公司、品牌名称确定后，在进行标准字体设计之前，应先进行调查工作，调查中要弄清楚以下几个问题，包括是否符合行业、产品的形象；是否具有创新的风格、独特的形象；是否能满足产品目标购买人群的喜好；是否能表现企业的发展性与是否让消费者产生依赖感；是否有亲切感、美感和易读感等。将调查资料加以分析整理后，就可从中获得明确的设计方向。

**四、汽车企业标准色设计**

汽车企业视觉识别系统的标准色，一般是指标识的构成色彩，即标识所使用到的色彩。标准色是用来象征企业的又一重要视觉符号。标准色一旦确定，便成为品牌色彩系统中的色彩主角，在各类设计应用中广泛、重复出现，并保有在整个色彩体系中的优势比重，明示其品牌代表色彩的主体地位。标准色的设计需要注意以下原则，即能够很好地象征企业和产品；能够在竞争品牌中清楚并轻松地识别出来；兼顾目标受众群体的心理感受、喜好与禁

汽车企业文化

忌；与其他设计元素和谐统一；用色一般不超过三种，多使用纯色，色彩明度高；色彩执行严格标准，高度统一。

**参考案例30：** "凯美瑞"号飞机使广汽丰田业绩一飞冲天

2006年6月17日上午11时，在广州白云机场，一架喷绘"CAMRY 凯美瑞"图案的、南方航空注册号为B-2051的大型波音777"凯美瑞号"飞机，从广州新白云机场直飞北京，完成了从广州至北京的首次航行。那天，广汽丰田以这种独特的方式，宣告凯美瑞汽车正式上市。同日，为配合营销推广，全国100多家广汽丰田经销店也纷纷举办新车上市活动，标志着广汽丰田销售渠道正式启动。广汽丰田将广告做到了万里高空，丰田的良好口碑也使品牌"一飞冲天"。

导演此幕的广汽丰田，是一个想要打造"中档乘用车新标杆"的后来者，拟通过这种与众不同的做法，在广州新白云机场举行凯美瑞的上市仪式，来宣告凯美瑞正式上市的消息。北京至广州航线是商务人士频繁往返的航线之一，广告传播效果十分明显。同时，波音777飞机向来以安全、舒适、高科技而著称，这和凯美瑞的产品特性有着共同之处，因此广汽丰田将其命名为"凯美瑞号"，借飞机广告寓意凯美瑞"一飞冲天""一举成功"。在接下来的一年时间内，隶属南航的这架"凯美瑞号"飞机一直执行北京和广州之间的飞行任务，这也是国内企业首次将广告做到飞机机身上的成功尝试。

广告推出以后，凯美瑞在车市上的热度也直线上升。当月，经销商处凯美瑞汽车订单已经排到了当年年底或第二年年初，甚至出现了市场上加价4万元销售凯美瑞现车的情况。凯美瑞以"全球最畅销中高级乘用车"之势勇闯车市，引领中高级车市场进入"凯美瑞时代"，连续16个月稳居中国车企中高级车上牌量前列，并在2007、2008年两年蝉联中高级车年度上牌量冠军，迅速成长为中高级车市场的领军者。创下中高级车销售的超快速度，凯美瑞奇迹般的销售业绩和增长速度，赢得了"凯美瑞速度"的盛誉。

2006年，广汽丰田实现当年投产当年盈利的优秀业绩。

## 第五节 汽车企业 CIS 策划设计操作

汽车企业导入 CIS 需要进行全面的策划，策划是对某一项活动进行事先的计划和具体组织实施的过程。一般而言，汽车企业 CIS 策划设计要完成四项任务，即确定导入 CIS 的步骤、汽车企业形象调查，诊断报告的撰写，CIS 战略的全面落实。

### 一、确定导入 CIS 的步骤

#### （一）前期准备工作

汽车企业导入 CIS 战略的前期准备阶段，实质上是企业 CIS 策划设计工作的立项阶段。由于各汽车企业的实际状况、特点以及工作侧重点存在不同之处，因此，导入 CIS 的前期准备工作，除了在理念上应该有正确认识以外，各企业导入 CIS 的步骤不尽相同，一般情况下根据国内外成功企业的经验，在实际运用中，需要做好以下几项准备工作。

# 第七章　汽车企业形象识别系统的策划

### 1. 设定目标

汽车企业 CIS 策划设计目标的设定，直接影响导入计划的制订。企业应在借鉴其他企业导入 CIS 战略的经验、收集各类有关 CIS 战略的信息、进行专家咨询论证、开展 CIS 战略解决企业某类问题的可能性和可行性分析的基础上，尽快设定好 CIS 策划设计目标。在设定目标时，必须注意从企业的实际出发，比如，新兴企业可以从创业之初就导入 CIS，全方位地建立企业形象与品牌，而传统企业则适合用革新调整的方式导入形象战略目标。每个企业的现状千差万别，但有一个不变的准则就是 CIS 的目标要适合企业的情况和未来的发展方向。

### 2. 制订计划

汽车企业开展 CIS 策划设计，是关乎企业生存和发展的大事。通常企业是在"企业内部自觉要求"和"市场经营的外在压力"下，意识到需要导入 CIS 战略，以提高企业的知名度，塑造鲜明、良好的企业形象，培养员工的集体精神，强化企业的存在价值，增进内部团结和凝聚力。目的明确之后，企业必须从实际出发，在内部经过多方讨论确定工作计划，经企业最高决策管理者批准，选取合适的时机实施。例如：新公司成立，需要好的开端；企业间收购、兼并、联营组成新的公司，需要统一标识；公司上市，明确企业形象，有助于提升股票价格；企业开拓新市场的需要；企业重要纪念日等。

### 3. 制订工作方案

汽车企业在前期充分调研的基础上，制定 CIS 策划设计工作方案，包括 CIS 战略导入的背景和理由、基本方针、具体实施细则、导入时间和完成时间、工作内容、负责人员、机构以及工作经费等。与 CIS 实施有关的所有部门和人员都应参加研究，确定实施目的、实施目标、实施方针等有关事宜，并且制订导入计划，包括时间进度计划及各个阶段的详细内容。按照企业采购管理制度的规定，公平、公开、公正选择第三方策划、设计公司并签订合同。

### 4. 组织落实

为确保汽车企业 CIS 战略有效推进，企业需要建立专门的推进机构如 CIS 委员会，它是 CIS 战略的决策和实施的组织管理机构。一般是以企业管理者为中心，由外部咨询专家、设计专家，企业广告和公共关系部门分管领导及人员，以及经营管理等相关部门负责人组成。机构明确在实施过程中各有关部门的权利和义务。管理机构的构建，应该依据代表性、权威性、创见性和协调性的原则来进行。

### 5. 内部动员

汽车企业导入 CIS 战略的最终目的是提升企业形象，而企业形象最终要落实到每个员工的身上，必须提高企业员工的素质，并使他们成为企业形象的塑造者和捍卫者，员工的积极参与才是 CIS 战略真正在企业落地的保障。因此，企业要做好内部动员工作，除利用企业内部各种媒体进行宣传以外，还要开展各种形式的活动，通过多种途径的宣传激发员工的兴趣，并为他们的参与提供方便，让全体员工参与到 CIS 策划、设计和实施中去。

### 6. 现状分析

现状分析是建立在企业内部和外部环境调查的基础上的。企业内部环境的分析包括对员工精神状态、员工士气、企业形象等进行调查，找出公司当前面临的问题，使 CIS 计划中的主题明确化。企业外部环境的分析主要指对当前社会、市场状况和其他竞争企业的形象进行调查研究，以确定本企业在行业中的地位，对今后公司的发展进行定位探索。

为完成以上工作，必须做好企业内部调查和企业外部调查。调查结束后，对调查结果进

### 汽车企业文化

行统计分析，撰写调查报告，才能开展具体的 CIS 策划设计和实施。

（二）设计与实施

**1. 设计开发**

通常 CIS 设计开发主要由第三方专业公司来主导，设计开发应以满足科学性、规律性、可操作性以及员工接受性为前提，将前期调研设定的基本概念、识别概念等转化为行为和视觉表达形式。

（1）确认视觉要素　以企业理念为核心，对企业行为识别（BI）和视觉识别（VI）实际存在的相关问题，以及对视觉要素设计进行确认，向设计者提供应用设计的内容、项目和要求。由专业设计师进行行为和视觉设计，将识别性的抽象概念转换成象征性的视觉要素，并对视觉识别（VI）要素，如企业名称、标识、标准色、标准字等部分的一个或几个方案进行说明，并形成报告。

（2）拟定报告方案　针对视觉识别（VI）要素的图案和报告，邀请企业内外部有关人员进行展示和讨论，发放问卷调查并进行统计分析，总结讨论事前实验结果，结合本企业特点，确定视觉识别（VI）应用设计应包括的内容。对行为识别（BI）设计师提供的设计和报告进行讨论、修改和确认。创造以实体象征物为核心的设计体系，开发基本设计要素。

（3）设计 CIS 手册　确定设计和策划的内容，展开要素设计。确定行为识别（BI）中有关要素的设计和策划的内容、项目和要求，展开应用系统要素设计。对设计完成的企业名称和标识，尽快到工商行政管理部门进行法律确认并登记注册。对完成的全部设计进行审核和最后确定，进行《CIS 手册》的设计和印刷。研究确定对企业内外的 CIS 传达、宣传计划，对 CIS 应用设计的有关内容进行制作。

**2. 宣传实施**

在这一阶段，将设计完成的识别系统制作成规范化、系统化、标准化的手册和文件，制定对内、对外的宣传计划和全面实施方案。策划 CIS 的对内、对外发表活动、宣传活动，建立 CIS 的推进小组和管理系统。通过广告、公关与新闻报道等形式，选择合适时机向社会公众宣传。根据 CIS 导入制订的计划和内容，全面落实和实施 CIS 的执行和推广，并严格管理。

**3. 监督评估**

对导入和推行 CIS 的效果进行定期调查、总结和评估，以便为完善 CIS 导入提供有价值的参考依据，不断提高良性运作态势。评估内容为企业内部测试与评估、外部环境测试与评估、目标与效果检查等。主要包括监督和管理 CIS 战略计划的执行；对各项活动的实施绩效进行测定；定期检查、评估 CIS 战略的实施情况及实施效果；对 CIS 进行调整和修正。

一般经过 2~3 年的反馈控制，企业 CSI 战略就会产生明显的效果。

## 二、汽车企业形象调查

汽车企业 CIS 导入的目的是塑造企业形象，为保证这个目的的实现，首先要充分开展企业形象的实态调查研究，这是企业理念、行为和标识设计不可或缺的关键步骤，可以在企业形象的实态调查过程中，发现企业形象的现实问题，并在导入 CIS 的策划报告里有针对性地提出应对措施。

汽车企业形象实态调查，是由导入 CIS 的企业指定业务部门牵头，在企业相关人员的协助下，聘请专业机构的专家来进行的。该调查是对企业内部与外部形象资产的构造、效力进

## 第七章 汽车企业形象识别系统的策划

行的全面系统的调查,是 CIS 企业形象调研的主要内容。一般通过对企业的自我评价、公众对企业形象的评价和与期望形象的差距分析等,对企业的形象得到一个全面的了解。

### (一) 调查准备阶段

调查准备阶段主要解决确定调查选题和调查对象等的问题,并在此基础上,制定一个切实可行的调查计划。

#### 1. 确定调查选题

选题是企业实态调查的起点,它为整个调查指明总的方向和目的。选题的具体工作包括下达任务、查阅文件、召开小型座谈会、访问专家、分析公众等,最后确定调查课题。在进行企业调查过程中,任何一个问题都存在着许许多多可以调查的事情,除非对该问题做出清晰的定义,否则搜集信息的成本可能会超过调查得出的结果价值。因此,在选题时,应该尽量使所选题目具体化。另外,在选题时还必须注意常规形象调查课题与针对性调查课题的关系。一般的常规形象调查是必要的,但也要依企业情况,进行针对性地选择,因为这种针对性的调查更为有用。

#### 2. 确定调查对象

企业实态调查,其对象是非常广泛的,可以说,但凡与企业有关系者,都属于调查的范围。因此,在进行企业形象调查时,必须界定清楚企业的关系者边界,并把这些关系者分别列举出来。一般情况下,企业的关系者就是"销售对象""交易对象""直接消费者""竞争者""股东"等。具体地说,可以分成企业内部与外部两方面,调查的内部对象有:企业管理者、股东、一般员工;调查的外部对象有:销售对象(包括经销商与直接消费者)、交易对象、有业务往来的企业、顾问公司与广告公关公司、工商行政与税务管理人员、新闻机构与有关研究人员等。对关系者下定义时,需要注意的是,不仅要针对目前的关系者,同时对将来的关系者也要考虑周详,如现在已有竞争关系的竞争者可以定义为关系者,对于将来很有可能会转变为竞争关系的竞争对手也不容忽视。同时,企业实态调查对象虽然是以企业关系者为基础而确定,但也并非所有的关系者都列为调查对象。

#### 3. 制订调查计划

调查计划是企业实态调查的行动纲领,它包括调查课题、调查重点、调查方法、样本数、调查执行者、调查日期、调查费用预算以及调查重点等。在进行调查之前,需要做出一份调查计划表。同时,在设计调查计划时,要明确资料来源、调查方法、调查工具、抽样计划、接触方法等内容。

#### 4. 实施调查计划

调查实施阶段的主要任务是按照调查计划的要求,系统地搜集资料和数据,听取被调查者的意见。这个阶段包括采访调查对象、派发、回收调查表或调查问卷、搜集识别样品等调查活动。调查方式主要为直接访问调查、问卷调查和现场实地考察。

常采用的调查方法是问卷调查法,包括发送问卷、访问问卷和邮寄问卷三种类型。具体采用哪种形式,要依据调查的具体情况而定。调查者还可以到企业工作现场,去体察企业的环境氛围、员工的精神状态、现场管理作业秩序等。但要注意明确调查目标,事先要做好充分准备。在实地走访之前应该事先安排好访问的内容和时间,以便被调查者有所准备,省去调查过程中可能出现的不便和麻烦。

### （二）企业内部调查

CIS 作为企业重新认识、定位和塑造自己的过程，必须达到对环境的重新适应和增强企业自身活力的目的。企业内部调查，可以围绕 CIS 的三大系统展开。

**1. CIS 的理念识别调查**

CIS 的理念识别调查，可以从企业使命、经营理念、行为准则、企业价值观念等入手，弄清楚企业的现在与未来、企业的经营方针、员工的认同感、凝聚力和责任感等方面存在的误区，有针对性地寻找指引企业良性运作的全新理念，使企业重新焕发活力。

**2. CIS 行为识别调查**

CIS 的行为识别调查，主要是了解清楚企业的内部状况，比如工作环境、员工的教育、员工行为规范化、员工的组织管理以及企业的管理水平等方面内容。

**3. CIS 的视觉识别调查**

CIS 的视觉识别调查，主要是了解清楚企业的信誉度、知名度以及消费者对产品及企业形象的看法、对产品的认知度等方面内容，去发现有利于公众接受的、适应现代消费者需求的良好的企业形象。

### （三）企业外部形象调查

企业外部形象调查，主要是了解企业在满足消费者需求、周到的服务、销售网络的布局、国际竞争力、广告宣传等方面的情况，对汽车企业现有的产品、服务具有何种程度的形象感知，这些因素都直接影响消费者对企业的综合印象。调查可以从企业知名度、信誉度及美誉度三个方面来进行。

**1. 企业知名度**

汽车企业知名度是指企业的名称、标识、商标、产品特点和外观、商品包装等被公众熟知和了解的程度，以及社会影响的广度和深度，这些都是构成评价企业名声大小的客观尺度。企业可以通过以下途径和载体来了解和考察自己的知名度，一是企业在经营管理、经营特色、新产品开发和产品质量等方面所获得的荣誉，如国内外各类组织给予企业的荣誉记载、产品的权威机构认证以及企业在国内外各类权威机构或重要杂志组织的企业排名的名次。二是国内外新闻媒介对企业所做的报道及产生的影响，消费者对企业的认知程度等。三是企业经营理念被社会大众的传播情况，如企业在环境保护、科技进步、回报社会和人才培养等方面是否成为社会公众的美谈，是否走在时代的前列，由企业组织的各类有影响的社会公益活动产生的社会效果如何等。

**2. 企业信誉度**

汽车企业信誉度是社会公众对企业的产品、价格、服务方式等方面的满意和信任程度。但由于社会公众各自的社会地位、对企业的了解程度、认识水平的不同，将影响他们对企业形象的认同。所以，应该注意识别社会公众意见的代表性和正确性。

**3. 企业美誉度**

汽车企业的美誉度是指企业获得社会公众赞美、信任的程度及评价水准。知名度主要以舆论评价量的大小来衡量，不涉及舆论的好与坏的判断，也就是说，企业知名度高，其美誉度不一定高，而企业知名度低，也不一定意味其美誉度就低。良好的企业形象应该是将知名度和美誉度都作为追求的目标。衡量企业美誉度的指标体系繁多，在定量方面不易把握。可以通过问卷、访谈等形式开展个案分析和抽样调查活动，以扩大社会公众对企业的接触面，

# 第七章 汽车企业形象识别系统的策划

让他们对企业进行评价。

实际上,企业的知名度、信誉度和美誉度都与企业的经营业绩的好坏相关,这种与企业经营业绩相关的企业形象,称为"基本形象",是企业形象调查活动中最重要的内容。这种基本形象含金量高,对企业形象的塑造具有决定性的影响。因此,企业应该准确把握自己在社会公众心目中留下的基本形象,为塑造企业形象夯实基础,良好的企业形象一旦树立起来,它的作用将远远超过有形的固定资产。

### (四)处理调查结果

调查结果的处理是对调查资料的分析和总结,是调查能否充分发挥作用的关键一环。忽视这一阶段的工作,有可能会导致整个调查工作功亏一篑,甚至前功尽弃。调查结果的处理工作可分为以下两个步骤。

**1. 资料的整理与分析**

资料的整理与分析主要是对调查所得的原始资料进行分类、编校、统计与分析。分类要详细、科学,编校要消除资料中的错误和不准确因素,统计与分析要运用数理统计等方法,并用统计图表等形式把分析结果表达出来。通过"去粗取精、去伪存真、由此及彼、由表及里"的整理分析过程,给出合乎实际的结论。

**2. 撰写调查(诊断)报告**

实际调查结束后,要把结果写成调查(诊断)报告。在调查报告中要把所了解到的有关企业形象的状况、问题都阐述清楚。

## 三、诊断报告的撰写

在进行企业实态和形象调查之后,要做的第一项工作就是对汽车企业进行全方位的CIS诊断。CIS诊断要秉持客观性、系统性和全面性的原则,在与被诊断企业的密切配合下共同完成。

### (一)CIS诊断的内容

**1. 企业理念诊断**

企业理念诊断,就是看汽车企业有没有明确的、独具特色的经营理念,这些理念是否具有可操作性,是否能反映出企业所在的行业特色、企业的个性特点、消费者的需求和期望,只有诊断清楚这些问题,才能为建立良好的企业形象扫清障碍。

**2. 企业行为诊断**

企业的行为直接反映企业的理念,企业行为规范诊断,就是观测汽车企业在各种行为或活动中企业理念执行、实施的效果,包括对企业管理者、职能人员、岗位人员的行为规范诊断。一个企业,如果没有建立和推行协调一致的规范,企业将无法达到最佳的经营运作状态。

**3. 企业市场营销诊断**

市场营销是汽车企业在创造、沟通、传播和交换产品中,为消费者、客户、合作伙伴以及整个社会带来经济价值的活动、过程和体系。企业市场营销诊断就是考察汽车企业针对市场开展经营活动、销售行为而产生的效果情况。在如今"消费者货币投票"的时代,市场营销决定了企业效益,市场营销的成功能够极大影响消费者的购买,进而影响企业的利润。

**4. 系统性诊断**

系统性诊断就是考察汽车企业的理念、行为和视觉识别三者是否具有系统性、统一性、

217

汽车企业文化

以及三者整合反映的企业形象效果。如果企业行为和视觉识别与企业理念不相统一，将会对消费者产生不良的导向作用，直接影响到企业形象的塑造。

### （二）企业诊断报告书的分类

企业诊断报告书主要有以下三种类型。

**1. 综合诊断报告书**

综合诊断报告书主要侧重在外部经营环境诊断、经营战略诊断、产品竞争能力诊断等内容。通常用于企业 CIS 策划、大决策调整、规划方案调整等方面。

**2. 专业诊断报告书**

专业诊断报告书主要关注专项工作的诊断报告，如财务管理诊断报告书、质量管理诊断报告书等，着眼于解决汽车企业专业管理中存在的问题。

**3. 专题诊断报告书**

专题诊断报告书主要是突出解决汽车企业特定的经营项目和经营课题，如某产品市场营销诊断报告书。

### （三）汽车企业诊断报告书的写作格式

汽车企业诊断报告书，一般由文字报告和各种附表组成。文字报告主要包括诊断缘由、诊断成员的构成、诊断工作概况、受诊断企业的现状和主要问题、改善意见及效果预计。以上内容可结合企业的实际情况而定。其格式可参考如下：

> 1. 标题
> 如《关于××汽车企业诊断报告》。
> 2. 诊断概要
> 交代诊断缘由、依据、目的，说明诊断组成人员的构成情况，概述诊断时间、对象、范围和诊断经过、内容、要点以及诊断方法。在整个报告中，诊断概要起提纲挈领、背景铺垫作用。
> 3. 诊断评价
> 一般包括企业概况、基本评价、弊病剖析三项内容。
> 4. 改善建议及效果预计
> 5. 结尾
> 最后，在主体内容部分下一行右方署名，并写明日期，注明附件。

### （四）CIS 报告的形成

CIS 报告属于综合诊断报告书，CIS 报告的最终目标，是依据 CIS 策划设定的主要调查内容，对企业理念重新开展评估，提出新的 CIS 方针和企业经营政策，成为企业重大决策制定、未来发展方向确立的指导性文本。企业最后形成的 CIS 是一套系统，它不仅从理念上提升企业，也从行为上规范企业，它不仅告诉企业应该怎样做，也告诉企业如何做。CIS 报告内容应包括以下几个部分。

**1. 形成新的企业理念**

企业理念的全新概念，是专业人员通过与汽车企业高层管理者、中层管理干部以及员工的交流和沟通，系统梳理企业理念的大方向之后创造建立，并使用最简洁的语言表达出来

第七章　汽车企业形象识别系统的策划

的，引导企业沿着正确方向发展。

**2. 制定实施推广策略**

企业理念确定之后，企业在专业人员的指导下，确定导入重点，制定形象策略，着手建立一套切实可行的实施推广方法，这套切实可行的方法，一定要注重转化理念、行为和标识的调查和设计成果。另外，也要提出如何将企业理念导入企业日常工作和管理中的具体指导，包括导入的时间、各个部门的具体工作等。

**3. 设计要领以及传播**

根据企业导入 CIS 的重点、理念定位、形象特征，运用企业名称、标识、商标等一系列的应用设计因素，制定新设计系统的对内对外发布计划，以具体直观的形式开发企业形象的有效传达系统，传播企业 CIS 系统。

## 四、CIS 战略的全面落实

CIS 战略的全面落实，是指汽车企业根据 CIS 导入制定的计划和内容全面执行和推广，这是 CIS 战略获得效果的阶段，它是一个长时间的、需要严格管理的过程。全面落实 CIS 包括以下工作。

### （一）企业理念和战略的实施

CIS 战略成败的一个关键因素，就是要使企业理念和战略深入企业内外所有有关组织和有关人员中，主要包括消费者、股东、金融机构及供应商、经销商、政府有关部门、社区、大众传媒、企业内部员工及员工组织等。全面实施的目的在于获得以上组织和人员的认同感，进而形成亲和力和心理上的共鸣，这样 CIS 战略才能充分发挥它应有的作用。

### （二）促进企业主体性的形成

CIS 全面落实，不是停留在抽象的表面上，而是要真正促进企业主体性的形成。企业的主体性以及企业理念的统一性，需要不断的灌输、教育，需要具体事实对抽象理念进行解释，通过故事、人物和企业管理者的身体力行才能形成，简单的教条式的说教形式往往达不到预期的效果。

### （三）全方位应用视觉识别体系

CIS 战略全面落实的首要任务，就是将视觉识别体系全方位地应用。这里所指的全方位，就是一切必须运用和可以运用的场合，这对加强识别和记忆有重要作用。在 CIS 全面落实过程中，必须强调企业标识、标准字、标准色等要素的使用标准和方法，必须严格按照《CIS 手册》实施，任何变形、更改或特殊使用，都要有严格的审批控制。

CIS 战略的全面落实，要融入企业的生产、经营、管理、销售等各个环节、各个方面，使企业及员工的一切行为都有一个明确的、统一的指引和规范，使得企业在市场竞争中树立起具有差异性的特色鲜明的企业形象，加深消费者及社会公众对企业及其产品的印象，提升品牌力，增加美誉度，从而实现企业综合竞争力的不断提升和长足发展。

CIS 的全面落实，并不意味着企业形象识别的完结，CIS 的落实只是企业树立独特文化形象的开始，只有不断坚持对企业卓越品质的追求，企业才能真正有灵魂，在市场中立于不败之地。

 **温馨提示**　奔驰汽车 CIS 战略视频参见教学资源 7.6。

## 参考案例 31： 奔驰汽车成功的 CIS 战略

随着汽车工业的蓬勃发展，近百年中曾涌现出很多的汽车企业，能够经历风雨而最终保存下来的非常少，而奔驰是历史最悠久的一家。究其原因，奔驰汽车成功施行的 CIS 战略功不可没。坚持"精美、可靠、耐用"的企业宗旨以及历来注重品牌影响力的塑造和累积，日渐形成了奔驰汽车的企业核心竞争力和可持续发展的不竭动力，使得奔驰汽车成了高品位和尊贵身份、地位的象征。

20 世纪 50 年代以来，汽车工业蓬勃发展，能生产高级小汽车的工厂不断涌现。宝马、奥迪、沃尔沃、福特以及日本的丰田等汽车企业，产品质量不断提高，性能逐步改进，而价格却大多低于奔驰。这种形势就迫使奔驰花大力气研制新产品，以满足消费者新的需求，完善车型设计，迎接来自各方的挑战。

自 20 世纪 80 年代以来汽车竞争日趋激烈，奔驰汽车发现要赢得市场，仅仅是靠研制推出新产品是不够的，关键在于要争取消费者的价值认同、品质信赖和持续关注。所以，奔驰汽车将导入的企业形象识别系统（CIS）进一步完善和深化，全方位、全时段地提供优质服务来争取公众的认同。产品销售不是终结，售后服务、终身服务、维修维护越来越成为影响产品销路的重要因素。同时，奔驰汽车更加注重塑造企业形象、传达企业理念、展现企业文化和风格，在企业理念、行为规范、企业标识、品牌口号等方面全方位加强了 CIS 的设计、管理和推广，最终成就了一个全世界几乎无人不知的汽车品牌，使得奔驰汽车成为汽车工业的传奇。

一、明晰完备的理念识别（MI）系统

（一）奔驰汽车的使命

奔驰汽车的企业使命：

设计最安全、最环保的汽车。

提供最完善、最优质的服务。

质量之道，奔驰之道，奔驰将品质进行到底！

奔驰汽车的企业使命突出了核心竞争力——质量可靠和服务完善；契合了社会的期待——安全、环保，同时履行了企业的经济、社会和技术使命。

从经济使命来看，作为一个知名企业，奔驰汽车必然以占领更多的市场份额，实现利润最大化为首要使命。

从社会使命来看，奔驰汽车有为社会事业做出贡献的义务和责任，"自然之道，奔驰之道"就是最好的体现。

从技术使命看，奔驰汽车有义务不断开发更安全、性能更优越的汽车，同时也应坚持走高质量的产品路线。

（二）奔驰汽车的企业愿景

安全一直是奔驰汽车的核心诉求和使命，另外一个企业愿景就是实现零排放交通。

（三）奔驰汽车的价值观

奔驰汽车现有的价值观是尊贵享受、安全至上，同时坚持少而精的策略，并把节能、环保放到和安全等同的位置。即高雅的外观、舒适的环境、节能的设备、可靠的性能。

## 第七章　汽车企业形象识别系统的策划

### （四）奔驰的核心企业精神

作为一个拥有超过百年历史的著名汽车品牌，奔驰汽车已形成了一个核心企业精神：公平、尽责。"公平"是指公平竞争、公平经营。"尽责"是指在汽车行业尽到自己作为一个顶级品牌的责任。

### （五）奔驰汽车的经营理念

#### 1. 快乐感理念

消费者更进一步追求汽车外观优美、内部豪华、驾驶舒适，从而尽显自身价值。

#### 2. 共同责任理念

奔驰汽车将环保作为自身的任务不断改进生产技术、降低污染的可能性、减少废气排放的数量、采用可多次循环使用的材料生产，以最大限度地保护环境。

CIS 战略目标是让公众对企业真正有好感。赢得好感看上去很难办，但有时也不难，对于公众真正关心的问题，只要站在公众的一边，从公众的角度思考问题、做出决策就可以赢得公众好感。比如对于公众关心的环境问题，奔驰汽车在专门生产 E 系列汽车的加鲁更工厂建设过程中，就投入了 7500 万马克用于环境保护。

### （六）奔驰汽车的经营哲学

奔驰汽车的经营哲学是"不断开发新的车型"。

现代社会进入了消费时代，企业经营又进入竞争激烈时期，这两个因素使得企业很难再有以一两种产品占领市场许多年的机会。消费时尚不断促使人们追求时髦、追求新鲜，而企业的竞争又很注意从消费者的这种心理去把握成功的机会。奔驰汽车当然更注重这种契机。于是，"不断开发新车型，适应新的市场"就成了奔驰汽车的经营哲学。

为满足"不断开发新的车型"的经营哲学的需求，奔驰汽车需要大批创新型人才来研发和实践，而实际上企业很难在社会上招聘到一大批自己需要的人才。所以，这里又要依靠 CIS 战略来解决，因为 CIS 实际上就是重塑企业员工的手段，全方位培养自己需要的一流人才。因此奔驰汽车不惜血本，加大气力培训员工，用 CIS 战略来"武装"员工的意识和行为。他们在国内设有 502 个培训中心，培训范围包括新招收的徒工、在职员工、企业领导等。培训内容既有基本职业培训、专业培训，也有高级管理知识培训。正是因为有这样一支具有奔驰理念、重视质量、技术过硬的员工队伍，奔驰汽车在国内外才能保持超强竞争力。

## 二、规范一致的行为识别（BI）系统

奔驰汽车以悠久的发展历史和制造、管理经验，形成了大量科学的、具有原创精神和企业文化特色的管理制度和行为规范，涵盖了企业管理、质量管理、品牌管理、市场营销等生产、经营、销售及售后各个方面的制度和要求。例如高效顺畅的企业信息管理系统，统一定价的销售价格管理，高投入全方位的员工业务培训，以及与之配套的严苛的员工技能考核淘汰制度和质量管理。尤其是其近乎吹毛求疵的严格的全面质量管理，已经成了业界的标杆。奔驰汽车在欧洲、北美、亚洲等地都专门设置了质量检测中心，定期举行大规模质量抽检活动。除了对产品外观、性能极其重视外，奔驰汽车对消费者不一定能注意到的产品细节也极其认真，比如在制作汽车皮面座椅时，奔驰汽车会在全球范围内考察，确定牛皮质量最好的地区和牛的品种作为牛皮指定供应点，并要求在饲养过程中要防止牛身上出现外伤和寄生虫，保持良好的卫生状况，以保证完美的牛皮原材料。奔驰用实际行动，诠释了企业宗旨和

理念，让社会大众看到、感受到实实在在的奔驰汽车精神和企业文化。

奔驰汽车以标准化流程管理和建立经销商规范活动体系的方式，确保CIS战略在其全球销售终端的执行和落实，确保奔驰汽车品牌形象对外展示行为的统一。奔驰汽车制定了系统、详细、可操作性强的《奔驰经销商活动指导手册》，以一系列标准、规范、统一的市场活动，增加产品曝光机会，让更多潜在的目标消费者进一步感知产品特点。《奔驰经销商活动指导手册》对新车上市品鉴会、主题试驾会、车主俱乐部、经销商开业典礼和周年店庆、圣诞节等节日庆典、文体赞助及社会公益活动等经销商活动的形式、目的、经费投入都做出了明确的规定，此外，总部还将推荐专业代理公司，提供奔驰汽车标准物料来支持经销商的活动，从活动前期筹备到活动后续跟进都提供完善的流程管理，实现标准化活动运营，强化企业行为识别系统的执行效果。通过建立统一的活动模式，实现活动体系的标准化，实现活动的合理监管和经费的有效运用，提高经销商的活动能力，并且把活动作为行为识别系统的重要表现形式，给消费者留下深刻的印象。

### 三、完美隽永的视觉识别（VI）系统

从斯图加特机场沿高速公路开车进城，可以远远就能看到奔驰汽车总部大厦楼顶那个不停转动的、直径相当于五、六层楼高的三叉星圆环。这个标志既是奔驰企业的标识，也是奔驰汽车的商标。如今，这个商标早已是人们十分熟悉的标识了。从视觉识别的角度来看，奔驰汽车标识的设计是相当成功的。企业的标识是企业利用符号语言来传达的信息，因此其设计图样须尽可能体现出企业的功能特点和内在品质及追求，并且对点、线、面等最简单的图形构成要素加以创造性地组合、合成，从而通过一种简洁明快的图形体现出企业的一种不可言传的风格——这种风格有时比无数的黄金时间的广告更具有说服力。

#### （一）标识

奔驰标识由一个圆环和环中一个三叉星组成（图7-9）。其标识构成极为简洁有力，充满了节奏感。由于简单而独特，所以很具有识别性，非常容易被传播。圆形往往是一个天生美的形式。心理学家在实验中发现，人们在圆形、方形及三角形的包装中，往往倾向选择圆形，人的直觉总觉得圆形包装物中的产品似乎更优越。许多标识都不约而同地选择了圆形。奔驰的圆形标识同样首先就给了公众、消费者一个良好的心理暗示。把握住人们的心理，利用人们的心理特点进行企业视觉形象设计，可以说是CIS开发中一个十分重要的手段。

图7-9　奔驰汽车标识

#### （二）标准字

选用简洁大方的字体作为奔驰汽车的企业标准字体，简约但不简单。这种字体最大的特点就是稳重，给人厚实的有百年文化积淀的企业的感觉（图7-10）。

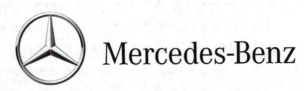

图7-10　奔驰汽车标识和标准字组合

## 第七章　汽车企业形象识别系统的策划

### （三）标准色

为了呼应环保主题，选用绿色为其主要颜色，配上干净大方的白色，辅助颜色为蓝色，显示碧海蓝天的美好，呼吁人们对环境保护的重视。同时蓝色也显得充满想象力，与奔驰汽车不断开拓进取的精神一致。

上百年历史的奔驰汽车取得举世瞩目的成功，与其杰出的 CIS 战略全面设计实施密不可分。奔驰汽车的发展史不仅仅是汽车工业发展史的缩影，更是汽车企业管理史、汽车企业文化发展史的缩影，生动地体现了 CIS 战略在企业发展壮大过程中所起到的不可或缺的重要作用。

## 本章小结

1）汽车企业 CIS 战略起源于德国、兴盛于美国、盛行在日本，最终在中国也被推广，CIS 战略在广泛实践中出现了 CS 战略和 CM 战略等新发展和应用。

2）汽车企业形象识别系统（CIS）主要由 MI（理念识别）、BI（行为识别）和 VI（视觉识别）三个部分组成，这三个部分相辅相成，为增强汽车企业市场竞争力发挥作用。

3）汽车企业理念识别属于企业的精神文化，是企业识别系统中的基础，能不能提炼出富有特色的企业文化理念，关系到特色企业文化建设的是否能成功。

4）汽车企业行为识别设计分为企业内部行为设计和外部行为设计。其中内部行为设计包括汽车经营管理行为设计、汽车企业沟通行为设计、汽车企业内部活动设计和编唱企业之歌，外部行为设计主要有市场调查、市场营销、服务水平、广告活动、公关活动等设计方式。

5）汽车企业视觉识别设计要注重视觉识别设计的要素和原则，汽车企业标识设计、汽车企业标准字设计、汽车企业标准色设计要根据企业特点进行，成功的视觉设计能够很好地提升企业的形象和知名度。

6）汽车企业文化建设与企业形象战略有密不可分的关系。汽车企业 CIS 的设计与实施是企业形象塑造的重要手段。汽车企业导入 CIS 战略的实际操作过程，包括确定导入 CIS 的步骤、汽车企业形象调查、问题诊断报告的撰写以及 CIS 战略的全面落实。

## 作业

完成"学习工作页"第七章的各项作业。

# 第八章
# 汽车企业文化的比较研究

 学习目标

1）掌握美国、欧洲、日韩以及中国典型汽车企业文化的主要内容及特点。

2）熟悉各典型汽车企业文化的基本概况、标识品牌、企业精神文化，外国汽车企业在中国的企业文化发展情况。

3）学会概括各典型汽车企业文化的优缺点，以取长补短，促进中国汽车企业文化的发展。

4）能够借鉴各典型汽车企业文化的建设和发展经验，加快中国汽车企业文化的创新。

5）培养读者建立以国际视野看问题的意识，从全球汽车工业的角度分析汽车企业文化，提升建设并服务汽车企业文化的能力。

从世界上公认的第一辆汽车诞生至今，全球汽车工业已经经历了130多年的历史。汽车工业被称为"工业中的工业"，是衡量一个国家发达程度的重要标志。汽车工业是最早开展跨国经营并取得成功的行业之一，汽车企业跨国经营的成功，并不首先取决于资本和技术，

第八章 汽车企业文化的比较研究

而取决于不同社会成员、不同民族文化之间进行文化接触的有效性。本章将对美国、欧洲、日本、韩国和中国典型的汽车企业文化及其特点进行介绍和分析，以便相互了解，相互借鉴，共同促进世界汽车工业更好的发展。

## 第一节　美国典型汽车企业文化

美国是车轮上的国家，汽车普及率居全球首位，平均每个美国家庭拥有汽车 1.9 辆，约三成家庭拥有 3 辆或 3 辆以上汽车。2016 年，美国汽车保有量达到 2.64 亿辆，是全球排名第一的汽车市场，所以美国又是全世界汽车业最重要、竞争最激烈的地方之一。因此，对美国三大传统汽车企业的企业文化进行比较具有现实意义。

 温馨提示　通用汽车企业文化视频参见教学资源 8.1。

### 一、通用汽车

1908 年 9 月 16 日，威廉·杜兰特创建了美国通用汽车公司。一百多年来，通用汽车公司在全球生产和销售包括雪佛兰、别克、GMC、凯迪拉克等一系列品牌车型并提供服务。2016 年，通用汽车旗下多个品牌全系列车型在全球 120 多个国家和地区销售，其下属的分公司或子公司超过二十家，拥有超过 20 万名员工，分布在六大洲 158 个基地。

#### （一）企业品牌标识

通用汽车的标识"GM"取自其英文名称（General Motors Corporation）的前两个单词的首个字母，如图 8-1 所示。通用汽车的下属分公司也纷纷建立起各车型标识，如别克、雪佛兰、凯迪拉克、GMC 等。

#### （二）企业愿景

面向未来，国际领先，成为全球具有竞争力的汽车公司。

#### （三）企业使命

成为提供高质量交通工具和优质服务的领导者。

图 8-1　通用汽车的标识

#### （四）企业价值观

客户热诚，正直诚信，发明创新，精诚合作，不断改善。

#### （五）企业理念

诚信专业，以客为尊，创新锐进。

#### （六）通用汽车在中国

2016 年，通用汽车销量超千万，成为全球销量排行第三的汽车企业，其成绩得益于通用汽车在全球的两大市场，一个是美国本土市场，另一个是中国市场。

通用汽车进入中国市场已超过 90 年，在中国的发展愿景是：携手战略合作伙伴，致力于打造中国汽车工业的最佳参与者和支持者。1929 年，通用汽车在上海成立了新的中国公司总部，在当时，通用汽车旗下的别克品牌就已经成了中国市场上最受欢迎的品牌之一。截至 2015 年，通用汽车在中国建立了 12 家合资企业和 2 家全资子公司，拥有将近 6 万名员工。通用汽车在中国生产和销售别克、凯迪拉克、雪佛兰、欧宝、宝骏、五菱等系列品牌产品，提供的产品系列是所有在华跨国汽车企业中最丰富的。2016 年，通用汽车及其合资企业在华销量为 387 万辆，同比增长 7.1%。

### （七）上海通用汽车文化

上海通用汽车秉承"创领未来、国内领先、国际上有竞争力的汽车公司"的企业愿景，将"以客户为中心、安全和环保、诚信正直、充分授权的团队合作、不断改进与创新"作为企业价值观。上海通用汽车发展的约 20 年时间里，以超常规的发展速度，成为中国汽车行业的领军企业。

上海通用汽车肩负着发展经济、促进社会进步的双重使命。2008 年上海通用汽车率先提出了"绿动未来"战略，以"发展绿色产品"为核心，以"打造绿色体系"为基础、以"承揽绿色责任"为社会实践的中长期规划。该战略不仅表现在降低产品能耗，制造"绿色产品"上，更开展了新能源技术应用研发的"绿色科技"，还在生产制造领域上全面实现了"绿色制造"。

同时，上海通用汽车还热衷于社会公益事业，为社会和谐发展做出自己的贡献。例如"雪佛兰·红粉笔乡村教育计划"，上海通用汽车一直为偏远贫困地区的少年儿童提供教育支持；围绕"绿色未来"战略还开展了创建低碳程序系列活动等。在文化、教育、体育事业、赈灾、扶贫、助残等项目中，上海通用汽车不断得到社会的承认与赞赏，四度问鼎"中国企业社会责任榜"，七次荣登"中国最佳企业公民"，并连续八年荣获"中国最受尊敬企业"荣誉称号。

## 二、福特汽车

福特汽车成立于 1903 年，"福特"来源于创始人亨利·福特的姓氏，总部在美国的密歇根州迪尔伯恩市，是世界著名的汽车品牌之一。1908 年开始，福特 T 型车足迹遍布世界，直接促成了美国这一"车轮上的国度"的诞生。1913 年福特 T 型车年产达到 1066 万辆，1999 年，福特 T 型车被评为"世纪之车"，1922 年 2 月，福特汽车收购了林肯品牌，福特汽车进军豪华车市场，1935 年设立了水星品牌，填补了福特平民产品和林肯高档产品之间的空白。福特汽车是世界上最大的汽车生产商之一，旗下拥有福特、林肯和水星等汽车品牌，除了制造汽车，福特汽车还设有金融服务部门（即福特信贷），主要开展购车金融、车辆租赁和汽车保险等方面的业务。福特汽车公司全球员工超过 20 万人，近 100 家从事制造和装配业务的工厂遍及全球，产品行销全球六大洲 200 多个国家和地区，福特汽车的多元化经营还包括电子、玻璃、塑料、汽车零部件、空间技术、卫星通信、国防工程、地基开发、设备租赁和汽车出租等。

### （一）企业品牌标识

福特汽车的标识是采用福特的英文字样 Ford，蓝底白字。由于创建人亨利·福特喜欢小动物，于是设计者把动物形象和寓意融入标识设计中，艺术化的 Ford 图案形似活泼可爱、充满活力、美观大方的小白兔，犹如在大自然中向前飞奔，象征福特汽车奔驰在世界各地，令人赏心悦目（图 8-2）。

第八章 汽车企业文化的比较研究

图 8-2 福特汽车标识

### (二) 企业使命
生产让人买得起的汽车。

### (三) 企业经营理念
创造舒适的产品与环境，提倡"绿色生产"与"绿色营销"，企业决策不能靠一人，企业终身学习必不可少。

### (四) 企业价值观
**1. 员工**

员工是企业力量的源泉，员工为企业贡献自己的智慧，为企业带来活力，员工的表现决定公司的声誉。参与和团队合作是我们核心的价值。

**2. 产品**

产品是企业所有努力的结果，它们应当能为世界范围的客户提供最好的服务。

**3. 利润**

利润最终衡量企业如何有效地为客户提供他们需要的最好产品。

### (五) 企业精神
**1. 质量至上**

为了达到客户满意，企业的产品和服务必须争取达到最好。

**2. 客户至上**

企业必须在为消费者所做的每一件事上追求卓越，如产品、安全性和价值、服务、人际关系、企业竞争力等。

### (六) 企业文化变革
**1. 巅峰课程**

"巅峰课程"传授了决策的技巧、传播了文化的精要，也培养了文化传播的团队。

**2. 领导者工作间**

"领导者工作间"延续了文化的传播，推动了文化的落地，也使广大员工感知到了福特汽车新的文化。

**3. 伙伴课程**

"伙伴课程"既是文化的传播和实践，也为福特汽车在将来培养出大批年轻的精英。

**4. 交谈时间**

"交谈时间"既是总裁对新文化的亲身实践，也加强了企业对文化传播与实践的监督和调控力度。

汽车企业文化

### （七）福特汽车在中国

福特汽车与中国的渊源可以追溯到1913年，当时，红极一时的T型车就销售到中国。1924年孙中山先生曾致信亨利·福特，请他帮助中国建立自己的汽车工业。作为首家在新中国开拓业务的外国汽车公司，1978年11月，福特汽车在中国设立"事务办公室"，致力于寻求在中国合资成立一家生产重型货车企业的机会。次年，福特向中国出售了750辆F系列货车，这是自新中国成立以来，美国汽车第一次销售到中国。

1993年6月，福特在中国开展零售业务，初期委派了首批5家经销商在中国销售福特汽车。1995年，福特汽车（中国）有限公司成立，当年就持有了江铃汽车（股份）有限公司30%的股份。随后，福特汽车公司在中国成立了6家合资企业。2001年4月25日，福特汽车与长安汽车合作，以50%∶50%的股比成立了长安福特汽车有限公司，以生产满足中国消费者需求的乘用车为企业责任，并于2003年初正式投产。

### （八）长安福特品牌文化

以"进无止境"为口号的长安福特，仅用14个月时间便打造出一座世界一流整车生产厂，提高了中国乃至世界的汽车业建厂用时纪录。

长安福特秉承了百年福特汽车"企业公民"的准则，不仅为中国消费者带来一流的产品，还努力为消费者打造一流的服务体系。长安福特采用福特汽车全球统一汽车服务体系——"Ford service"，并建立起遍布全国的经销商网络，旨在将世界一流的汽车服务带给更多的中国消费者。

除了品牌服务外，长安福特还着眼于环保公益事业，积极打造"环境保护的先行者"。福特汽车一直致力推进绿色动力技术的研发，长期与业内领先的伙伴保持合作关系，目标是帮助全球数以百万计的车主降低行车成本，让消费者在充分享受驾驶乐趣的同时，减少对周边环境的污染。长安福特还在产品生产制造中配备专业的、先进的污染防治设施，建立起完善的环境管理体系，并率先通过了ISO14001认证。

长安福特，以预测消费者的需求，提供先进的产品和服务以改善人们的生活水平为企业使命；以对消费者的关注以及员工创造力、智慧和创业精神为动力源泉，尊重个人对企业的贡献，保护环境，诚实守信，持续改善每一件事，努力谋求发展，成为中国汽车生产和服务市场上的主导企业之一。

## 三、克莱斯勒汽车

1925年，沃尔特·克莱斯勒脱离通用汽车公司，自行创立了克莱斯勒汽车公司，总部设在美国底特律。同年，该公司买下马克斯韦尔汽车公司，1928年又买下道奇兄弟汽车公司，成为美国第三大汽车企业。1936～1949年，克莱斯勒汽车曾一度超过福特汽车，成为美国第二大汽车企业，但20世纪50～60年代初，生产处于滑坡，20世纪60年代中期，企业经过改组稳住阵脚。1974年以后，克莱斯勒汽车的业务又走下坡路，1978年出现严重的亏损，1980年濒临破产。最后，由于政府给予15亿美元的联邦贷款保证，才使克莱斯勒汽车免于倒闭。

克莱斯勒汽车以经营汽车业务为主，主要生产道奇、顺风、克莱斯勒等品牌汽车。它在美国有汽车装配工厂8家，汽车制造及零部件厂36家。除此之外还经营游艇、钢铁、艇外推进器等业务，拥有22个零部件仓库。企业除经营民用产品外，还从事军用品生

第八章　汽车企业文化的比较研究

产,有从事国防和宇航工业的工厂 10 家。企业拥有出口、运输、金融、信贷、租赁和保险等专业公司,在美国国内的零售网点约 130 个。公司在加拿大、瑞士、英国、巴拿马、南非、澳大利亚等国仍旧拥有许多分支机构。20 世纪 80 年代曾与中国北京汽车共同生产切诺基吉普车。2014 年,意大利的菲亚特汽车 100% 并购克莱斯勒集团,并保持双品牌运作。

（一）企业品牌标识

克莱斯勒汽车标识由醒目的银色飞翔标志和金色的克莱斯勒勋章组成,它体现了克莱斯勒家族和公司员工们的远大理想和抱负、永远无止境的追求和在竞争中获胜的奋斗精神。

以克莱斯勒为品牌的主要车型有克莱斯勒 300C、克莱斯勒大捷龙等。克莱斯勒品牌车型有饱满的流线、细腻精致的前脸、超长的车身轴距等显著的特点,让人一看便知是克莱斯勒。它的雍容在低调中将奢华演绎得淋漓尽致,代表了美国汽车豪华品牌的高度,克莱斯勒汽车标识如图 8-3 所示。

图 8-3　克莱斯勒汽车标识

Jeep 是克莱斯勒旗下的一个品牌,而不是一种车型。很多人会将吉普与 Jeep 混淆,很多人在概念上会直接把"轻型越野四驱车"看成是 Jeep,这正是品牌成功的地方。世界上第一辆 Jeep 诞生于第二次世界大战的硝烟战火中,迄今已有七十多年的历史。克莱斯勒汽车作为 Jeep 的鼻祖,单独拥有这一注册商标。有句广告语正是利用了人们混淆的概念,打了一次思维擦边球——"不是所有吉普都叫 Jeep",更加深了人们对 Jeep 的印象。其主要车型包括牧马人、指南者、自由客、自由光等。

道奇也是克莱斯勒旗下的一个品牌,道奇牌乘用车以价廉和大众化称著,颇受消费者欢迎。该品牌的产品,如同其公羊头商标一般,朴实无华又骁勇善战。道奇发展到如今已经拥有多个车型系列。

（二）企业愿景

汽车得到所有顾客的信赖,成为世界上生产最佳性能的汽车的公司。

（三）企业使命

坚持为消费者提供他们乐于购买,乐于驾驶并乐于再次选择的汽车产品。

（四）企业理念

大胆创新,自成潮流。

（五）产品质量承诺

克莱斯勒汽车承诺向消费者提供性能最佳的产品,以严谨的态度把控质量管理体系,以诚挚的精神提供优质的售后服务和维修服务。克莱斯勒汽车一向秉承为中国消费者提供最好产品的宗旨,引入中国的都是在全球范围内获得成功,广受消费者好评的经典车型。这些车

## 汽车企业文化

型技术领先,将动力与燃油经济性完美结合。所有克莱斯勒汽车引入中国的车型在引入前都通过了美国国家公路交通安全管理局的安全测试。

### (六) 服务诚信承诺

消费者在克莱斯勒汽车授权经销商处进行车辆维修时,经销商保证完全使用享有克莱斯勒质量担保的纯正备件,且在对售后服务进行结算时,将严格遵守克莱斯勒汽车统一规定的备件价格。

### (七) 克莱斯勒汽车在中国

在20世纪80年代,改革开放的春风让汽车走进中国的大街小巷,北京吉普是青年人新潮的追求。北京吉普汽车有限公司(BJC)于1983年5月5日签约,1984年1月15日正式营业,是由北京汽车工业控股有限责任公司与戴姆勒·克莱斯勒公司、戴姆勒·克莱斯勒中国投资公司合资成立的,是中国汽车行业第一家合资企业,是国内最大的轻型越野汽车生产厂家,主要生产切诺基系列吉普车等。直到克莱斯勒与戴姆勒·奔驰分手,北京吉普才消失在了历史长河中。

对于中国这个庞大的消费市场,克莱斯勒汽车从未放弃。意大利菲亚特汽车于2009年开始逐渐持有克莱斯勒汽车股份,菲亚特汽车希望能够以联盟方式发力,卷土重来,而克莱斯勒汽车也想借助结盟在中国汽车消费市场上不断扩大市场份额。2010年3月9日,广汽集团和菲亚特汽车以50%:50%的股比共同投资成立广汽菲亚特。广汽菲亚特主要进行整车制造及进口车型销售,生产菲亚特菲翔和销售菲亚特500、菲亚特菲跃以及博悦等进口车型。2012年6月28日广汽菲亚特首款产品菲翔正式下线,9月19日上市,上市百天销量就突破万辆,让股东双方看到了更大的合作空间。

美国时间2013年1月15日,菲亚特汽车、克莱斯勒汽车与广汽集团签署了一份框架协议,就扩大在华生产、销售乘用车产品的合作达成了一致。2014年1月1日,菲亚特汽车发布公报,菲亚特汽车正式与美国克莱斯勒汽车达成协议,100%并购克莱斯勒汽车。2015年1月23日,广汽菲亚特正式更名为广汽菲亚特克莱斯勒。菲亚特-克莱斯勒将在中国为消费者带来更先进的产品、更优质的世界级服务。

### (八) 克莱斯勒品牌文化

近百年的发展之路,让克莱斯勒汽车起起落落。每一次的危机为克莱斯勒汽车造就的,都是另一次的崛起。20世纪70年代,深陷管理泥潭的克莱斯勒汽车不断调整战略,提升品牌价值与产品质量,再度挽回市场人气。2009年,克莱斯勒汽车濒临破产,命悬一线,最终获得菲亚特汽车垂青,再造传奇。在危机面前,克莱斯勒汽车从上至下都没有放弃过对于品牌的热衷与坚持,正是对品牌的不离不弃,最终获得品牌复苏的机会。

克莱斯勒汽车是以创始人沃特·P. 克莱斯勒的姓氏命名的,旗下品牌的性格似乎也被冠上了创始人坚韧不拔、特立独行的个性。克莱斯勒汽车旗下的品牌最著名的为克莱斯勒、JEEP、道奇,而这三个品牌主打的车型均是以大气、个性见长。公司历年来对于这三个品牌的设计、研发,并没有完全依照市场需求的方向——向轻便型车、微型车发展,而是保有了美国车原有的野性。在一定程度上,这样的品牌性格对克莱斯勒汽车的发展有一定的阻碍,但是,一旦人们提到这三个品牌中的任意一个,其稳定而鲜明的性格立即映入脑海、深入人心,使得消费者在进行产品选择时,可以直接做出判断。

第八章 汽车企业文化的比较研究

# 第二节　欧洲典型汽车企业文化

欧洲是世界汽车工业的起源地，汽车普及率居全球第二。2016 年，欧盟 28 国新车销量为 1464 万辆，同比增长 6.8%，加上三个自由贸易国家后为 1513 万辆，同比增长 6.5%。欧洲仍然是全世界汽车业最重要、竞争最激烈的地方之一。欧洲的汽车企业比较多，这里选三家典型的大型汽车企业来比较其汽车企业文化。

> **温馨提示**　奔驰汽车企业文化视频参见教学资源 8.2。

## 一、奔驰汽车

奔驰汽车是德国的汽车品牌。1886 年 1 月，卡尔·本茨发明了世界上第一辆三轮汽车，并获得专利，而几乎与此同时，奔驰汽车的另一位创始人戈特利布·戴姆勒也发明了世界上第一辆四轮汽车。1926 年 6 月，戴姆勒公司与奔驰汽车合并成立了戴姆勒-奔驰汽车公司，以梅赛德斯-奔驰命名的汽车正式出现。梅赛德斯-奔驰（Mercedes-Benz）被认为是世界上最高档汽车品牌之一，其高超的技术水平、过硬的质量体系、推陈出新的创新能力、以及一系列经典车型款式都令人称道。在国际上，该品牌通常被简称为梅赛德斯（Mercedes），而中国内地称其为奔驰（Benz）。

自从奔驰汽车制造了第一辆世界公认的汽车后，一百多年来，随着汽车工业的蓬勃发展，涌现出很多的汽车企业，有显赫一时的，但更多都是昙花一现的。到如今，能够经历风风雨雨而保存下来的屈指可数，而百年老店仅奔驰汽车一家。奔驰汽车已成为了德国第一大汽车公司，目前拥有 12 个系列，百余种车型，年产量超百万辆。

### （一）企业品牌标识（参见图 7-9）

奔驰汽车对制作招牌、旗帜、标语牌等有严格的程序和标准，以确保其质量符合奔驰品质形象。奔驰汽车对商标的使用有着严格的规定，其规定强调一种氛围，使消费者一进展厅就能感觉到奔驰汽车特有的待客之道。除此以外，奔驰汽车还规定了所有印刷品的标准格式。

### （二）企业使命

质量之道，奔驰之道。

### （三）企业经营理念

**1. 传统理念**

奔驰汽车是汽车的发明者创立起来的汽车企业，它的发展也充分反映了整个汽车工业的发展，因此其经营更趋向于采用传统和高效的规则。企业的经营者首先就是要确保这一理念为广大员工、合作伙伴和外界环境所承认。这是几代奔驰人的不断努力才营造出的立身之本。

**2. 快乐感理念**

人们的需求不会局限在美国心理学家马斯洛提出的某一需求层次上，随着科技、社会、经济和市场的发展，随着人们生活水平的提高，人们更进一步追求汽车外观优美、内部豪华、驾驶舒适，从而尽显自身价值。根据这一趋势，奔驰汽车近年来将能满足消费者自身的快乐感作为经营理念的一部分，并随着时间的推移，对该理念重视程度和投入不断增加。

**3. 共同责任理念**

人类社会的发展为我们周围的环境带来了不可估量的影响。其中汽车排出的废气是造成大气污染、形成酸雨的原因之一；大量化学制品合成材料的使用和废弃、乱砍滥伐、污水排放等造成生态失衡。人类要继续生存下去必须重视环保，保护我们赖以生存的地球是全人类共同的责任。奔驰汽车将其作为自身的责任不断改进生产技术、降低污染的可能性、减少废气排放的数量、采用可多次循环使用的材料生产，以最大限度地保护环境。

**（四）企业价值观**

**1. 传统价值——"安全、优质、舒适、可靠"**

奔驰汽车的工程技术人员从不满足于目前的技术领先，而充分利用公司提供的研究开发费用，发挥聪明才智，深入细致地研究驾驶者和乘客的需求，预测汽车未来发展的各种趋势。专利技术、技术革新改造层出不穷，为汽车工业的发展做出了巨大的贡献。"安全"是奔驰汽车最为重视的方面，并且成果显著，推出了多项新技术；"质量"是企业制胜的法宝，奔驰汽车质量优异举世公认，这依赖于完善的质量控制体系，奔驰汽车产品不仅满足于符合行业内部和各国的有关规定，还制定了一套更为苛刻的标准，确保产品质量万无一失；"舒适"对于驾驶者和乘客来说是极为重要的，驾驶是一种乐趣，乘坐是一种享受。奔驰汽车产品对于舒适的要求已不限于简单意义上的生理舒适感；"可靠"的性能使奔驰汽车的使用寿命普遍比同类产品长，超凡的质量水准和一套完备的售后维修维护措施和专业技术队伍成为其保持性能长期可靠的坚强后盾。

**2. 潮流价值**

潮流价值着重强调个性特点。当今社会人们极为重视自我实现，重视个性体现，从服饰到汽车都追求与众不同。奔驰汽车在每种产品系列中根据不同客户的需求，将其进一步细分为不同的产品线，标准型车身颜色稳重大方，运动型车身色泽鲜明抢眼。

**3. 社会价值**

奔驰汽车将首创的三滤催化系统作为欧洲车型的标准配备，推动了汽车环保事业的蓬勃发展。此后奔驰汽车的工程技术人员又不断努力采用新材料、新工艺降低汽车对人类环境的破坏程度。

奔驰汽车自创建以来，一直努力使自己成为世界汽车工业的领头羊，企业的任何发展都要顺应时代的需求，不断创新，推动汽车工业的发展。同时，奔驰汽车作为世界顶级汽车也已推出了各类能满足不同阶层消费需求的各类汽车。

**（五）企业沟通传播策略**

**1. 对内理念传播——内部员工教育**

企业经营理念和价值观念是企业日常运作的指导准则，企业内部从管理层到普通员工都必须将其作为纪律，严格规范自身行为。对基本理念及其最新发展动向的深入了解是行动的基础。因此，对内部员工、合作伙伴和地区销售维修服务人员的培训极为重要。奔驰汽车设有专门的培训部门和专业培训人员，并在各个地区建立奔驰汽车专业培训中心，定期开设各类培训课程。

第八章　汽车企业文化的比较研究

**2. 对外理念传播——行为信念传播**

奔驰汽车销售网络与维修服务网络遍及世界各地，实行世界大型企业普遍采用的分级销售制度。奔驰汽车通过各种销售活动，传播企业的行为信念。例如建立了从订车、生产、运输直至交车一条龙高效的管理体系，提高交车速度，开展灵活多样的销售行为，提高了用户满意度，传播了企业理念。

作为一个销售机构，也必须做到知己知彼。所谓"知己"，就是了解自己销售的产品，了解奔驰汽车每一种系列和型号汽车产品的定位和特点。所谓"知彼"则是对市场对目标客户的了解。

奔驰汽车还利用赞助促销活动、专题促销活动、展览展销活动等手段来体现其对社会的责任感、其产品和创意的无穷魅力、其品质和技术等各方面实力，从而提高企业信誉，保持企业形象。

### （六）奔驰汽车在中国

作为世界上最成功的豪华汽车品牌之一，奔驰汽车从诞生伊始，让三叉星徽闪耀全球就成为其永不放弃的梦想与追求。

从1886年卡尔·本茨发明第一辆汽车，到奔驰汽车的三叉星徽正式与中国结缘，时隔百年，仿佛履行了彼此一个遥远的约定。1986年，奔驰（中国）汽车有限公司在香港成立。2005年奔驰汽车在北京开展合资合作，伴随奔驰汽车中国业务的蒸蒸日上，2006年，奔驰汽车中国的总部从香港迁到北京，同时更名为奔驰（中国）汽车销售有限公司，其拥有在中国大陆以及香港和澳门特别行政区销售奔驰汽车旗下产品的所有经销权。从始至终，奔驰汽车都一直致力于满足中国日益增长的市场和客户需求。

2005年8月8日，北京奔驰戴姆勒·克莱斯勒汽车有限公司成立，增强了奔驰汽车在中国市场的竞争力，2005年12月22日，北京奔驰汽车首批国产奔驰E级车宣布正式上市。从上市伊始，奔驰E级车即获得追捧。2008年3月15日，全新国产奔驰C级车正式上市，这是北京奔驰继实现高档豪华汽车奔驰E级车国产后，在中国市场的又一力作。2012年12月，北京梅赛德斯-奔驰销售服务有限公司成立，主要负责奔驰汽车在华进口车与国产车的市场与销售、售后服务、经销商网络发展、二手车和企业客户业务以及经销商培训等业务。该公司为实现奔驰汽车在中国的长期及可持续发展奠定了坚实的基础。2013年11月19日，奔驰汽车收购北京汽车股份有限公司12%股权的交易正式完成，北汽集团在双方合资制造企业——北京奔驰汽车有限公司的股比由50%增加到51%；同时，奔驰汽车在双方合资销售公司——北京梅赛德斯-奔驰销售服务有限公司的股比由50%增加到51%。

### （七）北京奔驰品牌文化

奔驰汽车从C级车，到长轴距E级车和GLK级豪华中型SUV，北京奔驰产品链不断丰富，市场占有率逐年增长，经营效益逐步提高。从创始初期的亏损，到经营效益的逐步提升，北京奔驰实现了从低谷到提升和发展的全过程变化。

纵观北京奔驰的发展历程，可以发现，北京奔驰一方面确立并演绎着独具特色的企业文化，另一方面也继承并发展着奔驰汽车的优秀品牌文化。

**1. 以合规、诚信、责任树立核心价值观**

中德股东双方，供应商与经销商，厂家与用户等诸多的利益相关方之间，靠什么将大家团结起来？在北京奔驰最困难的时候，这甚至成为最重要的矛盾。

233

## 汽车企业文化

2008年，中德双方人员确定了北京奔驰的核心价值观——"客户至上、开诚布公、责任感"。其中，"开诚布公"成为直击问题的关键。有问题，坦诚地放到桌面上来谈，有效沟通才是解决问题的最好方式。随后几年的经营，从扭亏为盈到向上的经营业绩，再到战略共同体的构建，都证明了核心价值观对于一个企业的重要性。核心价值观是企业必须拥有的一个信念，也是企业哲学中起到主导作用的组成部分，不仅是影响公司在生存方面的力量，也是公司以及所有员工的最高道德标准。

随着中德双方对于合资企业越来越认可，"开诚布公"已经深入到北京奔驰的骨子里，在新的转型背景下，企业各个未来发展重点项目陆续展开，2012年12月3日，北京奔驰召开中德方管理人员大会，正式颁布重新修订的"核心价值观"，同时签署、颁发了《北京奔驰行为准则》。修订后的北京奔驰"核心价值观"，由"客户至上、责任感、诚信"三大要素组成。

客户至上，是企业的重中之重。客户满意了，才会认可北京奔驰的品牌，经销商与供应商才会实现盈利，企业效益也会逐年增长，形成良性循环。诚信则源于企业文化变革的过程，要成为一流的国际化企业，就必须有诚信的文化。

作为针对企业员工在生产经营活动中的行为进行规范的指导文件，《北京奔驰行为准则》内容涵盖了面对利益冲突时的行为应对、内部控制、质量、社会责任原则、环境保护、摒弃一切形式的腐败、与竞争者和商业伙伴以及与外国政府和客户打交道时的行为应对等内容。

**2. 以唯有最好的理念提升管理效益**

唯有最好——来自于奔驰汽车品牌宣言"The Best or Nothing"。从拥有"世界第一汽车品牌"的自豪感，到保持"世界第一汽车品牌"的责任感，北京奔驰从新员工入职教育，到岗位技能培训；从生产过程质量控制，到专业数据检测分析，将奔驰汽车品牌的精品意识，贯穿至每一个环节，成为生产制造的行为准则和验证标准。

产品质量为北京奔驰赢得了市场声誉和高度评价。2013年，奔驰汽车根据产品质量考核综合数据，制定颁布了用户缺陷考核目标值，最新数值标准表明，北京奔驰长轴距E级车缺陷考核目标值，低于德国本土生产的E级车缺陷考核目标值，这意味着，北京奔驰生产的产品品质要高于德国本土工厂生产的产品品质标准。

北京奔驰的产品质量在符合奔驰汽车的全球统一标准的同时，也带动着北京奔驰的管理水平不断提高。"做就做最好"，北京奔驰的品牌战略更立足于创造"北京奔驰汽车品牌"的使命感。

### 二、宝马汽车

德国宝马汽车以生产豪华乘用车、摩托车和高性能发动机而闻名于世，其乘用车在国际上以高质量、高性能著称，与奔驰汽车同为高档的著名汽车品牌。宝马汽车创建于1916年，总部设在德国慕尼黑。一百多年的发展历史中，宝马汽车经历了两次军转民，在五十年代时经营十分困难，在1959年12月9日的股东大会上甚至做出了将企业卖给奔驰汽车的决定，这时德国的匡特家族力挽狂澜，收购了宝马汽车46%的股份，成了其最大的股东，并坚持走自我发展的道路，从60年代初开始陆续推出新车型。此后30多年宝马汽车就再没有亏损过，还相继收购了英国的路虎和劳斯莱斯汽车，成为大型跨国公司中的后起之秀。2000年3

## 第八章 汽车企业文化的比较研究

月,宝马汽车因战略发展需要将麾下的路虎分拆出售。

### (一)企业品牌标标识(参见图7-4)

宝马汽车的标识采用的是在内外双圆圈图形的上方,标上"BMW"字样。整个商标就像蓝天、白云和运转不停的螺旋桨,寓含宝马汽车悠久的历史,又象征企业的一贯宗旨和目标,在广阔的时空中,以最新的科学技术、最先进的观念满足顾客的最大愿望,反映了企业蓬勃向上的精神和日新月异的风貌,表明宝马汽车的品质优秀、技术领先、驰骋全球。

### (二)企业使命

成为顶级品牌的汽车制造商。

### (三)企业经营哲学

宝马汽车的全球生产网络的构建遵从"生产紧随市场"的经营哲学。企业采取柔性管理,根据当地市场情况来建立生产网络,同时在生产管理方面紧跟着市场需求。在宝马汽车生产方面,同员工的团队合作方式一样,在宝马汽车内,各工厂都在一个共同的生产体系内进行大量协作。同时,各工厂根据不同的生产车型对人员灵活调配,并配以灵活的工作时间和物流管理。宝马汽车高度协调的生产网络不仅可以高效管理汽车生产中非常复杂的工艺流程,还可以对某车型的需求变化做出迅速反应。

### (四)企业的人事理念

宝马汽车把员工的可持续发展视为企业成功的重要因素,并且视其为在世界范围内领先的重要保证,将这一理念融入企业的经营哲学中。由于宝马汽车着眼于未来的人事政策,在不缩减人力成本的同时,使员工表现得以改善,提高了公司效益。宝马汽车人事政策的八条纲领将这一方针具体化并落实在每天的工作中:

1)相互尊重,以积极态度对待分歧。
2)超越国家和文化边界的思维方式。
3)工作表现是报酬的基础。
4)团队合作的成果高于个人工作之和。
5)保证为忠诚和有责任感的员工提供有吸引力的工作职位。
6)尊重员工的人权不容置疑。
7)以社会标准对待供应商和商业伙伴是做生意的基本准则。
8)优厚的员工待遇和强大的社会责任感。

### (五)品牌特色

宝马汽车成功的基础是一贯以高档品牌为本,高档意味着"附加值"。宝马汽车拥有清晰的品牌形象,其产品在设计美学、动感和动力性能、技术含量和整体品质等方面具有丰富的产品内涵。宝马汽车的品牌形象传播活动也同其品牌内涵具有高度的一致性。宝马汽车高尔夫球公开赛、一级方程式比赛以及007电影系列,这些品牌形象活动有效地增强了宝马汽车品牌的动感和运动性、设计美学和质量杰出的内涵。

今天的宝马汽车已经成了汽车领域速度和性能的代名词。所谓的"坐奔驰,开宝马",非常形象地指出了奔驰汽车、宝马汽车这两种名车的特点。前者给人以豪华、舒适之感,有一种王者之气;后者则具有卓越的性能和速度,使人感觉到一种十足的霸气。

### (六)宝马汽车在中国

宝马汽车的产品在20世纪80年代就开始进入中国市场。1994年4月,宝马汽车设立了

## 汽车企业文化

北京代表处，标志着宝马汽车正式进入中国大陆市场。2003年3月，宝马汽车与华晨中国汽车控股有限公司签订合资合同，并于5月正式成立了华晨宝马汽车有限公司。从此，宝马汽车在中国的发展进入一个全新里程，从单纯的进口商转变为在本地设厂的生产厂商。

### 1. 宝马7系：铺路中国

20世纪80年代末，宝马7系被进口到国内。首次进入到国内的宝马7系的编号为E32，是宝马汽车在1986～1994年推出的旗舰车型。由于这代车型的进口量较少，所以当年宝马汽车品牌在国内没有像奔驰汽车那样家喻户晓。真正让国内大多数车迷熟知宝马汽车品牌的车型是在1994年上市的E38宝马7系，当时已有不少富豪能够支付得起高达200多万的车价，这代7系更多地进入到国内高端人群的家中。

进口到国内的两代7系为宝马汽车品牌在中国的发展立下了汗马功劳。宝马汽车品牌凭借着这两代车型上乘的舒适性、动力性、操控性树立的口碑，从不被人熟知到被国内消费者争相购买。

### 2. 华晨宝马诞生

2003年3月，宝马汽车与华晨中国汽车控股有限公司签订合资合同，成立华晨宝马汽车有限公司。

宝马汽车与华晨汽车的合作历经6年摸索及曲折谈判。作为世界顶尖豪华汽车生产商，宝马汽车最初想在中国生产的并非宝马汽车品牌汽车，而是路虎——宝马汽车收购的一家英国汽车公司的一款车型。1997年，宝马汽车开始与河北保定中兴皮卡进行路虎项目合资谈判，谈判从1997年开始到2000年初华晨汽车收购保定中兴一直没有结果。此后，华晨汽车接手与宝马汽车的路虎项目谈判。2000年后中国豪华汽车需求量大增，宝马汽车随之也将在中国的投资兴趣点转向豪华汽车。2000年初，宝马汽车高层参观了华晨汽车正在安装中的中华汽车生产线后，非常感兴趣，提出了在中华达到10万辆设计产量的基础上共线生产宝马产品的设想。2001年10月25日，双方确立了合资关系。

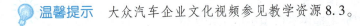

**温馨提示**　大众汽车企业文化视频参见教学资源8.3。

### 三、大众汽车

1938年，大众汽车创建于德国的沃尔夫斯堡，创始人是世界著名的汽车设计大师费迪南德·波尔舍。经过多年的发展，大众汽车已成为在世界许多国家都有汽车生产和销售的跨国汽车集团。大众汽车是德国最大的汽车企业，也是欧洲最大的汽车企业和世界汽车行业中具有强大实力的跨国企业之一，2016年汽车产销量位居世界第一。大众汽车拥有在德国本土的奥迪汽车以及设在美国、墨西哥、巴西、阿根廷、南非等地的近10个子公司，大众汽车的整体产销能力超过1000万辆。"甲壳虫"汽车使大众汽车扬名，该车在20世纪80年代初就已生产了2000万辆，启动了大众汽车的第一波高速发展，紧随其后的POLO、高尔夫、奥迪、帕萨特、桑塔纳等车型也畅销全世界。

### （一）企业品牌标识

大众汽车意为大众使用的汽车，图形商标是德文单词Volkswagenwerk中的两个字母V和W的叠合，并镶嵌在一个大圆圈内。图形商标形似三个"V"字，像是用中指和食指做出的V形，表示大众汽车及其产品"必胜-必胜-必胜"。大众汽车商标简洁、鲜明、引人入

## 第八章 汽车企业文化的比较研究

胜，令人过目不忘（图8-4）。

目前，大众汽车旗下共有12大品牌，分别是大众汽车（德国）、奥迪（德国）、斯柯达（捷克）、西雅特（西班牙）、保时捷（德国）、宾利（英国）、兰博基尼（意大利）、布加迪（法国）、杜卡迪摩托（意大利）、斯堪尼亚（瑞典）、曼卡车（德国）和大众商用车（德国）。

### （二）企业文化理念

以人为本，注重提高员工素质，开发人力资源；强调理性管理，注重规章制度、管理组织结构、个人奋斗及投资收益。

图8-4 大众汽车标识

### （三）企业价值观

1. 溯流求源——用户的愿望高于一切
2. 对顾客负责
3. 品质造就价值
4. 创新即是生命

### （四）企业经营策略

以客户为中心的发展策略。

### （五）大众在中国

1938年，传奇设计师费迪南德·波尔舍博士推出了一款形似金龟子的小车，这款小车后来发展成为享誉世界的"甲壳虫"汽车。作为大众汽车的第一款产品，这款被称为"欢乐带来力量的汽车"实现了"全民汽车"的愿景，Volkswagen（大众之车）也成了人人都能买得起的大众汽车。45年后大众汽车在中国也扮演了一个类似的角色。1983年，随着第一辆上海大众桑塔纳汽车在上海下线，汽车在中国也逐步走向了大众时代。

从1978年底开始，中国先后与多家全球知名汽车企业进行了谈判。然而谈判进展并不顺利：这些企业有的并不看好中国市场前景，只希望与中国合资生产零部件，还没有打算在中国建设现代化汽车厂，甚至有的企业只想把落后的技术转让给中国。在众多汽车企业中，大众汽车是唯一一个对中国发出肯定信号并同意现金投入和技术转让这两个合作条件的企业。但大众汽车与中国的合作从初次洽谈到最终确定，相持了6年之久。由大众汽车与上海汽车方面在合资合同中最早提出来的50%对50%的股比，被中国汽车合资企业沿用至今，并被产业政策固化下来。1984年10月，当时中国与外资共同创办的最大的汽车制造项目——上汽大众汽车有限公司在人民大会堂成立。

1988年5月，中国一汽与奥迪汽车签署"关于在中国一汽生产奥迪的技术转让许可证合同"，开始组装生产奥迪100，这也是第一次外国企业在华转让整车技术。1990年11月，中国一汽和大众汽车15万辆合资项目在北京人民大会堂正式签约，同年，日产能50辆的奥迪汽车生产线在一汽组装成功。1991年2月，一汽大众汽车有限公司在长春成立，同年12月5日，第一辆捷达A2在长春组装下线。至此，"南北大众"格局初步形成，大众汽车融入中国市场。

30多年来，大众汽车经历了中国现代汽车工业从艰难起步、快速发展到激烈动荡的全过程，毫不夸张地说，大众汽车在中国的合资史，就是一本现代汽车工业在中国发展的浓缩

## 汽车企业文化

和写照。当然，也没有任何一家汽车企业像大众汽车这样获益巨大，大众汽车在中国累计销量已超过 2500 万辆。2016 年上海大众和一汽大众在中国市场共销售汽车 387 万辆，仍处于遥遥领先的位置，中国市场成为大众汽车在全球最大的单一市场。

### （六）上汽大众品牌文化

上汽大众汽车有限公司成立于 1985 年，是国内规模最大的现代化汽车生产基地之一，目前已经形成了以上海安亭为总部，辐射上海安亭、南京、仪征、乌鲁木齐、宁波、长沙的六大生产基地。基于大众、斯柯达两大品牌，目前拥有 Polo、途安、朗逸、途观、桑塔纳、帕萨特、晶锐、昕锐、野帝、明锐、速派等系列车型，覆盖 A0 级、A 级、B 级、SUV、MPV 等不同细分市场。

上汽大众 30 年的风雨历程，是中国汽车工业实现"从小到大"发展的缩影。在发展过程中，上汽大众创造了中国汽车工业的多项第一，连续八年荣获中国十佳合资企业称号，八度蝉联全国最大 500 家外商投资企业榜首，连续九年被评为全国质量效益型企业。作为中国改革开放后中外合作的一个成功典范，上汽大众已成为世界了解中国的一个窗口。

上汽大众在推动发展的同时，在继承和创新的基础上对企业文化进行了梳理，提炼出了"追求卓越，永争第一"的核心价值观。客户导向、质量领先、创造价值、变革创新、勇担责任、持续发展、以人为本、坦诚交流、合作共赢，是上汽大众的九条基本价值观，体现了上汽大众肩负的使命和责任，展现了企业的管理理念和行动纲领，明确了上汽大众人的行为准则。核心价值观"追求卓越，永争第一"，则体现了上汽大众人锲而不舍、奋勇争先的精神和行动。

上汽大众始终坚持以先进的文化理念引领企业发展，融合德国大众精良造车的汽车文化和中国汽车人开拓创新的进取精神，建设中国汽车行业内最具凝聚力的企业文化和最佳企业形象。将"质量领先"的理念和原则贯穿于产品开发、供应商、生产、销售及售后服务的整个产业链。建立了完善的质量保障体系和质量评估体系，从生产规划、工艺装备的确定到设备的维护保养，从原材料进库到成品出厂，每一道工序都处于缜密的监控之下。

上汽大众"追求卓越，永争第一"核心价值观的企业文化，渗透于工作、流程、人才发展等各个方面，营造了良好的学习、创新和员工积极参与的氛围，使企业成为真正的学习型企业。多元化发展道路极大地鼓励了员工专注于本职岗位并不断提升专业能力，加强了高技能人才队伍建设，为企业的可持续发展提供了人才支持。上汽大众始终秉持尊重每一个员工的理念，与所有员工共同发展，回报员工对企业所做的贡献，实现了较高的雇员承诺和人才吸引力。秉承"造车亦育人"的人才价值观，上汽大众连续七年获得荷兰 CRF 机构认证的"中国杰出雇主"，在国内汽车行业树立了一个标杆。

### （七）一汽大众品牌文化

1991 年，一汽大众第一辆以 CKD 形式生产的德国大众的捷达汽车下线，一汽大众从诞生的一刻起，就在品牌营销历史上书写出崭新的一页。一汽大众成立之初，就明确了一个全新的伞形品牌管理架构，即在企业品牌"一汽大众"之下，生产全系"大众品牌"汽车产品，而每一款产品均有其令中国消费者朗朗上口的产品品牌，这就是我们今天看到的：捷达、宝来、速腾、高尔夫、GTI、迈腾和 CC 等。这些产品系列，涵盖了大众从 A0 级车到 B + 级车的车型，以最宽泛的产品型号和价格覆盖中国普通消费者的需求，给了中国消费者最多、最好、最合适的选择。

第八章　汽车企业文化的比较研究

　　一汽大众传承并发展了中国一汽和德国大众汽车这两个有着深厚积淀的汽车企业的优秀气质，拥有了完整独特的企业文化理念和科学完备的人才体系，形成了完善的文化体系。以"诚信创造价值，尊重成就共赢"为企业核心价值观，把"造价值经典汽车，促人、车、社会和谐"作为企业使命，始终以"学习、进取、合作、创新"为企业精神，以"市场导向、管理创新、质量至上、技术领先"作为经营方针，为了成为"中国最优秀的汽车合资企业和员工眼中最具吸引力的公司"而不懈努力，可见一汽大众在践行企业公民责任和推动中国汽车工业发展上的决心。

　　一汽大众汽车企业文化是中德文化的碰撞和交融，中德双方在跨文化合作与融合的过程中形成了"同一个团队，同一个梦想"的共识，和谐合作，共进共赢成了一汽大众企业文化的精髓和灵魂。企业靠市场，而百年企业靠的是文化。中德文化的融合，带动了一汽大众人对汽车制造、汽车工艺、汽车质量、汽车与生命等在文化层面上的认识与思考，这为一汽大众的成长与发展打下了坚实的基础。

## 第三节　日韩典型汽车企业文化

　　1904年，吉田真太郎成立了日本的第一家汽车厂——东京汽车制造厂，他是日本汽车制造业的创始者。迄今为止，日本汽车工业已有一百多年的历史。20世纪60年代中期到20世纪70年代，日本汽车工业处于高速发展的阶段。1967年，日本跃升成了第二大汽车生产国，首次超过了德国，而日本这段"辉煌时期"一直持续至20世纪80年代中期。韩国汽车工业是世界汽车工业的后起之秀，经过多年的发展，在世界汽车的舞台上站稳了脚跟，取得了骄人的成绩。日韩汽车工业各具特点，这里选择具有一定代表性的丰田、本田、现代等品牌来解读日韩汽车企业文化。

 **温馨提示**　丰田汽车企业文化视频参见教学资源8.4。

### 一、丰田汽车

　　1933年，丰田汽车公司创始人丰田喜一郎在纺织机械制作所里成立了汽车部，1935年，随着丰田汽车的AI型汽车试制成功，丰田汽车公司于1937年正式宣布成立，二战以后，丰田汽车通过引入欧美技术，在美国汽车专家的帮助下，快速地获取了先进的汽车生产和管理技术，逐渐地加快了发展的脚步。同时，按照日本民族的独有个性，创立了独具特色的丰田生产管理模式，并不断优化完善，极大地提高了生产效率。1947年丰田汽车的产量首次超过了10万辆，并于1957年进入美国，至1972年，丰田汽车累计生产量达到了1000万辆。

　　20世纪80年代开始，丰田汽车的产销量节节攀升，20世纪90年代初，丰田汽车超越福特汽车，汽车产量跃居世界第二，年产量已超过了400万辆。20世纪60、70年代，是丰田汽车在日本国内自我成长期，20世纪80年代之后，它开始了全面走向世界的国际战略。丰田汽车先后在美国、英国以及东南亚等地建立独资或合资企业，并在当地设立研究中心，实施研究开发设计当地化的国际化战略。早期的皇冠、光冠、花冠等车型名噪一时，丰田汽车生产的花冠汽车享誉全球，刷新了单一品牌最高销售的纪录，丰田旗下的雷克萨斯豪华汽车也极负盛名。

### （一）企业品牌标识

丰田汽车的品牌标识"TOYOTA"发表于1989年10月，设计的重点是横竖两椭圆组成的左右对称图形（图8-5）。椭圆是具有两个中心的曲线，表示汽车制造者与顾客心心相印，横竖两椭圆组合在一起，也表示丰田汽车的第一个字母T。背后的空间表示丰田汽车的先进技术在世界范围内拓展延伸，面向未来不断飞翔。它象征丰田汽车立足于未来，对未来的信心。

图8-5　丰田汽车标识

### （二）企业愿景

丰田汽车的企业愿景是以"生产物品"和"技术革新"为基础，进一步为实现富裕的社会而努力。围绕企业愿景，丰田汽车在四个方面采取了行动：一是以对地球友善的技术，拉动地球的再生。二是生产安全、安心、舒适的汽车，建造汽车社会。三是在世界各地进一步展示汽车的魅力，扩大丰田迷的队伍。四是作为世界的企业，争取受到世界所有地区的人爱戴。

### （三）企业使命

有路就有丰田车。

### （四）企业理念

1）遵守国内外的法律及法规精神，通过公开、公正的企业活动争做得到国际社会信赖的企业市民。

2）遵守各国、各地区的文化和风俗习惯，通过扎根于当地社会的企业活动为当地经济建设和社会发展做出贡献。

3）以提供有利于环保的安全型产品为使命，通过所有的企业活动为创造更美好更舒适的生存环境和更富裕的社会而不懈努力。

4）在各个领域不断开发和研究最尖端的科学技术，为满足全球顾客的需求提供充满魅力的产品和服务。

5）以劳资相互信赖、共同承担责任为基础，造就出能够最大限度发挥个人创造力和团队力量的企业文化。

6）通过全球化的创造性经营，努力实现与社会的协调发展。

7）以开放性的业务往来关系为基础，致力于相互切磋与创新，实现共生共存、长期稳定发展的良好关系。

1992年1月，丰田汽车基于"正因企业处在外部环境发生很大变化的非常时期，更应意识到坚守理念认准前进目标的重要性"的认识，制定了"丰田基本理念"。

### （五）企业核心价值观

丰田汽车的企业文化博大精深，涉及面广泛，每一代丰田掌门人都极力推崇并且传播，其核心价值观主要包含三个方面。

**1. 杜绝浪费**

作为四面环海的国家，日本生产资源有些短缺，很多生产原材料都依靠进口，所以，丰田从开发制造汽车时，就在降低成本上竭尽全力。看板生产，就是勤俭精神长期贯彻的结

# 第八章 汽车企业文化的比较研究

果。这种生产方式,其目的就是要杜绝浪费。为此,丰田汽车首创了日后被无数企业学习引用的"准时生产"(JIT)。所谓准时生产,就是把必要的东西,在必要的时候,准备好必要的数量,送到生产现场。传统的生产方式有大量库存零部件,因而极大地加重了成本,而丰田汽车的这一生产方式保证了丰田汽车无库存生产,最大限度地削减过剩设备和中间库存。这种生产方式给丰田汽车带来了极大的生产效益,导致日本乃至全世界许许多多的企业争相效仿。

### 2. 保证质量

产品质量是企业的命脉。早在丰田佐吉时代,丰田汽车就树立了"一有问题,自动停止"的理念,后来逐渐发展成了"要防止问题发生,要迅速解决问题"的高品质观。1957年5月,丰田汽车以低价促销旗下"光环"汽车的时候,由于汽车本身暴露出了质量问题,导致"光环"汽车在市场上被日产"青鸟"汽车打得体无完肤。丰田汽车承认之前在技术上把关有些不够严格,为了挽回失败,丰田汽车决定在技术上苦下功夫。经过5年的改装调试,到1962年,丰田汽车为了让消费者看到他们对于"光环"汽车的改装以及技术的革新,分别对其进行了"海滨之虎""空中飞车""猛撞油桶"和"悬崖滚落"等一系列特技影片里才会出现的汽车破坏性试验。最终,经过长达一年的"质量拷打"行动,终于使"光环"的销售有了起色。1964年9月,新"光环"开始销售。到1965年4月,只用了七八个月的时间,新"光环"就压倒了"青鸟",销量在日本小型汽车市场上遥遥领先。丰田汽车在此事件里,及时地拾起了其质量为先的核心价值观。从此以后,丰田汽车再也不敢轻易放松质量问题,"高质量"的理念,在丰田汽车的企业理念中更加深入人心。

### 3. 技术革新

在丰田汽车的总部,随处可见挂在马路上空的荧光大标语:"好产品,好主意。"这个口号,代表着丰田汽车开发技术追求完美的传统。这个传统现在已经制度化为"动脑筋创新"建议制度。即每个员工都可以积极地向上级提建议,并且有相应的评分细则和奖励,这个制度极大地调动了员工的科学发明精神。员工在这个制度中,找到了创新的乐趣。自己的建议被采纳,员工就会感到无比的满足。因此,在整个集体中也洋溢着创新和动脑筋的欲望和冲动。这就是丰田汽车企业文化中技术的革新这一核心价值观所带来的效果。

## (六)企业精神

丰田汽车的企业精神主要体现在以下几个方面。

### 1. "乡巴佬"精神

丰田汽车有着纯粹、勤奋、执着、认真、不怕苦、不怕累、肯学习的"乡巴佬"精神。一代又一代的丰田人都有一个共同的特点:他们积极向上,不惜体力,不辞辛苦,做事认真而又勤奋好学。"乡巴佬"精神是值得自豪的丰田汽车企业精神的结晶。

### 2. 顽强不屈的斗志

丰田汽车的历史是一部坎坷心酸的创业历史,这部辛酸史造就了如今的汽车王国,正是在这部辛酸史中培养出来的顽强不屈的斗志,使得丰田汽车在遇到任何艰难险阻的时候,都不会随意放弃前行的脚步,始终在发现问题、解决问题的道路上努力奔波。

### 3. 自力更生

临危受命的有"丰田大总管"之称的总经理石田退三曾经说过:"作为一位实业家,我的信念是自己的城堡要靠自己来守卫。"他还说过:"工作是为了自己。胜负是自己的事。

## 汽车企业文化

如果掺入了别人的同情，那便不是真正的胜负。"自力更生，这就是丰田汽车的信念，丰田汽车的精神。

#### 4. 团结一致

丰田汽车的企业精神里体现了"人"的重要性，任何事业不是一个人所能办成的事，"人和"比什么都重要，事业成败取决于人，任何事要取得重要的发展，首先必须抓"培养人"这个根本，努力培养能够理解丰田思维方式并将其付诸实践的经营人才，在丰田汽车的管理体系中大胆启用这些人才。丰田汽车的企业精神强调了所有丰田人必须紧密团结，合作创新。

### （七）丰田汽车在中国

丰田汽车对中国汽车市场的态度，随着国际汽车竞争对手在中国市场的表现越来越好以及中国市场的利益诱惑越来越大，有180度的大拐弯。

#### 1. 只卖汽车不卖技术

1947年，丰田造出自己的第一辆汽车，17年后的1964年，丰田皇冠汽车首次进口到中国；1978年，丰田在中国打出"车到山前必有路，有路必有丰田车"的广告；1998年11月成立四川丰田汽车公司，2000年6月成立天津丰田汽车公司，2004年9月成立广汽丰田汽车有限公司。

从进入中国市场到20世纪90年代前期，丰田汽车公司在中国市场坚持的是"只卖汽车不卖技术"原则，只想用进口车占领中国市场，赚取超额利润，20年的时间，虽然丰田汽车在中国卖出了42万多辆进口车，但在这期间，丰田汽车的竞争对手却加大了在中国的战略投资步伐。德国大众双管齐下，分别与上汽和一汽两家中国最有实力的企业建立了合资公司，生产从桑塔纳、捷达、宝来、高尔夫、帕萨特直到奥迪A6、A4的全系列产品，并一度占据了中国市场的半壁江山。美国通用汽车公司在20世纪90年代后期才进入中国，它采取"高位入市"战略，一次性投资就达15亿美元，雄厚的资金实力保证了上汽通用从一开始就确立了其产品技术领先的地位，别克品牌的声誉在中国已相当稳固；1998年，本田汽车公司开始在中国生产雅阁，一路热销，获利甚丰。

20世纪80年代中期，中国为了发展汽车工业而寻求合资，橄榄枝最先伸向丰田汽车公司。当时，正值日本汽车工业腾飞之际，丰田汽车公司正全力打入北美市场，无暇顾及中国市场，同时，对中国市场的判断失误，也是丰田汽车迟迟不愿在中国实现本土化生产的重要原因。当时，丰田汽车明确表态，认为中国没条件生产乘用车，而顽固坚持"以建立销售代理网络的出口打入方式"。此外，日本为了保持在亚洲的技术优势地位，一直倡导"雁形"模式，要做亚洲汽车工业的"领头雁"，并表示要在技术上保持平均领先中国15年。丰田汽车公司作为日本汽车工业的"长子"，更是不遗余力地奉行这一政策，这一做法促使中国寻求合资汽车品牌的天平越来越偏向欧美的汽车企业。

#### 2. 与天津汽车合作

20世纪90年代初，中国政府公布的汽车工业产业政策规定，"八五"期间不再批准新的乘用车生产项目，不甘失势的丰田汽车由此提出了在中国"三级跳"的发展战略，第一级是向中国提供进口车，第二级是在中国生产零部件，第三级是乘用车的整车生产。

天津汽车公司与日本大发汽车公司于1986年3月18日签署了《夏利轿车许可证转让合同》，开始合作技术转让，当时丰田汽车公司持有大发10%的股份，之后丰田汽车公司不断

## 第八章　汽车企业文化的比较研究

增持大发的股份，1994年达到30%，1998年达到51.2%，使其成为自己的控股子公司，丰田汽车公司介入与天津汽车的合作。2000年7月，丰田汽车公司与天津夏利汽车公司成立合资公司。由于中国产业政策规定，每个外方只能有两家合资伙伴的政策限制，已经有天津丰田公司和四川丰田公司两个伙伴的丰田汽车思索如何寻找更强大的伙伴。

### 3. 寻找更强大的伙伴

2001年1月，天津丰田汽车公司生产的夏利2000"世纪广场"上市，却不被允许挂丰田汽车的标识品牌，丰田汽车此举大有深意：一来可避免一旦夏利2000失败损及丰田汽车品牌，对日后产品战略不利；二来可借天津汽车和夏利2000试水中国经济型乘用车市场。上市不久，夏利2000就接连失利，导致2002年6月被中国一汽收购，丰田汽车公司从与天津汽车公司的合作转变为与中国一汽集团的合作。2002年8月29日，丰田汽车与中国一汽签署全面合作协议，并收购了四川丰田。这样，丰田汽车只与一家中国企业合资，手中多出了一张"合资牌照"。2004年9月广汽丰田汽车公司成立，丰田汽车完成了"南北丰田"的战略构想，从而开始联合集群优势和技术力量，加快步伐在中国市场上追赶其他竞争对手。

### （八）广汽丰田品牌文化

广汽丰田于2004年9月1日在广州南沙区成立，有近万名员工，年产能达到38万辆，生产凯美瑞（含混合动力）、汉兰达、雅力士、雷凌（含混合动力）和逸致等车型。

#### 1. 先进的制造工艺

广汽丰田秉承丰田汽车数十年汽车制造的精义，以建设"丰田全球模范工厂"为目标，引进了全球最先进的生产设备和工艺，拥有设备先进的研发中心、试制车间和试车跑道等研发基础设施，使得广汽丰田在消化、吸收国内外先进技术的基础上不断强化自身研发能力，提升企业的核心竞争力。

#### 2. 企业理念

通过汽车创造美好生活，服务和谐社会；尊重个性，团队合作；始终贯彻"顾客第一"的宗旨；根据客户的需要提供高品质的产品和高质量的服务。

#### 3. 企业目标

脚踏实地，勇于挑战；构筑世界顶级的汽车制造、销售、服务体系；打造最具竞争力的世界级企业。

#### 4. 企业精神

开朗、进取、活力、认真、关心、共有、感恩戴德、饮水思源。

#### 5. 企业方针

高效经营、合作共有、顾客第一、持续改善、以人为本、造车育人、节能环保。

> 温馨提示　本田汽车企业文化视频参见教学资源8.5。

## 二、本田汽车

1948年，本田汽车公司成立于日本东京，目前在全球29个国家和地区拥有130多个生产基地，是一个集生产和销售汽车、摩托车以及发电机、农机等动力机械产品的跨国企业集团。本田汽车一直以"梦想"作为原动力，以"商品"的形式不断为个人和社会提供更广泛的移动文化，每年消费者超过2000万。2016年汽车产量和规模列世界第七位。

### (一)本田品牌标识

"本田"汽车的图形商标是"H","H"是"本田"日文拼音"HONDA"的第一个大写字母。1960年,"H"商标首次使用,1980年,为了体现年轻、技术先进和设计新颖的特点,本田汽车决定使用形似三弦音箱的"H"商标,该商标把技术创新、团结向上、经营有力、紧张感和轻松感体现得淋漓尽致(图8-6)。"人和车,车和环境的协调一致"是本田汽车的发展方向;动感、豪华、流畅是本田汽车的一贯风格;设计动力澎湃、低油耗、低公害的发动机是本田汽车的技术目标;靠先进而实用的设计、卓越的制造质量和相对低廉的价格,吸引更多顾客是本田汽车的宗旨。"H"商标,这个世界著名商标,是本田汽车立业之本,是本田汽车成功之魂。1986年,本田汽车在美国成功推出了高端品牌ACURA(讴歌)。

图8-6 本田汽车标识

### (二)企业理念

让世界各地顾客满意。

### (三)企业宗旨

让当地顾客满意。

### (四)企业价值观

实现顾客利益的最大化。

### (五)企业哲学

崇尚创新精神,重视每一个人个性的观念。把自立、平等和信赖作为尊重个性的观念的基础。

**1. 自立**

所谓自立者,是不拘泥于固有概念,自由发挥,有自由的思维,根据自己的信念主动行动,并对其结果负责。

**2. 平等**

所谓平等,是指互相承认并尊重每个人的差异。而且,对有干劲的人不论个人的属性(国籍、性别、学历等)都给予均等的机会。

**3. 信赖**

所谓信赖,它产生于每个人互相承认,互相取长补短,诚心诚意地发挥自己的作用。本田希望在一起工作的每个人经常保持能够互相信赖的关系。

### (六)企业文化

**1. 企业精神文化**

本田汽车公司所倡导的本田精神中最核心的是"尊重个性"与"三个喜悦",它所表达的信念是:

(1) 尊重个性 希望根据"尊重个性"同所有和本田的企业活动发生关系的人们建立一种能够共同分享喜悦的相互信赖关系。

(2) 三个喜悦 立足通过企业活动,"应该使购买商品的人(购买的喜悦),从事商品的销售、服务的人(销售的喜悦),从事创造商品的一系列企业活动的人(创造的喜悦),

## 第八章 汽车企业文化的比较研究

彼此能够互相分享喜悦。"

### 2. 企业文化风格

本田汽车公司的企业文化风格是以消费者为导向，富有人性化。正是这样的企业哲学指引着本田汽车一步步发展壮大。历代的管理者们从未提出诸如"称霸世界市场""赶上丰田"或"超过日产"之类的口号，而是始终强调消费者满意第一。

### （七）本田汽车在中国

从1982年起，本田汽车公司开始与中国企业技术合作生产摩托车。此后，相继在摩托车、汽车和通用产品领域成立合资公司，稳步地推进事业发展。目前，本田汽车在中国拥有16家合资公司和子公司。

在汽车整车制造领域，在中国有三家合资公司：

1）1998年7月，由广汽集团（50%）、本田技研工业株式会社（40%）以及本田技研工业（中国）投资有限公司（10%）共同合资建立广汽本田汽车有限公司。

2）2003年7月，由东风汽车集团股份有限公司（50%）、本田技研工业株式会社（40%）以及本田技研工业（中国）投资有限公司（10%）共同合资建立东风本田汽车有限公司。

3）2003年，由本田技研工业株式会社（55%）、本田技研工业（中国）投资有限公司（10%）、广州汽车集团有限公司（25%）以及东风汽车集团股份有限公司（10%）共同合资建立本田汽车（中国）有限公司。此前，国外汽车公司从未在中国合资企业中持股超过50%的界限，本田汽车（中国）有限公司是中国汽车史上首例由外商绝对控股，也是中国汽车史上首例中国生产的产品100%出口国外市场的合资企业。

### （八）广汽本田品牌文化

广汽本田分为黄埔工厂和增城工厂两个厂区以及1个研究开发公司，年产能60万辆。2016年，广汽本田迎来了Honda、理念和讴歌三个品牌运营的新阶段，目前，旗下车型包括："Honda"品牌下的冠道、歌诗图、雅阁、奥德赛、缤智、凌派、锋范和飞度等系列车型；"理念"品牌下的理念S1车型；广汽讴歌品牌下的首款国产战略车型CDX。三大产品品牌并驾齐驱，形成完整的品牌矩阵，满足中国消费者日益多样化的产品需求。广汽本田2007年7月19日成立了广汽本田汽车研究开发有限公司，这是国内第一个由合资企业独立投资且以独立法人模式运作，具有独立开发能力的汽车整车研发机构。

### 1. 企业品牌口号

广汽本田汽车公司面对全新时代，以实现用户梦想为中心进行全新品牌升级，2016年4月，广汽本田汽车公司发布了全新企业品牌口号："让梦走得更远"（中文口号），"Your Dreams. Our Drive."（英文口号），向消费者传达广汽本田"年轻于心、持续创新、富于洞察、值得信赖、鼓舞人心"的品牌形象属性。全新品牌口号传递着广汽本田"梦想同行者"的角色定位，鼓励消费者去追寻梦想并探索自身更多可能。

### 2. 品牌理念

品牌个性：先进、和谐、世界性。

品牌精神：不懈进取与挑战追逐梦想。

品牌目标：以创新性的先进技术较好地满足人对车的需求，并使车与自然、社会达到高境界的和谐，引领时代向前。

**3. 企业目标**

以创新性的先进技术，引领时代向前。

**4. 企业精神**

不懈进取与挑战，追逐梦想。

**5. 企业风格**

先进、智慧、动感、激情。

**6. 企业价值观**

将人对车的要求与车对自然的爱护融合在一起，向社会提供高境界的和谐价值。

## 三、现代汽车

韩国历史上最富传奇色彩的商业巨子郑周永先生于 1967 年一手创办现代汽车公司。与全球其他领先的汽车企业相比，现代汽车公司历史虽短，却浓缩了汽车工业的发展史，它从建立工厂到独立自主开发车型仅用了 18 年时间。2016 年，现代汽车产销汽车 763 万辆，全球汽车企业排名第五，目前已成为韩国最大的汽车企业。

### （一）企业品牌标识

现代汽车的品牌标识是在椭圆中采用斜体字"H"，"H"是现代的英文"HYUNDAI"的第一个大写字母。"H"同时又是两个人握手的形象艺术表现，代表现代汽车公司与客户之间相互信任与支持。标识中的椭圆既代表汽车的转向盘，又可以看作是地球，与其间的"H"结合在一起恰好代表了现代汽车遍布全世界的意思（图8-7）。

图 8-7　现代汽车标识

目前，现代汽车旗下主要有现代汽车、起亚汽车两大品牌，它们的品牌形象有一定差异，起亚汽车定位为运动时尚，现代汽车则走高端内敛的路线。

### （二）企业理念

**1. 全球化志向**

在全球得到信任并成为永远受欢迎的世界一流汽车企业。

**2. 对人的尊重**

成为主导绿色环境技术的贡献与人类共同繁荣的企业。

**3. 感动消费者**

通过创造消费者优先的价值观来感动消费者。

**4. 技术革新**

为了实现以人类为中心的尖端技术而不断努力。

**5. 创造文化**

尊重个人，创造以人为本的汽车文化。

### （三）企业经营理念

以创意的挑战精神为基础，创造丰富多彩的汽车生活，尽力协调股东、客户、职员以及跟汽车工业有利害关系者。

## 第八章 汽车企业文化的比较研究

### (四) 企业经营目标

**1. 开发新事业**

扩大新收益事业，支持对应后续的补充、开发收益性新事业。

**2. 构筑技术体**

发挥法人支持窗口作用、支持当地信息服务、构筑技术中心体系，加大技术支持。

**3. 经营效率化**

构筑最高经营层报告体系、支持共同业务的结合，开展效率化经营。

**4. 提高知名度**

支持开发适合当地的产品，提高环境亲和化的企业形象，提高企业知名度。

### (五) 企业文化

**1. 以人为本的人才观念**

现代汽车喜欢优秀人才但更重视人才的稳定性，始终坚持以人为本，在优秀的人才与安分的普通人才之间选择后者。现代汽车是不轻易劝退员工的，当员工偶尔犯错，上司或者企业批评之后会保留员工的职位，给员工改进的机会。为此，现代汽车员工常以自己的企业富有人情味而自豪。

**2. "现场主义"的经营理念**

现代汽车要求管理者站在经营的第一线，与"现场"生产线保持密切的联系。这些以"现场"为工作重点的管理者，成为现代汽车在各个现场的"感应器"，企业能够及时掌握企业的实时状况，保持企业各个领域作业顺畅。

### (六) 现代汽车在中国

中韩两国交往历史悠久，自古以来就有很深的渊源，并且都深受儒家文化的熏陶，有着相近的价值观念。现代汽车充分利用这一先天优势，在中国实行积极的本土化策略，扎根中国，赢得中国这一发展潜力最大的市场。作为中韩合作的典范，北京现代在中国获得了很好的发展。

**1. 中国市场的后起之秀**

2002年10月18日，北京现代汽车有限公司由北汽集团和韩国现代汽车公司共同出资设立，是中国加入WTO后，被批准的第一个汽车生产领域的中外合资项目。经过10多年的发展，北京现代成功在中国汽车市场站稳脚跟。现代汽车公司与北汽集团在合作过程中相互团结，共同努力，铸就了北京现代在中国的腾飞，其发展堪称中韩合作的典范。

北京现代汽车公司成立之前，德日美在中国车市雄霸多年，大众、通用、本田、丰田等跨国合资品牌先后成为中国市场的主流选择，而韩系汽车品牌和技术却尚未得到市场的普遍认可。2002年，是北京现代汽车公司的机遇与挑战之年，经济快速发展的中国迎来私人购买汽车的爆发性增长。现代汽车公司将享誉全球的索纳塔作为第一款车引入北京现代，上市的第一年，索纳塔便凭借其优良品质和出色的性价比迅速打开了国内B级车市场。2003年，北京现代的第二款车型伊兰特一上市就获得了中国家用车市场的青睐，迅速成为国内乘用车市场增长迅猛的车型，仅用40个月便实现了50万辆的产销业绩，创下单一车型产销突破50万辆的最快纪录。之后的悦动、i30、瑞纳、雅绅特、第八代索纳塔等车型先后上市，北京现代开始在家用车领域风生水起，取得了良好的经营业绩。

### 2. 初步树立高端企业形象

北京现代成立以来，一直以较低的价格抢占市场，在中低端经济型家用车市场有着出色的表现，但在中高端市场却是乏善可陈。2010年，为提高中高端车型在销量中所占的比重，提高企业品牌形象，北京现代推出了"D+S"战略（即中高级车+SUV车型战略），开始进入重塑品牌的新征程。2010年ix35上市和2011年4月第八代索纳塔上市，北京现代实现了在中国中高级车市场的突破，中高端车型销量大幅度提升，同时在消费者心目中初步树立起高端、高品质的品牌形象。

### （七）北京现代品牌文化

#### 1. 企业理念

"三个最好达到三个满意"，即用精细的管理创造最好的回报，让股东满意；以舒适的现场提供最好的环境，让员工们满意；靠完美的汽车开辟最好的生活，让顾客满意。

#### 2. 企业宗旨

追求卓越品质、共创幸福生活。

#### 3. 企业精神

奋力拼搏、团结协作、知难而进、志在必得。

#### 4. 品牌口号

"New Thinking, New Possibilities"。

#### 5. 品牌定位

"引领潮流，品位睿智"。品牌定位包含三个核心要素：简约时尚、睿智创新和精细品质。

## 第四节　中国典型汽车企业文化

1950年，中央人民政府重工业部成立了汽车工业筹备组，确定在吉林省长春市建立第一汽车制造厂，拉开了中国汽车工业发展的序幕。中国汽车是世界汽车工业的后来者。改革开放以后，特别是1994年中国汽车工业政策发布以来，在合资合作的带动下，中国汽车工业得到迅速发展。2016年，中国汽车产销总量超过2800万辆，产销总量连续八年蝉联全球第一，成为世界汽车大国。中国汽车行业的企业文化起步比较晚，这里选择上汽集团、中国一汽集团、东风汽车集团、长安汽车集团、北汽集团和广汽集团六大品牌为代表，解读中国典型汽车企业文化。

> 温馨提示　上汽集团企业文化视频参见教学资源8.6。

### 一、上汽集团

作为国内A股市场体量最大的汽车公司，上汽集团（简称SAIC）总股本已达到了116.83亿股，是上海市国资委直属特大型汽车生产企业。上汽集团紧紧跟随产业发展趋势，从传统的制造型企业，转型为汽车产品和服务的综合供应商。目前，上汽集团主营业务涵盖整车的研发、生产和销售，同时涉足于新能源汽车、互联网汽车，并进行智能驾驶等技术研

# 第八章 汽车企业文化的比较研究

究和产业化探索；零部件的研发、生产和销售；物流、汽车电商、出行服务、节能和充电服务等汽车服务贸易业务；汽车相关金融、保险和投资业务；海外经营和国际商贸业务。

上汽集团所属整车企业包括乘用车公司、上汽大通、上汽大众、上汽通用、上汽通用五菱、南京依维柯、上汽依维柯红岩、上海申沃等。

2016年，上汽集团继续占据国内汽车市场"领头羊"的地位，整车销售量突破647万辆，并以合并销售收入1066.8亿美元（2015年）的优异表现，再次入选《财富》杂志世界500强，排名第46位。

## （一）企业品牌标识

上汽集团品牌标识以蓝色的圆环作为基础，加入英文缩写"SAIC"中的"S"字母变形而成，同时将英文缩写"SAIC"放在标识设计的中间，可看作一个变形的太极，亦可理解为汽车轮胎，寓意为一路向前，高速发展（图8-8）。

## （二）企业愿景

为了用户满意，为了股东利益，为了社会和谐，上汽要建设成为品牌卓越，员工优秀，具有核心竞争能力和国际经营能力的汽车集团。

## （三）企业使命

坚持市场导向，依靠优秀的员工队伍，持续创新产品和服务，为各相关方创造价值。

图8-8 上汽集团品牌标识

## （四）企业价值观

满足用户需求、提高创新能力、集成全球资源、崇尚人本管理。

## （五）企业理念

上汽集团的英文名称缩写是"SAIC"，四个字母与集团价值观的内涵有机结合，既是上汽集团的名称，也体现了上汽集团的核心价值观。

SAIC的基本内涵是：

"S"——Satisfaction from customer，满足用户需求。

"A"——Advantage through innovation，提高创新能力。

"I"——Internationalization in operating，集成全球资源。

"C"——Concentration on people，崇尚人本管理。

上汽集团正是围绕着SAIC价值观，开展具有上汽集团特点的企业文化建设。根据SAIC内涵的要求，上汽集团设计了与此对应的"四大工程"，即：用户满意工程、全面创新工程、全球经营工程和人本管理工程。这四大工程，就是实践SAIC价值观的四个操作平台。

## 二、一汽集团

一汽集团是中国汽车工业的长子，总部位于长春市，是国务院国资委直属特大型汽车生产企业。一汽集团由东北、华北、华南和西南四大基地组成，遍布于哈尔滨、长春、吉林、大连、北京、天津、青岛、无锡、成都、柳州、曲靖、佛山、海口等城市。在稳定并发展国内市场的同时，不断探索发展国际市场，打造出属于自己的全球营销和采购体系。2016年汽车产销量达到310万辆，曾连续9年入选《财富》杂志世界500强，排名第130位，在中国企业500强中排名第28位。

追溯历史，中国一汽集团将自身的长远发展与国家和民族的命运紧密联系起来，一汽人用不懈的奋斗创造出一个又一个"第一"，不负祖国和人民的重托、无愧"长子"的使命，不断鞭策自己牢记历史、坚守信念、担起责任，执着争创中国汽车行业全优第一的追求。

面向未来，中国一汽集团站在发展的新起点，肩负着国有企业的政治责任、经济责任、社会责任，凝心聚力、求真务实、锐意进取，为实现以做强做优自主事业为主要标志的第四次创业，正以自己特有的汽车情怀，抗争图强，昂扬向上，为推动汽车工业又好又快发展，为实现人、车、社会和谐发展做出新的更大的贡献。

### （一）企业品牌标识

中国一汽品牌标识以阿拉伯数字"1"作为中心，与变形的"汽"字构成雄鹰展翅飞翔的形象，整体设计大气磅礴，寓意中国一汽首屈一指的地位，鹰击长空，展翅飞翔，象征着中国一汽如雄鹰一般，翱翔天际，搏击长空（图8-9）。

图8-9　中国一汽品牌标识

### （二）企业愿景

坚持用户第一，尊重员工价值，保障股东利益，促进社会和谐，努力建设具有国际竞争力的中国一汽。

### （三）企业理念

出汽车、出人才、出经验，促进人、车、社会和谐发展。

### （四）企业目标

自主一汽、实力一汽、和谐一汽。

### （五）企业方针

争第一、创新业、担责任、自主发展、开放合作。

### （六）企业发展战略

**1. 指导思想**

以用户为中心。积极推进产品开发和技术进步，推动生产力的发展；积极推进深化改革和强化管理，变革生产关系，进一步解放生产力；积极推进党的建设、思想政治工作创新和文化创新，以人为本，解放思想，转变观念，向意识形态的更新要效益。

**2. 发展思路**

凝心聚力，统一思想干自主；理清思路，统一目标干自主；科学配置，统一资源干自主。

**3. 发展步骤**

生存、做实、做强、做大。

**4. 发展目标**

（1）**近期目标**　力争用三年时间，使自主战线经营面貌明显改观，使自主产品竞争力明显改观。

（2）**中期目标**　实现以做强做大中国一汽自主事业为标志的第四次创业。

（3）**长期目标**　建设具有国际竞争力的自主一汽、实力一汽、和谐一汽。

> **温馨提示**　东风汽车集团企业文化视频参见教学资源8.7。

## 第八章 汽车企业文化的比较研究

### 三、东风汽车集团

东风汽车集团历史上誉为中国第二汽车制造厂，始建于 1969 年，是国务院国资委直属的特大型国有汽车骨干企业，总部设在武汉，主要包括十堰、襄阳、武汉、广州等四大生产基地，主要业务包括全系列商用车、乘用车、零部件、汽车装备和汽车水平事业。2005 年 12 月，东风汽车集团在香港联交所顺利上市。2016 年，东风汽车集团的汽车产销量已达到 428 万辆，跻身《财富》杂志世界 500 强，排名第 81 位，同时进入中国企业 500 强，排名第 16 位。

一直以来，东风汽车集团始终坚持"关怀每一个人，关爱每一部车"的经营理念，坚定不移地走自主发展、绿色发展、和谐发展的科学发展之道，致力于成为更具责任感和使命感、赢得社会信赖的汽车企业。

立足未来，东风汽车集团以"把东风打造成为国内最强、国际一流的汽车制造商；创造同业中国际居前、中国领先的盈利率；实现可持续成长，为股东、员工和社会长期创造价值"为事业梦想，以"建设永续发展的百年东风，面向世界的国际化东风，在开放中自主发展的东风"为企业愿景，以"做强做优"为中心，以"创新驱动、自主发展"和"改革开放、提升合作"为要务，努力把东风汽车打造成为一个自主开放、可持续发展、具有国际竞争力的车企。

#### （一）企业品牌标识

东风汽车的品牌标识由双燕凌空翱翔艺术变形得来，意为双燕舞东风。象征着滚滚的车流，寓意着"秉承东风精神，兼备中西神韵"（图 8-10）。

#### （二）企业愿景

永续发展的百年东风，面向世界的国际化东风，在开放中自主发展的东风。

#### （三）企业使命

让汽车驱动梦想。

#### （四）企业核心价值观

和衷共济、和合创先、和悦共生。

#### （五）企业精神

海纳百川、砺行致远。

#### （六）企业经营理念

关怀每一个人，关爱每一部车。

#### （七）企业文化口号

东风和畅，与你偕行（With You）。

图 8-10　东风汽车品牌标识

> **温馨提示**　长安汽车集团企业文化视频参见教学资源 8.8。

### 四、长安汽车集团

重庆长安汽车股份有限公司，简称"长安汽车"，作为中国长安汽车集团股份有限公司旗下的核心整车企业，其具有 150 多年历史底蕴，拥有 34 年造车经验，生产基地遍布全球。

## 汽车企业文化

长安汽车于 1996 年在深圳证券交易所上市，A 股代码 000625，B 股代码 200625。2016 年汽车产销量突破 306 万辆，是第一家汽车产销量累计突破 1000 万辆的中国品牌汽车企业、第一家乘用车年产销量破百万辆的中国品牌汽车，连续 10 年蝉联中国品牌汽车销售量榜首。

长安汽车致力于科技创新，注重打造最强大且不断领先的研发能力，在重庆、北京、河北、合肥、意大利都灵、日本横滨、英国伯明翰、美国底特律和美国硅谷等地成功搭建起全球研发网络，实现 24 小时不间断协同研发。经过多年的实践和总结，创造了汽车研发流程体系和试验验证体系两大法宝。

面向未来，长安汽车将继续以"引领汽车文明，造福人类生活"为使命，恪守"客户为尊、员工为本、诚信敬业、持续改善"的企业价值观，致力于将高品质的产品和服务提供给客户，为员工创造良好的环境和发展空间，承担更多的社会责任，努力实现"打造世界一流汽车企业"的伟大愿景。

### （一）企业品牌标识

长安汽车品牌标识为"V"字形的 LOGO，"V"具有 Victory 和 Value 的双重含义，创意来源于抽象的羊角形象，意为长安汽车"领头羊"的地位。寓意将用户的价值作为第一。同时，将两个圆环相互叠加，内圆寓意人类生存的地球，外圆围绕着地球，寓意着长安汽车行天下（图 8-11）。

图 8-11　长安汽车品牌标识

### （二）企业愿景

打造世界一流汽车企业。

### （三）企业使命

引领汽车文明，造福人类生活。

### （四）企业价值观

客户为尊、员工为本、诚信敬业、持续改善。

### （五）企业精神

自我批判、激情创新、科学理性、勇于奉献。

### （六）企业文化定位

"领先文化"是长安汽车实施事业领先计划的推进器，是长安汽车打造世界一流汽车企业的原动力，是长安汽车的优秀基因，是长安汽车的精、气、神所在。

### （七）企业准则

战略前瞻、市场牵引、科技驱动、成本领先、全员参与、高效执行。

### （八）企业形象用语

长安行天下、科技·品质·畅享生活。

> 温馨提示　北汽集团企业文化视频参见教学资源 8.9。

## 五、北汽集团

1958 年，北汽集团成立于北京，是北京市国资委直属的大型国有汽车企业，主要业务涵盖整车制造、通用航空产业、零部件制造、汽车服务贸易、研发、投融资等。2016 年，北汽集团汽车销售量突破 285 万辆，同时跻身《财富》杂志全球 500 强，排名第 160 位，在中国企业500强中排名第36位。

历经多年发展，北汽集团目前已拥有"北京""绅宝""昌河""福田"等自主品牌，先后引进"现代""梅赛德斯·奔驰""铃木"等国际品牌，汽车整车产品遍布乘用车、越野车、商用车和新能源汽车各个门类。

北汽集团的专业研发机构主要涉及乘用车、越野车、商用车、新能源汽车和动力总成技术等，产业链主要涵盖汽车零部件、汽车服务贸易、进出口和汽车金融等，并向通用航空等领域进行战略延伸。北汽集团以北京为中心，建立了分布全国十余省市的八大乘用车、九大商用车生产基地，并在全球二十多个国家建立了整车工厂。

北汽集团始终坚持"行有道·达天下"的品牌理念，致力于规模化、高端化、服务化、国际化、低碳化的可持续发展之路，努力发展成为制造服务与创新型相结合的企业，把北汽集团铸造成为颇具国际竞争力和影响力的汽车制造和服务提供商，将科技、安全、品质、环保的全方位解决方案提供给为追求幸福出行与高效运输的消费者。

### （一）企业品牌标识

北汽集团的品牌标识以"北"字作为设计的核心，"北"不但代表了中国北京，同时又象征了北汽集团，具有地域属性与身份的双重象征。另一方面，"北"字如同一个欢呼雀跃的人体形象，充分体现了北汽集团"以人为本"的核心。"北"字好似打开的两扇大门，代表着北京之门，北汽之门，开放之门，未来之门，象征着北汽集团走向市场化、集团化、国际化，与北汽集团品牌口号"融世界、创未来"交相呼应，寓意着北汽集团将以全新的、开放包容的姿态启动新的品牌战略（图8-12）。

图8-12 北汽集团品牌标识

### （二）企业愿景

致力人文·崇尚科技·引领绿色。具有国际竞争力，排名世界500强。

### （三）企业使命

实业兴国、产业强市、创业富民。

### （四）企业精神

奋力拼搏、团结协作、知难而进、志在必得。

### （五）企业经营理念

集团经营、品质经营、成本经营、现场经营、透明经营。

### （六）企业发展目标

以国内市场为基础，同时大力开拓国际市场；以基于萨博技术的自主品牌乘用车和越野车为龙头，发展成为乘用车产品线齐全、产业链完整、企业结构和布局合理、管理高效、赢利能力强、具有核心竞争能力，自主品牌乘用车产品具有较大市场占有率的公司，成为国内一流、具有国际影响力的大型汽车公司。

### （七）企业品牌文化

#### 1. 品牌愿景

成为高品质美好出行生活的引领者。

汽车企业文化

**2. 品牌使命**

以最具人文的科技创新精神，推动人、车、自然的和谐发展，实现人们的移动梦想。

**3. 品牌定位**

为追求幸福出行与高效运输的人们提供科技、安全、品质、环保的全面解决方案。

**4. 品牌口号**

行有道·达天下。

北汽集团在过去十几年中对企业文化的投入，更多的已通过实干，内化为企业气质、产品气质、员工气质。这种独特的"文化气质"，可用六大关键词概括，创新、绿色、质量、创业、协作、责任。这六个关键词，不仅是过去发展历程的结晶，即便在未来的竞争中，也能够成为制胜"撒手锏"。

 **温馨提示** 广汽集团企业文化视频参见教学资源 8.10。

## 六、广汽集团

广汽集团成立于1997年，是广州市国资委直属的大型国有汽车企业，也是首家实现了A+H股整体上市的中国大型国有控股汽车集团。2016年，广汽集团整车产销量分别突破165.96万辆和165万辆，跻身《财富》世界500强第303位，在中国企业500强排名第64位。

广汽集团秉承合资合作与自主创新共同发展的理念，以整车（汽车、摩托车）制造为核心，业务涵盖上游的汽车研发、零部件和下游的汽车商贸服务、汽车金融、汽车保险、汽车租赁、汽车物流等，为国内产业链最为完整的汽车集团之一，也是国内第一家获得保险经纪、汽车金融和保险、资本、融资租赁等多块金融牌照的汽车企业集团。目前集团旗下拥有广汽本田、广汽丰田、广汽乘用车、广汽三菱、广汽菲亚特-克莱斯勒、广汽研究院等数十家知名企业与研发机构。生产销售传祺、雅阁、奥德赛、冠道、讴歌CDX、凯美瑞、汉兰达、雷凌、自由光、自由侠、指南者、菲翔、欧蓝德、劲炫等数十种知名品牌汽车产品。

按照广汽集团"十三五"规划，到2020年，力争"十三五"期末主要指标相比"十二五"期末翻一番，成为先进的汽车集团。做强做实研发、整车、零部件、商贸服务和金融服务等五大板块；举全集团之力发展自主品牌，实现自主品牌事业的跨越式发展；全面实现电动化、国际化、网联化三个方面的重大突破。未来，广汽集团将坚持"人为本、信为道、创为先"的企业理念，以成为卓越的国际化企业为目标，努力铸造社会信赖的公众公司。

### （一）企业品牌标识

广汽集团标识"G"是由广汽集团英文缩写"GAC"的首字母"G"演变而来，既是对"至精志广"的全新演绎，也代表着全球化（Global）、英才（Genius）、荣耀（Glory）、卓越（Greatness）和信诺（Guarantee），如图8-13所示。

**1. G is Global**

海纳全球智慧——以"世界为我所用"的胸怀，广泛汲取世界先进科技及管理经验，矢志创造具有国

图8-13 广汽集团品牌标识

际水准的精品。

### 2. G is Genius

汇聚杰出人才——"五湖四海"的人才战略、以人为本的理念，让广汽集团广纳各方杰出人才，集思广益，共同开创新格局。

### 3. G is Greatness

激情成就卓越——不断追求卓越、不断攀登高峰，这种永不止步的激情，成就了卓越的广汽，更是未来发展的力量源泉。

### 4. G is Glory

创新铸就荣耀——广汽集团十余载的发展之路，就是一条不断突破的创新之路，它凝聚了广汽人的辛勤耕耘，也见证着广汽集团的光辉荣耀。

### 5. G is Guarantee

永远信守承诺——推动人类移动方式的进步，为世界的和谐与进步贡献积极的力量，积极回报社会，是广汽集团永远的承诺。

## （二）企业目标

以卓越的国际化企业为目标，铸造社会信赖的公众公司。

### 1. 卓越

管理卓越、人才卓越、技术卓越、环境和安全卓越、观念卓越、不断追求卓越。

### 2. 国际化

国际化的企业战略，国际化的人才管理，国际化的品牌影响。

### 3. 信赖

通过自身理念和行为赢得全社会的信赖，做一个优秀的企业公民。

## （三）企业理念

人为本，信为道，创为先。

### 1. 人为本

人才为本、股东为本、消费者为本。

### 2. 信为道

员工之间的信任、企业与股东之间的信任、企业和社会之间的诚信。

### 3. 创为先

面对员工，鼓励创新；面对股东，不断创进；面对社会，致力创造。

## （四）企业方针

尊重人性，崇尚沟通；勤勉务实，注重实践；追求效率，善用资源；诚信合作，激情创新。

### 1. 尊重人性，崇尚沟通

以人为本，尊重人性，注重人与人之间的交流沟通，为人才的成长和发展提供一个宽松、人性化的环境，为更好的合作提供保障。

### 2. 勤勉务实，注重实践

企业及员工脚踏实地的务实工作作风，并注重身体力行的实践活动，从实践中来，到实践中去，在实践中不断加强自身的理论修养和工作能力。

### 3. 追求效率，善用资源

注重实践的同时要积极提高工作效率，并善于利用自身一切可以利用的资源，最大程度、最快速度、最高效率地促进企业发展、增强企业实力。

### 4. 诚信合作，激情创新

诚信合作是经营的原则，而激情创新则是企业永葆自身青春活力的源泉。

## （五）企业品牌核心

广汽集团的企业品牌核心是至精·志广。

### 1. 至精

精心，是不断超越的积极态度；精致，是完美品质的不懈追求；精彩，是实现美好生活的承诺。

### 2. 志广

广和，包容世界；广远，放眼全球；广益，贡献社会。

## （六）品牌全新战略

2017年4月19日，广汽集团在上海国际车展新闻发布会上发布了品牌的全新战略规划，公布品牌口号"匠于心·品于行"。

广汽集团发布品牌全新战略规划，是对广汽集团发展历程的深刻总结和提炼升华，是广汽集团在新时代新形势下的品牌主张和发展愿景。广汽集团始终秉承工艺上的匠心之道，以匠心精神打造高品质的汽车产品；更始终保持着对消费者需求的敏锐洞察，依靠创新研发与精益生产，为用户移动生活、推动产业进步和社会发展提供了创新价值。启动新的品牌口号，标志着广汽集团继承了至精志广的品牌核心，体现了精益求精的工匠精神和良好的品行。

# 本章小结

1）美国的通用汽车公司、福特汽车公司和克莱斯勒汽车公司三家汽车企业的汽车企业文化各有特点，如通用汽车公司五要素的公司责任架构；福特汽车公司的新企业文化四要素；克莱斯勒汽车公司一切以消费者为核心的使命感，以汽车得到所有消费者的信赖，成为世界上生产最佳性能的汽车的企业愿景等。

2）欧洲的奔驰汽车公司、宝马汽车公司和大众汽车公司等三家汽车企业的汽车企业文化各有特点，如奔驰汽车公司"公平""尽责"的核心企业文化；宝马汽车公司"生产紧随市场"和"注重人的可持续发展"的企业文化特点；大众汽车公司"以人为本"和"质量第一"的企业文化特点。

3）日本的丰田汽车公司、本田汽车公司和韩国的现代汽车公司等日韩三家汽车企业的汽车企业文化各有特点，如日本丰田汽车公司"挑战、持续改善、现地现物、尊重员工、团队合作"企业文化的五大核心；本田汽车公司"尊重个性"与"创造的喜悦、销售的喜悦、购买的喜悦"的"三个喜悦"的核心企业文化；韩国现代汽车公司"独特的人才选拔与工作氛围；坚持'现场主义'的经营理念；以创造力作为企业核心，优质服务为根本；勇于挑战经营战略，大胆开展全球化经营"的四个企业文化特点。

4）中国的上汽集团、中国一汽集团、东风汽车集团、长安汽车集团、北汽集团和广汽集团等六家企业的汽车企业文化各有特点，如上汽集团"用户满意工程、全面创新工程、

## 第八章 汽车企业文化的比较研究

全球经营工程和人本管理工程"四大工程;中国一汽集团实现以做强做大自主事业为标志的"第四次创业"和建设具有国际竞争力的"自主一汽、实力一汽、和谐一汽"的企业文化战略目标;东风汽车集团"和"之内涵,以"和衷共济、和合创先、和悦共生"为企业核心价值观的东风汽车文化战略;长安汽车集团围绕"领先文化",致力打造世界一流的领先汽车企业的企业文化核心理念;北汽集团包含"创新、绿色、质量、创业、协作、责任"六个关键词的企业文化;广汽集团以"人为本,信为道,创为先"为企业理念,传播企业"至精、志广"的品牌核心和"匠于心·品于行"的品牌口号的企业文化。

### 作业

完成"学习工作页"第八章的各项作业。

# 第九章
# 汽车企业文化手册的编制

 **学习目标**

1) 掌握汽车企业文化手册的基本内容,汽车企业文化手册的编制流程和编制方案。
2) 熟悉汽车企业文化手册的意义和作用,汽车企业文化手册的编制原则。
3) 学会汽车企业文化手册的编制方案的制定及执行。
4) 能够进行汽车企业文化手册的初步规划,编制流程及编制方案的拟稿。
5) 培养读者形成汽车企业文化手册是企业文化设计和塑造的最终成果的意识,重视对手册的架构设计,内容选择,方案制定,手册编写等重要内容。

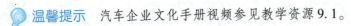 温馨提示  汽车企业文化手册视频参见教学资源9.1。

汽车企业文化手册,是企业将发展历史、光荣传统、社会荣誉、文化理念、管理制度和企业形象等企业潜在的文化进行文字化、系统化的精心提炼而编制成的文本。汽车企业文化手册是企业经营者的心血和智慧的结晶,是企业宝贵的文化财富和企业文化设计和塑造的最终成果,凝结着复杂而又艰辛的创造性劳动,是一本规范性引导员工健康成长、激励员工成

第九章　汽车企业文化手册的编制

功发展的培训书、工具书和指南。

# 第一节　汽车企业文化手册

"行动化"是汽车企业文化最为艰巨和重要的环节，汽车企业文化手册将成为企业文化的行动指南，可以在企业文化确立以后相当长的时间里，指导企业文化的落地、实施，推动企业的发展。企业的不断发展也不断丰富、更新着汽车企业文化手册的文化素材。

## 一、汽车企业文化手册的意义

汽车企业文化手册是企业文化建设的纲领性文件，更是全体员工理解与接受企业文化的必备工具。其意义有：

### （一）企业承前启后的教科书

汽车企业文化手册高度浓缩了企业的历史、传统、理念、荣誉等，包含了企业的愿景、使命、宗旨、目标、精神、价值观、哲学、准则、规范等内容，是企业承前启后的教科书，从现代企业科学管理的角度，向所有员工示范性地提出了基本的规范要求和统一的行动指南。

### （二）员工遵章守纪的培训工具

全体员工应认真学习和遵从汽车企业文化手册提出的每项要求，新加盟、新任职员工通过认真学习和理解手册的内容，全面了解企业发展历史和文化。员工结合岗位要求践行手册上的企业文化理念，将增强其制度执行的自觉性、规范性，增强和谐发展、共建共享的责任意识。因此，汽车企业文化手册是一本可以引导员工规范自己行为、自觉遵章守纪的培训书和工具书。

### （三）企业发扬光大的传承载体

汽车企业文化手册是企业历史的积累、浓缩和写照，可以指导员工珍爱和传承企业文化，在尊重历史的基础上进一步创造历史，从而继续丰富和发展汽车企业文化手册的内涵。因此，它也是每一位员工留下成功发展足迹和聪明才智的有效蓝本，成为企业发扬光大的传承载体。

## 二、汽车企业文化手册的作用

汽车企业文化手册的作用主要有以下几点。

### （一）塑造企业形象的实操手册

汽车企业文化手册，既有宏观思想、哲学，又有微观行动指南；既有历史传承，又有愿景和展望；既是对内的规范统一，又是对外的责任和展示。汽车企业文化手册将发挥全方位、可操作性强的优势，将优秀的企业文化通过企业、员工的行为展现给社会，成为培养良好职业道德、精湛技术和优质服务的思想基础，最终赢得客户信赖的物质基础。一旦企业在客户心目中留有美好的形象，将形成受益无穷的无形资源，使企业融入社会，获得社会及人民群众的理解、信任和支持，从而促进企业发展。

### （二）增强企业凝聚力的法宝

优秀企业文化具备强大的力量支撑企业的健康发展。汽车企业文化手册以最为精炼、浓缩的表现形式，具体实现了优秀企业文化的强大功能。一是促进企业进步与发展的内在动力，它能使绝大多数企业员工具有正确的价值取向，从而形成巨大的凝聚力和向心力，对企业各项重大决策取得共识，激发使命感和责任感。二是能培育职业道德，促使员工在深化企业改革、利益关系调整等变动中，正确妥善处理公与私的关系，能巩固和发展团结向上、协调稳定的群体关系。三是在企业整个实践活动中界定员工的思想道德、情操和行为准则，激励员工自觉地按照企业总体水平、统一标准来规范自己的言行，强化员工的创业、敬业精神，为促进企业健康、和谐、可持续发展勤奋工作。

### （三）管理模式转变的有效工具

汽车企业文化手册是现代企业管理逻辑发展的必然结果，也是对原有企业管理理论的总结创新的结果。发达国家的企业普遍经历了从经验管理——科学管理——现代管理这样三个阶段的管理进程。经验管理凭感觉，靠个人的能力，属于粗放式管理；科学管理属于制度化、程序化管理，但是过多的制度和标准反而压制积极性，降低效率，增大管理成本；现代管理属于文化模式，员工的工作主要靠自觉性和潜意识来规范和约束。企业文化营造了一个和谐的工作氛围和共同奋斗的愿望，使员工忠诚于企业和企业所从事的事业，一切基础的管理制度、规范和程序都将潜移默化为所有员工的职业习惯，这是每个企业管理者追求的最高境界。企业文化手册总结和汇聚了企业管理理论的崭新成果，是管理模式转变的有效工具，是现代管理模式得以推行的重要载体和依据。

### （四）实现发展模式升级的重要标志

一直以来，汽车企业主要以扩大企业规模和增加设备投入来促进经济效益的增长。在市场经济条件下，这种发展方式已经很难适应企业新的发展环境和要求。随着知识经济日新月异的发展，知识与文化担起企业转型升级发展推动力的重任。汽车企业文化手册正是代表着这股强大的内在驱动力，帮助企业获得经济增长的新的有效手段，成为取之不尽、用之不竭的智慧和动力之源。

## 三、汽车企业文化手册的模式和内容

汽车企业文化手册应当编入哪些内容，行业内并没有严格规定和要求，国际上各企业的文化表达也没有统一的模式、范畴和文本表述，企业可视自己特色和自身需求加以确定，关键是要突出企业自身的特色和文化，对企业的发展有帮助。

### （一）手册模式

常见的企业文化手册有两种模式，即"百科全书"模式和"红宝书"模式，企业也可以根据自己的实际情况，结合汽车企业文化手册的基本内容，确立符合企业自身特色的其他模式。

#### 1. "百科全书"式

"百科全书"式的汽车企业文化手册面面俱到，包含序言或领导致辞、企业发展历史、光荣传统、获得荣誉、文化理念（精神层文化）、基本通用类管理制度及行为规范（制度层文化）、企业视觉识别（物质层文化）、企业箴言（企业历史上宝贵的格言、警句以及企业领袖的经典语录、企业文化故事等）。

## 第九章 汽车企业文化手册的编制

### 2. "红宝书"式

"红宝书"比喻重要的参考工具书,具有权威性、实用性、指导性,且具有体积小、易携带、使用频率高等特点。"红宝书"式的汽车企业文化手册主题突出,内容精炼,主要集中体现企业的精神层文化,并根据企业的个性需求增加其他内容,印成小册子,方便携带、传播,可随时学习、参考。

### (二)汽车企业文化手册的基本内容

汽车企业文化手册是一本内容完备,自成体系,整体协同的工具书,一般包含以下六个方面的内容:

1)可以用前言、序言、概论或企业简介形式,介绍汽车企业文化建设的背景、发展历程、当前的发展态势、取得的成效和汽车企业文化手册框架等。

2)介绍汽车企业的发展情况、经营活动大事件、关键标志性事件、企业取得的荣誉、企业的社会责任和今后的发展规划等。

3)主要阐述独具特色的汽车企业文化实质,包括企业愿景、企业使命、企业价值观、企业理念、企业精神、以及企业文化特征、企业文化宗旨、企业文化定位、企业文化载体、企业文化模型、企业文化宣言、企业文化总纲、企业文化建设指导思想、企业文化的重要意义等。

4)介绍汽车企业文化模型、企业形象语、企业理念识别系统(MI)、企业行为识别系统(BI)、企业视觉识别系统(VI)、员工规范、企业规章制度、企业之歌等内容。

5)案例部分,包括能够体现企业文化理念的案例,一般以正面案例为主。案例之后,可以附案例启示录或简短评议。

6)附则部分,如执行时间、解释权、手册修订等说明性条款内容。

汽车企业文化手册应当编入哪些内容,企业可视自己特色和自身需求加以确定。针对阅读对象范围的不同,还有一种比较常见的是企业简介式手册,即涵盖了企业理念文化、生产经营、管理制度和荣誉成就,社会责任等各个方面的小册子,更侧重于企业在对外宣传中使用。不过,不论是哪一种类型,都要紧紧围绕企业文化核心理念体系的介绍与详细释义这一基本内容。在这个基础上,企业可以根据实际工作需求,还可加入企业详细历史、领导寄语、员工风采等内容。

## 第二节 汽车企业文化手册编制方案

汽车企业文化手册编制是一项系统工程,一本好的企业文化手册,可以促进企业有效开展企业文化建设,树立起企业被广大消费者、社会公众认可的外在正面形象,构建起积极向上、和谐发展的企业内部运作环境,从而确保汽车企业在企业文化建设的促进下实现可持续发展。汽车企业文化手册编制方案是指导汽车企业文化手册的具体编制、保证汽车企业文化手册的编制质量、合理实施编制计划的行动指南,是经企业批准开展汽车企业文化手册编制工作的纲领性文件。因此,企业必须高度重视编制方案的制定。

### 一、编制目的

汽车企业文化手册不仅是对外宣传的手段,同时也是让内部人员了解并加以学习而后扩

汽车企业文化

大企业宣传力的一种途径。其主要目的是，能够让员工全面了解企业的情况、特点，规范员工日常行为。一方面使进入公司的新员工能够快速了解公司的发展史、历史传统、文化观念、规章制度、发展前景等，快速成长为"合格"员工。另一方面是宣贯企业文化，在企业中形成共同价值观念、道德规范、行为准则等企业的意识形态，规范员工的日常行为，提升企业的整体形象。

### 二、编制原则

企业文化手册是企业的灵魂，更是企业的无形资产。企业手册编制质量不高，则容易与员工手册混淆。因此，汽车企业文化手册的编制要遵循以下五个原则：

1）坚持适应性原则。即企业文化手册应适应企业的企业文化建设实际情况，适应企业经营活动的开展。

2）坚持可操作性原则。即企业文化手册应便于全体员工遵守和对照执行，应力求详细具体，企业文化手册的组成部分或分解内容，能规范企业文化的具体实施。

3）坚持创新性原则。即企业文化手册体现企业的发展、优良传统、地域文化、行业特性、专业化服务等特点，形成个性。

4）坚持导向性原则。即企业文化手册能结合实际，指导和引导企业的经营、管理、服务等工作有效的开展。

5）坚持先进性原则。即企业文化手册能最大限度地引导、激励员工自觉和积极参与企业文化建设活动，促进企业文化建设和员工的发展实现双赢的格局。

### 三、编制流程

在企业确定了 CIS 战略系统的基础上，编制企业文化手册一般要经过六个流程。

#### （一）确定内容

确定企业文化手册的内容、范畴和主要功用，收集素材和资料，是编制企业文化手册的首要任务，包括明确目标受众、分角色进行访谈，并且对谈话的内容进行提炼，通过访谈和提炼，了解企业概况。

#### （二）制定方案

确定编制企业文化手册的相关内容后，检查企业现有制度是否与企业文化相违背，同时对现有和员工建议的活动进行评估，制定企业文化手册编制方案，并提交相关组织机构审定。

#### （三）整理素材

收集和整理素材包括访谈内容整理、领导骨干确认会、员工引导式沟通、在员工大会上宣读结果并听取意见，然后撰写初稿、征求意见、送审过会，成稿印刷等编制环节工作。

#### （四）发布宣贯

企业文化手册成稿印刷后，企业应公示并确定发放范围，制订宣贯计划，充分利用企业公告栏、群发邮件或者OA系统发布宣贯，组织专题培训和落地活动。

#### （五）培训考核

为保证企业文化手册的宣贯效果，企业应定期组织企业文化手册学习会，同时对新员工进行企业文化手册培训并进行考核，及时接收员工对于手册形式和内容反馈的意见和建议，

## 第九章　汽车企业文化手册的编制

为下一步修改完善手册做准备。

### （六）检验效果

通过企业文化手册的宣贯、培训和传播，了解和调查员工对企业文化手册的认同感，并定期进行企业文化手册的维护和更新。

### 四、编制方案

企业文化手册的编制方案，各个企业根据自身实际情况会有不同的做法。编制方案通常可参考如下格式进行。

**参考案例 32：** 某（汽车）公司企业文化手册编制方案

为传承企业优秀文化成果，向社会各界展示企业文化的深厚内涵，向广大员工树立优秀的榜样标杆，经企业经营办公会议批准，现下发《×××公司企业文化手册编制方案》，具体内容如下：

一、企业文化手册内容设定

（一）封面

确定手册名称、主办单位等。

（二）内封

确定资料提供者、责任编辑等。

（三）正文

第一章　发展篇
　　第一节　企业介绍
　　第二节　发展历史
　　第三节　发展目标

第二章　理念篇
　　第一节　企业文化
　　第二节　企业使命
　　第三节　企业宗旨
　　第四节　企业目标
　　第五节　企业方针
　　第六节　品牌核心或口号
　　第七节　员工职业成长

第三章　形象篇
　　第一节　企业形象识别系统
　　第二节　企业理念识别系统
　　第三节　企业行为识别系统
　　第四节　企业视觉识别系统
　　第五节　品牌文化产品展示及说明
　　第六节　杰出员工风采

（四）附录

大事记

重要获奖情况等

二、目标受众

目标受众为企业全体员工、客户、经销商、来宾、媒体等。可根据受众范围不同，编写内容的侧重点和表述的角度不同的不同版本。

三、印刷制作

确定经费预算、首印份数、规格和材质标准、交货时间等。

四、编制流程

（一）成立编委会

确定顾问、主编、责任编辑、编辑等。

（二）确定编制方案

业务部门拟定编制方案，经编委会讨论通过后，报企业管理者审定。

（三）素材收集、核实汇编

下发工作方案及征集资料要求，汇总后经筛选、核实使用。初稿完成后，需征求相关领导、部门意见，最后将修改好的初拟稿上报管理层进行审核。

（四）排版印刷

如果请第三方设计公司提供服务，则需按照企业的采购制度做好招投标工作和合同的签署。

（五）手册发放

企业文化手册下发至各部门、各投资企业，组织宣贯学习。

（六）进度计划

进行编制工作内容分解、确定对应完成时间、具体跟进人员等。

×××汽车企业

年 月 日

资料来源：根据某汽车企业内部资料加工整理

## 第三节　汽车企业文化手册具体内容

各行各业在编制企业文化手册时都有自己的文本编纂习惯、方法和技巧。通常，在开展企业文化手册编制工作时，一要做好准备工作，二要与员工手册区别开来，三可以参考相关企业样本，但关键是要提出企业文化手册编制方案，并获得企业的批准。汽车企业文化手册编制可参考如下几个部分来进行。

### 一、基本框架

汽车企业文化手册基本框架，在手册的前言、序言、绪论或概述部分应说明。框架中应包含企业发展历程、取得的成效、企业文化建设的背景、企业文化建设的意义，新理念内容、未来企业文化建设目标、指导思想、原则与要求等内容。

## 二、历史篇

历史篇主要记述企业的发展历史与成绩，可包括以下几方面内容。

### （一）企业的发展情况

简要介绍企业的发展历史以及目前的经营情况，如企业名称、企业性质、企业规模、经营范围以及企业未来发展方向。

### （二）经营活动大事件

经营活动大事件是指企业发展过程中经历过的一些具有重大影响力的事件，特别是关系到企业生死存亡的事件，如重大科技创新、重大产品项目、重大技术改造项目、重大市场推广项目、重大合作项目等的决策和实施。为了让新员工更容易理解和接受，这些大事件的记载可以采用故事方式记录。

### （三）关键标志性事件

关键标志性事件是指企业在某些关键历史节点完成的标志性事件，如项目成功签约、新公司成立、新项目奠基、新工厂落成、新车型下线等。

### （四）企业取得的荣誉

企业及产品历年来取得的各种证书、奖励、荣誉和资格认定等。

### （五）企业的社会责任

企业为公益和社会做出的贡献，如环境工厂、环保产品、环保公益、慈善捐赠、救灾应急、支持社会公共及文体事业等。

## 三、理念篇

理念篇主要是企业理念识别系统的内容，如企业使命、企业核心价值观、企业理念、企业文化模型等。理念篇可包括以下几方面内容。

### （一）企业战略

概括描述企业3~5年内的发展规划与战略的思考，企业整体的经营思路和策略。

### （二）企业愿景

结合企业自身的特点，描述企业对未来发展方向及愿景的一种期望、预测和定位。

### （三）企业使命

企业使命就是企业生存的目的定位，是企业对自身、对社会发展所做出的承诺，告诉大家企业要干什么。

### （四）企业价值观

企业价值观就是企业必须拥有的最终极的基本信念、理想和态度，告诉大家企业要怎么干，是整个企业文化的核心。

### （五）企业理念

企业理念可以是企业的经营理念和服务理念，是企业一系列价值观的体现，也是企业生产经营中的主导意识。

### （六）企业精神

企业精神反映的是企业精神状态，它是企业员工所具有的共同内心态度、思想境界和理想追求，是反映出企业的效率和竞争力的主要指标。

## 四、形象篇

形象篇主要是阐明企业理念及其结构，展示行为规范和企业标识使用规范，这是手册的核心内容，也是员工重点学习的内容。该内容力求反映企业历史文化优秀元素及自身特点，体现行业特点和母文化特征。编制时要符合阅读习惯，通俗易懂、简明扼要，便于员工理解和接受。

### （一）企业文化模型

企业文化模型是把企业文化系统化、图形化、框架化，并以模型的形式呈现出来。它相当于整个文化体系的缩影。通过这个模型应能清晰地看到企业文化的组成内容及其相互关系。

### （二）企业形象语

企业形象语是彰显企业形象、产品定位的一句短语，它既突出企业的形象，又体现产品内涵，在传播和推广中，应亲切易记，让人听上一遍便可留下深刻的印象。

### （三）理念识别（MI）系统

理念识别系统高度概括企业文化、经营理念、管理原则和发展策略等，通过企业经营信条、精神标语、座右铭和经营策略等形式来具体表现。

### （四）行为识别（BI）系统

行为识别系统包括员工风采、办公环境、生产一线作业、销售渠道、公益活动等。可收集企业文化宣传图片，以更有效地形式传递和反馈信息。

### （五）视觉识别（VI）系统

视觉识别系统包括企业名称、品牌标识、建筑外观、产品形象、包装设计、广告媒体和标语等，是识别效果最直接最显著的部分。

### （六）员工规范

员工规范是指企业员工应该具有的共同的行为特点和工作准则，它带有明显的导向性和约束性，通过倡导和推行，在员工中形成自觉意识，起到规范员工的言行举止和工作习惯的效果。包括仪容仪表、岗位纪律、工作程序、待人接物、环卫与安全、素质与修养等内容。

### （七）规章制度

规章制度是企业制定的规则和制度的总和，它是企业组织开展和管理经营活动的内部"立法"，可以在编写时把现行的规章制度做一次梳理和调整。

### （八）企业之歌

企业之歌是专门为企业谱写的、符合企业特点的、具有企业文化内涵的、企业员工爱听乐唱的歌曲，也称为司歌。在企业文化手册上，歌词歌谱以文本的形式体现。一首好的企业之歌，是由符合和反映企业个性特点的歌词以及与歌词风格相适应的配曲组成的。

## 五、案例

引用发生在员工身边的企业文化建设正面案例，或者是企业文化建设取得的有益成果来编写，对员工起到示范引导作用，帮助员工进一步理解企业文化、对企业事业充满希望和追求，最终实现对公司理念体系的认同和共鸣。

企业如还有其他资料，可作为附件或者补充内容放在手册的最后部分。

第九章　汽车企业文化手册的编制

**参考案例 33：** 《中国一汽》企业文化手册

第一部分　核心理念
一、使命
出汽车、出人才、出经验，促进人·车·社会和谐发展。
（一）出汽车
依托厚重积累，强化自主创新，掌握新知识、应用新技术、推出新产品，不断为用户制造满足需要、安全环保、品质卓越、服务至诚的成熟汽车产品，创造物有所值的生活享受，打造中国最优、世界知名的"中国一汽"品牌。
（二）出人才
打造一支忠诚于一汽、挚爱事业、献身追求、奋发有为的员工队伍。人才培养的三方面目标：具有科学决策能力、驾驭复杂经营能力和管理创新能力的领军人物；掌握技术攻关能力、创新创造能力和专业知识更新能力的专家团队；适应新技术、新工艺、新材料、新设备，身怀绝技的拔尖人才。
（三）出经验
传承一汽历史经验，创造具有一汽特色、激发员工潜能、提升核心竞争力的生产方式。造就最优的人文环境，稳健经营，做实企业，迎接世界汽车生产重心的转移。
（四）促进人·车·社会和谐发展
承担车企责任，打造精品汽车，做"绿色未来"的积极实践者，做负责任的企业公民。
二、企业愿景
建设具有国际竞争力的"自主一汽、实力一汽、和谐一汽"。
（一）自主一汽
承担起所肩负的政治责任，自我主导企业经营。自主产品在研发、制造、销售和市场竞争力等方面具有核心竞争能力。在销量、销售收入、利润等方面能够主导企业持续经营；全面形成有竞争优势和完整体系支撑的自主创新能力；全面形成具有市场竞争能力和国际影响力的知名自主品牌。
（二）实力一汽
承担起所肩负的经济责任，始终保持行业领先。企业能够适应市场竞争环境，并且在市场竞争中不断取胜，持续不断地自我循环，良性发展，做强做大。自主产品在国内具有明显竞争优势，在国际具有一定竞争能力；综合竞争能力居国内汽车企业第一，持续保持国有资产保值增值；成为推动国民经济发展的重要力量，成为世界重要汽车制造商。
（三）和谐一汽
承担起所肩负的社会责任，始终坚持以人为本。在社会上，勇敢地肩负起安全、节能、环保的责任，讲求诚信，依法经营，依法纳税，积极造福社会；在企业内部，通过发展企业，不断提升员工的物质、精神和文化生活水平，让员工充分分享企业的发展成果。
三、核心价值观
争第一、创新业、担责任。

## 汽车企业文化

（一）争第一

"争第一"是一汽人矢志不移的坚定信念。争第一，就是要"争"字当头，永求第一。强化忧患意识、风险意识，在前进中发现问题、剖析问题、解决问题，用坚忍顽强的信念和科学务实的措施，勇争发展质量的第一；勇争转变发展方式、科学经营、做强自主的第一；勇争销量与效益，自主与合资、整车与部件、部门与体系、企业与员工，健康、协调、可持续发展的全优第一。

（二）创新业

"创新业"是一汽人自强不息的永恒追求。创新业，就是要弘扬创业精神，传承创业品格。构建共同价值平台，提升以创新创造为追求的人才兴企能力；商品策划为重点的产品规划能力；以体系保障为支撑的研发和生产制造能力；以全过程质量控制为依托的营销服务和质量保证能力；以体系高效运转为目标的企业管控能力，做强做大自主事业，实现第四次创业。

（三）担责任

"担责任"是一汽人与生俱来的长子情怀。担责任，就是要担起自主发展的责任。恪守岗位职责，提升履行责任的素质能力，把个人自我价值的实现与一汽的发展紧密联系在一起，以发展壮大中国汽车工业为己任，在振兴民族汽车工业中当排头，在推动国民经济又好又快发展中做表率，在促进人·车·社会和谐发展中多做贡献。

四、企业精神

学习、创新、抗争、自强。

（一）学习

不断增强适应环境变化、岗位要求的学习能力，学得快，会应用，学习进度和新技术、新设备、新工艺保持同步。做到全员学习、勇于学习、善于学习、勤于学习，实现信息共享、经验共享、技术共享、知识共享。

（二）创新

解放思想，超越自我；冲破束缚，宽容失败。追求从无到有的创造，鼓励全员持续改善，倡导集成现有资源的再创新。全力支持有助于为用户创造价值的想法和行动，帮助有创新愿望的员工实现梦想。

（三）抗争

传承一汽人敢打苦仗、善打硬仗的精神，压力面前不退缩，差距面前不气馁，任务面前不推诿，责任面前不扯皮，问题面前不抱怨，勇于挑战，迎着困难上。牢固树立抗争前行、如履薄冰的危机意识，永不停滞。

（四）自强

做强自主事业。凝心聚力、统一思想干自主；理清思路、统一目标干自主；科学配置、统一资源干自主。坚持生存、做实、做强、做大"四步走"发展步骤，稳健经营，做实企业。

五、经营理念

坚持用户第一，尊重员工价值，保障股东利益。

（一）坚持用户第一

为用户创造价值是企业永续长存的根本之道。坚持用户第一，就是要不断完善、快速满

## 第九章 汽车企业文化手册的编制

足用户的需求,秉承想好、算好、干好的商品开发理念,把握市场需求,强化成本意识,用最好的资源干最重要的事情。讲诚信,赢得用户信任;讲真情,赢得用户感动;讲实效,赢得用户忠诚。

(二)尊重员工价值

员工是企业发展的主体,振兴自主的主力军。发展为了员工,发展依靠员工。尊重员工的劳动价值和首创精神,通过信任和有效激励,让员工与企业共享创业激情与收获喜悦,实现个人价值追求与企业价值追求的同步。通过企业的发展,使员工赢得体面的劳动和更美好的生活。

(三)保障股东利益

提高品质、技术和创新能力,致力于诚信合作,公正透明,稳健成长,与股东建立风险共担,利益共享和长期共赢的良好关系,为股东提供稳定和良好的回报。

第二部分 战略

一、发展战略

(一)指导思想

以用户为中心。

积极推进产品开发和技术进步,推动生产力的发展,积极推进深化改革和强化管理,变革生产关系,进一步解放生产力,积极推进党的建设、思想政治工作创新和文化创新,以人为本,解放思想,转变观念,向意识形态的更新要效益。

(二)指导方针

自主发展,开放合作。

(三)发展思路

凝心聚力,统一思想干自主。

理清思路,统一目标干自主。

科学配置,统一资源干自主。

(四)发展步骤

生存、做实、做强、做大。

(五)发展目标

1. 近期目标

力争用三年时间,使自主战线经营面貌明显改观,使自主产品竞争力明显改观。

2. 中期目标

实现以做强做大一汽自主事业为标志的第四次创业。

3. 长期目标

建设具有国际竞争力的自主一汽、实力一汽、和谐一汽。

二、品牌战略

(一)品牌架构

1. 品牌组成

中国第一汽车集团公司企业品牌包括下辖的"中国一汽"和"红旗"两个伞品牌。

2. "中国一汽"伞品牌

"中国一汽"伞品牌涵盖"红旗"品牌之外的一汽自主乘用车和商用车。其中,自主乘用车产品线品牌包括一汽奔腾、一汽威志、一汽夏利、一汽森雅等；商用车产品线品牌包括一汽解放、一汽佳宝等。

3. "红旗"伞品牌

"红旗"伞品牌定位于高端乘用车和多功能车，主要包括基于L豪华车、H高档车两大平台系列的产品。

（二）品牌内涵

品质、技术、创新。

1. 品质承载责任

德者品高。中国一汽追求仁、爱、智、信的治企美德，信守"争第一、创新业、担责任"的核心价值理念，不仅要承担起国有企业的政治责任、经济责任和社会责任，更要把核心价值理念融汇在产品品质之中，以人为本、依法经营、诚信治企。

在安全性、可靠性、操控性上体现责任；在环保性、经济性、舒适性上引领需求；在感动服务、超值服务、放心服务上兑现承诺。

2. 技术创造优势

技术优势是品牌立足的根基。中国一汽在产品技术上，以产品可靠性、节能环保为重点；在开发技术上，以开发过程数字化管理与支持技术和标准验证技术为重点；在基础技术上，以与安全、节能、环保相关的电子和材料技术为重点；在制造技术上，以CAX一体化制造技术和特种工艺技术为重点。把握前沿科技，掌握核心技术，建设自主掌控的汽车标准体系，用有竞争力的自主创新体系，打造成熟的汽车产品，让用户充分享受新技术带来的驾乘乐趣。

3. 创新引领未来

创新是民族进步的灵魂，国家兴旺发达的不竭动力。中国一汽追求的创新，是在科学发展观指导下与时俱进、不断解放思想的创新，是向技术创新要实力、向管理创新要活力、向文化创新要动力的创新实践。依托厚重积累，强化自主创新，不断掌握新知识、应用新技术、推出新产品，不断为用户提供口碑相传的满意产品，为用户创造物有所值的生活享受。

第三部分　标识与旗帜

一、企业标识

中国一汽视觉识别系统的核心要素，以"1"字为视觉中心，由"汽"字构成雄鹰展翅的形象，构成雄鹰在蔚蓝天空翱翔的视觉景象，寓意中国一汽鹰击长空，展翅翱翔，如图9-1所示。

图9-1　中国一汽品牌标识

## 第九章　汽车企业文化手册的编制

二、企业旗帜

企业旗帜是一汽的象征和标志。在公司和所属企业所在地悬挂公司旗帜。在举行重大庆祝、纪念活动，大型文化、体育活动，大型展览会和涉外活动中，可以升挂公司旗帜。

资料来源：根据企业网站和网络资料加工整理

## 本章小结

1）汽车企业文化手册是一本规范性引导员工健康成长、激励员工成功发展的培训书和指南工具书，是具有引领性、规范性、实效性的企业文化建设读本，也是汽车企业文化建设工作中的重要一环。

2）编制汽车企业文化手册之前，牵头部门要向企业提出编制方案，包括编制目的、原则、流程和方案。编制方案经企业批准后，才能进入汽车企业文化手册具体的编制阶段。

3）编制汽车企业文化手册时可参考基本框架、历史篇、理念篇、形象篇、案例这五个部分来进行。

## 作业

完成"学习工作页"第九章的各项作业。

# 参 考 文 献

[1] 李磊．乔东．企业文化学概论［M］．3版．北京：中国劳动社会保障出版社，2016．
[2] 马永强．轻松落地企业文化［M］．北京：北京时代华文书局，2016．
[3] 荆玉成．原力觉醒：如何打造企业文化内生力［M］．北京：中信出版集团，2016．
[4] 陈春花，乐国林，曹洲涛．中国领先企业管理思想研究［M］．北京：机械工业出版社，2016．
[5] 陈春花．从理念到行为习惯［M］．北京：机械工业出版社，2016．
[6] 黎群，金思宇．中央企业文化建设报告（2014—2015）［M］．北京：中国经济出版社，2016．
[7] 杨杜．文化的逻辑［M］．北京：经济管理出版社，2016．
[8] 曹凤月．企业文化学概论［M］．北京：清华大学出版社，2015．
[9] 叶蓉燕，张梅兰．汽车品牌文化［M］．北京：机械工业出版社，2015．
[10] 特伦斯·迪尔，艾伦·肯尼迪．企业文化：企业生活中的礼仪与仪式［M］．李原，译．北京：中国人民大学出版社，2015．
[11] 蔡兴旺．汽车文化［M］．北京：机械工业出版社，2014．
[12] 叶坪鑫，何建湘，冷元红．企业文化建设实务［M］．北京：中国人民大学出版社，2014．
[13] 崔立德．生命之道与企业文化［M］．北京：经济管理出版社，2014．
[14] 张克明，马艳花，符晓芬．汽车文化［M］．北京：机械工业出版社，2013．
[15] 王吉鹏．集团文化与集团品牌［M］．北京：企业管理出版社，2013．

高职高专汽车三融合新型教材

汽车故障诊断与维修
# 汽车企业文化
# 学习工作页

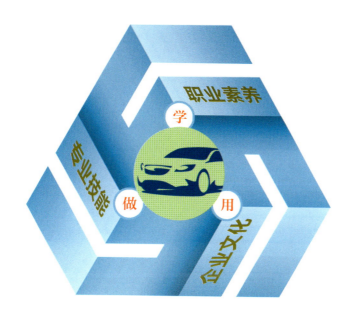

姓　名＿＿＿＿＿＿＿＿＿＿＿＿＿
专　业＿＿＿＿＿＿＿＿＿＿＿＿＿
班　级＿＿＿＿＿＿＿＿＿＿＿＿＿
任课教师＿＿＿＿＿＿＿＿＿＿＿＿
时间＿＿＿＿年＿＿月～＿＿＿年＿＿月

机械工业出版社
CHINA MACHINE PRESS

## 说 明

1. 本"学习工作页"配套相应主教材使用

2. 教师根据教学进度，布置学习工作页中相应任务，也可以变更补充

3. "学习工作页"由学生独立或集体完成

4. 教师及时检查批改学生完成工作页的情况，并给予评分

5. 教师定期组织学生撰写海报，并进行交流

6. "学习工作页"题解参见"教学资源"

# 第一章 导 论

1. 名词解释

(1) 产品多样化

(2) 汽车保有量

(3) 文化

2. 填空题

1) 丰田生产方式，是丰田汽车卓越的秘密，涵盖＿＿＿＿、＿＿＿＿、＿＿＿＿、＿＿＿＿等管理的各种理念。以＿＿＿＿为基础，以＿＿＿＿、＿＿＿＿为目的，以＿＿＿＿和＿＿＿＿为支柱。

2) 中国汽车发展历史经历了＿＿＿＿、＿＿＿＿、＿＿＿＿和＿＿＿＿四个发展阶段。

3) 汽车发展历史催生了＿＿＿＿、＿＿＿＿、＿＿＿＿、＿＿＿＿等汽车文化。

## 3. 填表题

1）下表中列举了世界汽车各发展阶段代表车型图片，请填写出其代表的发展阶段？

| 世界汽车各发展阶段代表车型 | 世界汽车各发展阶段 |
|---|---|
|  |  |
|  |  |
|  |  |
|  |  |
|  |  |
|  |  |

2）请简述汽车企业文化在企业发展中的作用。

**4. 简答题**

1）请简要概括当今世界汽车产业发展现状及发展趋势。
答：

2）如何通过汽车企业文化建设，树立良好的企业形象？
答：

**5. 交流与测评**

　　以小组为单位，总结国内外 100 多年来汽车发展的经验与教训，之后制作海报，在全班进行展示和交流。老师与其他学生进行综合测评。

# 第二章　汽车企业文化的基本原理

**1. 名词解释**
（1）行为科学_____
_____
_____
_____
_____
_____
_____

（2）人际关系_____
_____
_____
_____
_____
_____
_____
_____

（3）汽车企业文化_____
_____
_____
_____
_____
_____

**2. 填空题**
1）泰勒科学管理理论的主要观点包括：_____，_____，_____，_____，_____，_____。
2）著名的泰勒科学管理三大实验具体内容是：_____，_____，_____。
3）行为科学理论推动了现代管理思想的发展，具体体现在：_____，_____，_____。

## 3. 填表（图）题

1）在下表中完善中西方的管理理论，包括发展经历的两个阶段以及管理理论形成后经历的三个阶段。

| 时间范围 | 发展的两个阶段 | 时间范围 | 形成后的三个阶段 |
|---|---|---|---|
| 从有人类集体劳动开始到18世纪 | | | |
| 从18世纪到19世纪末 | | 20世纪初到20世纪30年代行为科学学派出现前 | |
| | | 20世纪30年代到20世纪80年代 | |
| | | 20世纪80年代至今 | |

2）在下表中，完善古典管理理论相关学科及代表人物。

| 人物图片 | 相关学科 | 代　　表 |
|---|---|---|
| | 科学管理创始人 | |
| | | 法约尔 |
| | 组织理论之父 | |

3）在下图中按先后次序完成马斯洛提出的人类基本需要的五个层次。

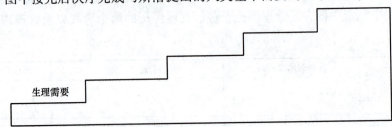

**4. 简答题**

1）在企业文化研究领域习惯被称为企业文化管理革命的"四重奏"指的是什么？

答：

2）汽车企业文化有哪些本质特性和一般特性？

答：

3）如何评价汽车企业文化的消极功能？

答：

4）本书将汽车企业文化具体划分为哪些类型？并简单举例。

答：

**5. 交流与测评**

以小组为单位，讨论并总结汽车企业文化与中西方管理理论的关系。之后制作海报，在全班进行展示和交流。老师与其他学生进行综合测评。

学习工作页

# 第三章 汽车企业文化的体系

**1. 名词解释**
（1）汽车企业精神文化

（2）汽车企业伦理道德

（3）汽车企业制度

**2. 填空题**
1）在汽车企业文化体系中，精神文化是_____，伦理道德是_____，制度文化是_____，行为文化是精神文化、伦理道德、制度文化的_____体现。
2）企业价值观是指汽车企业推崇的_____，是企业及其员工的_____。是汽车企业生存、发展的_____，也是企业行为规范制度的_____。
3）企业精神指汽车企业员工所具有的_____，是反映企业的一种_____。企业精神对企业的作用主要表现在_____、_____、_____。

## 3. 填表题

1）请完善下表中汽车企业愿景内容。

| 企业名称 | 企业愿景 |
|---|---|
| 通用汽车 | |
| 克莱斯勒汽车 | 汽车得到所有顾客的信赖，成为世界上生产最佳性能的汽车的公司 |
| 丰田汽车 | |
| 上汽集团 | |
| 一汽集团 | |
| 东风公司 | 永续发展的百年东风，面向世界的国际化东风，在开放中自主发展的东风 |
| 长安汽车 | |
| 北汽集团 | 具有国际竞争力，排名世界500强 |
| 广汽集团 | |
| 吉利汽车 | 让世界充满吉利 |

2）请完善下表中汽车企业使命内容。

| 企业名称 | 企业使命 |
|---|---|
| 奔驰公司 | |
| 宝马汽车 | |
| 通用汽车 | 成为提供高质量交通工具和优质服务的领导者 |
| 福特汽车 | 生产让人买得起的汽车 |
| 丰田汽车 | |
| 本田汽车 | |
| 上汽集团 | 坚持市场导向 |
| 一汽集团 | |
| 东风公司 | 让汽车驱动梦想 |
| 长安汽车 | |
| 北汽集团 | 实业兴国，产业强市，创业富民 |
| 广汽集团 | |

## 4. 简答题

1）简述汽车企业中先进典型人物的作用。

答：

2）简要描述汽车企业行为文化。
答：

**5. 交流与测评**

以小组为单位，总结汽车企业文化体系内容以及这些内容相互之间的内在关系。之后制作海报，在全班进行展示和交流。老师与其他学生进行综合测评。

# 第四章 汽车企业文化的生成与发展规律

**1. 名词解释**

(1) 汽车企业文化变革 _____

_____

_____

_____

_____

_____

_____

_____

_____

(2) 汽车企业文化冲突 _____

_____

_____

_____

_____

_____

_____

_____

_____

_____

**2. 填空题**

1) 汽车企业文化变革通常发生在：_____

_____、_____、

_____。

2) 根据汽车行业的特点、汽车企业文化形态和中国企业所有制性质的不同，本书把汽车企业文化冲突划分为：_____、_____ 和 _____ 三种类型。

3) 在进行汽车企业文化识别时，应注意做好汽车企业文化与_____、

_____、_____ 的区别。

### 3. 填表题

1）在下表中完善西方一些学者对企业文化的论述的具体内容。

| 西方学者 | 学者观点 | 具体内容 |
| --- | --- | --- |
| 肯尼迪　迪尔 | 他们认为企业文化包含五种因素 | |
| 沙因 | | |
| 科特　赫斯克特 | | |

2）完善西方学者霍夫斯坦德的文化冲突理论具体内容。

| 西方学者 | 观　　点 | 具体内容 |
| --- | --- | --- |
| 霍夫斯坦德 | 霍夫斯坦德在《文化的结局》一书中认为，文化差异可分为五个维度 | |

**4. 简答题**

1）简述汽车企业文化生成的一般规律模式。

答：

2）如何以科技为推动力促进汽车企业文化变革？

答：

**5. 交流与测评**

以小组为单位，讨论并总结汽车企业文化生成与发展的规律。之后制作海报，在全班进行展示和交流。老师与其他学生进行综合测评。

学习工作页

# 第五章 汽车企业文化的传播

**1. 名词解释**
（1）传播媒介

（2）正规传播渠道

**2. 填空题**
1）企业家在企业文化传播主体中有着重要的地位，企业家是汽车企业文化传播的_____、_____、_____、_____、_____。
2）新员工培训包括_____、_____、_____、_____等内容。其中，企业文化培训是新员工培训的重要内容。
3）汽车企业文化的外部传播渠道种类很多，主要方式有_____、_____和_____三种。

**3. 填表（图）题**
1）汽车企业礼仪主要由哪几方面构成？汽车企业礼仪对企业文化建设有哪些方面的作用？请通过填表回答。

|  | 汽车企业礼仪的构成 | 汽车企业礼仪的作用 |
| --- | --- | --- |
| 汽车企业礼仪 |  |  |

2）汽车企业文化网络由七大类角色组成，如秘书等。请在下图填写出其他六种角色。

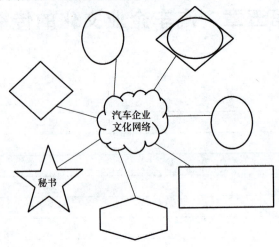

**4. 简答题**

1）简述汽车企业文化传播的重要性。
答：

2）如何理解汽车企业先进模范人物是"企业价值观的人格化和人格化的企业价值观"这一说法。
答：

3）如何正确理解传播媒介？
答：

**5. 交流与测评**

以小组为单位，总结汽车企业礼仪在汽车企业文化传播中的重要地位。之后制作海报，在全班进行展示和交流。老师与其他学生进行综合测评。

# 第六章 汽车企业文化的建设

1. **名词解释**

（1）外部宏观环境

（2）习惯

2. **填空题**

1）影响汽车企业文化建设的外部宏观环境因素概括起来主要有：_____、_____、_____、_____、_____和_____。

2）汽车企业文化建设过程中来自企业内部的组织阻力包括：_____、_____、_____、_____、_____等，这种组织阻力通常以一种_____、_____、_____的方式体现出来，是一种_____甚至_____的制约力。

3）汽车企业文化设计与建设按照_____、_____、_____以及_____四个阶段进行。

## 3. 填表（图）题

1）汽车企业文化诊断主要包括企业价值观等七个方面的内容，请在下图中完善。

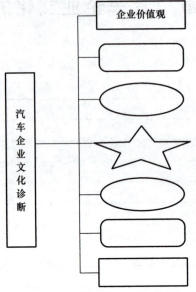

2）汽车企业管理者在汽车企业文化建设中担任设计者等角色，请在下图中完善。

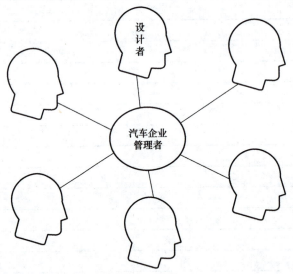

## 4. 简答题

1）简述文化维模的正面和负面功能。

答：

学习工作页

2）汽车企业文化设计与建设的调研分析阶段应主要关注哪十个方面的内容？
答：

5. 交流与测评

以小组为单位，讨论并模拟制定某汽车企业的企业文化建设方案。之后制作海报，在全班进行展示和交流。老师与其他学生进行综合测评。

# 第七章　汽车企业形象识别系统的策划

**1. 名词解释**

（1）企业形象识别系统_____

（2）公关活动_____

（3）象征图案_____

**2. 填空题**

1）CS 战略，即_____；CM 战略，即_____。CS 战略和 CM 战略是 CIS 战略系统在企业广泛实践中出现的_____和_____。

2）对于企业识别系统（CIS），有人将其比喻成_____，MI 相当于是人的_____，BI 相当于是人的_____，VI 相当于是人的_____，这个比喻生动地体现出 MI 对企业识别系统的重要性。

3）汽车企业导入 CIS 策划设计要完成四项任务，即_____，_____，_____，_____。

**3. 填表（图）题**

1）汽车企业行为识别设计分为企业内部行为识别设计和外部行为识别设计，请在下表中完善企业内部行为识别设计和外部行为识别设计包括的具体内容。

| 设计类型 | 设计内容 |
| --- | --- |
| 汽车企业行为识别设计 — 企业内部行为识别设计 | |
| 汽车企业行为识别设计 — 企业外部行为识别设计 | |

2）企业视觉识别设计由两大要素组成：一为基础要素，二为应用要素。请在下表中完善基础要素和应用要素主要包括的具体内容。

| | 由两大要素组成 | 各要素具体内容 |
| --- | --- | --- |
| 企业视觉识别设计 | 基础要素 | |
| 企业视觉识别设计 | 应用要素 | |

3）各企业导入CIS的步骤不尽相同，根据国内外成功企业的经验，在实际运用中，一般有两个主要步骤，请在下图中完善两个步骤的具体内容。

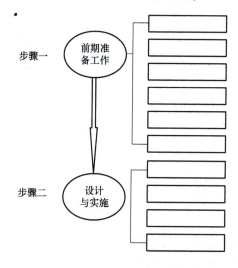

**4. 简答题**

1）CIS 战略是如何兴起的？

答：

2）简述汽车企业理念识别设计的主要内容。

答：

3）汽车企业标准色设计需要注意哪些原则？

答：

**5. 交流与测评**

以小组为单位，讨论并模拟制定某汽车企业 CIS 的导入计划。之后制作海报，在全班进行展示和交流。老师与其他学生进行综合测评。

# 第八章 汽车企业文化的比较研究

1. **填空题**

   1）通用汽车公司企业价值观是：_____，_____，_____，_____，_____。

   2）_____、_____、_____和_____等是福特汽车公司提出的企业文化改革的4项措施。

   3）克莱斯勒汽车公司承诺向消费者提供_____，以严谨的态度_____，以诚挚的精神提供优质的_____和_____。

   4）丰田汽车公司企业文化的核心价值观是推崇并且传播_____、_____、_____。其主要特点包括两方面：一是"_____"，二是"_____"，这样精细的生产方式不仅降低了生产的成本，同时也保证了丰田汽车的质量。

   5）本田汽车公司企业哲学把"_____、_____、_____"作为尊重个性的观念基础，本田企业文化中最核心的是"_____"与"_____"，"三个喜悦"即：_____、_____、_____。

   6）现代汽车公司的企业文化主要有四个特点，即_____与_____；坚持"_____"的经营理念；以_____作为企业核心，_____为根本；_____经营战略，大胆开展_____。

2. **填表题**

   1）请根据标识，在下表中填入欧洲典型汽车企业及其企业文化的特点。

| | 标　识 | 企　业 | 企业文化特点 |
|---|---|---|---|
| 欧洲典型汽车企业文化 | （奔驰标识） | | |
| | （BMW标识） | | |
| | （大众标识） | | |

# 汽车企业文化

2）请根据标识，在下表中填入中国典型汽车企业及其企业标识的含义。

| 标　识 | 企　业 | 含　义 |
|---|---|---|
| 上汽集团 SAIC MOTOR | | |
| 广汽集团 | | |

3）请根据标识，在下表中填入中国典型汽车企业及其特色企业文化的特点。

| 企　业 | 标　识 | 特色企业文化 | 特色企业文化含义 |
|---|---|---|---|
| | 中国一汽 | 企业目标 | |
| | DFM | 企业核心价值 | |
| | （长安） | 企业精神 | |
| | 北汽集团 融世界 创未来 | 企业经营理念 | |

## 3. 交流与测评

以小组为单位，总结中外典型汽车企业文化的优缺点。之后制作海报，在全班进行展示和交流。老师与其他学生进行综合测评。

# 第九章 汽车企业文化手册的编制

1. 名词解释

(1) 汽车企业文化手册_____

(2) 经营活动大事件_____

2. 填空题

1) 汽车企业文化手册的作用主要有以下几点：一是_____，二是_____，三是_____，四是_____。

2) 汽车企业文化手册的编制方案内容包括：_____、_____、_____、_____。

3. 填表（图）题

1) 企业社会责任可体现在企业为公益和社会所做的贡献，请举例说明具体内容。

2）请在下图中完善编制企业文化手册一般流程。

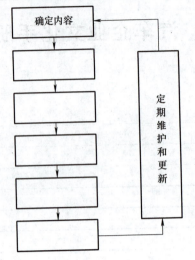

**4. 简答题**

1）汽车企业文化手册有哪些基本内容？

答：

2）汽车企业文化手册历史篇主要有哪些内容？

答：

**5. 交流与测评**

以小组为单位，讨论并模拟制定某汽车企业的企业文化手册编制方案。之后制作海报，在全班进行展示和交流。老师与其他学生进行综合测评。